本书是中国科学院大学与郑州市文物考古研究院合作开展科研项目"郑州地区仰韶文化中晚期的石器工业与社会复杂化"的成果之一，同时获得国家社科基金重大项目"2013-2018年度河南巩义双槐树遗址考古资料整理与综合研究"（项目批准号：19ZDA227）资助。

郑州地区仰韶中晚期石质工具研究

吴超明 杜新 宋国定 著

中国社会科学出版社

图书在版编目（CIP）数据

郑州地区仰韶中晚期石质工具研究 / 吴超明，杜新，宋国定著. -- 北京：中国社会科学出版社，2024. 6.
ISBN 978-7-5227-3792-8

Ⅰ．K875.1

中国国家版本馆 CIP 数据核字第 2024GC2126 号

| | |
|---|---|
| 出 版 人 | 赵剑英 |
| 责任编辑 | 郭　鹏 |
| 责任校对 | 刘　俊 |
| 责任印制 | 李寡寡 |

| | |
|---|---|
| 出　　版 | 中国社会科学出版社 |
| 社　　址 | 北京鼓楼西大街甲 158 号 |
| 邮　　编 | 100720 |
| 网　　址 | http://www.csspw.cn |
| 发 行 部 | 010-84083685 |
| 门 市 部 | 010-84029450 |
| 经　　销 | 新华书店及其他书店 |
| 印　　刷 | 北京君升印刷有限公司 |
| 装　　订 | 廊坊市广阳区广增装订厂 |
| 版　　次 | 2024 年 6 月第 1 版 |
| 印　　次 | 2024 年 6 月第 1 次印刷 |
| 开　　本 | 787×1092　1/16 |
| 印　　张 | 20.5 |
| 字　　数 | 399 千字 |
| 定　　价 | 128.00 元 |

凡购买中国社会科学出版社图书，如有质量问题请与本社营销中心联系调换
电话：010-84083683
版权所有　侵权必究

# 序

中国新石器研究是20世纪下半叶的重要学术课题，一大批前辈学者努力耕耘并产出了丰硕成果，为新石器考古研究奠定了基础。进入21世纪，中国考古事业迅速发展，新材料层出不穷，新方法也越来越多，但对新石器进行研究并借此透视早期社会复杂化进程的研究并不多见。郑洛地区位于中原腹地，仰韶文化又是黄河中上游最重要的考古学文化之一，但该区域以一手资料系统梳理为基础的仰韶新石器综合研究还比较薄弱。鉴于此，《郑州地区仰韶文化中晚期石器工业与社会复杂化》课题于2018年正式立项，科研工作由宋国定牵头，河南省文物考古研究院、郑州市文物考古研究院提供了大量石器资料，多家科研院所参与其中。同时，宋国定开始将学术的博士、硕士课题聚焦于此，并形成了4篇学位论文。本书便是在吴超明博士的学位论文的基础上修订而成。

在博士论文撰写以及书稿修订过程中，课题组进行了充分讨论，在绪论、结语等部分中已经有诸多关于本课题的说明与思考，故序中不再赘言其价值与意义。客观上讲，我们的研究思路融合了前辈学者的学术传统及新世纪的科技分析手段，属于摸着石头过河的阶段，所以本书能在新石器研究学术史上留下怎样的痕迹，还需要出版后各位专家，抑或以后的学术史家来定夺，恳请读者给予严厉批评以督促我们进步。

虽然该课题的研究可能存在种种问题，但是课题组在新石器研究中确实是付出了巨大努力。尤其是吴超明博士在该书撰写修订中付出了巨大努力，故尽量保留其博士论文后记，以资鼓励。

宋国定

2023年11月27日

# 目　　录

第一章　绪论 ………………………………………………………………（1）
　　第一节　概述 …………………………………………………………（1）
　　第二节　学术史考察 …………………………………………………（12）
　　第三节　研究内容与目标 ……………………………………………（25）
　　第四节　研究方法 ……………………………………………………（27）
　　第五节　可行性分析 …………………………………………………（30）

第二章　石器形态学分析 …………………………………………………（31）
　　第一节　概述 …………………………………………………………（31）
　　第二节　典型石器的类型学分析 ……………………………………（35）
　　第三节　各遗址石器的类型与数量 …………………………………（68）
　　第四节　石器形态特征、形制参数及标准化分析 …………………（68）

第三章　石器原料与生产技术分析 ………………………………………（96）
　　第一节　概述 …………………………………………………………（96）
　　第二节　石器原料分类与鉴定 ………………………………………（102）
　　第三节　石器加工技术分析 …………………………………………（122）

第四章　石器功能与再加工技术研究 ……………………………………（151）
　　第一节　概述 …………………………………………………………（151）
　　第二节　石器功能的复原研究 ………………………………………（155）
　　第三节　石器再加工技术研究 ………………………………………（210）

## 第五章 社会变迁视角下石质工具的综合研究 ……（250）
### 第一节 概述 ……（250）
### 第二节 仰韶中晚期石质工具的总体面貌 ……（251）
### 第三节 石质工具所见仰韶古国社会生产模式 ……（258）

## 第六章 结语 ……（265）
### 第一节 郑州地区仰韶中晚期石质工具的若干认识 ……（265）
### 第二节 相关研究的思考 ……（267）
### 第三节 不足与展望 ……（269）

## 附 录 ……（271）

## 参考文献 ……（310）

## 后 记 ……（319）

# 第一章　绪　论

## 第一节　概述

### 一　研究背景

仰韶文化是中国田野考古最早发现和确认的新石器时代考古学文化，也是新石器时代晚期黄河中下游地区最重要的考古学文化，在中国新石器时代考古学科发展及学术研究中占据极其重要且不可替代的位置[1]。本研究采纳靳松安、张建对郑州地区仰韶文化的分期意见，将郑州地区仰韶文化第三期（以大河村一至三期为代表）归为仰韶文化中期，属于"阎村类型"，绝对年代约当公元前4000—前3500年；第四期（以大河村四期为代表）归为仰韶文化晚期，属于"大河村类型"，绝对年代约当公元前3500—前3000年[2]。仰韶中晚期是新石器时代晚期向龙山时代转变的关键阶段，是中原地区史前文化和社会发展的重要时期，这一重要发展态势集中反映在以下几个方面。

仰韶中晚期是黄河中游地区聚落形态发展变化的关键阶段，在以下几个面向体现出显著特点。

第一，仰韶文化中晚期（尤其是中期晚段至晚期）的房屋营建体现出明显的发展。首先，由单间房屋为主发展为较多的双间和多间房屋，房屋内部结构也更为复杂；房屋由以半地穴加矮墙发展为以平地起建为主；大型房屋的面积有不断扩大的趋势。其次，火塘由竖穴式发展为灶台式，位置由位于进门不远的中轴线为主转变为更多分布于进门右侧墙根；墙壁、地面也由抹草泥为主发展为烧制水泥后再打磨的复杂工序。最后，公用性质房屋不再作起居之用，中心地位更加突出。此外，甘肃秦安大地湾

---

[1] 中国社会科学院考古研究所编著：《中国考古学·新石器时代卷》，中国社会科学出版社2010年版，第206—268页。
[2] 靳松安：《河洛与海岱地区考古学文化的交流与融合》，博士学位论文，郑州大学，2005年；靳松安、张建：《从郑州地区仰韶文化聚落看中国早期城市起源》，《郑州大学学报》（哲学社会科学版）2015年第2期。

F411地画表明仰韶文化中晚期可能已经出现宗教性质建筑①。

第二，仰韶文化中晚期（尤其是中期晚段至晚期）聚落形态体现出明显的发展。首先，各地聚落的规模呈现出差异，聚落内部也存在一定的分化。其次，聚落布局仍以凝聚式为主，但不再是内向式，还出现了双生聚落（如大河村）。这些都反映出聚落的统一性被削弱，分化明显加强，社会内部也可能已经由氏族公社发展为家族公社阶段②。

第三，仰韶文化中晚期（尤其是中期晚段至晚期）聚落群已经较为普遍，中心聚落发展至比较突出的地位。由一般聚落发展为中心聚落，在其基础上又发展出最初的城市，这不仅是聚落形态的变迁，还体现出由原始社会向阶级社会转变的阶段性特征③。

随着考古资料不断丰富，关于中原腹地仰韶文化中晚期聚落形态变迁的认识也越来越深入，可归为以下几个面向。

第一，仰韶文化中期早中段④聚落主要在河流沿岸的河谷地带延绵分布，是新石器时代聚落的大发展时期。仰韶中期晚段至晚期聚落数量明显增多，广泛分布于平原地带及河谷低阶地，呈现出团块状分布格局⑤。

第二，西部聚落群（东边到黄河以南的偃师以东—伊川东部—汝阳县城一线，西南包括嵩县、洛宁、渑池、卢氏诸县）与东部聚落群（伊洛河以东的淮河上游与郑州地区）的对抗成为仰韶文化中晚期聚落格局的主要发展态势。仰韶中期晚段开始，西部聚落群出现主从式分布的聚落体系并逐渐占据优势，与东部聚落群整体分布的状况明显不同⑥。

第三，除普通居址外，开始出现城址（如西山古城）、宗教性聚落（如伏羲台遗

---

① 严文明所说的仰韶后期不仅包含了本研究所指的仰韶文化中期晚段至晚期（大河村三、四期），还包含了约当大河村五期的遗存，但其认识对于本书所研究的时段依然具有重要参考价值。严文明：《仰韶文化研究》，文物出版社2009年版，第126—172、232—233、238页。

② 严文明：《仰韶文化研究》，文物出版社2009年版，第254—255页。

③ 严文明：《仰韶文化研究》，文物出版社2009年版，第254—255页。

④ 本研究所说的仰韶文化中期早中段以大河村一、二期遗存为代表，时代上约当赵春青所说的仰韶文化前期的庙底沟类型。另，赵氏基本采用严文明关于仰韶文化的分期意见，所以归纳的仰韶前期聚落演变特点包含了比大河村一、二期更早的半坡类型聚落，归纳的仰韶晚期聚落演变特点也包含了比大河村三、四期更晚的庙底沟二期聚落。整体而言，庙底沟类型聚落是赵氏所论仰韶前段的主要内容，晚于大河村四期的内容也并不影响本研究对仰韶文化晚期聚落特征的把握。参看严文明《仰韶文化研究》，文物出版社2009年版，第126—172页。

⑤ 赵春青：《郑洛地区新石器时代聚落的演变》，北京大学出版社2001年版，第53、55、86页。

⑥ 近年来，郑州地区仰韶文化聚落考古不断取得重要成果，关于东部聚落群地位的认识应更深入，但赵春青的认识仍然是重要基础。

址），仰韶中晚期聚落规模等级、功能性质的分化程度明显增强，大型聚落面积不断扩大，数量占比却逐渐减小，与面积小、数量多的一般聚落脱离开来[①]。

中原地区仰韶中晚期植物遗存的系统研究让我们得以大体把握农作物生产的发展脉络。

中原地区仰韶中晚期遗址均以种植粟、黍两种小米为主，旱作农业经济占主导。前仰韶时期中原地区已出现稻米，到了仰韶文化中期早段得到普及，但数量普遍较少，直到仰韶中期晚段一些遗址中稻米的数量和出土概率才有了明显的提升。稻米这种新作物进入中原地区经过了从引入到成为重要的农作物资源漫长的时间。而仰韶文化中期晚段至晚期恰恰是其重要的发展阶段，这种态势一直持续至龙山时期。此外，大豆在尺寸上经历了变化范围分布更广，长宽增加的过程，大部分区域杂草种属数目出现了较明显的增加[②]。

汪沟遗址2014—2016年度仰韶中晚期遗存中碳化植物的分析表明，汪沟仰韶文化晚期生业模式以农业为主导，农作物组合为粟、黍、稻和大豆，以粟和黍为主导的旱作农业经济是汪沟先民主要的农作生产方式[③]。

结合农作物遗存、可食用非农作物遗存占比以及动物考古等研究看，仰韶文化庙底沟时期大部分遗址已经形成了以农耕生产为主的经济模式，家养动物和农作物资源占据重要位置，可能已经进入农业社会。而通过与周边区域农业的比较，又可以发现粟在中原地区的重要性明显高于周边其他旱作农业区。这与其较高的聚落数量、规模和人口密度相符[④]。

社会经济形态、社会组织结构及政治形态的综合研究进一步凸显出中原地区仰韶文化中晚期在社会复杂化与早期国家形成进程中的重要地位。

第一，仰韶中晚期是中原地区经济生产和社会分工的重要发展阶段。农业生产发展迅速，不仅表现在工具种类增多，形态不断改进，且以磨制为主，还表现在聚落规模不断扩大，人口不断增多。仰韶中期郑洛地区已可以组织起有效的专业化生产和分工互补，具备凝聚强大集团力量向周围进行文化扩张的能力。仰韶中期晚段至晚期，郑洛地区更成为仰韶文化的两大核心经济区之一。

第二，仰韶中期晚段至晚期中原地区社会组织结构呈现出较清楚的变化特点。大

---

[①] 赵春青：《郑洛地区新石器时代聚落的演变》，北京大学出版社2001年版，第99—112、186—189页。
[②] 钟华：《中原地区仰韶中期到龙山时期植物考古学研究》，博士学位论文，中国社会科学院研究生院，2016年。
[③] 杨凡、顾万发、靳桂云：《河南郑州汪沟遗址炭化植物遗存分析》，《中国农史》2020年第2期。
[④] 钟华、李新伟、王炜林、杨利平、赵志军：《中原地区庙底沟时期农业生产模式初探》，《第四纪研究》2020年第2期。

河村双生聚落表明血缘关系已经不再是构成社群的唯一纽带，由地缘关系联系起来的亲族集团共居在同一村落，这或许是社会组织结构发展的生动写照。同时，社会分化的特征也由不同聚落之间渗透至同一聚落内部，通过房屋、墓葬等遗存反映出来。

第三，仰韶中晚期是中原地区聚落群结构变化、社会结构重组的重要阶段。仰韶文化中期早中段，晋、陕、豫三角地带聚落面积分化严重，形成了金字塔式的聚落群结构，而郑洛地区的线索还不明晰。仰韶文化中期晚段聚落发展的速度明显放缓，各区域文化面貌的一致性减弱，更具地方特色，但西山城址的出现、乱葬坑与人祭的存在、聚落分化的加剧均表明原有的社会秩序遭到破坏，整个社会似乎从最基层开始重建。仰韶文化晚期出现具有都邑性质的大型中心聚落，大型墓地反映出死者身份等级的差异，乱葬现象明显增加，武器的数量激增与质料改变。这既反映出聚落内部分化程度加剧，又是中原社会不同聚落矛盾日益尖锐的写照；而这些现象大部分都存在于业已成为仰韶文化两大核心分布区之一的郑洛地区[1]。

综上可知，仰韶中晚期是新石器时代晚期中原地区聚落、农业、社会发展的关键阶段，为龙山时期步入早期国家发展进程的夯实了基础。近来有学者将仰韶文化中期纳入古国初期阶段，晚期纳入古国早期偏早的阶段并进入国家时代[2]，从更宏观的视角说明了仰韶中晚期中原社会发展与早期国家进程之间的密切关联。

## 二 研究对象

磨制石器是新石器时代考古中出土数量仅次于陶器的一类重要遗物，也是新石器时代的典型物化表征。仰韶中晚期磨制石器的数量、种类与形制明显增多，又是磨制石器大发展的阶段[3]。仰韶中晚期石器大部分为生产工具，是社会生产力的基本要素之一，承载着集团冲突、阶层分化、人群交流、精神信仰等方面的丰富信息。因此，石质生产工具理应成为分析仰韶中晚期生产力发展水平、社会复杂化程度乃至早期国家发展过程的关键对象。

然而，在发掘或辨识过程中，石质生产工具的原料或半成品易被忽视；即便是成品，由于器形变化不如陶器敏感，外貌特征不如玉器精美，在文化谱系及手工业生产的相关研究中并未得到足够重视。所以，相较于陶器、玉器而言，石器研究还处于相对弱势的地位。由于资料刊布和重视程度的不足，此前还形成了郑州地区仰韶中晚期

---

[1] 魏峻：《中原地区的史前聚落演变与早期文明》，载北京大学中国考古研究中心编《聚落演变与早期文明》，文物出版社2015年版，第1—100页。

[2] 赵辉：《"古国时代"》，《华夏考古》2020年第6期。

[3] 严文明将仰韶文化分为四期，并归纳了其生产工具的演变特征，指出仰韶文化三期磨制石器比例大大增加，是技术进步的体现。参看严文明《仰韶文化研究》，文物出版社2009年版，第153、154页。

石刀这类生产力发展的标志性工具数量很少,农业工具和农业生产的发展落后于豫西地区的认识①。近年来,新石器时代石器的研究明显增多(详见后文学术史的梳理),部分研究在不同程度涉及了仰韶文化的生产工具和其他器类。但总体而言,对郑州地区仰韶文化石器面貌的把握还较为薄弱,具体到石质生产工具更是如此,系统开展区域性研究显得尤为迫切。

在此背景下,宋国定先生敏锐地关注到中原腹地新石器时代晚期石器研究与社会复杂化的问题,与地方考古院所、兄弟院校联合开展的《郑州地区仰韶文化中晚期的石器工业与社会复杂化》课题应运而生。课题组在郑州西山②、大河村③、汪沟、荥阳青台④、巩义双槐树⑤等十余个遗址⑥(图1.1)出土石器的整理与研究工作中,发现了1000多件石质生产工具,包括了农作工具、木作(建筑)工具、石器加工工具、纺织工具等诸多门类,为深化相关认识提供了宝贵契机。

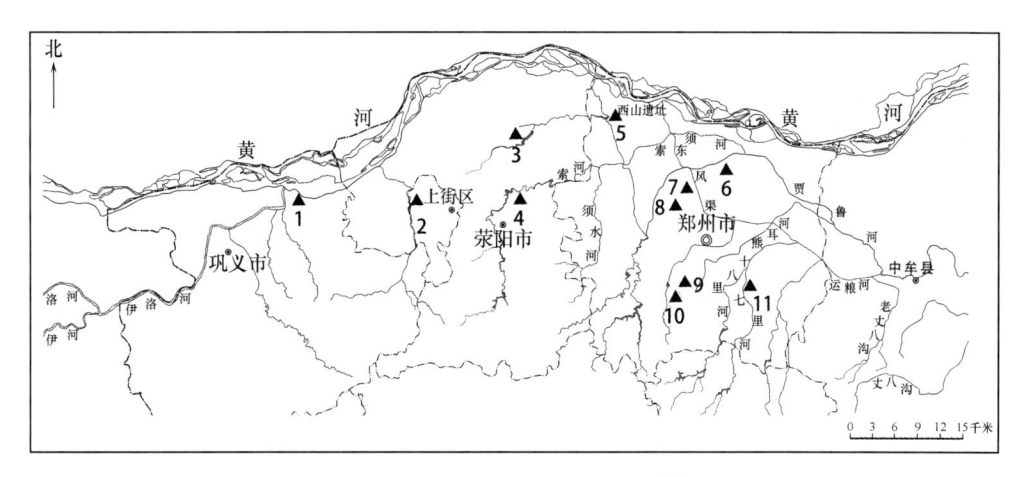

**图1.1 郑州地区部分仰韶中晚期遗址位置示意图**

1. 双槐树遗址 2. 上街昆仑路遗址 3. 青台遗址 4. 汪沟遗址 5. 西山遗址 6. 大河村遗址 7. 信合普罗旺世小区地点 8. 建业壹号城邦小区地点 9. 亚星置业4号地块 10. 黄岗寺工人路小区地点 11. 尚岗杨遗址

注:郑州市文物考古研究院提供遗址分布底图。

---

① 佟柱臣:《中国新石器研究》,巴蜀书社1998年版,第250、264页。
② 国家文物局考古领队培训班:《郑州西山仰韶时代城址的发掘》,《文物》1999年第7期;河南省文物考古研究院:《郑州西山仰韶时代城址发掘报告》,待版。
③ 郑州市文物考古研究所编著:《郑州大河村》,科学出版社2001年版。
④ 郑州市文物工作队:《青台仰韶文化遗址1981年上半年发掘简报》,《中原文物》1987年第1期。
⑤ 郑州市文物考古研究院:《河南巩义市双槐树新石器时代遗址》,《考古》2021年第7期。
⑥ 西山遗址由河南省文物考古研究院、其他遗址由郑州市文物考古研究院进行发掘,部分资料为尚存整理基地,本书未标注的考古背景资料均由这两个兄弟单位提供。

相较而言，石器加工工具与其他几类生产工具略有不同。石器加工工具主要作用于石器原料和半成品，再通过石器成品去改造自然环境。而农作、木作（建筑）工具直接作用于人类所需要的如土壤、树木、粟稻等其他产品的原料或半成品，对农业生产、聚落营建的影响更为直接，数量也最多。此外，本课题组已对纺轮这类重要的纺织工具进行了研究并形成了论文。所以，本书选择农作、木作（建筑）等两类与农业生产、聚落营建关系最为密切的生产工具作为主要研究对象。这不仅有利于从主要面向把握郑州地区仰韶中晚期的石器面貌，还是讨论石器手工业与社会复杂化关系问题的重要切口。

对于仰韶文化中晚期典型遗址的选取也经过了反复斟酌。

第一，要选取文化性质明确、原生堆积丰富、石器数量较多的遗址。

我们目前正在整理的资料发掘年代有早有晚，遗址保存状况也不尽相同。早年发掘的遗址有的文化堆积不够丰富，出土陶器不足以进行准确断代，而仰韶末期部分石器亦见于龙山时期，有的器形甚至延续至新砦期甚至二里头文化阶段。所以，遗址文化性质明确是保证接下来研究准确性的重要基础。相较而言，西山、青台、汪沟、大河村等遗址都经过科学发掘，堆积间的叠压打破关系清楚，仰韶中晚期遗存丰富，是构建郑州地区仰韶文化分期框架的重要遗址。

西山遗址位于郑州市北郊23公里处的邙山区（2004年5月1日起经国务院批准邙山区更名为惠济区）古荥镇孙庄村西，仰韶文化分布面积约20万平方米，发现了仰韶文化中晚期现存面积约1.9万、复原面积约2.5万平方米的城址。西山遗址简报的仰韶文化一组相当于报告中仰韶文化的一期，二至四组相当于报告二期的早、中、晚三段，五组相当于报告的三期；报告将西山仰韶文化一期与大河村仰韶文化前一、二期相对应，西山仰韶文化二期早、中、晚三段与大河村仰韶文化一至三期相对应，西山仰韶文化三期与大河村仰韶文化四期相对应。青台遗址位于荥阳市广武镇青台村东，总面积107万平方米，仰韶文化核心区域面积为31万平方米[①]，是仰韶晚期的一处大型聚落遗址。汪沟遗址位于荥阳市城关镇汪沟村南，东、南濒索河支流故道，面积62万多平方米。大河村遗址位于郑州市东北郊柳林镇大河村西南，仰韶文化遗存文化可分为七期，延续2400年左右，包含了仰韶文化由早到晚的演进过程，遍及整个遗址40多万平方米的范围，在仰韶文化中晚期达到鼎盛。尚岗杨遗址位于郑州市东南部管城区南曹乡西杨村西，南北长约400米，东西长约300米，面积约为12万平方米。

第二，这几处遗址不仅面积大，还代表了仰韶中晚期不同的聚落类型。

郑州西山遗址（图1.2）聚落布局严谨有序，城垣、居址、窖穴、陶窑、墓地等均

---

① 郑州市文物考古研究院提供资料。

经过设计规划,或存在道路沟通;仰韶文化晚期城址修筑技术复杂且规模较大,军事防御功能明确,出现了后世"台门""曲城"等防卫型城垣的雏形。此外,发现有大量奠基、祭祀类遗存。故而西山城址可能是集行政权、军权于一体的政治中心①。

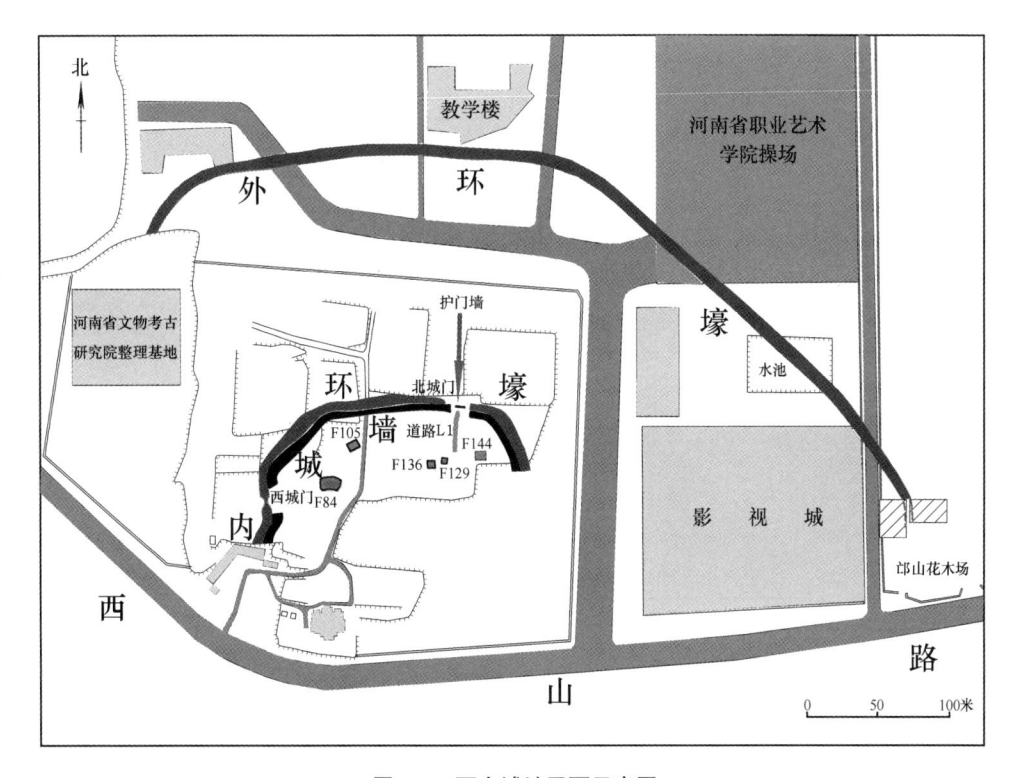

图 1.2 西山城址平面示意图

大河村遗址仰韶文化聚落布局与西山相比缺少规划,至仰韶文化晚期出现壕沟,墓葬区、居住区交错分布,仰韶文化中晚期房屋做工的精细程度与面积大小存在明显分化。此外,发现有一定量来自大汶口文化、屈家岭文化的典型器,而周边大汶口文化、薛家岗文化、崧泽文化、大溪文化等遗址出土陶器的弧边三角纹、圆点纹、花瓣纹等彩陶纹样又都能在大河村遗址中找到原型。大河村遗址文化的多样和贫富的差异表明该聚落经济、文化交流功能更为突出,可能为该区域的经济交流或商贸中心②。

青台遗址(图 1.3)可分为环壕、祭祀区、公共墓地、居住区等功能分区,发现有仰韶文化晚期环壕三条,已发掘二条环壕的缺口处均为出入通道,且壕沟自身并不相

---

① 靳松安、张建:《从郑州地区仰韶文化聚落看中国早期城市起源》,《郑州大学学报》(哲学社会科学版)2015 年第 2 期。

② 靳松安、张建:《从郑州地区仰韶文化聚落看中国早期城市起源》,《郑州大学学报》(哲学社会科学版)2015 年第 2 期。

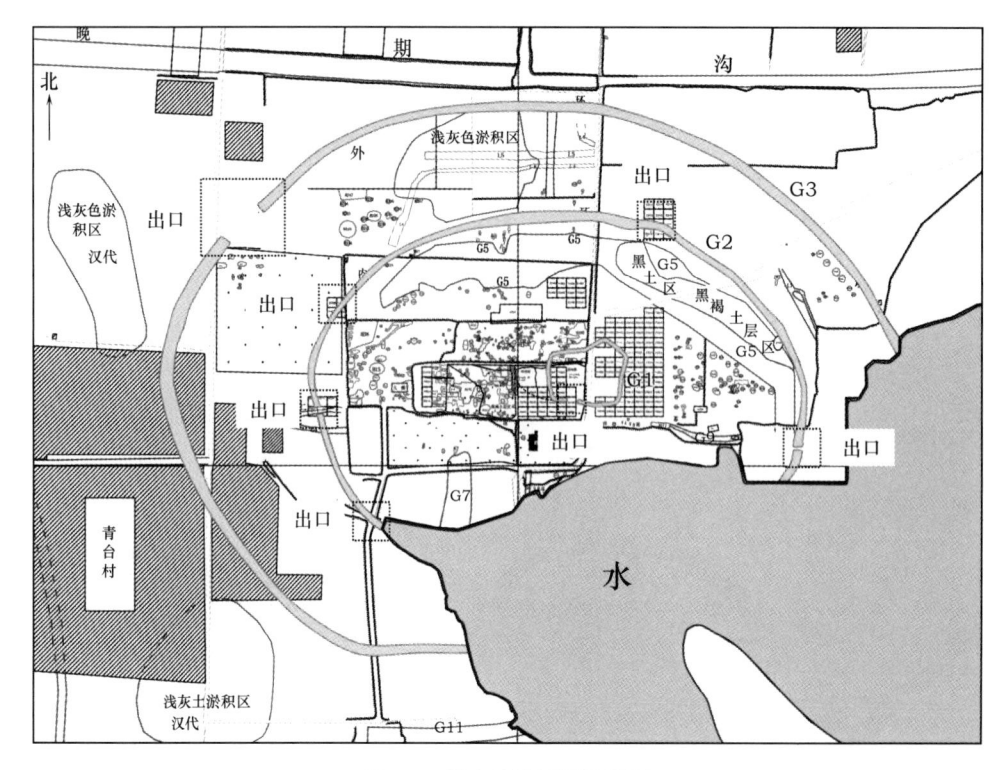

图 1.3　青台遗址平面示意图

通，从而推断并非为青台先民的排水设施，或为青台先民开挖的防御性设施。值得注意的是，在中间环壕西门出土有一件饰朱砂的石钺，环壕关隘与朱砂石钺的结合应不是偶然，或许具有较强的军事意义。祭祀区发现有九个陶罐组成的北斗九星天文图案（图 1.4），其东部有圆形黄色祭土台，西部有大、中、小三个瓮棺，南部有一个圆形祭祀坑，整个祭祀区周围有较多疑似地臼的遗存，可能形成了一套隆重的与天文相关的祭祀仪式。这些都体现了青台遗址已具备浓重的军事防御属性和原始宗教色彩。

　　汪沟遗址（图 1.5）存在内外三重环壕，遗址南部分布有长 173、宽 110 米的夯土广场，灰坑、房址、瓮棺等生活遗存主要分布于遗址中部高台地及其四周，墓葬有序地分布于遗址西南部。尚岗杨遗址（图 1.6）现存内外两条环壕，遗存主要分布在内壕内。

　　此外，信合普罗旺世[①]、建业壹号城邦等遗址也是文化面貌较为单纯的仰韶中晚期小型聚落，出土有一定数量的石质工具。简报判断信合普罗旺世遗址出土仰韶文化中晚期遗存约当大河村三至四期，建业壹号城邦出土石器与之相近，时代应相去不远。

---

① 郑州市文物考古研究院：《郑州市西史赵村仰韶文化遗址发掘简报》，《考古》2014 年第 4 期。

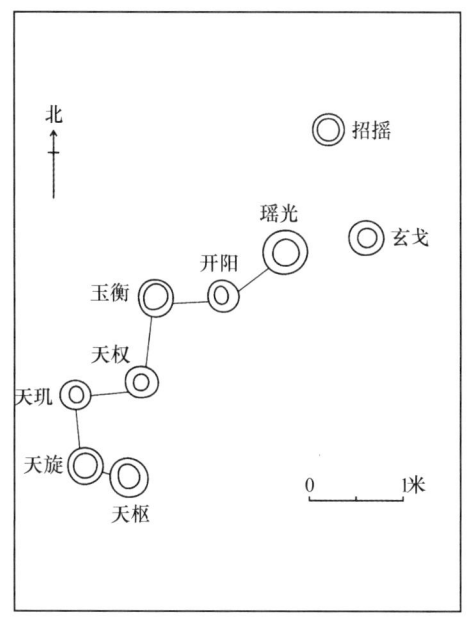

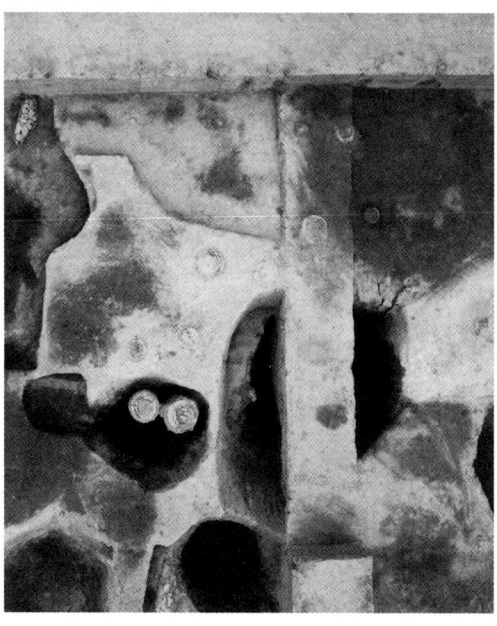

图 1.4 青台遗址祭祀区遗存线图及照片（由西向东）

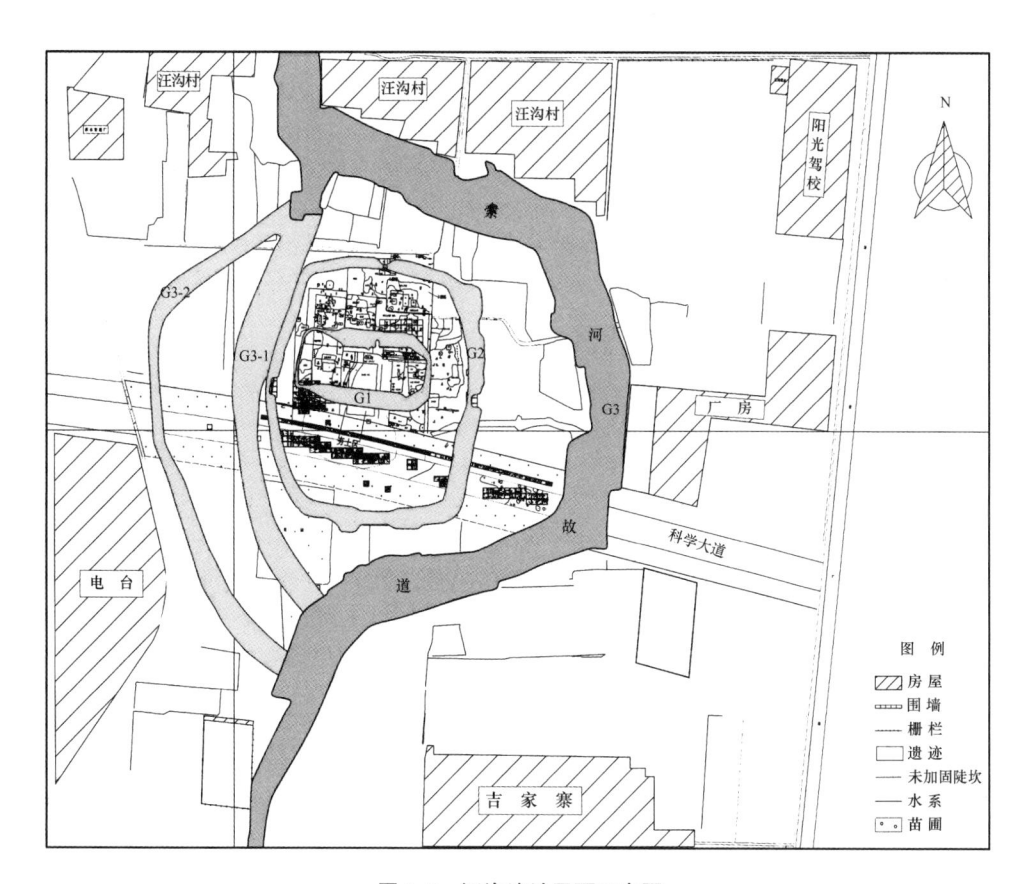

图 1.5 汪沟遗址平面示意图

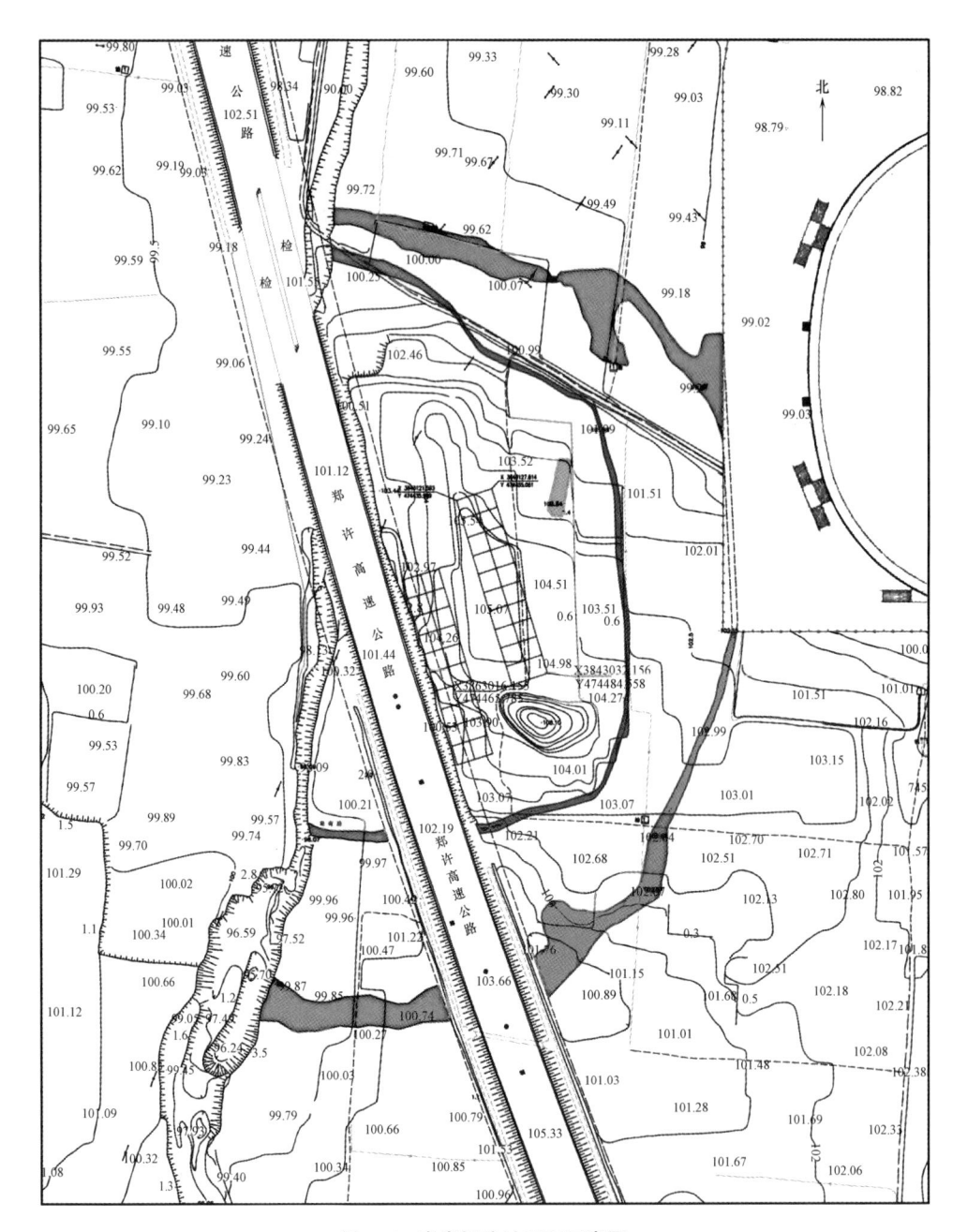

图1.6　尚岗杨遗址平面示意图

第三，几个典型聚落的性质差异似乎与郑洛地区仰韶中晚期聚落发展存在微妙联系。

郑州西山遗址作为郑州地区仰韶文化中晚期区域性政治中心的认识已经得到了部分学者的认同[①]。青台、大河村分别位于西山遗址西侧、东侧十余公里的范围内，体现

---

[①] 靳松安、张建：《从郑州地区仰韶文化聚落看中国早期城市起源》，《郑州大学学报》（哲学社会科学版）2015年第2期。

出不同的聚落性质，这是值得注意的问题。

在西山遗址附近至荥阳青台遗址范围内，还分布有秦王寨、点军台、阎村等遗址，西南不远处还有汪沟遗址等。秦王寨遗址面积约3万平方米，却发现有122平方米的大型公共建筑[1]和1700多平方米的夯土基址。点军台遗址面积约26万平方米，发现有椭圆形城址，由城墙和环壕构成，城垣面积约3.4万平方米，外侧环壕面积约5.5万平方米。阎村遗址发现有饰鹳鱼石斧图的葬具彩陶缸，被视作为建立伊洛—郑州地区部落联盟有功的酋长葬具[2]。西山遗址附近及以西的聚落均体现出较强的军事职能，祭祀遗存及鹳鱼石斧图的发现还反映出原始宗教语境下军权与神权的交织。

仰韶中晚期是郑洛地区东、西部聚落群发展对抗的阶段。在以往的资料基础上，形成了在仰韶中期晚段至晚期阶段西部聚落群占据优势的认识。近年考古资料表明，该时期以郑州地区为核心的东部聚落群也已经形成了金字塔式的聚落结构体系。西山遗址附近及西侧规模各异的遗址，或多或少发现了象征阶级分化和带有军事色彩的遗存。该时期聚落大多修筑环壕，洛阳盆地东缘出现双槐树遗址这117万平方米的大型聚落，发现有三重环壕、居住区、墓葬区、陶器手工业作坊、大型夯土建筑基址等，无论其归属西部或东部聚落群，都是仰韶中晚期郑洛地区东、西部聚落群激烈对抗的产物。聚落的发展与对抗或许正是刺激社会阶级分化以及出现夯土基址、大型建筑的动因之一。

西山遗址东南侧的大河村遗址在近年发掘中发现有夯土城垣，但城垣两侧遗迹类别有异，可能系聚落内功能分区的界限，是否具备军事防御功能有待下一步工作验证[3]；东南侧稍远处的尚岗杨遗址除壕沟外暂无其他显示军事对抗的遗存发现。除壕沟外，大河村、尚岗杨等西山遗址以东的聚落显现出的军事对抗信息明显较少，军事防御态势明显不如西山以西的聚落紧张。

所以，西山城址作为仰韶中晚期兼具政治与军事职能的中心聚落应无问题，其他两个遗址也颇具特色。西山以西的青台遗址可能是西山城址与洛阳地区聚落群对抗的重要战略支点之一，体现出明显的神权与防御属性；而西山以东的大河村所处政治军事环境相对宽松，应系商贸聚落，是郑州地区与周边地区进行经济文化交流的重要孔道之一。

综上可知，我们选取郑州地区仰韶文化中晚期的西山遗址、青台、汪沟、大河村、

---

[1] 严文明：《仰韶文化研究》，文物出版社2009年版，第254页。
[2] 严文明：《〈鹳鱼石斧图〉跋》，《文物》1981年第12期。
[3] 郑州市文物考古研究院、大河村遗址博物馆、中国丝绸博物馆：《2019年郑州大河村遗址勘探和考古发掘情况汇报》，郑州市文物考古研究院内部资料2019年版。

尚岗杨等出土的农作、木作（建筑）石质生产工具作为主要研究对象经过了充分考量，它们既与农业生产、聚落营建有直接关联，又与郑洛地区聚落发展对抗的总体态势息息相关，是讨论社会复杂化的一个重要面向。

还有一点需要说明。在这些遗址中，西山遗址的石器标本基本涵盖了历次发掘出土的石器，农作、木作（建筑）石质工具达 500 多件。而青台遗址搜集到的相关石质工具仅 100 多件，大河村不到 100 件。通过长时间整理，我们发现西山遗址石器标本不仅数量最多，形态和保留下的痕迹还最丰富，能最大程度上反映聚落石器形态设计、成品生产、使用、再加工等一系列人类行为，在量化统计上具有最高的参考价值。所以，我们将其作为郑州地区仰韶中晚期石质工具形态、生产、使用、再加工等问题的最主要研究对象与论述依据，并适时结合相关遗址进行补充说明、对比分析以及综合论述。

### 三　研究意义

对郑州地区仰韶中晚期石质工具进行系统研究，至少具备以下几方面的学术意义。

第一，随着考古工作不断深入，郑州地区仰韶中晚期遗址不断被发现，积累了丰富的石器资料。本研究是对郑州地区仰韶中晚期石器资料的第一次系统整理，有助于在前人研究基础上进一步把握该时期郑州地区石质工具的组合、形制特点与整体面貌。

第二，虽然石器作坊尚未发现，但保留有生产、使用及再加工痕迹的石器标本，有助于进一步把握石质工具操作链的关键环节。石器形制、原料、生产、再加工等方面的信息可以综合反映各类石质工具生产的专业化程度，是该时期石器工业研究的重要内容。石器工业系郑州地区仰韶中晚期最重要的社会生产部门，关乎整个社会的经济发展与复杂化进程，可视作中原地区新石器时代社会经济研究的重要组成部分。

第三，各遗址石质工具所包含各方面讯息的异同将成为为我们揭示不同聚落等级、性质差异及其相互关系的重要切口。将石质工具放在郑洛地区仰韶中晚期聚落发展的历史语境中，或许可作为仰韶中晚期聚落体系发展以及社会复杂化进程研究的独特视角。

## 第二节　学术史考察

19 世纪末 20 世纪初，国外探险家在中国采集到了大量斧、凿等磨制石器，记载于相关著录中①。然而，自20世纪20年代开始，中国才正式发掘新石器时代遗址②，少数学者也才逐渐掌握发掘资料以开展石器研究，故本书从20世纪30年代开始梳理前人研究成果。又因中原腹地黄淮平原地理范围较小，难以全面展现前人新石器时代石质工具研究的成果，故本书将学术史考察的范围适当扩大到黄河中下游以河南为主的区域范围，以便更全面地把握仰韶石质生产工具的研究概貌，部分对新石器时代晚期石质工具有重要启示意义的跨区域研究也适当纳入。至于前人关于新石器时代石器研究理论与方法的思考，则不局限于特定时空范围。

## 一 肇始期：20世纪30—50年代

肇始期处于萌生阶段，包括零星的概述、单类器研究及国外研究介绍等内容。

林惠祥③、李济④介绍了黄河中下游地区出土的新石器时代石器。安志敏对石器时代磨制石器进行了综合性简论⑤，并对中国史前石刀进行了专门研究⑥。俊翻译了D.戈尔耶夫关于С·А·薛苗诺夫《史前时代的技术》的介绍，阐述了以痕迹分析来讨论石器制作工艺和使用方式的方法⑦。

值得注意的是，安志敏关于石刀的研究除类型谱系外，还关注到石料、制作及用途等石器研究的关键问题，成为单类石器研究的典范之作，石刀及其他单类石器的研究由此发轫。微痕分析法最早由苏联考古学家С·А·薛苗诺夫在20世纪30年代提出并实践⑧，其集大成之作在出版两年后就被介绍到中国⑨，此后微痕分析法影响到了少数国内学者。与西欧、北美20世纪60年代微痕分析法蓬勃发展的情况⑩相比，微痕分析的理论与实践在国内并未得到足够重视。

---

① 张弛：《新石器时代石器的研究》，载严文明编《中国考古学研究的世纪回顾·新石器时代考古卷》，科学出版社2008年版，第81页。
② 陈星灿：《中国史前考古学史研究（1895—1949）》，生活·读书·新知三联书店1997年版，第21、22页。
③ 林惠祥：《石器概说》，《厦门大学学报》1932年第2期。转引自张弛《新石器时代石器的研究》，严文明编《中国考古学研究的世纪回顾·新石器时代考古卷》，科学出版社2008年版，第81—91页。
④ 李济：《远古石器浅说》，"中央博物馆"筹备处."中央博物馆"筹备处第一次专题展览会论文，1943年。转引自张弛《新石器时代石器的研究》，载严文明编《中国考古学研究的世纪回顾·新石器时代考古卷》，科学出版社2008年版，第81—91页。
⑤ 安志敏：《石器略说》，《考古通讯》1955年第5期。
⑥ 安志敏：《中国古代的石刀》，《考古学报》1955年第10期。
⑦ D·戈尔耶夫著，俊译：《史前时代技术的研究》，《考古》，1959年第1期。
⑧ 崔启龙：《河南舞阳贾湖遗址石制品研究》，博士学位论文，中国科学技术大学，2018年。
⑨ D·戈尔耶夫著，俊译：《史前时代技术的研究》，《考古》1959年第1期。
⑩ 崔启龙：《河南舞阳贾湖遗址石制品研究》，博士学位论文，中国科学技术大学，2018年。

## 二 初步发展期：20世纪70—80年代

本阶段研究数量更多，内容更广，认识亦更深入，可大体分为以下几个方面的内容。

### （一）概述或简论

李仰松[①]、李恒贤[②]、陈文华[③]、曾骐[④]、宋兆麟[⑤]、范志文[⑥]等对新石器时代石质工具的分类定名、总体特征及发展脉络进行了概述或简论，不同程度涉及到河南地区出土的新石器时代石器。

### （二）单类器研究

傅宪国结合考古背景及使用方式讨论了石钺及相关装柄石器的定名与分类问题，对黄河中游、黄河下游、长江下游等区域石钺的发展演变序列进行了细致分析，并讨论了演变过程中石钺礼仪功能的转变以及石钺与铜钺的相互关系等问题[⑦]。王吉怀简要讨论了石刀、石镰的起源、应用与演变问题[⑧]。王仁湘对双肩石器的形态、分类、分布、起源、用途等进行了细致分析，其中包括对仰韶晚期至龙山时期石铲的研究[⑨]。杨肇清对河南新郑裴李岗、新密沟北岗等伏牛山脉东部边缘遗址锯齿石镰进行了研究，结合考古背景对锯齿石镰的出土环境、形态、工艺、用途等进行了初步分析，勾勒出石镰逐渐被陶刀、石刀所取代的发展脉络，并指出其可能存在一器多用（用于压印陶器坑点或篦点纹饰）的情况[⑩]。杨鸿勋指出新石器时代部分石斧端头或顶部有明显打击裂痕的"石斧"应是石楔最早的形态，至良渚文化时期已分化出专门用于纵向切断木材的石楔；另指出无段石锛中部分顶部存在明显打击痕迹的石锛应该是石偏铲，用于刮削板材表面[⑪]。杨氏立足于标本观察，十分敏锐地将石器细部的特殊痕迹与木材加工联系起来，十分有见地地考虑到部分石器可能由于木作生产的问题，具有较强的启示意义。

---

① 李仰松：《中国原始社会生产工具试探》《考古》1980年第6期。
② 李恒贤：《我省出土的古农具定名初探》，《江西历史文物》1981年第4期。
③ 陈文华：《试论我国农具史上的几个问题》，《考古学报》1981年第4期。
④ 曾骐：《我国新石器时代的生产工具综述》，《考古与文物》1985年5期。
⑤ 宋兆麟：《我国的原始农具》，《农业考古》1986年第1期。
⑥ 范志文：《仰韶文化时期的农业工具——锄耕农业工具的演变和应用》，《中国农史》1988年第3期。
⑦ 傅宪国：《试论中国新石器时代的石钺》，《考古》1985年第9期。
⑧ 王吉怀：《试论新石器时代的镰和刀》，《农业考古》1988年第2期。
⑨ 王仁湘：《关于我国新石器时代双肩石器的几个问题》，载四川大学博物馆、中国古代铜鼓研究学会编《南方民族考古（第一辑）》，四川大学出版社1987年版。
⑩ 杨肇清：《试析锯齿石镰》，《中原文物》1981年第2期。
⑪ 杨鸿勋：《石斧石楔辨——兼及石锛与石扁铲》，《考古与文物》1982年第1期。

(三) 综论性研究

20世纪70年代，佟柱臣以痕迹观察为主要研究方法，对龙山、仰韶石器工具的制作工艺进行了分析，对石器制作各个阶段所涉及的技术进行了分类，纵向考察了仰韶至龙山时期制作技术的变化，并注意到使用痕迹与制作痕迹之间的叠压关系①。该研究将考古文化脉络与石器生产演进紧密结合，一定程度上已经考虑到磨制石器生产的"操作链"问题，并开始有意辨别制作与使用痕迹的区别与联系。除了没有显微镜等科技手段的支持和模拟实验的检验，该文已经体现出磨制石器生产技术微痕观察的思考与实践，具有较强的前瞻性和启示意义。

20世纪80年代初期，佟氏利用微痕观察和力学分析，细致讨论了石斧、石锛、石铲、石刀、石镰等仰韶、龙山时期典型石质工具的使用方式②。该研究使用了立体显微镜进行微痕观察，是国内利用低倍法对新石器使用方式进行研究的早期实践。20世纪70、80年代是国外低倍法、高倍法流派互争长短的发展阶段，而且研究多集中于旧石器。由此观之，即使在全世界范围内，该文也是利用低倍法进行新石器研究的早期尝试。此后，佟柱臣对黄河中下游新石器时代工具的形制特征、演变谱系、分布范围、区域差异、数量变化、形制参数等进行了系统分析③。该研究资料翔实，是黄河中下游仰韶至龙山文化时期石器工具综合研究的典范之作，还敏锐地意识到形制参数和量化分析对于石器类型研究的参考价值，具有较强的启示作用。佟氏还结合考古出土带柄遗存，系统梳理了斧、锛、铲、镰、刀等复合工具的装柄和使用方式，并敏锐地意识到装柄与机械能运用的密切关联及其对后世工具制式的影响④。该研究对考古背景的把握翔实精准，并敏锐地意识到复合工具对于科技史和生产史的重要意义。

(四) 研究理论介绍

童恩正对石器微痕研究原理、历史及价值进行了介绍，区分开低倍法与高倍法所能具备的功能，并意识到模拟实验对于研究石器功能的重要意义⑤。张森水也介绍了国外微痕研究的理论⑥。汪宁生对民族考古学方法理论进行思考，并且付诸实践⑦。

---

① 佟柱臣：《仰韶、龙山工具的工艺研究》，《文物》1978年第11期。
② 佟柱臣：《仰韶、龙山文化的工具使用痕迹和力学上的研究》，《考古》1982年第6期。
③ 佟柱臣：《黄河中下游新石器时代工具的研究》，载佟柱臣著《中国东北地区和新石器时代考古论集》，文物出版社1989年版，第157—183页。
④ 佟柱臣：《中国新石器时代复合工具的研究》，载佟柱臣著《中国东北地区和新石器时代考古论集》，文物出版社1989年版，第184—206页。
⑤ 童恩正：《石器的微痕研究》，《史前研究》1983年第2期。
⑥ 张森水：《述评〈石器使用的试验鉴定——微磨损分析〉一书》，《人类学学报》1986年第4期。
⑦ 汪宁生：《试释几种石器的用途——民族考古学研究之一例》，载田昌五、石兴邦主编《中国原始文化论集》，文物出版社1989年版，第378—390页。

本阶段石器研究已经初步成型，主要体现在以下几个方面：

其一，在研究石器分类命名时已将文献、民族材料充分利用，认识到用途对于定名的影响，并且注意到一器多用的现象；概述与简论开始有意识地与区域生业形态结合起来，有意识地通过石质工具讨论农业社会的相关问题；严文明很早便指出交叉学科的重要性，将石质工具置于农业考古与农史研究交叉的重要位置，还从学科发展的角度论述了农业考古的价值意义和内容构架，认为创办《农业考古》反映了20世纪80年代新石器时代石质工具研究与农业研究结合的学术发展趋势①。

其二，单类器的研究内容、方法、视角等都体现出自身特点：第一，从内容看，研究所涉石器种类明显增多，专论石器用途的研究也明显增多。刀、斧、锛、有肩石器等受到较多关注，部分石器的研究开始引发争议。第二，从方法看，形态学研究更细致，能充分结合考古背景分析单类器的发展趋势、谱系源流与文化因素，对材料的理解更全面而又有所侧重；对使用方式的分析更加深入，除引用图像、民族材料外，与考古遗存、生业模式紧密结合，利用裸眼、相机、显微镜等进行痕迹分析，有针对性地运用其他学科知识，并开展模拟实验，同时注意到动植物遗存残留的重要价值，体现出明显的实证倾向和多学科意识；生产工艺的研究与微痕观察紧密结合，开始有意识地分辨生产与使用痕迹，并注意到刃部已损石质工具的再加工问题。第三，从视角看，在形态与谱系研究基础之上，更加注重考察石质工具在考古文化、生业模式、社会制度演变发展过程中所起到的作用，并且将其视作分析史前区域文化互动的线索，体现出较强的国际视野。此外，有学者从以往认为的农业、砍伐工具中辨识出用于木作的工具，反映出以石器用途为切口研究手工业分工的问题意识。

其三，出现专门从事新石器时代磨制石器研究的学者，尤以佟柱臣为代表。佟柱臣奠定了在考古文化序列下分析石器形态演变和区域差异的基础，并将传统研究手段融会贯通，与多学科手段紧密结合，具备较高的学术敏感度。佟氏本阶段的研究为此后的集大成之作夯实了基础。

其四，对国外微痕研究理论方法的介绍更加深入，开始探索民族考古的方法理论。

总之，本阶段继承了前一阶段的扎实学风和传统，将石器形态、文化因素、文化背景、生业模式、古代文献、民族调查等方法紧密结合，形成了以传统考古为抓手、多学科融会贯通的研究思路，体现出明显的实证主义倾向、综合研究特点与广阔学术视野。

## 三　深化过渡期：20世纪90年代至21世纪初

本阶段在初步发展期的基础上循序渐进，研究的内容与手段进一步深化发展，为

---

① 严文明：《农业考古与现代考古学》，《农业考古》1984年第2期。

21世纪新石器时代石质工具研究的繁荣埋下了伏笔。主要研究大体可分以下几个方面。

（一）概述

杨肇清概述了河南舞阳贾湖遗址出土仰韶时期石质工具的基本情况①。

（二）单类器研究

刘壮已对古代石耜的形制定名、演变谱系、分布特点、使用方法等进行了研究②。杨生民对我国新石器时代石犁的发现、形制、年代、使用及其对于农业发展的意义进行了简要分析③。王吉怀对史前凸形石器（有肩石铲、有肩石斧为主）的定名、使用、分布、演变等进行了专门研究④。前述研究都不同程度涉及黄河中下游中原地区新石器时代晚期或仰韶时期石铲的研究。

（三）综论性研究

佟柱臣对黄河流域中下游新石器时代石质生产工具的类型、谱系、生产、使用等进行了系统研究，初步搭建了中原地区新石器时代石器工业的时空框架，揭示了该区域石器工业的特点⑤。

（四）专题类研究

集中在石器生产的石料来源与方式。李容全等对河南舞阳贾湖遗址出土的岩石、矿物等标本进行鉴定，并且结合聚落周围的环境集中讨论遗址石器石料产地及方式等问题⑥。

（五）研究理论、方法的介绍与实践

汪海宁翻译介绍了实验考古研究的背景、内容、作用与价值⑦。侯亚梅对微痕观察、盲测实验的研究历程、实验手段进行了介绍、实践⑧。傅正初对成都方池街遗址磨制石器的形态、技术进行了研究，并且对低倍法微痕分析、模拟实验等方法进行了实践，对该遗址出土石器的使用和功能问题进行了专门探讨⑨。朱晓东通过低倍法微痕分析，对赵宝沟遗址磨制石器的用途进行了研究⑩。郭晓晖对国内几十年新石器的研究现

---

① 杨肇清：《河南舞阳贾湖遗址生产工具的初步研究》，《农业考古》1998年第1期。
② 刘壮已：《中国古代的石耜》，《农业考古》1991年第1期。
③ 杨生民：《中国新石器时代的石犁试探》，《首都师范大学学报》（社会科学版）1996年第1期。
④ 王吉怀：《凸形石器考》，《农业考古》1995年第3期。
⑤ 佟柱臣：《中国新石器研究》，巴蜀书社1998年版，第211—369页。
⑥ 河南省文物考古研究所编著：《舞阳贾湖（下卷）》，科学出版社1999年版，第820—824页。
⑦ [英]约翰·科勒斯著，汪海宁译：《实验考古学的功能》，《东南文化》1990年第1期。
⑧ 侯亚梅：《石制品微磨痕分析的实验性研究》，《人类学学报》1992年第3期。
⑨ 傅正初：《成都方池街蜀文化遗址出土石器的微痕研究》，载四川大学博物馆、中国古代铜鼓研究学会编《南方民族考古（第五辑）》，四川大学科学技术出版社1993年版。
⑩ 朱晓东：《赵宝沟聚落遗址石器的微痕观察》，载中国社会科学院考古研究所编《敖汉赵宝沟——新石器时代聚落》，中国大百科全书出版社1997年版，第238—243页。

状进行了准确剖析，敏锐地意识到旧石器时代"操作链"概念及其田野发掘记录方法对于磨制石器发掘和研究的重要借鉴意义，注意到除微痕观察、模拟实验之外残留物分析对于石器功能研究的重要性，指出中国磨制石器研究中民族志调查的薄弱状况及其存在的问题，并重视起石器岩性研究与史前文化交流的密切关联[①]。该研究是国内较早发表的结合国外旧石器、人类学理论来讨论我国磨制石器研究现状及理论方法的专门论文，是磨制石器研究方法的一次有益反思。

本阶段是前一阶段的延续发展，在部分研究内容、方法上表现出深化的态势。主要体现在以下几个方面。

其一，概述性研究逐渐聚焦于特定区域和遗址，体现出更强的针对性。

其二，佟柱臣完成了新石器研究的集大成之作《中国新石器研究》。该专著内容翔实、方法多样、视角宏大，继承并发扬了中国新石器时代磨制石器研究的优良传统，有选择地吸纳国外研究方法，完成了大量奠基性工作，可以视作代表20世纪中国新石器研究最高水准的最突出成就，同时也是石器研究在考古学文化区系类型理论[②]中的重要实践。

其三，原料开采的问题受到关注，越来越关注聚落石料种类和周边自然环境的关系，开始具备资源域研究的意识。

其四，关于国外旧石器微痕分析、模拟实验等研究手段的理论与实践介绍越发系统。更为重要的是，学界开始以国内研究为中心，结合国外研究手段，对中国新石器时代磨制石器的研究理论和方法进行反思。与此同时，微痕分析、模拟实验等手段运用到新石器时代磨制石器的功能研究中，开始就实验步骤、观察记录等内容制定了相应的科学规范。当然，相比国外，国内微痕研究仍较薄弱。

## 四 逐步繁荣阶段：21世纪初至今

经过几十年的资料积淀与研究探索，新石器时代石质工具的研究体现出更为深入和专门的特点，展现出日渐繁荣的景象。大体可分为以下几个方面。

（一）概述或简论

钱耀鹏从旧石器时代晚期的文化进步与技术需求、磨制石器的产生及基本类型、新石器时代以来相关文化现象的启示、磨制石器基本类型的功能与意义等几个方面，讨论了磨制石器的起源这一关键学术问题，指出"磨制石器的发生是以房屋建筑为核心的木作加工技术需求而导致的"[③]。陈虹等从原料角度对中国磨制石器出现及发展的

---

① 郭晓晖：《型式学之外——磨制石器的研究应当加强》，《农业考古》1996年第3期。
② 苏秉琦、殷玮璋：《关于考古学文化的区系类型问题》，《文物》1981年第5期。
③ 钱耀鹏：《略论磨制石器的起源及其基本类型》，《考古》2004年第12期。

动因进行了讨论，从原料选择及环境适应角度理解磨制石器的起源①。陈宥成、曲彤丽在旧大陆东西方比较视野下讨论了磨制石器的起源问题，指出了磨制石器起源的区域差异②。前述研究虽不直接涉及具体石质工具的微观研究，但为新石器时代磨制石质工具的发生发展勾勒了宏观的历史图景。

（二）单类（组合）器研究

来茵在舞阳贾湖遗址生产工具细致的分期研究基础上，结合相关遗存资料，对贾湖遗址经济结构的演变进行了较为扎实的分析③。该研究在传统器物研究基础上，紧密结合动植物、环境遗存及相关研究成果研究经济结构变迁，既继承了前人扎实的学术传统，又注意到科技分析所能提供的遗存信息。来茵等对舞阳贾湖遗址生产工具的组合、数量、形制及其所反映的经济形态进行了较为系统的分析④。崔启龙对河南舞阳贾湖遗址石质工具的分类特征、技术工艺、原料来源、使用功能进行了细致而系统的研究，进而结合相关遗存对贾湖遗址石器工业进行了比较研究⑤。该研究的谋篇布局和方法运用以内容为中心，具有很强的问题意识。从内容上讲，全面系统而扎实深入，通过考古背景、形态分析、石器生产、使用功能等来考察石器工业。从方法上讲，灵活运用微痕分析、模拟实验、残留物分析、岩相观察等科技手段来进行相关内容研究。总体上结构合理，逻辑清晰，又不拘泥刻板，体现出对考古背景、考古材料、科技手段的良好把握。

李喆对渭水流域新石器时代石刀的发现、分类、分期、分区、功能、意义进行了研究⑥。杨菽对渭河流域史前石斧的发现、类型、演变、用途及社会意义进行了分析，指出其应具有农具、武器、礼器等三种功能⑦。王吉怀通过与石斧比较，对石楔的形制特点、使用方式进行了细致分析，并结合考古出土建筑遗存考证了石楔作为建筑工具的必要性和重要意义⑧。肖宇对史前石锛的类型与使用功能、演变与木作技术、分布与建筑形态进行了系统而深入的考察，结合考古背景、民族资料、科技分析成果对其建筑意义进行了简明扼要的阐释⑨。该研究在前人基础上，以石锛为切口，对木作工具进行了进一步的深入研究，体现出广阔的学术视野、独到的学术视角、综合的研究方法和突出的问题意识。

---

① 陈虹、刘吉颖、汪俊：《从原料角度探讨中国磨制石器出现及发展的动因》，《考古》2017年第10期。
② 陈宥成、曲彤丽：《旧大陆东西方比较视野下磨制石器起源探讨》，《考古》2020年第10期。
③ 来茵：《舞阳贾湖遗址生产工具分期研究》，硕士学位论文，中国科学技术大学，2009年。
④ 来茵、张居中、尹若春：《舞阳贾湖遗址生产工具及其所反映的经济形态分析》，《中原文物》2009年第2期。
⑤ 崔启龙：《河南舞阳贾湖遗址石制品研究》，博士学位论文，中国科学技术大学，2018年。
⑥ 李喆：《试论我国新石器时代渭水流域的石刀》，硕士学位论文，西北大学，2011年。
⑦ 杨菽：《渭河流域史前石斧的初步研究》，《华夏考古》2008年第3期。
⑧ 王吉怀：《史前遗存中生产工具与建筑工具的比较研究》，《考古与文物》2000年第6期。
⑨ 肖宇：《史前石锛及其建筑意义考察》，《中国国家博物馆馆刊》2020年第1期。

### (三) 单类 (组合) 器功能与使用方式研究

罗二虎将考古与民族材料紧密结合,对古代系绳石刀的使用方法和功能用途进行了翔实的论述,并讨论了民族考古学的相关问题①。该研究系为数不多的结合具体石器功能研究案例来思考民族考古学理论方法的论文。周昕对斧、锛、凿的用途进行了简析,指出其为农业生产工具②。肖宇以出土带柄石锛为基础,结合安柄形态、使用痕迹、民族志材料、近现代木工工具及科技分析结果,对石锛的使用、功能及意义进行了细致研究,深化了其对木资源开发利用及作为木工工具的认识③。

### (四) 单类 (组合) 器反映的社会礼仪研究

钱耀鹏对古代斧钺的用途与功能、名称与分类、随葬现象、斧钺与王权、斧钺制度与王权政治、宗教意义的关系进行了系统深入的研究④。该研究将考古背景、文献记载、民族调查、国外资料紧密结合,逻辑清晰、视角独到地论述了斧钺与古代王权、礼制、宗教之间的关联,是体现考古综合研究传统的典范之作。许鹏飞紧密结合出土环境及考古背景,对玉石钺代表的军权意义的起源与发展进行了研究⑤。李艳红、张居中对非实用性石铲、石钺的发现以及礼仪用铲、礼仪用钺的功能进行了分析,并由此讨论了生产工具分化的相关问题⑥。

### (五) 以微痕分析、模拟实验、残留物分析等科技实验手段为主的研究⑦

唐桂桃对河南巩义花地嘴遗址出土石刀表面植物微体遗存分析,进而讨论了石刀的功能和对植物资源的利用问题⑧。王强等对河南博爱西金城遗址石刀、石铲及陶器上残存淀粉粒进行了系统严谨的分析,进而讨论了古人类植食性食谱及四千年前麦作农业等相关问题⑨。赵键对沟湾遗址出土石器进行了系统的淀粉粒残留物分析,在污染判别、样品提取、实验观察等步骤的记录方面十分细致严谨,并讨论了沟湾遗址仰韶至

---

① 罗二虎、李飞:《论古代系绳石刀的功能》,载北京大学考古文博学院、北京大学中国考古学研究中心编《考古学研究 (十)》,科学出版社2012年版。第27—35页。

② 周昕:《原始农具斧、锛、凿及其属性的变化》,《农业考古》2004年第3期。

③ 肖宇:《再论石锛的安柄与使用——从出土带柄石锛谈起》,《农业考古》2016年第4期。

④ 钱耀鹏:《中国古代斧钺制度的初步研究》,《考古学报》2009年第1期。

⑤ 许鹏飞:《钺代表的军权意义的起源与发展》,《考古》2018年第1期。

⑥ 李艳红、张居中:《浅析新石器时代生产工具中的"仪式用斧"问题——兼论生产工具功能的分化》,《东南文化》2009年第2期。

⑦ 本节以研究手段设置,在内容上或与其他小节重合,但进入21世纪以来,科技实验研究手段应用广泛,形成了较明显的学术特点,故专设之。

⑧ 唐桂桃:《河南巩义花地嘴遗址出土石刀表面植物微体遗存分析》,硕士学位论文,厦门大学,2018年。

⑨ 王强、王青、李明启:《河南博爱西金城遗址石器及陶器上残存淀粉粒反映的古人类植食性食谱——四千年前的麦作农业》,《中国农史》2015年第5期。

石家河文化时期对植物的利用及汉水中游新石器时代晚期的生业经济问题①。该研究实验操作严谨，专门注意到样品污染的判别问题。

崔启龙等结合模拟实验与微痕分析（高倍法），对河南舞阳贾湖遗址出土石锛、石凿、石铲的功能进行了分析②。刘莉等结合微痕观察（高倍法）和残留物分析（淀粉粒、植硅体），对河南偃师灰嘴遗址新石器时代和二里头文化时期工具（以刀、镰为主）的功能进行了分析，进而讨论了这一时期生业经济模式的变化特征③。陈虹等在丁家村遗址磨制石器的研究中将高低倍微痕观察结合起来，讨论石刀、石镰、石铲、石斧等工具的功能及其所指示的生业形态。该遗址虽为长江下游青铜时代遗址，但其研究方法与视角对于本研究有较大的参考价值（陈虹等，2021）。

李永强对环玦类石制品扩孔工艺进行了模拟实验，进而支持"环砥石"作为生产工具用于石器钻、扩孔的认识（李永强，2015）。该研究模拟实验清楚，对出土材料的把握翔实，故而得出的结论也更令人信服。崔天兴、张建对磨制（玉）石器定孔工艺进行了模拟实验，指出琢制和划孔是直接把工具作用于加工对象上，而管钻孔和锥钻孔则需要把钻孔工具固定在目标位置，外置引孔工艺技术是非常有效率的一种磨制石器定孔工艺程序④。

（六）原料产地研究

李海祥等对邯郸百家村仰韶石器石环加工场遗址出土标本进行了细致描述，并对其加工技术进行了初步分析⑤。陈星灿以灰嘴遗址出土石器遗存为基础，对石料初步加工及采集进行了资源域调研分析，进而简要讨论了早期国家石器工业的相关问题⑥。

（七）研究理论与方法的介绍、实践与反思

钱益汇就磨制石器形态的分类原则和术语界定进行了讨论⑦。黄可佳尝试对磨制石器的量化描述及分类法进行理论和实践分析⑧。贾昌明对田野考古绘图中新石器时代磨

---

① 赵键：《沟湾遗址出土石器的淀粉粒残留物分析》，硕士学位论文，郑州大学，2018年。
② 崔启龙、张居中、杨玉璋、孙亚男：《河南舞阳贾湖遗址出土石器的微痕分析》，《人类学学报》2017年第4期。
③ 刘莉、[美]Maureece J. Levin、陈星灿、李永强：《河南偃师灰嘴遗址新石器时代和二里头文化时期工具残留物及微痕分析》，《中原文物》2018年第6期。
④ 崔天兴、张建：《磨制（玉）石器定孔工艺的实验考古研究》，《华夏考古》2017年第4期。
⑤ 李海祥、赵传湘、林海慧：《新石器时代石环加工初探》，《文物春秋》2010年第2期。
⑥ 陈星灿：《从灰嘴发掘看中国早期国家的石器工业》，载中国社会科学院考古研究所、瑞典国家遗产委员会考古研究所编《中国考古学与瑞典考古学：第一届中瑞考古学论坛文集》科学出版社2006年版，第51—61页。
⑦ 钱益汇：《磨制石器类型学的分类原则与术语界定——以大辛庄商代石器为例》，《考古与文物》2010年第1期。
⑧ 黄可佳：《磨制石器的量化分类方法初探——以中锋端刃器的分类为例》，载山东大学文化遗产研究院编《东方考古（第13集）》，科学出版社2016年版，第101—112页。

制石器形态的表现进行了探索①。

罗二虎通过石刀案例讨论了"民族考古学"的理论与方法问题②。

高星、沈辰对微痕研究的发展历程、在中国考古的应用与前景、考古实验的理论、方法与实践进行了全面的阐释,并于"2004年微痕班"中推进了一系列打制石器模拟实验与微痕分析的学习与实践③。王小庆系统概述了石制品使用痕迹观察的理论、方法、历史与现状,并较早在兴隆洼、赵宝沟等新石器时代遗址的石器研究中进行实践④;沈辰、陈淳介绍了国外微痕分析的高低倍法之争,并谈到了其在中国的尝试与实践⑤。谢礼晔介绍了微痕分析在新石器时代磨制石器功能研究中的实践⑥。翟少冬分析了石器岩性对微痕形态的影响⑦。崔天兴介绍了微痕分析中印模材料及相关技术的运用⑧。蔡述亮对石器微痕研究的发展历程、存在的问题及磨制石器研究的设想进行了不同程度分析⑨。孙建、刘俊男以昆山遗址出土犁形石器的微痕分析为例,指出微痕分析在考古研究中应注意的问题,尤其是模拟实验与石器使用历史环境的适应问题,应尽量减少模拟实验与微痕分析的主观性与盲目性⑩。张言对石器微痕分析的起源、国内外发展概况、研究现状及发展趋势进行了细致梳理⑪。

陈虹、沈辰对"操作链"研究的历史与定义、内涵与方法、实践与效果、其他相似概念进行了介绍,是系统介绍国外"操作链"研究的论文⑫。方梦霞、陈虹对淀粉粒分析在国内石器研究中的应用进行了梳理,并结合相关理论与实践指出淀粉粒与微痕分析相互助益的关系⑬。李英华等对技术—功能分析法的理论进行了介绍,并运用技术—功能分析法对观音洞遗址出土石制品进行了细致研究⑭。该方法强调对石制品加工阶段的技术研究,并通过刃部形态的差异进行量化分类,进而讨论技术差异可能包含的

---

① 贾昌明:《磨制石器及相关石制品的表面形态与绘图》,《南方文物》2012年第4期。
② 罗二虎、李飞:《论古代系绳石刀的功能》,《考古学研究(十)》,科学出版社2016年版。
③ 高星、沈辰主编:《石器微痕分析的考古学实验研究》,科学出版社2008年版。
④ 王小庆:《石器使用痕迹显微观察的研究》,文物出版社2008年版。
⑤ 沈辰、陈淳:《微痕研究(低倍法)的探索与实践》,《考古》2001年第7期。
⑥ 谢礼晔:《微痕分析在磨制石器功能研究中的初步尝试》,《中国文物报》2005年11月25日第7版。
⑦ 翟少冬:《浅谈石料对石器微痕形态的影响》,《南方文物》2018年第3期。
⑧ 崔天兴:《石器微痕分析中的印模材料及技术》,《中国文物报》2017年08月25日第7版。
⑨ 蔡述亮:《对石器微痕分析的几点思考》,《四川文物》2011年第5期。
⑩ 孙建、刘俊男:《微痕分析在考古研究中应注意的问题——以昆山遗址出土犁形石器的微痕分析为例》,《四川文物》2015年第6期。
⑪ 张言:《石器微痕分析研究的回顾与前瞻》,硕士学位论文,吉林大学,2016年。
⑫ 陈虹、沈辰:《石器研究中"操作链"的概念、内涵及应用》,《人类学学报》2009年第2期。
⑬ 方梦霞、陈虹:《淀粉粒分析在石制品功能研究中的应用与思考》,《草原文物》2015年第2期。
⑭ 李英华、包爱丽、侯亚梅:《石器研究的新视角:技术—功能分析法》,《考古》2011年第9期。

预设功能。贾昌明通过可利用性与可能性论述了论磨制石器工业的资源问题，并指出生产型遗址对于研究的重要意义①。

关莹、陈虹等对［美］George H. Odell 的专著《破译史前人类的技术与行为：石制品分析》进行了翻译②。张经纬等对［美］Marshall Sahlins1972 年出版的专著《石器时代经济学》进行了翻译③，陈虹、潘艳翻译介绍了［加］Brian Hayden 对石斧再修锐技术的研究④，潘艳翻译介绍了［加］Brian Hayden 对磨制生产工具与生业模式转变关联的研究⑤。

（八）新石器时代石器研究学术史考察

张弛回顾了 20 世纪中国新石器时代石器的发现、发掘、整理与研究历程⑥。黄可佳对国内磨制石器研究的方法和现状进行了梳理与剖析⑦。钱益汇对国内外磨制石器的主要研究进行了介绍，对济南大辛庄出土商代石器的分类（石坯、成品、废料）、生产与使用（微痕观察）进行了细致研究，进而提出了关于磨制石器研究的思考⑧。崔启龙针对国内外石器的主要研究成果进行了梳理和分析⑨。焦天龙对波利尼西亚出土石锛的研究进行了回顾与评述⑩、黄建秋对国外石斧、石锛的研究进行了回顾与分析⑪。肖宇、钱耀鹏对中国史前石锛研究进行了回顾与述评⑫。周振宇概述了国内石器研究中实验考古的发展历程⑬。方梦霞、陈虹剖析了淀粉粒分析的研究现状⑭。阎毓民简要介绍了仰韶文化生产工具的研究现状⑮。

---

① 贾昌明：《论磨制石器工业的资源问题》，《南方文物》2013 年第 2 期。
② ［美］George H. Odell 著，关莹、陈虹译，高星、沈辰审校：《破译史前人类的技术与行为：石制品分析》，生活·读书·新知三联书店 2015 年版。
③ ［美］Marshall Sahlins 著，张经纬、郑少雄、张帆译：《石器时代经济学》，生活·读书·新知三联书店 2019 年版。
④ ［加］Brian Hayden 著，陈虹、潘艳译，陈淳校：《从砍斫器到石斧：再修锐技术的演进》，《南方文物》2008 年第 3 期。
⑤ ［加］Brian Hayden 著，潘艳译：《西南亚磨制石器工具与狩猎采集者的生存：向农业过渡的含义》，《南方文物》2009 年第 1 期。
⑥ 张弛：《新石器时代石器的研究》，载严文明编《中国考古学研究的世纪回顾·新石器时代考古卷》，科学出版社 2008 年版，第 81—91 页。
⑦ 黄可佳：《国内磨制石器的研究方法和现状分析》，《文物春秋》2015 年第 1 期。
⑧ 钱益汇：《济南大辛庄遗址出土商代石器的生产与使用研究》，博士学位论文，山东大学，2005 年。
⑨ 崔启龙：《河南舞阳贾湖遗址石制品研究》，博士学位论文，中国科学技术大学，2018 年。
⑩ 焦天龙：《波利尼西亚考古学中的石锛研究》，《考古》2003 年第 1 期。
⑪ 黄建秋：《国外磨制石斧石锛研究述评》，《东南文化》2010 年第 2 期。
⑫ 肖宇、钱耀鹏：《中国史前石锛研究述评》，《南方文物》2015 年第 2 期。
⑬ 周振宇：《中国石器实验考古研究概述》，《考古》2020 年第 6 期。
⑭ 方梦霞、陈虹：《淀粉粒分析在石制品功能研究中的应用与思考》，《草原文物》2015 年第 2 期。
⑮ 阎毓民：《仰韶文化生产工具研究现状》，《史前研究》2002 年。

本阶段在前一阶段的基础上进一步拓展，大部分内容体现出更加专门和更加深入的态势，问题意识和方法选用也体现出一定特色。主要体现在下列几个方面。

其一，概述或简论研究进一步聚焦于某一重要考古文化，综论性研究充分关注到新石器时代磨制石器的起源问题。

其二，单类（组合）器研究的视角广阔，层次丰富，透物见人的问题意识突出，越发重视新石器时代石器背后所指征的礼仪制度、生业形态及社会演进等问题。除类型谱系、生产技术、使用功能等基础面向，还有意识地分析石器与自然或人文环境的互动关系，从中勾勒新石器在社会生产及等级分化进程中所扮演的角色。这种问题意识是对前人的继承和发展，体现出比较明显的师承与团队特点。如钱耀鹏重视石斧、石钺等包含的礼仪制度意义，其徒肖宇亦通过石锛来考察木作工具所包含的建筑意义；又如张居中及其徒崔启龙等均十分注意新石器形制变化与农业生产、自然环境的相互作用。这些都表明磨制石器是讨论新石器时代生业形态及社会演进的载体。此外，研究选题逐渐聚焦在特定区域或遗址，专门的石器功能研究也明显增多。

其三，石器研究的内容越来越精细，科技实验方法的应用明显变多。将微痕分析、模拟实验、残留物分析等方法相结合以研究生产与使用技术的论著明显增多，尤以新石器时代石质工具的用途研究最典型。

这种现象并非不突兀。国内学界一直注意推介国外石器研究理论和技术，随着新世纪国内外交流越发频繁，各种实验方法的引入与实践更加方便。更为重要的是，微痕分析、模拟实验及残留物分析等能为石器生产技术和使用功能研究提供客观信息，符合国内新石器时代石器研究的综合传统、实证倾向和开放特点。所以，这几种方法才能迅速发展起来，成为21世纪头20年新石器时代石器研究最显著的特点之一。

其四，石料产地的研究更深入。石器制造场逐渐被纳入石料开采与初加工的研究中，石料来源问题受到越来越多的关注。岩相分析、成分检测科技手段使岩性鉴定更精准，成为石料产源与方式研究的重要条件。石器加工受到重视，"操作链"理念逐渐被引入生产技术的研究。

其五，国外理论方法的翻译、推介更丰富，学者们在实践中反思，有意识地结合以往研究传统来讨论新石器时代石器的研究方法。国外研究译著明显增多，除理论方法著作外，还出现具体个案研究，社会学、人类学译著也开始问世。操作链的概念、认识与方法被更广泛地运用于磨制石器的加工、使用、废弃等环节的研究中，对构建石器工业体系起到了不同程度的作用。需要注意的是，经过几十年的实践，学者们又重新关注起石器绘图、类型、参数、描述、统计等基础研究面向。这既是一种传承，又是推进新石器研究理论方法中国化的有益尝试。

其六，研究综述、现状分析以及学术史考察等方面的研究逐渐受到重视，这是以往少见的。虽然新石器研究还算不上考古"显学"，学术史梳理、研究述评、现状剖析等也多源自学者本人研究方向。但是，这依然为我们把握中国新石器研究的发展历程与理论方法等打下了良好基础，反映出学术界对促进新石器时代石器研究发展的希冀与思考。

总之，21世纪以来的河南地区新石器研究展现出更全面和深入的特点，论文数量明显增多，新石器研究在考古学科中的地位逐渐重要起来。新石器研究的实证与综合倾向体现得更明显。首先，仍然保持对石器形态演变与考古文化背景的重视。在石器使用和功能的讨论中尤其重视石器表面痕迹的重要作用，还将微痕观察与模拟实验、残留物分析有机结合，共同作为石器使用方式和作用对象的证据。这些都是实证倾向的具体体现。其次，多学科交叉的势头越发明显。在人文科学领域，民族志、古文献的运用十分普遍；在自然科学领域，物相观察、成分检测、环境分析等方法的运用也已成熟。此外，3D扫描和数据库等应用科学也逐步进入学者的视野。

然而，兴盛的同时也存在隐忧。首先，以传统综合研究手段进行透物见人的研究明显偏少，跨区域的大视野研究更是罕见。这反映出综合研究传统日渐衰弱态势，而以科技实验方法为主导的"科学化"研究占据主流。那么，前辈们数十年打下的研究传统该如何继承发展？很是值得深思的问题。其次，如力学分析等20世纪80、90年代便运用于新石器使用方式研究并展现出有益作用的科学方法似乎已被遗忘。类似方法不止这一个，它们应与微痕观察、模拟实验和残留物分析等方法享有同样的地位。于情于理，无论科技方法运用得多广泛，前人几十年艰辛探索出来的研究传统都不应该淡出21世纪的视野。

## 第三节 研究内容与目标

### 一 研究内容

本研究主要内容包括以下几个方面。

第一，形态学考察。通过对石器种类与形制类型的基础研究，把握仰韶中晚期郑州地区石质生产工具的整体面貌和形制特征，以加强对郑州地区仰韶文化石器面貌的把握。类型学研究与形制参数分析还是把握石器类型多样化与统一性的主要内容，作为石器生产专业化的指征之一。

第二，生产技术考察。通过石质工具的原料类型及产地来源分析，把握各类工具对石料的选择倾向及获取方式，尝试讨论聚落石器生产的资源域问题。通过生产技术的微痕观察，尽量归纳各类石器的关键生产环节，以期复原石质工具的生产链条。在此基础上归纳不同聚落石质工具生产的异同特征，结合石器类型考察石器形态与生产技术的关联。这些都是研究石器生产专业化的重要内容，作为专业化生产的指征之二。

第三，使用与再加工考察。结合前人研究归纳石质工具主要使用方式，着重对部分以往未受到关注的生产工具进行研究。通过部分工具的痕迹观察、类别数量及出土背景等方面讯息讨论可能存在的其他使用方式，并讨论其与农业生产、聚落营建的关系。对再加工的技术特征、数量分布等进行详细分析，讨论成品生产技术与使用后再加工技术的异同，借此讨论技术背后所反映的手工业组织结构及其所指示的人群差异，作为石器生产专业化的指征之三。值得注意的是，再加工的问题并未引起前人重视，而其与前几部分相互配合，是区分石器生产人群及使用人群的线索，可在一定程度上达到透物见人的目的。

第四，在石质工具类型、生产、使用及再加工等研究基础上，凝练石质工具专业化生产的表现形式与时代意义。通过不同聚落各类工具数量、类别、生产、功能等信息的对比，讨论石质工具在聚落（尤其是高等级聚落）发展过程中的重要作用，进而尝试讨论石质生产工具在仰韶中晚期郑洛地区东、西部聚落群对抗发展的历史语境下所扮演的角色。

## 二 研究目标

本研究主要包括以下几个目标。

第一，整体把握郑州地区仰韶中晚期石质生产工具的组合、形态特征及其反映的石器标准化程度。

第二，把握石质工具原料选取的倾向性特征、部分关键的加工环节以及生产技术与石器类型的对应关系，在此基础上把握郑州地区仰韶中晚期石器工业的生产专业化水平及生产体系的内部差异。

第三，把握石质工具的主要功用和部分可能以往并未注意到的使用功能，结合形态、生产及相关文化背景讨论其在农业生产、聚落营建中的作用，并系统揭示石质工具的再加工现象及其指示的人群讯息。

第四，凝练仰韶中晚期各类石质工具专业化生产水平的表现形式与时代意义，揭示石质生产工具在不同类型聚落中所起到的作用，进而勾勒石质工具在仰韶中晚期郑洛聚落群对抗发展及社会复杂化进程中所扮演的角色。

## 第四节 研究方法

### 一 考古学方法

（一）考古学文化背景分析

考古学文化背景是把握石器面貌、手工业生产的基础，包括宏观与微观两个面向。宏观背景包括石器所处考古学文化的自然环境、历史语境及其与周边文化的相互关系，是把握石器生产在聚落营建和社会发展中起到何种作用的必要背景支撑。微观考古背景的内容相对具体而细致。出土石器的遗迹单位，该单位处于怎样的功能分区，是否存在石器制作场所或使用场所的痕迹，石器在房址、墓葬、窖穴等遗迹中摆放的位置，同一遗迹单位中石器与其他遗物的关系，石器遗存与周边其他遗存的关系，以及可能保留下的生产加工或使用痕迹等，都是需要关注的信息。这些细节不易被关注或保存，如果能在发掘研究过程中对上述现象予以足够重视，对深入研究是弥足珍贵的。

（二）类型学及形制参数分析

类型学是中国考古学研究最成熟的方法之一，也是石器研究的重要研究手段，可以系统而有针对性地揭示石器面貌，准确把握石器的种类、组合及形制特征。石器与各种生产活动关系密切，其形态版型设计与生产加工技术关系密切，蕴含着丰富信息，是把握古代社会生产力水平的重要载体。

20世纪80年代，佟柱臣就借助形制参数分析来揭示石器的形态特征，与类型划分所呈现的石器演变脉络相互验证。21世纪以来，形制参数分析越来越多地被用于客观呈现石器形态，其与类型学分析有机结合是新时代背景下对中国石器考古形态学研究方法的承续与深化。一方面，形制参数分析是客观量化结果，其与类型学的结合可以较大程度上改善石器类型划分的主观随意性；另一方面，系统的类型学分析仍然是把握考古学文化序列中石器组合、形态特征的必要手段。

此外，石器类型学研究的出发点早已不再局限于形态和年代的划分，而更多着眼于要解决的考古问题。诸如跨区域文化交流、生业模式变迁、建筑营建技术、社会等级分化等，都逐渐成为石器类型学分析后进一步关注的重要研究目的。

（三）操作链分析

"操作链""动态类型学"[1] "技术类型学"[2] 等概念和理论的引入，使得学界越发

---

[1] 盖培：《阳原石核的动态类型学研究及其工艺思想分析》，《人类学学报》1984年第3期。

[2] 沈辰：《山东旧石器晚期石器工业传统的多样性与复杂性——类型学研究》，载山东大学东方考古研究中心编《东方考古（第1集）》，科学出版社2004年版。

重视石器的生产过程，逐渐关注到每个生产、使用或废弃环节所展现的技术特征及前后环节的联系，进而尽可能地揭示操作链的本来面貌。"操作链"是从旧石器考古研究中引入的概念，将原料采办、生产制作、使用、维修与废弃视为石器生产的操作序列，并结合思维运作与技术表现对石器工业进行系统研究①。新石器时代石器制作从开采原料起，石料岩性及成分会在一定程度上反映产地信息，后来如打制、琢制、造刃、穿孔等工序又会反映加工特点，然后还有流通、使用、损坏、再加工、废弃等一连串的事情，所以按照这个链条从头到尾考虑到，才算把石器蕴含的历史信息尽可能全面提取出来。

加工、使用环节的认定及其特征揭示离不开类型学及形制参数分析，将石器生命周期各个位置的静态类型叠加整合，才能反映整个链条的动态类型特征。所以，静态类型学与动态类型学不是对立关系，而是量变引发质变、关键部分带动整体的关系，不能一味否定静态类型学的作用。

随着社会复杂化加剧，新石器时代生产技术、聚落形态、人地关系等都与旧石器时代存在明显差异。旧石器时代考古可以通过石制品拼合反映石器各个技术工序，而新石器时代遗址中类似遗存则十分罕见。目前所构建的部分生产链条大多只能满足某一考古文化或时期的共时性，选取的标本也只是同类产品中处于特定生产或使用阶段的不同个体。所以，新石器"操作链"研究存在较明显的自身的特点：坯料或半成品相对较少，体现石器产品形态、使用及废弃状态的遗物较多，基本不见同一操作过程中的共时性极强的遗物，也难以形成完全闭合的操作链，只能在相对宽泛的条件下讨论生产、使用、废弃、再加工等相关问题。

（四）民族志类比与古文献引证

石器分类定名与使用功能等研究中已经广泛运用民族志类比与古文献引证法，其作用无需赘言，在此谨谈谈需要注意的地方。

广泛搜集民族志材料对石器的命名、分类、使用乃至社会意义进行对比分析已经成为研究常态，民族学者（如汪宁生）、考古学者（如罗二虎）还结合自身研究对"民族考古学"的理论与方法进行讨论。但是，可资利用的一手民族志田野调查还太少，难以将调查资料与当地生计、社会状况有机联系起来，也就难以将民族志材料作为讨论石器功能及其蕴含的社会含义提供更准确的参考。这种薄弱状况应该引起足够重视。

古文献引证反映出石器研究的史学传统。古文献有相应的成书背景，在引用时应充分考量，不可简单截取利于文章结论的片段。古文献考证是一门专深的学问，运用

---

① 陈虹、沈辰：《石器研究中"操作链"的概念、内涵及应用》，《人类学学报》2009年第2期。

较晚的文献去分析较早的史实是个复杂的问题，应该保持严谨和审慎的态度。李峰在西周史研究中曾结合青铜铭文及相关考古资料指出，古代文献系不同时期的层位累积，其价值在于与其他证据所共有的历史背景。西周研究尚且如此，在晚期文献中检索早期证据对新石器时代磨制石器进行研究则更需要小心谨慎[①]。

（五）田野考古与资源域调查

以遗址为核心的资源域调查是石器工业研究的重要内容，为勾勒新石器时代人地关系提供了生动的视角。根据石器岩性鉴定结果、遗址周边岩石露头情况及地质环境，我们将以部分高等级聚落为中心，沿着其所处流域向上，主要针对山体岩料和河滩积石进行调查采样，探讨郑州地区仰韶中晚期石器原料可能的产地及方式。

## 二 科技分析法

（一）微痕观察

通过裸眼、相机、显微镜等对石器表面留下的痕迹进行观察，可以对石器的加工、使用产生直观的认知。结合前人及本课题组模拟实验、残留物分析将结果以及各类别石器在不同聚落的出土背景和数量分布特征，可以对石器生产、使用、损毁、再加工等具体操作环节进行综合把握。

本研究采用基恩士 VHX-6000 超景深三维显微镜进行以低倍法（50 倍以内）为主的痕迹观察，可以清晰记录石器痕迹的形态。

（二）岩性鉴定

岩性鉴定由河南省有色金属地质矿产局第七地质大队地质工作者完成，除裸眼鉴定外还使用便携式 X 荧光光谱仪器（NITON XL3t950）和显微镜（基恩士 VHX-6000）进行辅助测定。

（三）成分分析

对部分石抹子表面石灰样品进行了红外光谱分析。使用溴化钾压片法，用取样针挑取白灰面粉末约 0.1mg，与 100—200 倍质量的溴化钾（分析纯）在研钵中研磨至均匀混合。将适量混合样品转移至模具，用手动压片机制成直径约 2mm 的圆片，放入样品仓中进行红外光谱测试。测试前使用溴化钾压制空片扣除背景。使用仪器为美国赛默飞世尔科技（Thermo Fisher Scientific）公司的 IS5 型傅里叶变换红外光谱分析仪，使用 iD1 透射附件，扫描范围为 4000cm-1-400cm-1，扫描次数设为 16 次，光谱分辨率为 4cm-1，采集时间约 23 秒。红外光谱数据使用 Thermo Scientific OMNIC 软件进行分析。

---

[①] 李峰著：《西周的灭亡》，徐峰译，汤惠生校，上海古籍出版社 2007 年版，第 4—34 页。

## 第五节　可行性分析

第一，河南省文物考古研究院、郑州市文物考古研究院等单位为本研究提供了十余个不同等级大型或小型聚落出土的大量石器标本，数量充足。本研究涉及的标本总量达 1000 余件，而长期以来观摩的标本达 2000 件左右。这些样品包括了农作工具、木作（建筑）工具、石器生产工具、武器、饰品等丰富的种类，也包括了操作链上加工、使用、再加工等诸多环节的不同类别。更为重要的是，这些标本的出土背景比较清楚，都有明确的出土单位，时代上基本集中在仰韶中晚期。所有标本均汇集于郑州市文物考古研究院整理基地，可供反复对比观摩，为系统研究提供了重要的硬件支持。

第二，研究方法成熟，参与单位专业，实验设备完备。考古背景分析、类型学与形制参数分析、操作链分析、民族志与古文献引证等考古学方法均为石器研究所常用，已得到了长期的实践印证。低倍法微痕观察由郑州市文物考古研究院提供的超景深显微镜作为技术支撑，岩性鉴定由当地矿务局地质大队专业工作者完成，红外光谱成分分析由北京科技大学科学技术史专业实验室完成，XRF 由河南大学考古实验室提供便携式仪器检测完成。这些都是科技考古的常用手段，方法很成熟，也具有专业的硬件和软件条件进行支撑。

第三，技术路线合理可行，导师与课题组具有长期的研究经验。宋国定先生长期在河南地区主持新旧石器时代、青铜时代考古发掘，并在中原地区早期文明研究中深耕多年，拥有扎实的实践和理论基础。《郑州地区仰韶文化中晚期石器工业与社会复杂化》课题于 2018 年立项，宋国定先生及课题组结合长期以来的石器时代发掘与研究经验，在前期整理过程中逐步形成了以扎实的形态学分析为基础、以技术类型学为内核、以功能分析为外延、以聚落为连接石器物化表征与社会复杂化进程之间的纽带的石器工业研究技术路线，成为本研究的主导思路。

第四，中国科学院古脊椎动物与古人类研究所、中国科学院大学考古学与古人类学系、郑州大学中原历史与文化研究院等科研单位为本研究的实验提供大力支持。

# 第二章　石器形态学分析

## 第一节　概述

　　进入仰韶中晚期，中原地区农业、聚落及社会复杂化进程迅速发展，石质生产工具在生活中的运用十分广泛，基本的工具组合与形制特征已经成型。在某种程度上讲，农作、木作等生产工具甚至为青铜时代乃至铁器时代金属工具的基本造型与主要功能铺垫了雏形。所以，该时期石质工具的形态学研究是十分必要和关键的。

　　结合前人研究成果看，本课题所涉及的农作工具一般包括石刀、石镰、石铲、石锸等，木作工具以斧、锛、凿最为典型。在整理过程中，我们辨识出了可能用于加工木材的石楔子以及加工建筑壁面、地面的石抹子，石锤在加工木材或建筑的过程中也是便于使用的工具。所以，我们将石楔子、石抹子、石锤等纳入木作工具中，由于这些工具还涉及木制建筑加工的问题，便统称为木作（建筑）工具。当然，这并不意味着前述工具只能用于农作或木作（建筑）生产，部分石器还存在一器多用、再加工等情况。本研究采用学界常用的分类标准，以便于石器的分类定名和形态分析。

　　在器类界定方面，石刀、石镰、石铲、石斧、石锛、石凿等端刃器大多已具备明确的形态特征，也已为前人所关注，而部分器类则需要略作说明。如杨鸿勋从河姆渡石斧中辨识出石楔子，指出顶部有锤击破损现象的石斧应为纵裂木材的石楔子[①]，我们基本同意这一认识并根据具体材料对仰韶中晚期石楔子的形态与内涵予以进一步辨识和界定。

　　根据我们所掌握的材料，石锤、石抹子、石杵、磨棒、磨石之间的区别与联系也需要注意。石磨棒、石杵是前人关注较多的器类，磨石、石抹子受到的关注相对较少；石锤的情况相对复杂，要准确辨识需要综合考虑各方面因素。

　　首先，从器形特征看。石磨棒、石杵和部分磨石均为柱状体。磨棒的剖面形态多近圆形或不规则椭圆形，器表有磨蚀平整的痕迹，或者局部有凹痕。柱状磨石剖面形

---

① 杨鸿勋：《石斧石楔辨——兼及石锛与石扁铲》，《考古与文物》1982年第1期。

态多为矩形，也有不规则的；因为长期使用，在柱状体侧面形成平整的磨面。石杵的剖面形态多与磨棒相似，部分剖面近矩形的石杵则与柱状磨石接近，使用痕迹多位于两端，呈不规则麻点状。石锤的形状往往比较复杂，可以是条形、不规则圆球形或椭圆球形等，器表会在不同部位留有比较明显的较大损伤或局部麻点痕迹。石抹子多呈椭圆或不规则形，但有十分平整光滑的使用面。所以，柱状石杵、磨石及磨棒的端头都有可能用作石锤，需要结合器物各使用面的痕迹特征来辨识此类一器多用的情况。

其次，从使用方式看。石抹子、磨石是器物表面与作用物表面的滑动摩擦，石杵、石锤是打击受力，而石磨棒以滚动摩擦为主，在力的作用方式和使用痕迹上存在差异。

最后，从石器的原料来看。石磨棒、磨石多数为细砂岩。石锤的原料比较复杂，没有一定规律，一般来讲多为砾石，形状便于手握击打。石抹子原料也以砾石为主，需要便于持握。

所以，从理论上讲，前述几类器柱状形态的端头部位均可作为石锤使用，具体定名需要结合原料、形制、使用部位和使用痕迹等方面进行综合考虑，才能得到接近实际情况的认识。对于本研究而言，虽不能因为某件器物曾用作石锤便直接予以定名，但将部分一器多用的标本纳入讨论并予以说明应该是较为合适的。当然，具体推定结果可能因人而异，也会存在或多或少的主观成分，我们谨在大量石器整理的基础上尽量选择更合理的分类方案以便开展研究。

关于石器标本的形态学考察，也还有一些问题需要说明。新石器时代磨制石器研究正处于方兴未艾的阶段，研究术语、写作范式尚处于尝试和摸索阶段。磨制石器各类数据的详尽记录和量化统计[①]有利于信息的搜集和保存，不过有的数据十分琐碎，不仅工作量巨大，还不一定能与研究目标紧密扣合，目前尚难在考古报告和石器研究中推广开来。将旧石器的术语与概念引入磨制石器研究中是一次有益的尝试[②]，"制备类型"、"制作类型"、"使用类型"及"废弃类型"的分类可以有效将同类器不同操作链环节的标本区分开来。不过本研究大部分标本都属于"使用类型"阶段，即使将视野扩大到其他地区新石器时代的考古发现，除石器制造场外，也很难找出出土遗物与这几种石制品类型紧密扣合的遗址。而且旧石器研究的类型主要反映操作链的某一环节，新石器时代考古的器物类型主要反映石器成品的形态差异，二者相去甚远，故不宜直接套用。

---

① 黄可佳：《磨制石器的量化分类方法初探——以中锋端刃器的分类为例》，载山东大学文化遗产研究院编《东方考古（第13集）》，科学出版社2016年版。

② 陈虹、孙明利、唐锦琼：《苏州五峰北遗址磨制石器的"操作链"及"生命史"研究》，《考古》2020年第11期。

所以本研究在前人研究基础上稍作变通，以便表述。

我们将处于操作链不同位置的同种石器标本表述为不同"类别"，如石料、毛坯、成品、残片属于同种石器的四个不同类别。"类型"与新石器时代考古类型学研究的"类型"含义一致，如同一种石器的甲、乙类或 A、B 型。另外，严格来讲，本研究所涉及的标本没有生产成器且未经使用的，但其已经体现出完整加工后的形态特征，也保留有相应的加工痕迹，很大程度上反映出成品的形态及技术特征，性质类似于陶器中的完整器或可复原器，故将其视为具备成品特征的标本进行研究，暂称为成品。关于毛坯、半成品的概念，本研究暂引陈虹在苏州五峰北遗址研究中的阐释①，毛坯指经打制具备石器雏形的标本，半成品仅差磨制即成为成品。

我们也将对石器的形制参数进行量化统计，从一定程度上揭示石器形态的标准化程度与生产技术的专业化水平。因石器标本完残程度不一，每种石器所能达到的研究目标也不同，故我们将选择最具典型性和代表意义的形制参数进行分析，并未将所有形制参数全部纳入。

除直观显示形制参数的散点图、饼状图、柱状图、箱线图以外，我们还将结合标本总量（n）和相关形制参数计算各项数据的平均值（mean）、标准偏差（SD）和变化系数（CV）。

其中 SD 值代表一组数据内各个数值与平均数值之间的平均偏差，CV 值为 SD 值与 Mean 值的比值，将标准偏差的指示意义表述为与其平均数的百分比来描述二者间的相对变化，从而一定程度上消除不同数值范围所造成的影响，比标准偏差更准确和更具可比性。简言之，SD 和 CV 值越大（尤其是某两项典型形制参数之比），标准化程度越弱，反之标准化程度越强②。戴向明较早将该方法运用到垣曲盆地新石器至青铜时代陶器产品标准化程度的分析中来，将其视作除陶器作坊外指示陶器生产专业化水平的重要间接证据，取得了较好的效果。

截至目前，郑州地区尚未发现确切的仰韶中晚期石器作坊，甚至已刊布的指示生产行为的石器毛坯都不多，这使我们无法通过石器作坊的分布、数量、形制等基本情况去掌握石器生产的直接证据，从而进行石器生产专业化的相关讨论。所以，形制参数分析不仅可以检验类型学分析的客观与否，反映石质工具的形态标准化特征，还是目前我们可以掌握到的反映石器生产专业化水平的重要间接证据。

---

① 陈虹、孙明利、唐锦琼：《苏州五峰北遗址磨制石器的"操作链"及"生命史"研究》，《考古》2020 年第 11 期。

② 戴向明：《陶器生产、聚落形态与社会变迁——新石器至早期青铜时代的垣曲盆地》，文物出版社 2010 年版，第 62—87 页。

陶器与石器标准化程度的评估也需要略作说明。

古城南关遗址二里头和二里岗期典型陶器口径与器高比值的 CV 值达到了 10% 左右，戴向明对照东关Ⅰ期和庙底沟二期典型陶器 CV 值明显偏大的情况，指出古城南关在二里头和二里岗期的陶器生产已达到了较高的标准化程度，应是一种较大规模和较高强度的生产活动，存在专门从事陶器生产的"全职"工匠①。暂且不提石器与陶器的生产使用差异，如果石器部分形制参数的 CV 值达到戴氏研究案例的标准，那么应该足够反映出较高的标准化程度，也可以反映较大规模和强度的生产活动。

然而，从达到相同的标准化程度统计结果，石器应该比陶器更困难。陶器成型主要通过做坯这一工序控制，使用泥条盘筑、泥片贴筑、慢轮修坯、快轮拉坯等方法，将较软的泥料拼接加工成陶器的初步形态，再经烧变硬成型。而要想将石料加工成为石器，只能打、琢、磨改变石料形态，一点一点地做减法，如果某一环节力度、角度出现差错，就会形成不可逆的形变，导致石器废弃或保留在石器上。所以，泥料不仅软，还可以拼接修整，定型的容错率远大于石器。在室内整理中，保留有口部、底部及部分腹部的可拼接陶器残片可以复原成完整器，进行口径、器高、底径等数据的统计。而大部分石质工具会经历使用、维修、再使用的过程，直至残断，有的残断后还改制为其他工具，因此能留存下来显示石器产品特征的成品标本也是很少的。无论是使用残损还是标本量问题，对石器标准化分析的影响都是比较直接的。所以，当形制参数 CV 值接近或稍高于 10% 时，石器形态的标准化程度和生产的专业化水平应该均较高；当 CV 值偏高时，也应该将石器形态和加工特征纳入考察中，作为互补的有效手段。

还有一点需要说明。在本研究中，西山遗址的标本基本涵盖了历次发掘出土的石器，各类石质工具最多，反映出的形态、痕迹及其背后的人类行为讯息最为丰富，不仅在量化统计上具有最大的参考意义，还可以作为指示石器生产专业化的间接证据以进一步讨论石器生产、使用、再加工等问题，与下一章的生产行为分析相互印证。此外，我们将部分具有使用、再加工痕迹的标本进行举例，以更全面地展示石器类型、类别以及不同操作行为的关联。

因为本研究所涉及的石器标本繁多，而且部分标本成为研究标本时尚未进行编号，只保留了出土单位，所以我们对各遗址出土石器进行了重新编号。为了行文方便，我们直接在下文中使用研究编号来代替出土编号，并将研究编号与出土单位号在文末附表中统一进行登记（附表1）。

---

① 戴向明：《陶器生产、聚落形态与社会变迁——新石器至早期青铜时代的垣曲盆地》，文物出版社 2010 版，第 161—165 页。

## 第二节　典型石器的类型学分析

### 一　农作工具

#### （一）石刀

根据器身有无穿孔或缺口，可分为三类。

甲类　无缺口或穿孔。根据平面形态、器身厚薄及背部、刃部形态差异，可分为两型。

甲 A 型　平面近舌形或矩形。均为成品标本。标本 XS483、XS511（图2.1，1）。

甲 B 型　平面近三角形，器身较薄。为成品标本。标本 XS096（图2.1，2）。

乙类　缺口石刀。根据平面形态及背部、刃部形态差异，可分为两型。

乙 A 型　平面近不规则椭圆形，形制不规整，背部、刃部有一定弧度。打制石片加工而成，多为砾石料。均为成品标本。标本 XS309、XS149、XS301（图2.1，3）、XS034（图2.1，4）。

乙 B 型　平面近矩形，形制不甚规整，背部、刃部有一定弧度。均为成品标本。标本 QT225（图2.1，16）、XS257（图2.1，6）。

乙 C 型　平面近矩形，背部、刃部近平直，多由石铲改制而成。标本 XS251、XS420、XS190（图2.1，5）。

乙 D 型　平面近矩形，有钻孔，多由石铲改制而成。标本 SHS136（图2.1，14）、SHS137（图2.1，15）。

丙类　钻孔石刀，形制比较规整。根据平面形态及背部、刃部形态差异，可分为四型。

丙 A 型　平面近舌形，弧斜背，刃部近直。包括成品和半成品标本，多由砾石料加工而成。

成品　标本 XS140（图2.1，7）。

半成品　标本 XS263 刃部经过磨制，划槽钻孔未完成（图2.1，8）。

丙 B 型　平面近矩形，背部、刃部近直。残存一半器身，存在由石铲改制的标本。标本 XS292（图2.1，9）、XS280、XS460、XS185（图2.1，10）。其中 XS292 由砾石料加工而成，XS280、XS460、XS185 为改制石刀。

丙 C 型　平面近矩形，背部一侧弧凹。标本 XS057 为成品标本，由砾石料加工而成（图2.1，11）。

丙 D 型　平面近矩形，刃部一端上翘。由石铲残片改制而成，划槽后锥钻。为成品标本。标本 XS120（图 2.1，12）、ZZ108（图 2.1，13）。

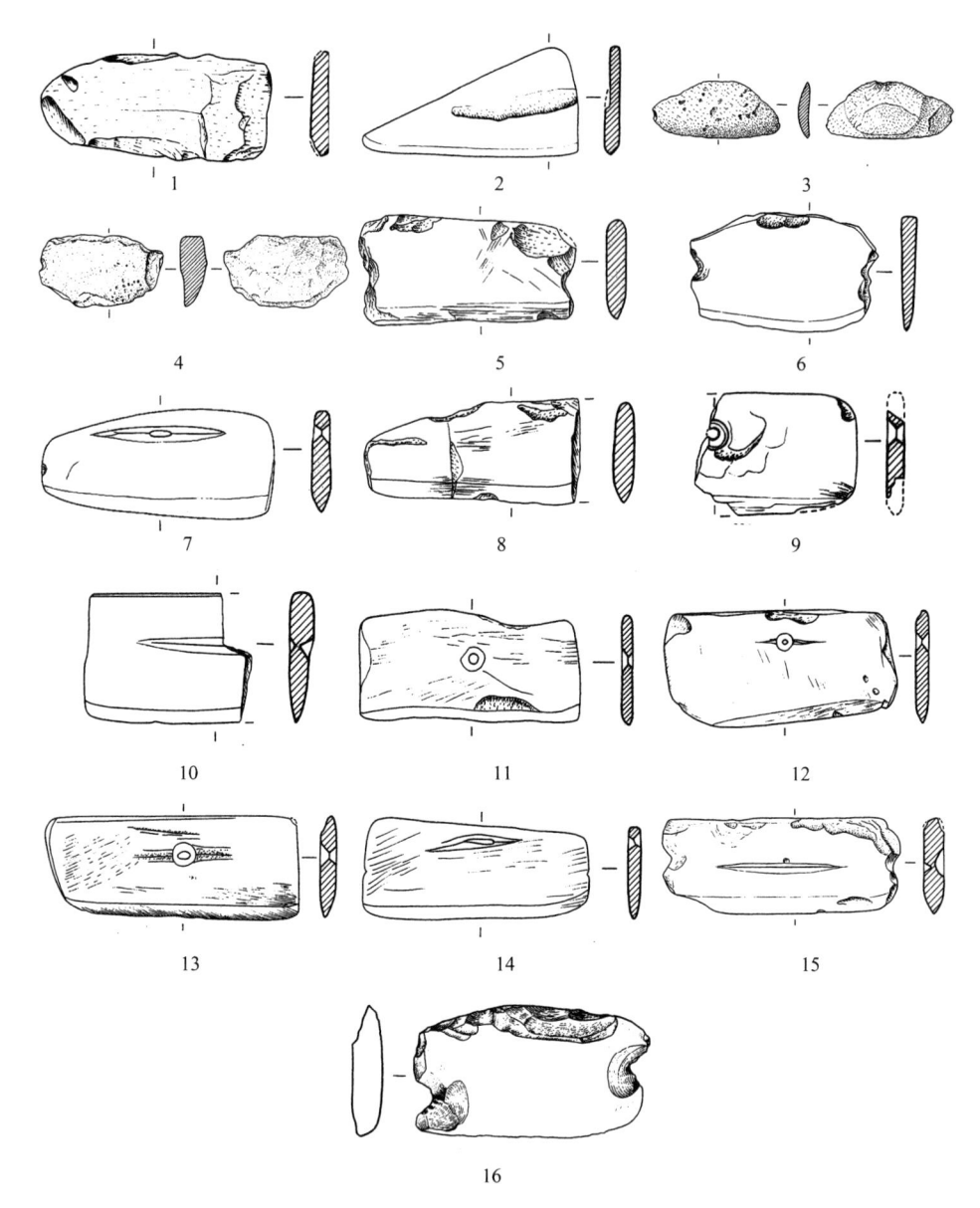

图 2.1　郑州地区仰韶中晚期石刀

（二）石镰

根据器形大小，可分为两型。

A 型　体态较大。根据平面形态，可分为两个亚型。

Aa 型　镰身近条形。标本 XS538（图 2.2，1），为器身残片标本。

Ab 型　尖头状石镰。包括成品、器身残片标本。

成品　标本 XS099（图 2.2，2）。

器身标本　标本 XS343（图 2.2，3）。

B 型　体态较 A 型小。根据平面形态，可分为两个亚型。

Ba 型　镰身近条形。均为器身残片标本，保留有刃部的使用部分，多由砾石料加工而成。标本 ZZ125、ZZ158、ZZ167（图 2.2，8）。

Bb 型　尖头状石镰。包括成品、刃部残片、坯料标本。

成品　标本 XS157（图 2.2，4）。

刃部标本　标本 XS549（图 2.2，5），尖头断茬经琢磨。XS598（图 2.2，6）为石铲刃部改制的石镰。

坯料　标本 XS531（图 2.2，7），已具备尖头石镰的雏形，惟厚度较大，还需磨薄成型。

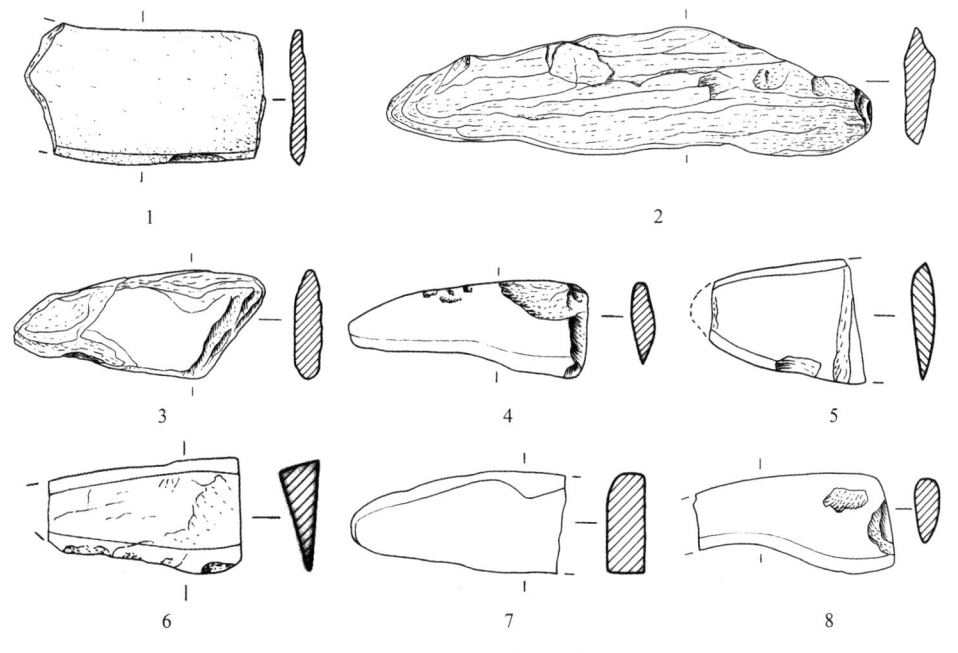

图 2.2　郑州地区仰韶中晚期石镰

（三）石铲

根据石铲厚薄及整体形态特征，可分为三类。

甲类　整体厚重，侧边多呈方唇状。铲身瘦长，柄部弧收或斜收，接近无肩。依据平面形态差异，可分为两型。

甲 A 型　平面近等腰梯形。包括柄部、铲身及柄部残片标本。

成品　标本 ZZ097（图 2.3，1）、ZZ098、ZZ099、ZZ100（图 2.3，2）、ZZ110（图 2.3，3）。

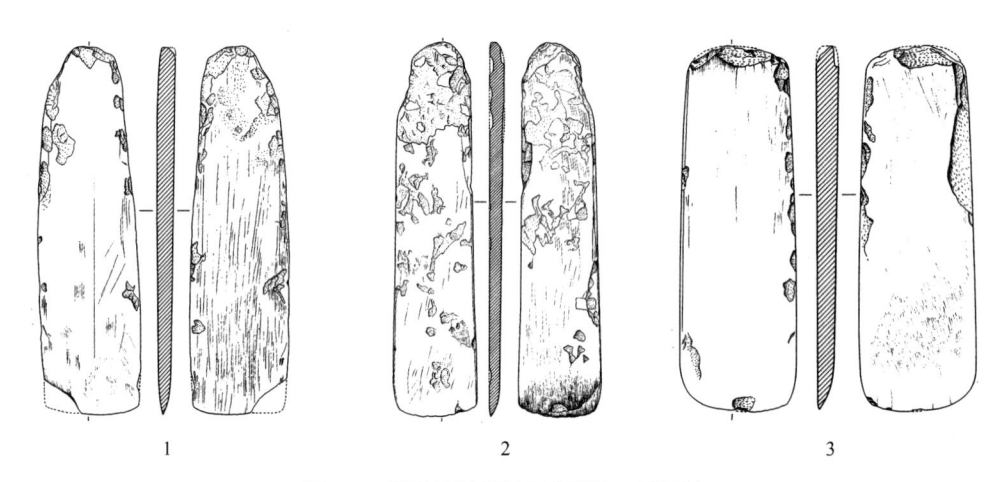

图 2.3　郑州地区仰韶中晚期甲 A 型石铲

柄部及铲身标本　标本 XS389、XS352、XS482（图 2.4，1）。

柄部标本　标本 XS459（图 2.4，2）、XS632（图 2.4，3）。均经改制，成为具有新刃部的器形。

甲 B 型　平面近矩形。包括器身、刃部残片标本。

器身标本　标本 XS279（图 2.4，4）经改制再加工为新的端刃器，对一侧断茬进行打制，改制为新的不规则刃部。

刃部标本　标本 XS452（图 2.4，5），刃部经磨制再加工，原本用钝的刃部被修理为新的具有窄折痕的锋利刃部。

甲类半成品　标本 XS145（图 2.4，6）、XS169（图 2.4，7）为琢磨坯，残存柄部。加工形成的片疤深入柄部的中间位置，两侧的琢、磨尚未完成。

甲类侧边残片　标本 XS676（图 2.4，8）、XS104（图 2.4，9）均经再加工。其中 XS676 对断茬进行了打、琢、磨制再加工，使断面成为较规整的平面；XS104 对断茬的其中两个断面进行打、琢再加工，另一较窄的断面进行打制，形成新的刃部，将石铲侧边残片改制为新的倒梯形端刃器。

乙类　整体厚重，侧边多呈圆唇状。铲身不如甲类长，直柄，肩部微弧凸，柄部、肩部分界不甚明显。标本 XS035（图 2.5，1）、XS408（图 2.5，2）。均为成品标本。

丙类　整体较甲、乙类轻薄，侧边多呈尖圆唇状。直柄，肩部外凸，柄部、肩部分界明显。依据肩部及铲身形态差异，可分为两型。

第二章　石器形态学分析

图 2.4　郑州地区仰韶中晚期甲类石铲

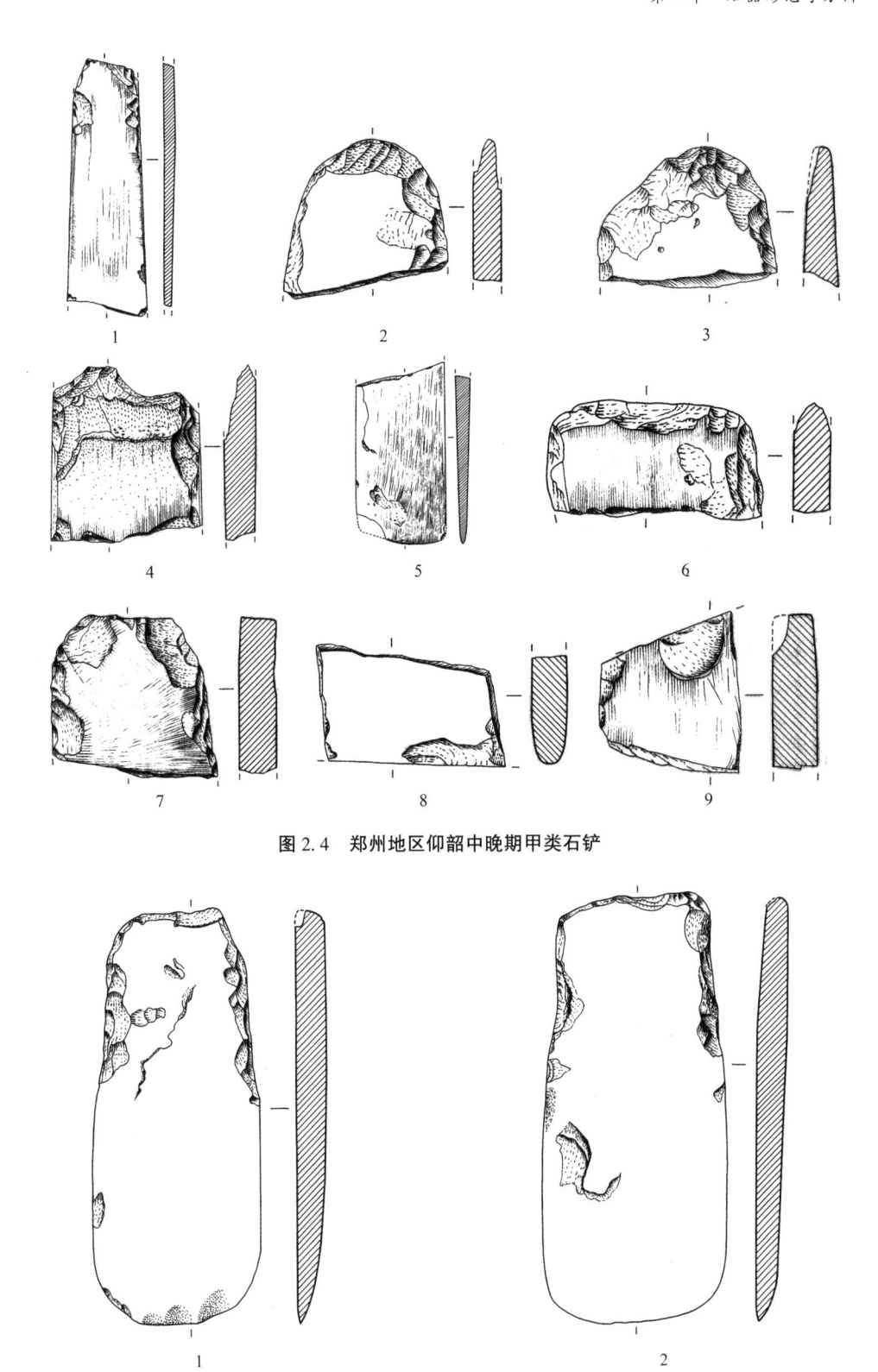

图 2.5　郑州地区仰韶中晚期乙类石铲

丙 A 型　肩部弧凸，不甚规整，铲身宽度、长度均不及丙 B 型。包括成品，柄部及铲身、柄部、肩部、刃部、侧边、断块等残片标本。

成品标本　标本 XS222、XS591、XS305（图 2.6，1）、XS126（图 2.6，2）、XS571、XS111（图 2.6，3）、XS038（图 2.6，4）、XS599（图 2.6，5）、XS136（图 2.6，6）、XS383（图 2.6，7）。其中标本 XS571、XS111、XS038 刃部经打制维修，形成新的不规则的较锋利刃部。XS599、XS136、XS599、XS383 刃部均经磨制维修。

柄部及器身标本　标本 XS707、XS404、XS135（图 2.6，8）。

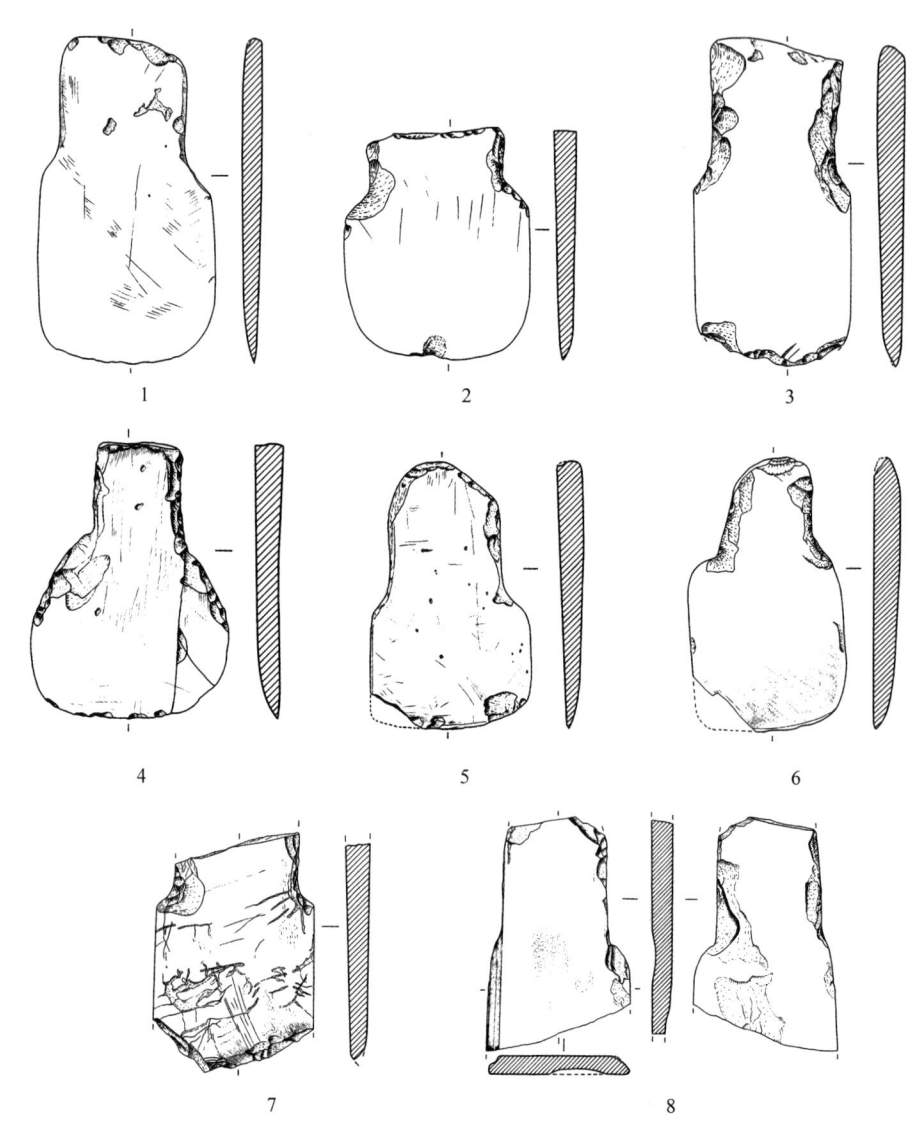

图 2.6　郑州地区仰韶中晚期丙类石铲（一）

柄部标本　可见肩部弧凸的趋势。标本 XS655、XS680（图2.7，1）、XS401（图2.7，2）。其中标本 XS401 的断茬经打制再加工，形成局部的不规则刃部，成为不规则的端刃器。

肩部标本　标本 XS390、XS155（图2.7，3）、XS558（图2.7，4）。其中标本 XS558 改制为不规则的叉形端刃器，利用石铲残存肩部为顶部，对两侧断茬进行打、琢，对另一断茬进行打制，形成叉形刃部。

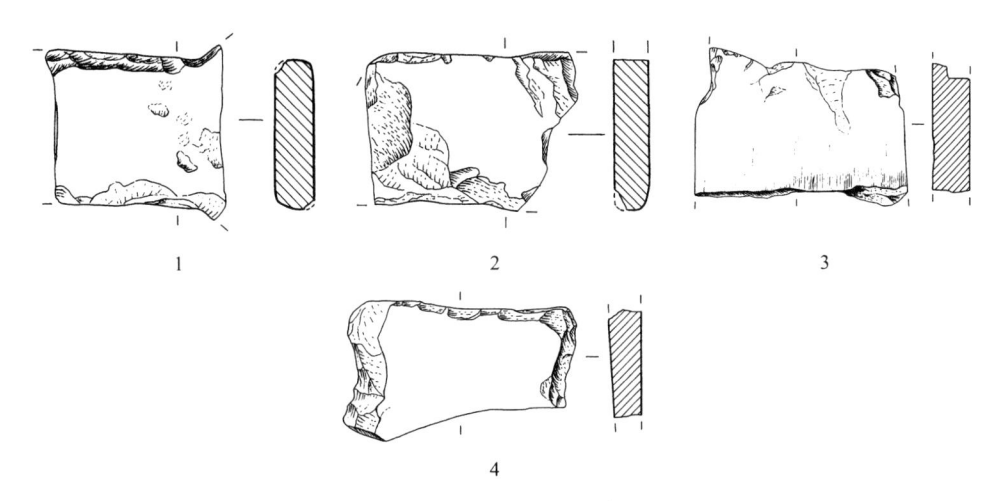

图2.7　郑州地区仰韶中晚期丙类石铲（二）

刃部标本　多为残断标本，极少数保留较完整的刃部轮廓。包括使用残损、维修及改制标本。

使用残损标本　标本 XS640、XS275（图2.8，1）、XS434（图2.8，2）、XS151、XS212（图2.8，3）、XS029（图2.8，4）、XS161、XS545、XS069（图2.8，5）。其中 XS640、XS275、XS434 保留有明显的磨蚀沟，有的兼有片疤；XS029、XS151、XS212 形成了大损伤，刃部轮廓损坏严重；XS161、XS545、XS069 等标本残损严重，只剩刃部与侧边转折的一角。

维修标本　标本 XS142、XS517、XS372、XS458、XS328（图2.9，1）、XS165（图2.9，2）、XS127、XS232、XS181、XS028、XS388（图2.9，3）、XS378（图2.9，4）、XS455、XS692（图2.9，5）、XS480、XS673、XS308（图2.9，6）、XS478、XS040、XS162（图2.9，7）、XS644、XS512（图2.9，8）。

其中标本 XS142、XS517、XS372、XS458、XS328（图2.9，1）、XS165（图2.9，2）、XS127、XS232、XS181、XS028、XS388（图2.9，3）、XS378（图2.9，4）经打制维修。其中 XS142、XS517、XS372、XS458、XS328、XS165 刃部经双面打制再加工，

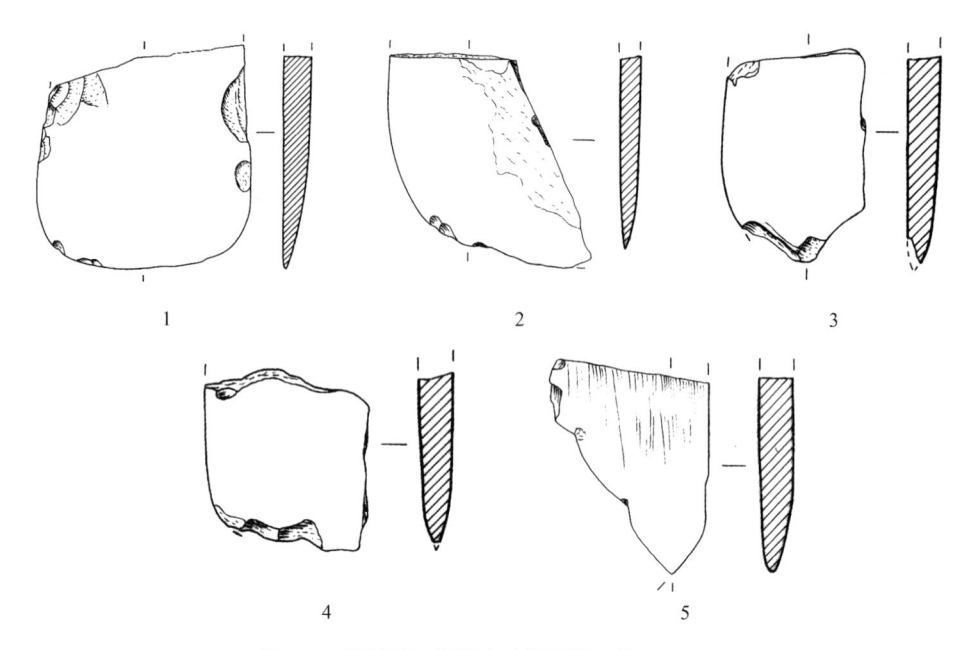

图 2.8　郑州地区仰韶中晚期丙类石铲（三）

XS458、XS328 刃部轮廓较完整。XS127、XS232、XS181、XS028、XS388、XS378 从背面进行打制维修，其中 XS378 片疤较小，属于细微修理行为。

其中 XS455、XS692（图 2.9，5）、XS480、XS673、XS308（图 2.9，6）、XS478、XS040、XS162（图 2.9，7）、XS644、XS512（图 2.9，8）刃部经过磨制维修。XS455、XS692、XS308、XS480、XS673 经过双面磨制，其中 XS455、XS692 经过打制，XS692 对损伤严重的地方进行打制，对保留有大致形态的刃部进行磨制，XS455 保留有较完整的刃部轮廓。XS162、XS478、XS040、XS512、XS644 从单面对刃部进行磨制，其中 XS478、XS040、XS162 从正面（弧刃面）进行磨制，XS512、XS644 从背面（平刃面）进行磨制，XS162 保留有较完整的刃部轮廓。

改制标本　标本 XS098、XS285（图 2.10，1）、XS345（图 2.10，2）、XS508（图 2.10，3）、XS608、XS447（图 2.10，4）、XS133、XS015、XS419、XS407（图 2.10，5）、XS685、XS425、XS691（图 2.10，6）、XS159（图 2.10，7）、XS635、XS042（图 2.10，8）、XS634、XS605、XS324、XS622、XS514（图 2.10，9）、XS423、XS683、XS600（图 2.10，10）、XS463、XS130（图 2.10，11）、XS261、XS466（图 2.10，12）、XS544、XS311、XS426（图 2.10，13）、XS539（图 2.10，14）、XS476（图 2.11，1）、XS597（图 2.11，2）、XS527（图 2.11，3）、XS083（图 2.11，4）、XS453（图 2.11，5）、XS669（图 2.11，6）、XS319（图 2.11，7）、XS251、XS420、XS257、

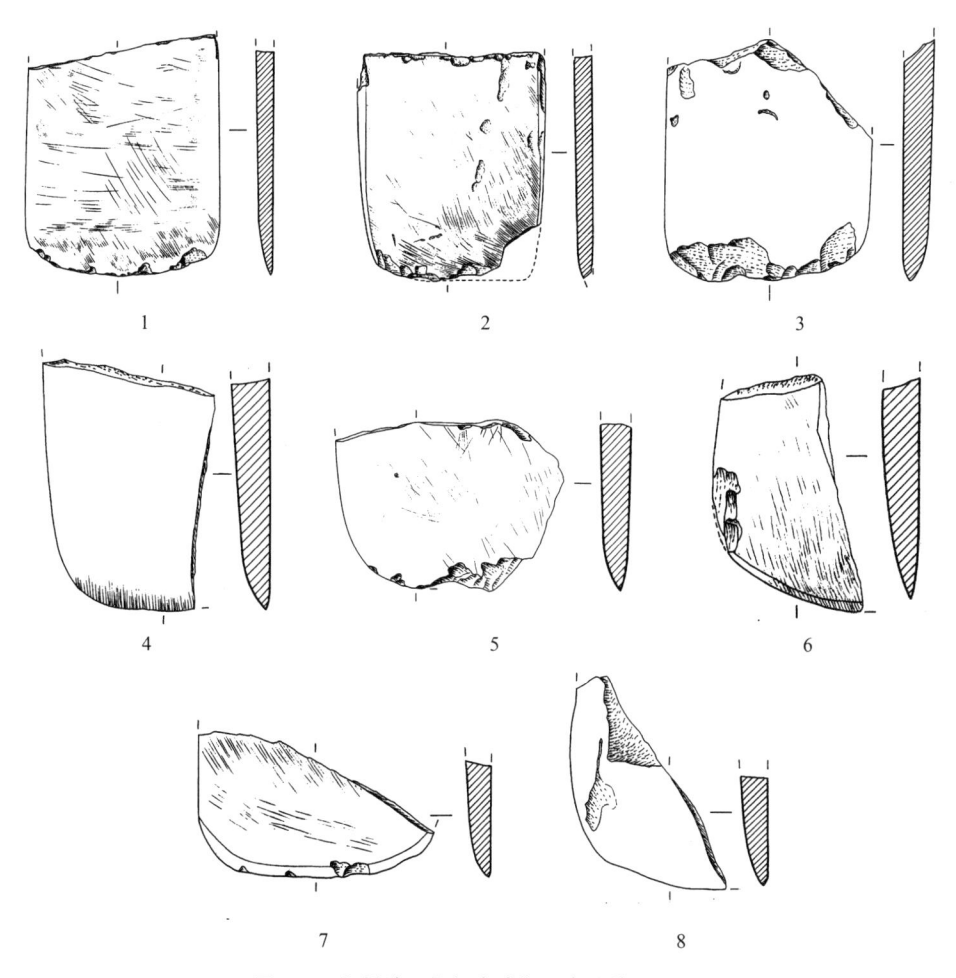

图 2.9 郑州地区仰韶中晚期丙类石铲（四）

XS190（图 2.12，1）、XS231、XS153（图 2.12，2）、XS348（图 2.12，3）、XS460、XS185（图 2.12，4）、XS280（图 2.12，5）、XS120（图 2.12，6）、XS342、XS225（图 2.12，7）、XS674、XS435、XS375（图 2.12，8）、XS070（图 2.12，9）、XS598（图 2.12，10）。

其中 XS098、XS285（图 2.10，1）、XS345（图 2.10，2）、XS508（图 2.10，3）、XS608、XS447（图 2.10，4）改制为钝刃形器，对断茬进行不同程度的打、琢、磨，使之成为较规整的平面，将刃部琢磨为弧凸的钝面。XS285、XS098 近三角形，顶部形成较窄的小平顶，将原本刃部磨制为弧凸的钝面。XS345 近不规则三角形，利用石铲刃部残片的刃部与侧边。XS508 近矩形，对原本用钝的刃部稍加琢磨。XS608、XS447 形态不规则，XS608 对刃部与侧边的交界处进行打、琢、磨，形成钝刃；XS447 的刃部、断茬均打琢，两断茬交界处磨制。

其中 XS133、XS015、XS419、XS407（图 2.10，5）、XS685、XS425、XS691（图 2.10，6）、XS159（图 2.10，7）、XS635、XS042（图 2.10，8）、XS634、XS605、XS324、XS622、XS514（图 2.10，9）、XS423、XS683、XS600（图 2.10，10）、XS463、XS130（图 2.10，11）、XS261、XS466（图 2.10，12）改制为端刃器，对断荏

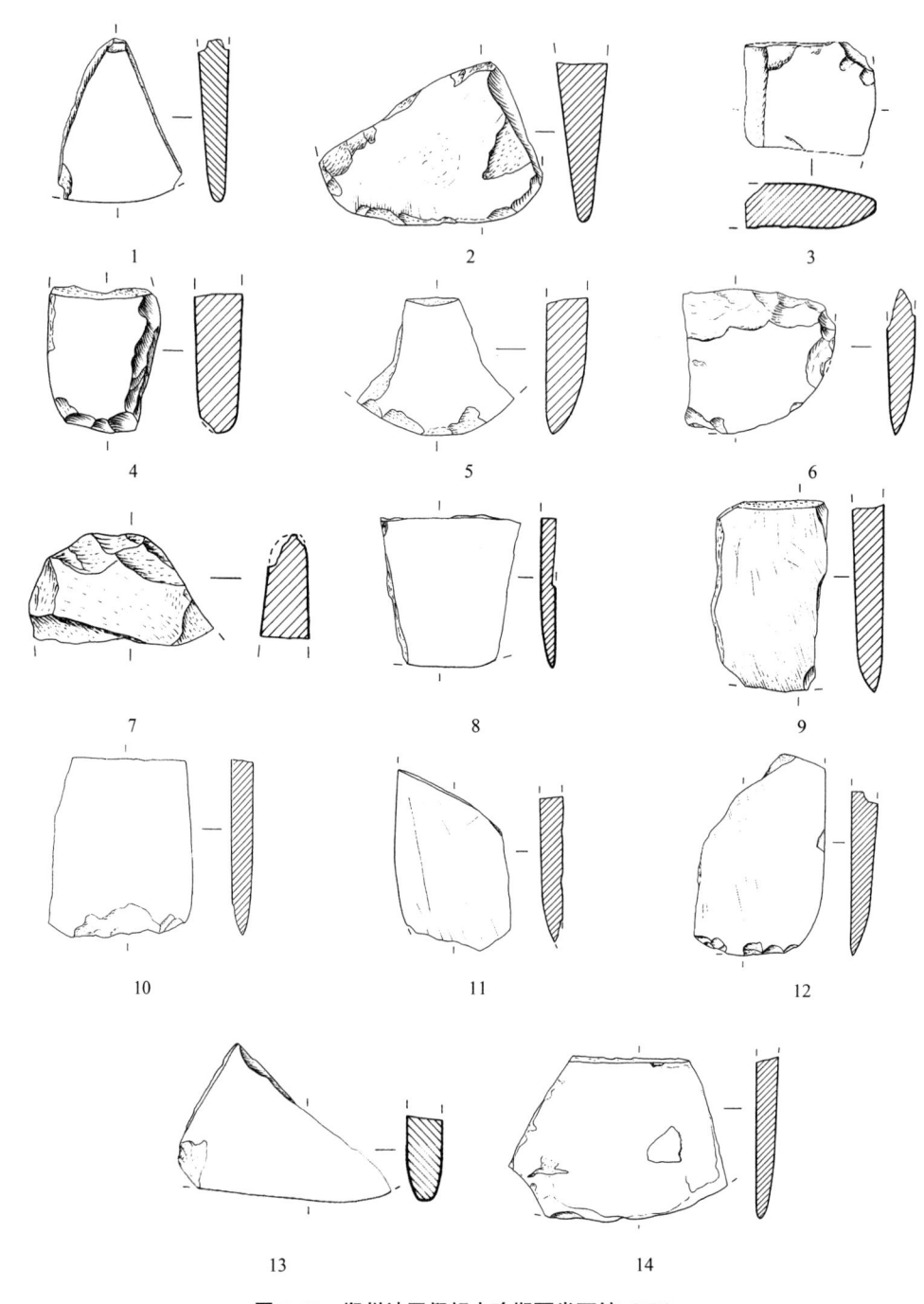

图 2.10 郑州地区仰韶中晚期丙类石铲（五）

进行打、琢、磨等不同程度加工，对刃部进行打制再加工。XS133、XS015、XS419、XS407整体近束腰梯形，将刃部轮廓打制加工为弧形，断茬打琢为较规整的平面。XS685、XS425、XS691整体近三角形，将刃部轮廓打制加工为弧形，将断茬打琢为较规整的平面。XS159整体近舌形，断茬、刃部均经打制，将刃部轮廓加工为弧形。XS635、XS042整体近倒梯形，断茬、刃部均经打制。XS634、XS605、XS324、XS622、XS514形态不甚规整，对断茬进行打、琢以形成较规整的平面，刃部打制形成近直的形态。XS423、XS683、XS600整体近矩形，沿用石铲残存的侧边与刃部轮廓，断茬打琢为较规整的平面，刃部打制近平。XS463、XS130、XS261、XS466沿用石铲残存的侧边与刃部轮廓，断茬打琢为较规整的平面，XS261、XS466只对部分断茬进行加工。

其中XS544、XS311、XS426（图2.10，13）改制为尖刃器，对断面进行打琢以加工为较规整的平面，利用残断石铲的侧边与刃部交界处的尖刃形态，作为新器的作用部位。

其中XS539（图2.10，14）改制为钺形器，整体近扁体梯形，断面经打、琢、磨制平整，利用原本刃部打制出新的弧刃形态。

其中XS476（图2.11，1）、XS597（图2.11，2）、XS527（图2.11，3）、XS083（图2.11，4）改制成乙Ac型石锛，XS453（图2.11，5）、XS669（图2.11，6）改制为乙Cb型石锛，均利用保留有石铲侧边或刃部的残片进行改制。XS476对断茬进行打琢，加工出平整的顶部，对刃部进行打、琢加工，侧边也应经过加工。XS597、XS527、XS083的断茬经琢磨加工成平整的顶部，并对一侧进行琢磨。其中XS597、XS527利用石铲原本的刃部；XS083还琢制器身不平整的断茬表面，并对刃部进行了琢磨。XS453通体磨制，比较规整。XS669断茬打、琢为平整的顶部，两侧打、琢、磨制，刃部磨制，形态不甚规整。

其中XS319（图2.11，7）改制为锛形器，整体近矩形。保留一个侧边，断茬经琢磨形成顶部及另一侧，刃部磨制。

其中XS251、XS420、XS257、XS190（图2.12，1）改制为乙B型缺口石刀，整体近矩形；XS231、XS153（图2.12，2）、XS348（图2.12，3）改制为不太规整的缺口石刀。XS251、XS420、XS257均磨制顶部，琢磨缺口，对原本刃部进行改制，其中XS251、XS420打制刃部，XS257磨制刃部。XS190磨制顶部，打、琢、磨制缺口，将原本刃部作为有缺口的一侧，刃部磨制。XS153体形很窄，利用残存的侧边和刃部，将断茬打琢平整，打琢缺口，磨刃。XS231借用残存的刃部和侧边，将断茬打、琢、磨制平整，一侧打制缺口，刃部打制修整。XS348作为石铲使用变短后，利用石铲肩部残存缺口，对残存侧边和断茬进行琢制，刃部使用形成较大的凹陷。

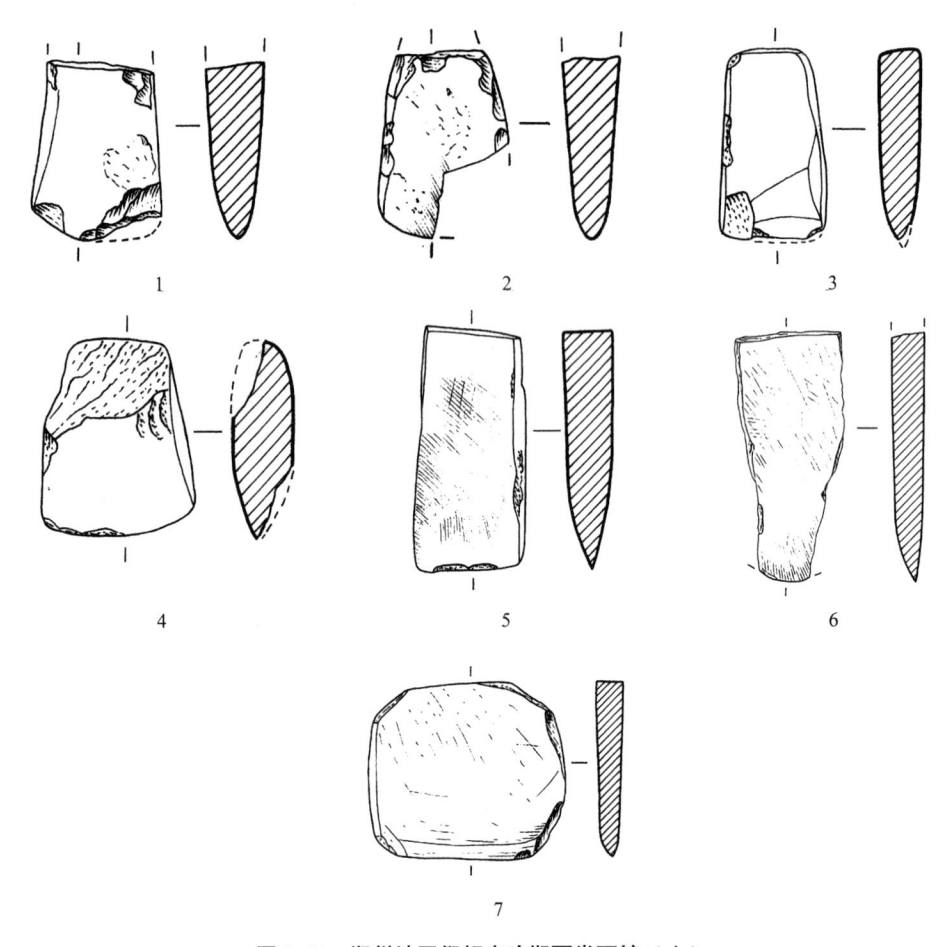

图 2.11 郑州地区仰韶中晚期丙类石铲（六）

其中 XS460、XS185（图 2.12，4）、XS280（图 2.12，5）、XS120（图 2.12，6）改制为丙 B 型钻孔石刀。XS460、XS185、XS280 划槽钻孔。XS460 利用残存刃部磨制新刃，琢磨顶部、侧边。XS185 利用残存侧边为顶部，对顶部、侧边进行琢磨，磨制刃部。XS280 利用残存刃部为侧边、残存侧边为顶部，并磨制平整，对刃部进行磨制。XS120 划槽后锥钻穿孔，利用残存刃部为侧边、侧边为顶部，将断茬琢磨改制成另一侧边与新的刃部。

其中 XS342、XS225（图 2.12，7）、XS674、XS435、XS375（图 2.12，8）、XS070（图 2.12，9）改制为其他刀形器，典型特征为沿用石铲残刃或磨修出新的中锋薄刃。XS342、XS225、XS375、XS435、XS674 利用残存侧边与刃部，将断茬打琢平整。XS342、XS225 对刃部进行磨制，XS674、XS435、XS375 直接使用残存的刃部。XS070 利用残存刃部，打琢断茬，磨制新刃。

其中标本 XS598（图 2.12，10）改制为石镰。利用残存的刃部及侧边，对顶部、侧边进行琢磨，对刃部进行打制。

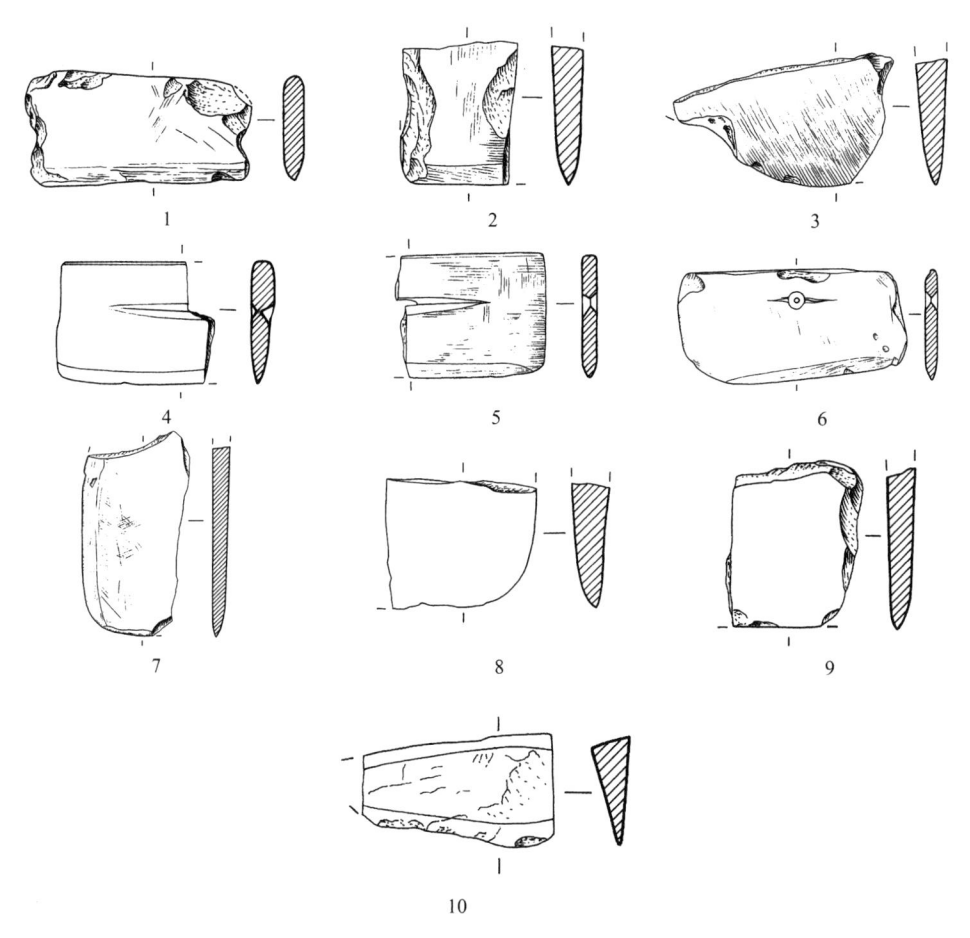

图 2.12 西山遗址出土丙类石铲（七）

侧边标本　包括使用残断及改制标本。

侧边残断标本　标本 XS274、XS193、XS137（图 2.13，1）、XS688（图 2.13，2）。

改制标本　标本 XS215（图 2.14，1）、XS431、XS577（图 2.14，2）、XS642、XS246、XS211、XS315、XS555（图 2.14，3）、XS507（图 2.14，4）、XS354（图 2.14，5）、XS316（图 2.14，6）、XS355（图 2.14，7）、XS502（图 2.14，8）、XS565（图 2.14，9）、XS651（图 2.14，10）、XS573、XS317（图 2.14，11）、XS297（图 2.14，12）。

其中 XS215（图 2.14，1）改制为磨石。石铲残存两侧，对断茬进行打琢以形成较规整的平面，平面近三角形。磨石表面保留有明显的磨制凹陷痕迹。

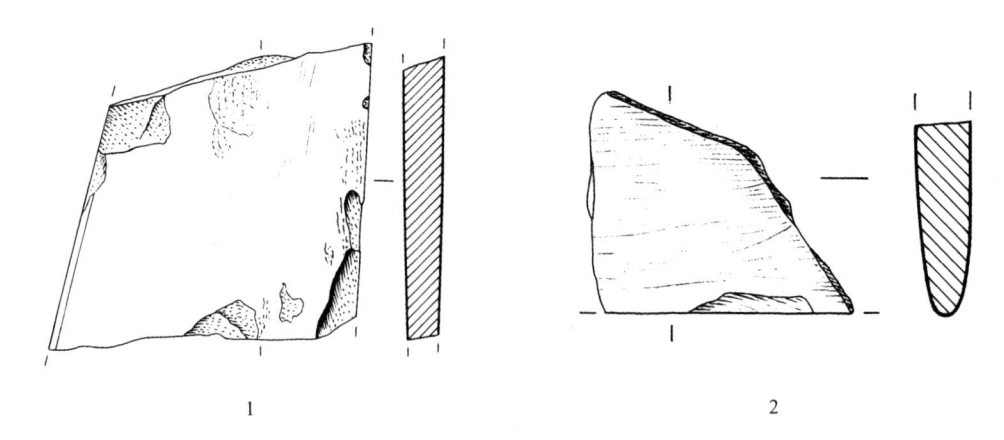

图 2.13 西山遗址出土丙类石铲（八）

其中 XS431、XS577（图 2.14，2）、XS642、XS246、XS211、XS315、XS555（图 2.14，3）改制为近矩形的石块。XS431、XS577 利用残存的两个侧边，对断茬进行打、琢以形成较规整的平面。XS642、XS246、XS211、XS315、XS555 利用残存的一个侧边，对断茬进行打、琢、磨以形成较规整的平面，其中 XS211 断茬未经磨制。

其中 XS507（图 2.14，4）、XS354（图 2.14，5）、XS316（图 2.14，6）、XS355（图 2.14，7）、XS502（图 2.14，8）利用残存侧边的尖圆唇，对断茬进行打、琢、磨制，形成顶部和侧边，改制为形制不规整的（疑似）钝刃器。XS507、XS354 整体近梯形。其中 XS354 在其中一个断茬中部打、琢出缺口，缺口处有磨圆痕迹；XS507 近顶部的两个侧边打制缺口。XS316、XS355 近矩形，XS502 近倒梯形。

其中 XS565（图 2.14，9）、XS651（图 2.14，10）改制为端刃器。XS565 整体近倒梯形，利用残存侧边为新器侧边，断茬打制加工出新刃，另一侧边及顶部经打、琢、磨制。XS651 形态不规整，保留残存侧边，断茬打制出刃部，其他断茬打、琢、磨制平整。

其中 XS573、XS317（图 2.14，11）、XS297（图 2.14，12）对部分断茬进行打、琢、磨制，成为较平整的断面，形态不甚规整。

断块标本　包括残断和改制标本。

残断标本　XS625、XS638、XS646（图 2.15，1）、XS236（图 2.15，2）。

改制标本　XS023（图 2.15，3）、XS639、XS001（图 2.15，4）、XS627、XS580（图 2.15，5）、XS325、XS025（图 2.15，6）

其中 XS023（图 2.15，3）打制刃部，将断茬打、琢平整，改制为不规整的边刃器。

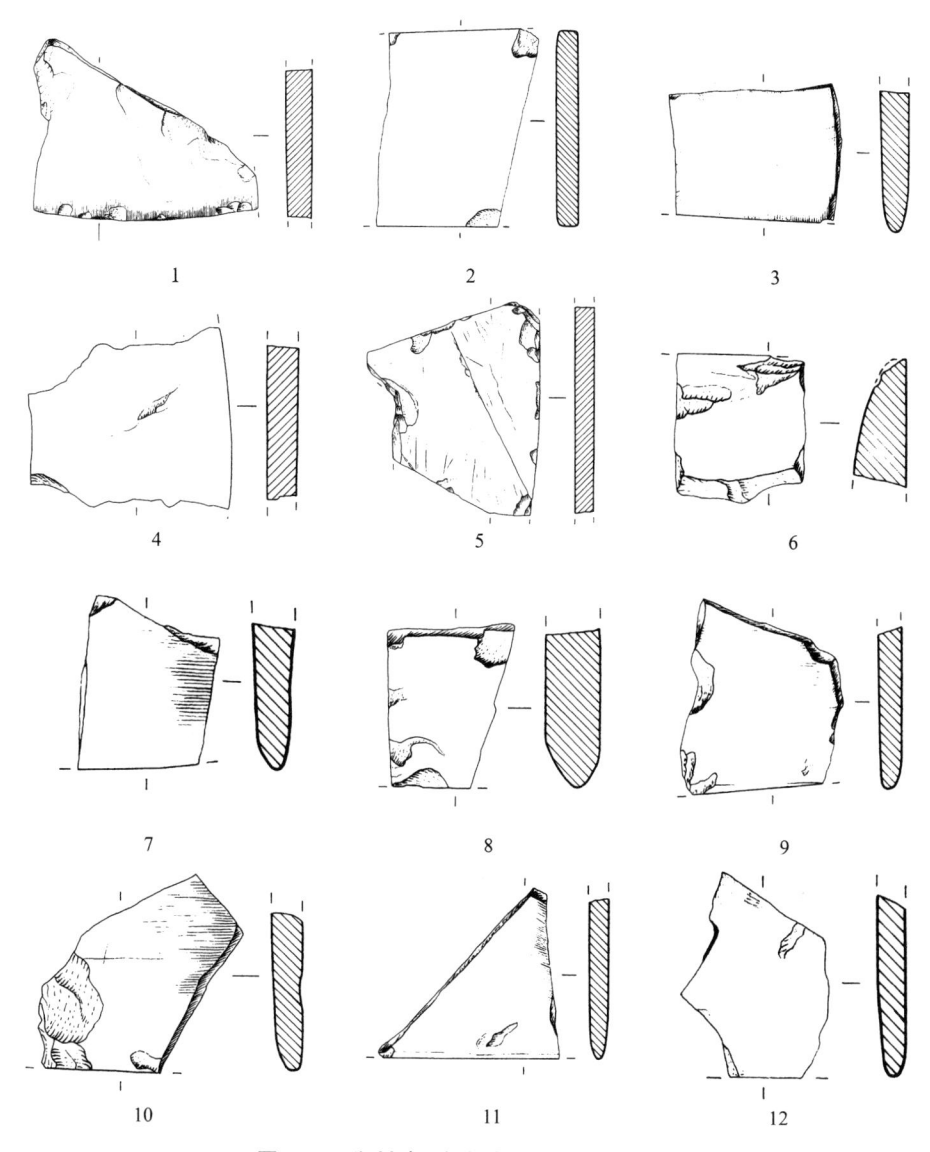

图 2.14 郑州地区仰韶中晚期丙类石铲（九）

其中 XS639、XS001（图 2.15，4）、XS158、XS627、XS597、XS580（图 2.15，5）、XS325、XS025（图 2.15，6）对断茬进行不同程度的打、琢、磨制，形成断面较平整的断块。XS639、XS001 近梯形，XS158、XS627、XS597、XS580 近矩形，XS325、XS025 形态不规则。XS580 表面保留有明显磨制痕迹，疑为磨石之用。

丙 B 型　肩部平折，较为对称和规整，铲身也更加规整。包括成品、柄部及铲身标本。

成品　标本 ZZ179（图 2.16，1）、ZZ180、ZZ181、ZZ182、ZZ183（图 2.16，2）。

柄部及铲身标本　标本 ZZ129（图 2.16，3）。

丙类未分型标本　包括柄部、柄部及器身半成品标本，均已残断。

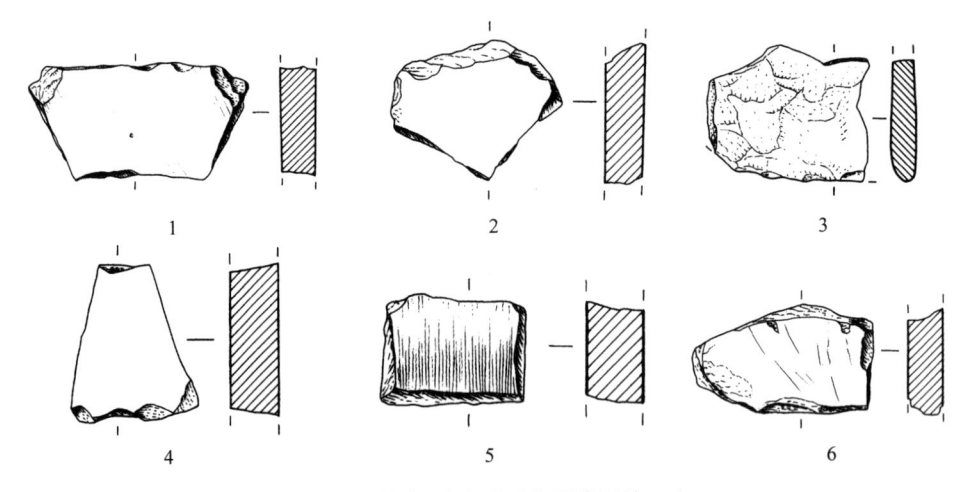

图 2.15 郑州地区仰韶中晚期丙类石铲（十）

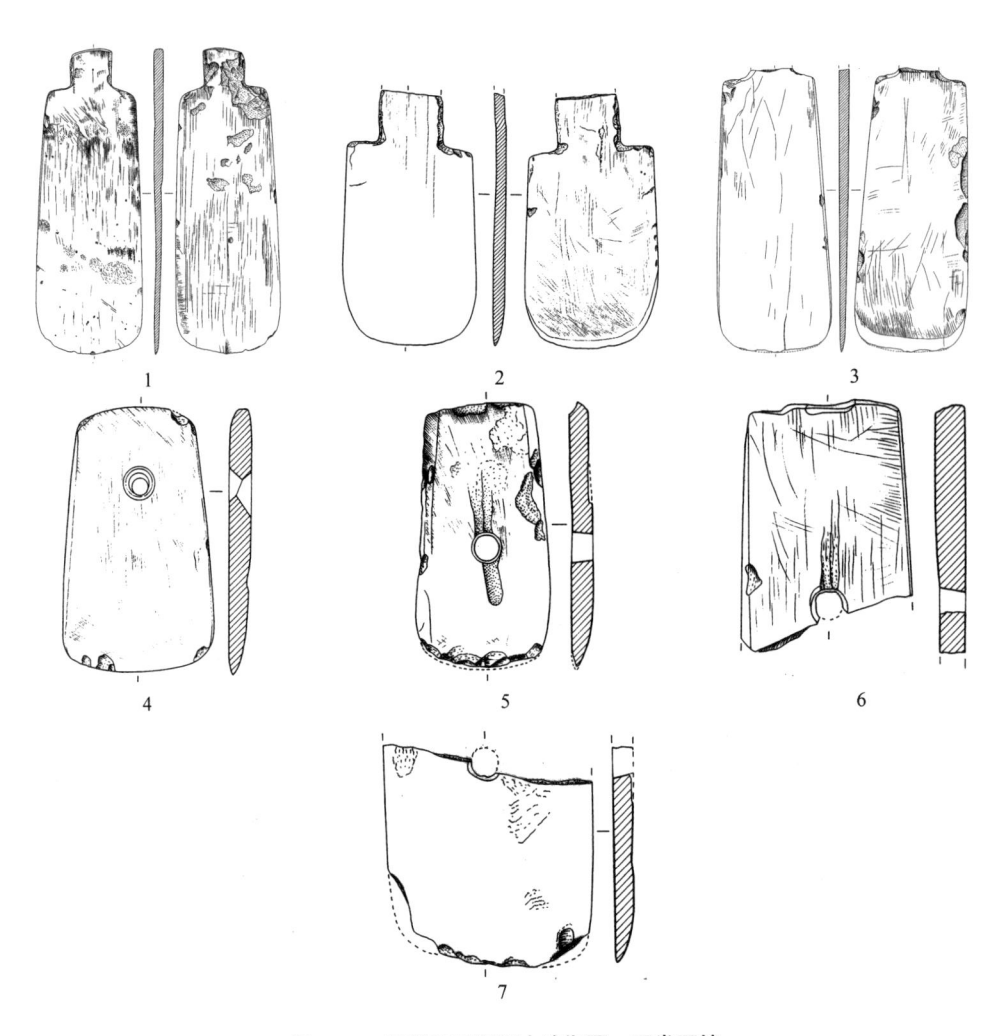

图 2.16 郑州地区仰韶中晚期丙、丁类石铲

半成品　柄部。两侧打制片疤尚未磨制修整完成，片疤边缘接近柄部中间位置。标本 XS145、XS169（图 2.17，1）。

半成品　柄部及器身标本。侧边打制、琢制，未磨制成型，器表有确定器身厚薄的浅坑。标本 XS679（图 2.17，2）。

丁类　整体近梯形，钻孔，无柄，器身薄于甲、乙类，小于丙类。包括成品或可复原器、器身及刃部残片标本。

成品　标本 WG010（图 2.16，4）、ZZ186、ZZ184、ZZ189、ZZ194（图 2.16，5）。

器身标本　标本 ZZ196（图 2.16，6）。

刃部标本　标本 ZZ187（图 2.16，7）。

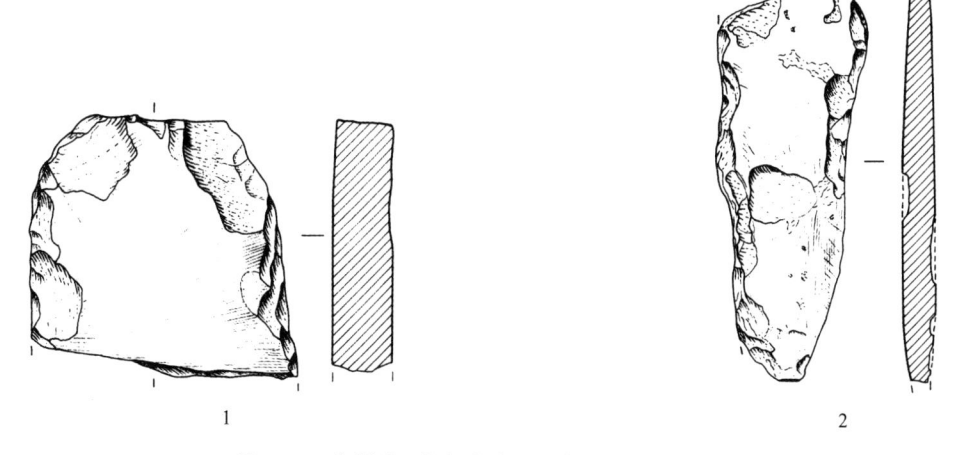

图 2.17　郑州地区仰韶中晚期丙类石铲（十一）

（思）石锛

标本 XS370（图 2.18）为成品标本，平面近梯形，束腰，平背，弧刃。两侧琢制出束腰形态；刃部形态介于石斧与石铲之间，由两侧向中间弧收，与铲的偏锋接近；厚度接近乙类石斧。

二　市作（建筑）工具

（一）石斧

根据石斧厚薄及整体形态特征，可分为三类。

甲类　薄体石斧，平面近矩形或等腰梯形。根据平面形态，可分为两型。

甲 A 型　平面近等腰梯形。包括形态较完整的成品以及顶部、刃部残片标本。

成品　标本 XS658（图 2.19，1）、XS049（图 2.19，2）、XS524（图 2.19，3）、XS364（图 2.19，4）。其中 XS524 的刃部经打、琢，再加工形成圆弧的钝面；XS364

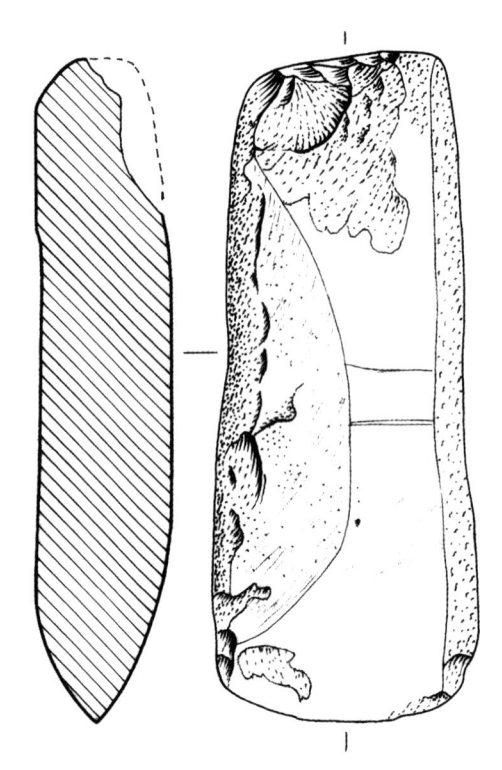

图 2.18　郑州地区仰韶中晚期石锛

的刃部经磨制修理。

顶部标本　标本 XS031（图 2.19，5）。

刃部标本　标本 XS606（图 2.19，6），断茬及刃部经打、琢、磨制，再加工成为新的成品。

甲 B 型　平面近矩形。刃部标本 XS060（图 2.19，7）、XS125（图 2.19，8）、XS653（图 2.19，9）。其中 XS125 断茬处经再加工成为新的成品；XS653 经过打制，再加工形成新的刃部。

乙类　厚体石斧，平面近矩形或等腰梯形。根据平面形态，可分为三型。

乙 A 型　平面近等腰梯形。根据剖面形态，可分为两个亚型。

乙 Aa 型　剖面近矩形或圆角矩形，侧边为平整面或微弧凸的平整面。包括成品以及顶部、刃部残片标本。

成品　标本 XS205、XS394、XS396、XS048（图 2.20，1）、XS045、XS583、XS700、XS323、XS217、XS672、XS219（图 2.20，2）、XS471（图 2.20，3）、XS330、XS005、XS074、XS439、XS621、XS192（图 2.20，4）、XS559（图 2.20，5）。

其中 XS045、XS583、XS700、XS323、XS217、XS672、XS219 刃部经打、琢、磨制，再加工成为圆弧的钝面；XS471（图 2.20，3）、XS330、XS005、XS074、XS439、

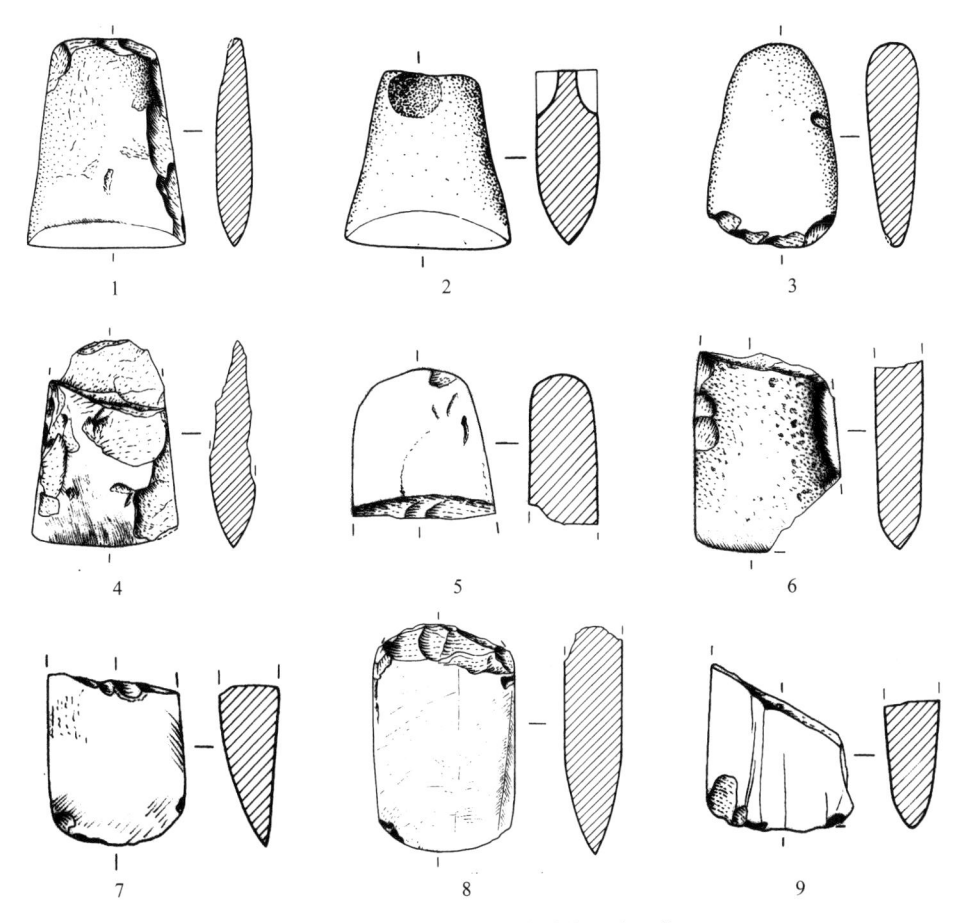

图 2.19　郑州地区仰韶中晚期甲类石斧

XS621、XS192刃部发生较大损伤后经打制，再加工成不规则的较锋利形态；XS559刃部发生较大损伤后进行打、琢、磨制再加工。

顶部标本　标本 XS243、XS477、XS197（图 2.20，6）、XS179、XS278（图 2.20，7）、XS256（图 2.20，8）、XS273（图 2.20，9）。其中 XS179、XS278 的断茬经过打、琢、磨，再加工成相对规整的平面；XS256 的刃部发生较大损伤后，打制再加工成不规则的较锋利形态；XS273 断茬经打制、磨制，再加工成不规则的刃部。

刃部标本　标本 XS393（图 2.20，10）刃部发生较大损伤后，经打制再加工成不规则的较锋利形态，断茬经过再加工成相对规整的平面。

乙 Ab 型　剖面近椭圆形，侧边为弧面。包括成品以及顶部、刃部残片标本。

成品　标本 XS699（图 2.21，1）、XS359（图 2.21，2）、XS473、XS124（图 2.21，3）。其中 XS359 刃部经过琢、磨，再加工成为圆弧的钝面；XS473、XS124 刃部

发生较大损伤后，经打制再加工成不规则的较锋利刃部。

顶部标本　标本 XS108（图 2.21，4）、XS376（图 2.21，5）、XS024、XS353（图 2.21，6）、XS384（图 2.21，7），均经过再加工。其中 XS108 的断茬经打、琢，再加工形成大体规整的平面；XS376 的断茬经打、琢、磨，再加工形成两个大体规整的平面；XS024、XS353 的断茬经打制再加工成不规则的较锋利刃部；XS384 侧面、经打、琢，使顶部收窄，再加工成为类似于锤的加工作用面。

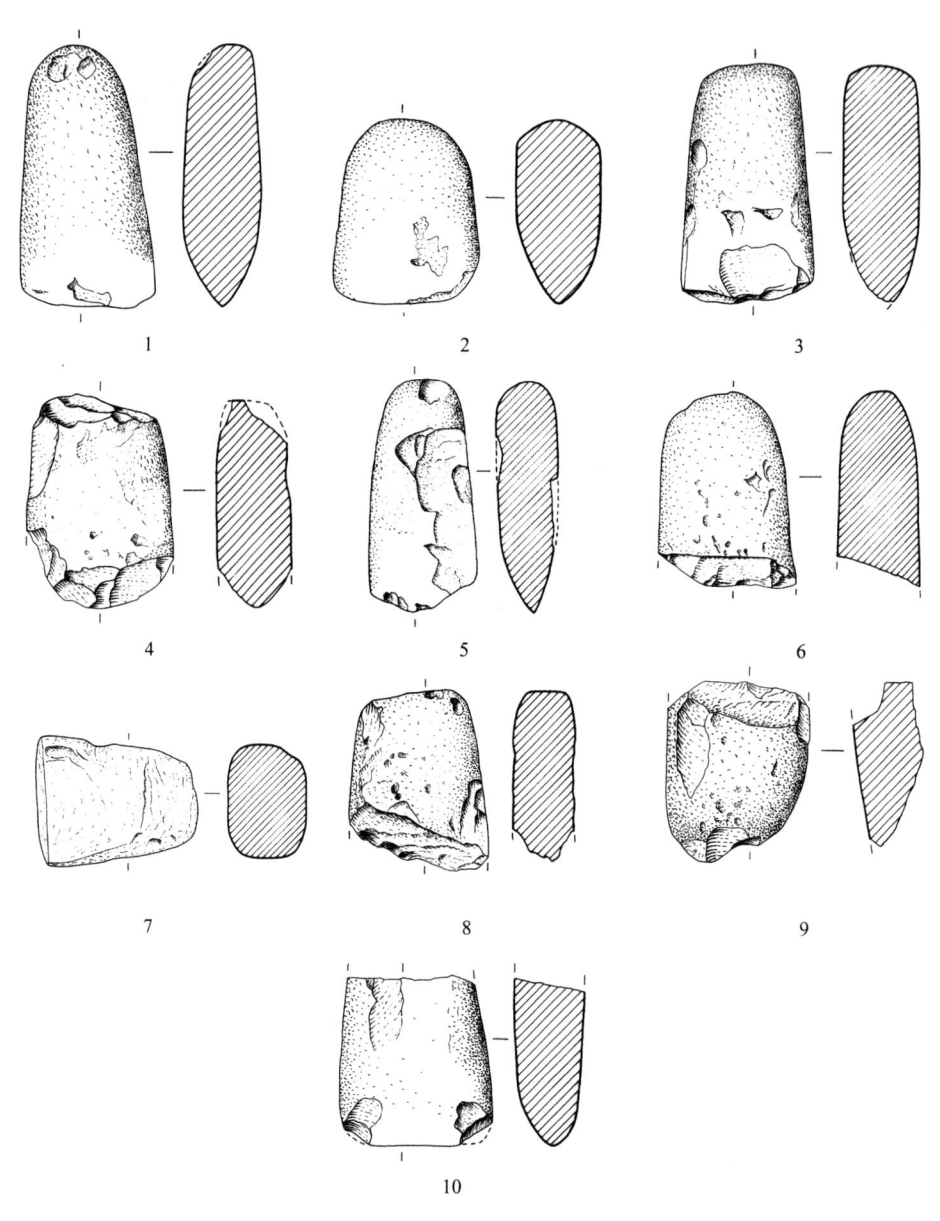

图 2.20　郑州地区仰韶中晚期乙 Aa 型石斧

刃部标本　标本 XS066（图 2.21，8）、XS592、XS102（图 2.21，9）、XS092（图 2.21，10）、XS340（图 2.21，11）、XS064（图 2.21，12）、XS519（图 2.21，13）。

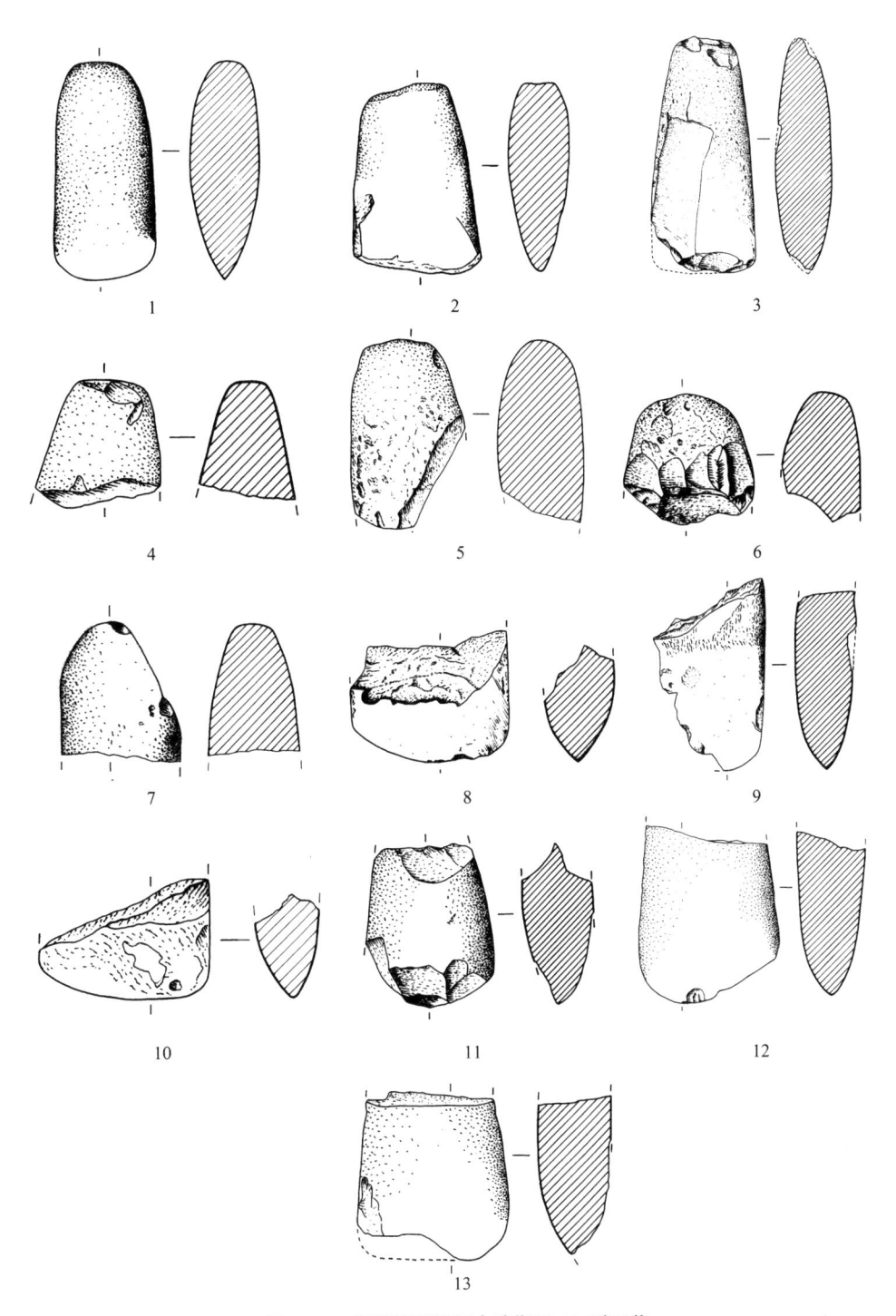

图 2.21　郑州地区仰韶中晚期乙 Ab 型石斧

其中 XS592、XS102 刃部损伤严重，发生较大形变；XS092 经打、琢、磨制，将刃部再加工成为圆弧的钝面；XS340 刃部发生较大损伤后经打制再加工成不规则的较锋利刃部，断茬亦打制；XS064 刃部发生较大损伤后经磨制再加工成新的较锋利刃部，断茬亦打制；XS519 的断茬经过打、琢、磨，再加工成相对规整的平面。

乙 B 型　平面近矩形。根据剖面形态，可分为两个亚型。

乙 Ba 型　剖面近矩形或圆角矩形，侧边为平整面或微弧凸的平整面。包括成品以及刃部残片标本。

成品　标本 XS318（图 2.22，1）、XS334（图 2.22，2）。其中 XS334 刃部经磨制再加工。

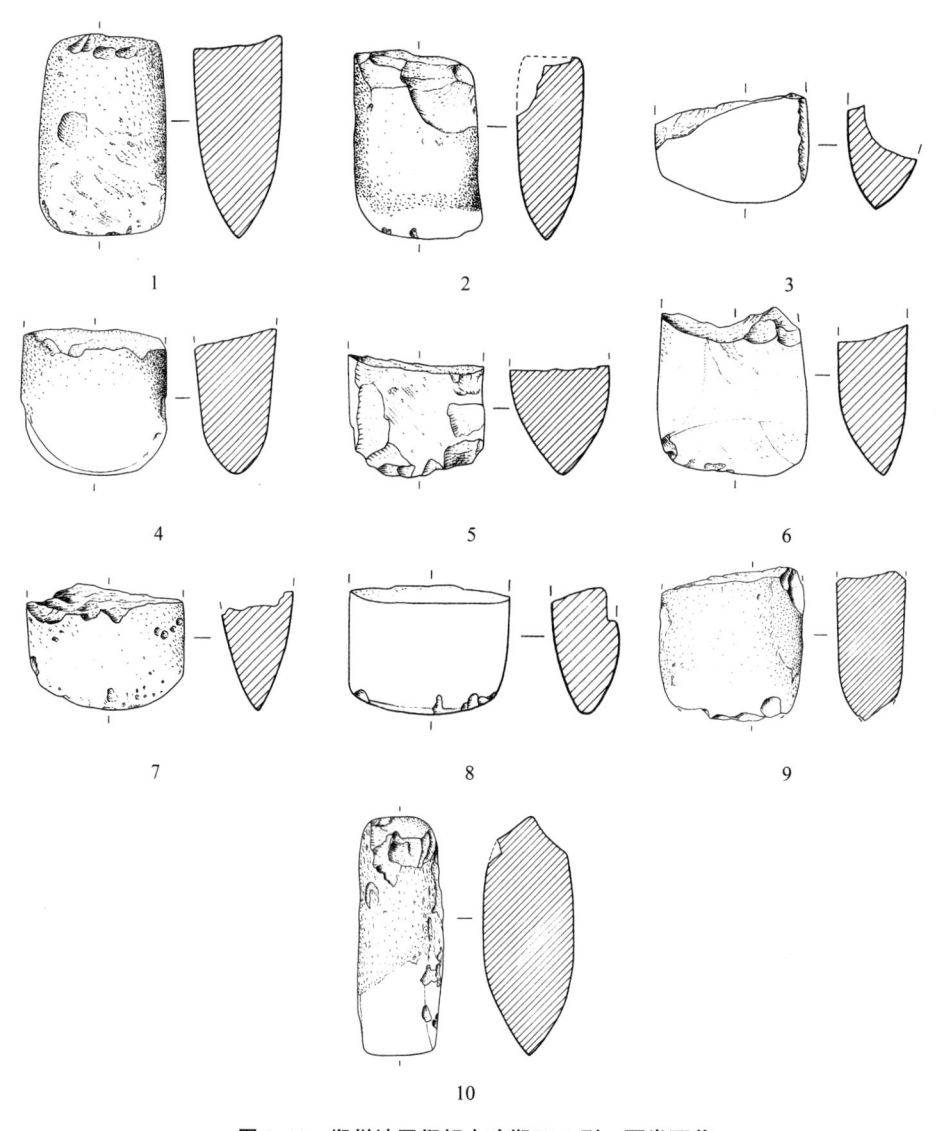

图 2.22　郑州地区仰韶中晚期乙 B 型、丙类石斧

刃部标本　标本XS576（图2.22，3）、XS347、XS339、XS188（图2.22，4）、XS037、XS129（图2.22，5）、XS589、XS320（图2.22，6）。其中XS347、XS339、XS188经打、琢、磨制，将刃部再加工成为圆弧的钝面，XS188断茬打、琢成较规整平面；XS037、XS129刃部发生形变损伤后，经打制再加工成新的较锋利形态；XS589、XS320刃部经磨制，再加工成新的较锋利形态。

乙Bb型　剖面近椭圆形，侧边为弧面。标本XS543、XS596（图2.22，7）、XS575、XS289（图2.22，8）、XS306（图2.22，9）均为刃部残片。其中XS575、XS289经打、琢、磨制，将刃部再加工成为圆弧的钝面；XS306刃部发生形变损伤后，经打制再加工成不规则的较锋利形态。

丙类　厚体石斧，近梭形，器身较窄，中部弧鼓，厚度与宽度之比明显大于甲、乙类石斧。成品标本XS590（图2.22，10）。

未分型标本　包括石斧毛坯、成品以及刃部、毛坯、不明部位等残片标本。

成品　标本XS114（图2.23，1）形制不甚规整，器身较薄，平面形态较大，最厚约2、最长约21、最宽约11厘米。刃部明显不对称，发生过大的损伤，经磨制再加工。

刃部标本　标本XS525、XS322（图2.23，2）、XS446（图2.23，3）、XS259、XS346、XS226（图2.23，4）、XS240、XS150（图2.23，5）。其中XS446经打、琢、磨制，将刃部再加工成为圆弧的钝面；XS259、XS346、XS226刃部发生形变损伤后，经打制再加工成新的较锋利形态；XS240、XS150为碎薄的刃部残片，经过对边缘进行打制，再加工成为薄片状的端刃工具。

毛坯或半成品标本　包括完整及可能在加工过程中作废的刃部残片标本。由于毛坯标本数量不多，且二者均能反映石斧生产的加工技术，故放在一起介绍。

完整毛坯标本　标本XS003、XS081（图2.23，6）经打制、琢制，可见大体锥形；XS414、XS054（图2.23，7）为琢制坯，除刃部以外的轮廓已基本成型。

刃部毛坯标本　标本XS444、XS062（图2.23，8）为打制坯残片；XS118（图2.23，9）为与半成品接近的琢磨坯，器身基本琢磨成型，反映出打制出刃部锥形的生产环节。

（二）石楔子

多由损伤的石斧改制而成，顶部或断茬多保留有打击痕迹，保留石斧刃部形态及相关再加工痕迹，近刃部的侧边加工为微内收状。根据形态大小，可分为两型。

A型　体态较大。包括成品及刃部残片标本。

成品　标本XS072（图2.24，1）由石斧改制而成，刃部发生较大损伤后，经打制再加工成新的较锋利形态，一侧琢制成微内收状，顶部有明显打击痕迹。

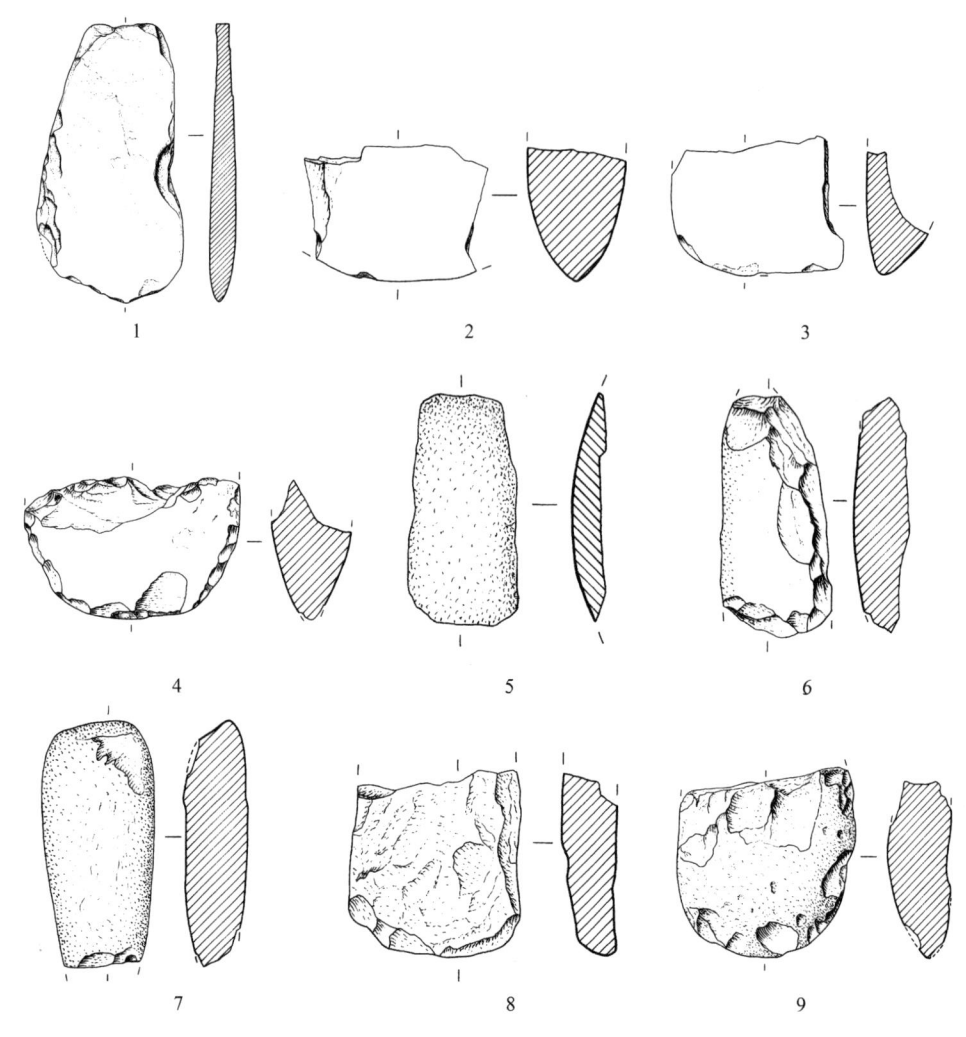

图 2.23　郑州地区仰韶中晚期未分型石斧

刃部标本　一侧琢制成微内收状。标本 XS208、XS011（图 2.24，2）。其中 XS011 的断茬经打、琢后稍显平整。

B 型　体态小于 A 型。均为刃部标本，由石斧残断的刃部改制而成。标本 XS432、XS087、XS361、XS540（图 2.24，3）一侧琢、磨成微内收状；标本 XS368（图 2.24，4）一侧琢、磨成微内收状，刃部发生较大损伤后经打制，再加工成新的较锋利形态；XS204（图 2.24，5）、XS649（图 2.24，6）的断茬均经打、琢、磨制，再加工成较规整的平面，XS204 一侧磨制成微内收状，XS649 一侧琢制；XS264 一侧琢制成微内收状（图 2.24，7）；XS704 残存刃部及一侧，对断茬进行打、琢再加工，形成新的顶部及另一个侧面（图 2.24，8）。

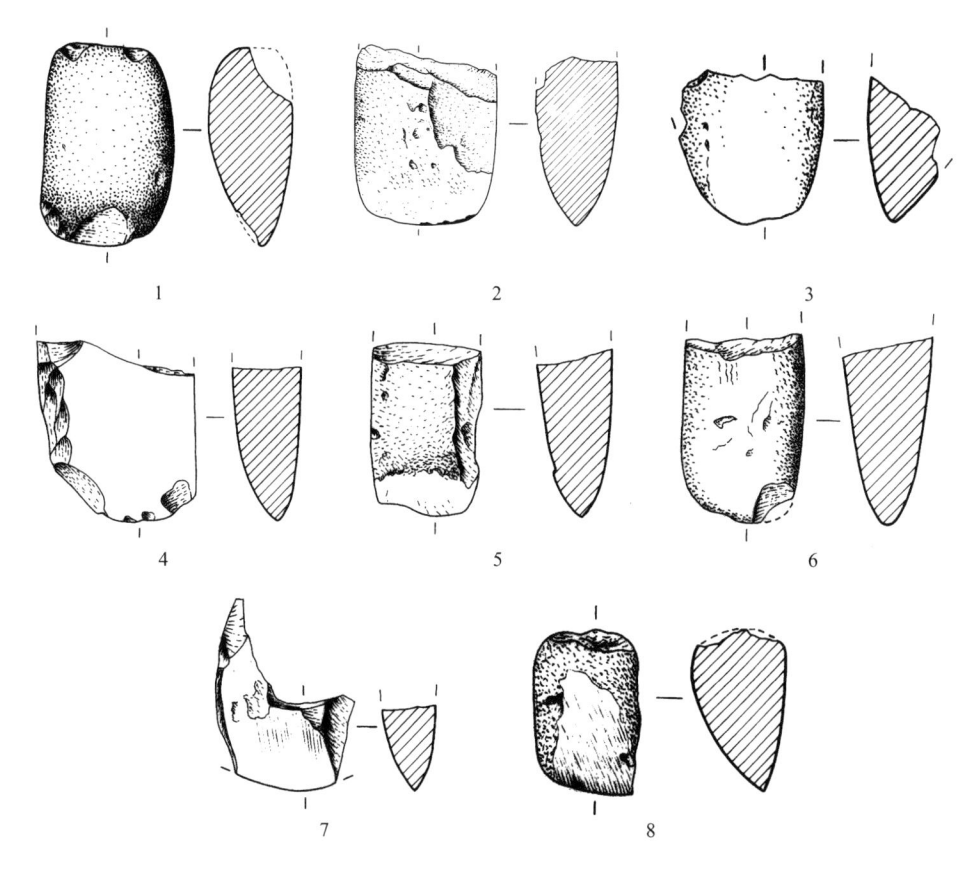

图2.24 郑州地区仰韶中晚期石楔子

(三) 石锛

根据体态大小,可分为三类。

甲类 体态较大。根据平面形态,可分为两型。

甲A型 平面近矩形,两侧微外张。根据器身厚薄及刃部形态特征,可分为两个亚型。

甲Aa型 器身较厚,折刃。包括成品及刃部残片标本。

成品 标本XS333(图2.25,1)。

刃部标本 标本XS061(图2.25,2)、XS701(图2.25,3)、XS304(图2.25,4)。其中XS061断茬经过打、琢,再加工成较规整的平面。XS701再加工手法与XS061一致,XS304断茬琢磨,再加工成较平整的斜面。

甲Ab型 器身较薄,折刃。包括成品及刃部残片标本。

成品 标本XS006(图2.25,5)、XS661、XS405(图2.25,6)、XS252(图2.25,7)。XS252刃部经磨制维修。

刃部标本　标本 XS147（图 2.25，8）。

甲 B 型　平面近等腰梯形。包括成品及顶部残片标本。

成品　标本 XS703（图 2.25，9）、XS486（图 2.25，10）均为弧刃。XS486 刃部经打制，维修成新的不规整刃部。

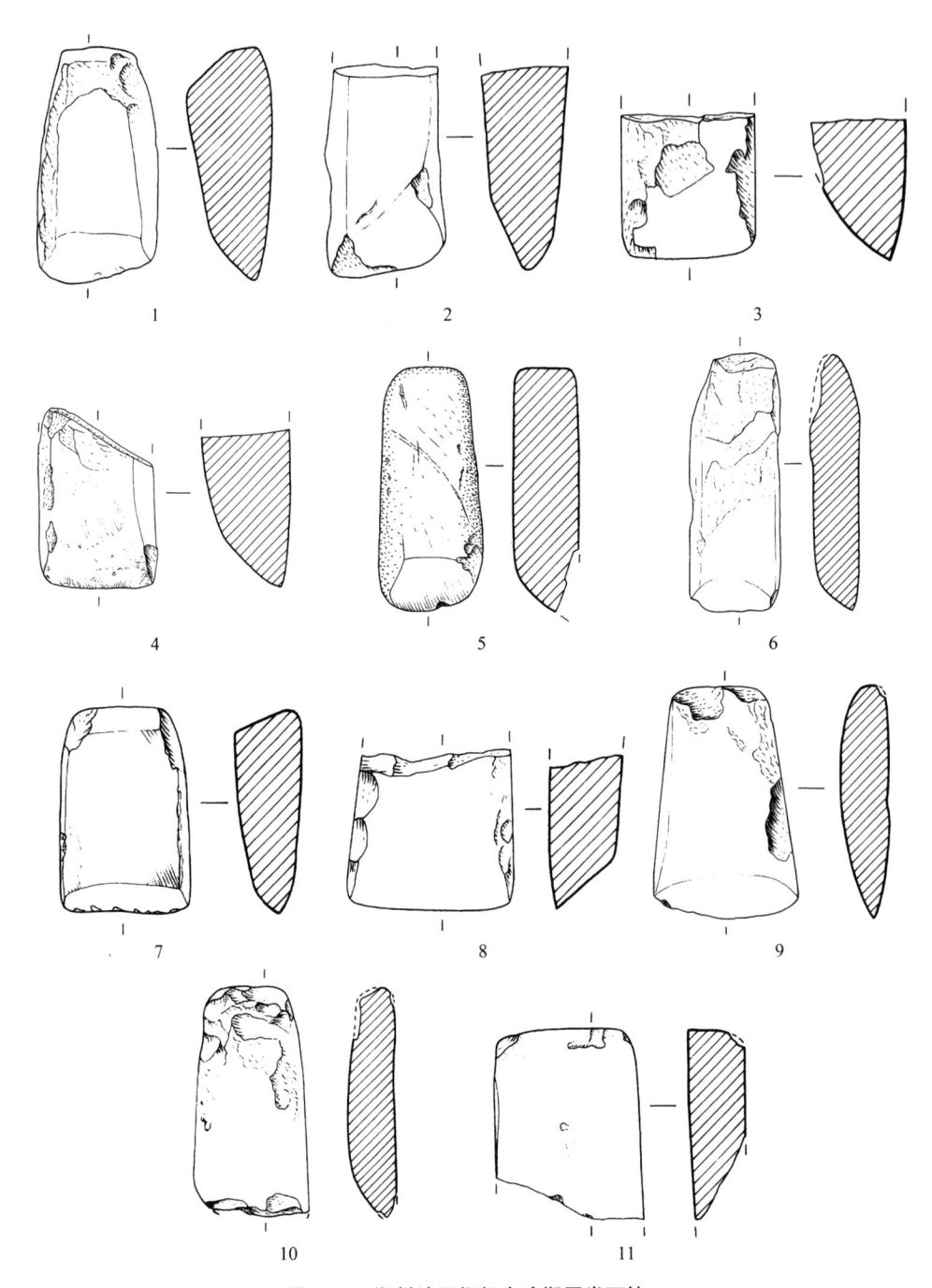

图 2.25　郑州地区仰韶中晚期甲类石锛

甲类未分型标本　平面近矩形，体态较薄。标本 XS227（图 2.25，11）为顶部残片。

乙类　体态适中，介于甲、丙类之间。根据平面形态，可分为三型。

乙 A 型　平面近矩形，两侧微外张。根据器身厚薄及刃部形态，可分为两个亚型。

乙 Aa 型　器身较厚，折刃。标本 XS392（图 2.26，1）、XS587（图 2.26，2）、

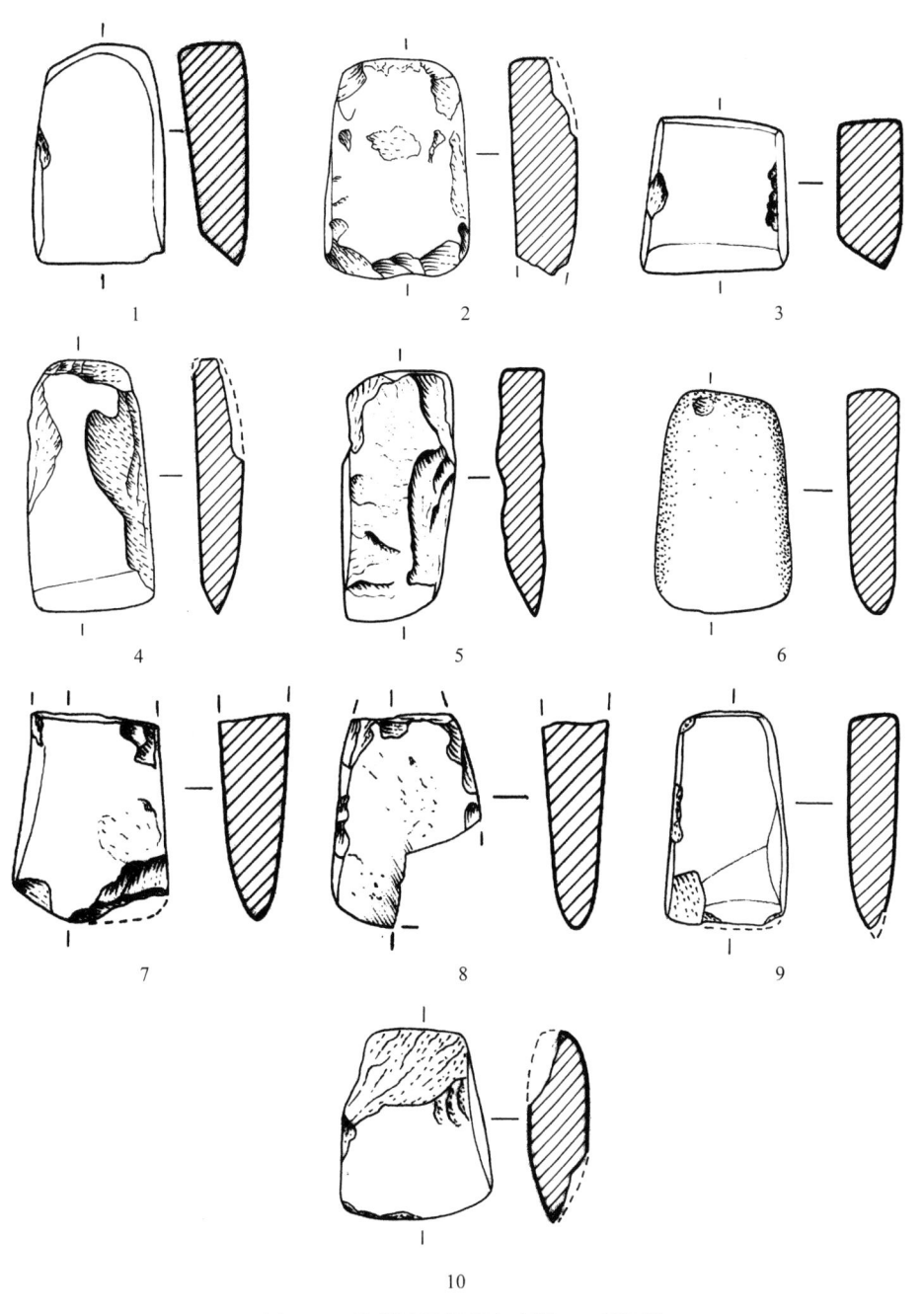

图 2.26　郑州地区仰韶中晚期乙 A 型石锛

XS588（图 2.26，3）均为成品标本。其中 XS587 刃部经打、琢、磨制维修；XS588 刃部经磨制维修。

乙 Ab 型　器身较薄，折刃。标本 XS174（图 2.26，4）、XS464（图 2.26，5）均为成品标本。XS464 经再加工，刃部磨制，一个侧边近顶处打制缺口。

乙 Ac 型　器身较薄，弧刃。包括成品和经由石铲残片改制的成品标本。

成品　标本 XS344，由砾石料加工而成（图 2.26，6）。

改制标本　XS476（图 2.26，7）、XS597（图 2.26，8）、XS527（图 2.26，9）、XS083（图 2.26，10）均为成品标本，均由石铲残片改制而成，利用保留有石铲侧边或刃部的残片进行改制。XS476 对断茬进行打琢，加工出平整的顶部，对刃部进行打、琢加工，侧边也应经过加工。XS597、XS527、XS083 的断茬经琢磨加工成平整的顶部，并对一侧进行琢磨。其中 XS597、XS527 利用石铲原本的刃部；XS083 还琢制器身不平整的断茬表面，并对刃部进行琢磨。

乙 B 型　平面近等腰梯形。根据顶部、刃部形态，可分为两个亚型。

乙 Ba 型　平顶，折刃。标本 XS160（图 2.27，1）、XS648（图 2.27，2）为成品标本。其中 XS648 刃部经磨制维修。

乙 Bb 型　窄弧顶，弧刃。标本 XS121（图 2.27，3）、XS312（图 2.27，4）、XS267（图 2.27，5）为成品标本。其中 XS312 刃部经打制、磨制维修，XS267 刃部经磨制维修。

乙 C 型　平面近长条形。根据器身厚薄及刃部形态，可分为两个亚型。

乙 Ca 型　器身较厚，折刃。刃部标本 XS030（图 2.27，6）。

乙 Cb 型　器身较薄，弧刃。标本 XS453（图 2.27，7）、XS669（图 2.27，8）为由石铲刃部残片改制的成品标本。标本 XS453 通体磨制，比较规整。XS669 断茬打、琢为平整的顶部，两侧打、琢、磨制，刃部磨制，形态不甚规整。

乙 D 型　整体近梭形。成品标本 XS086（图 2.27，9），折刃，由砾石料加工而成。

乙类琢制坯　标本 XS510（图 2.27，10）为残断毛坯标本。

丙类　体态较小。根据平面形态差异，可分为四型。

丙 A 型　平面近矩形，两侧微外张。根据器身厚薄及刃部形态特征，可分为两个亚型。

丙 Aa 型　器身较厚，折刃。成品标本 XS134（图 2.28，1），刃部经磨制维修。

丙 Ab 型　器身较薄，折刃。成品标本 XS284、XS410、XS216（图 2.28，2），刃部经磨制维修。

丙 B 型　平面近等腰梯形。标本 XS176（图 2.28，3）、XS123（图 2.28，4）为成

品标本，折刃。其中 XS123 刃部经磨制维修。

丙 C 型　平面近长条形。根据器身厚薄及刃部形态，可分为两个亚型。

丙 Ca 型　器身较厚，折刃。成品标本 XS288（图 2.28，5），刃部经磨制维修。

丙 Cb 型　器身较薄，弧刃。刃部残片标本 XS321（图 2.28，6）由砾石料加工而成，断茬经打、琢、磨制维修。

丙 D 型　整体近梭形。成品标本 XS358（图 2.28，7），由砾石料加工而成。

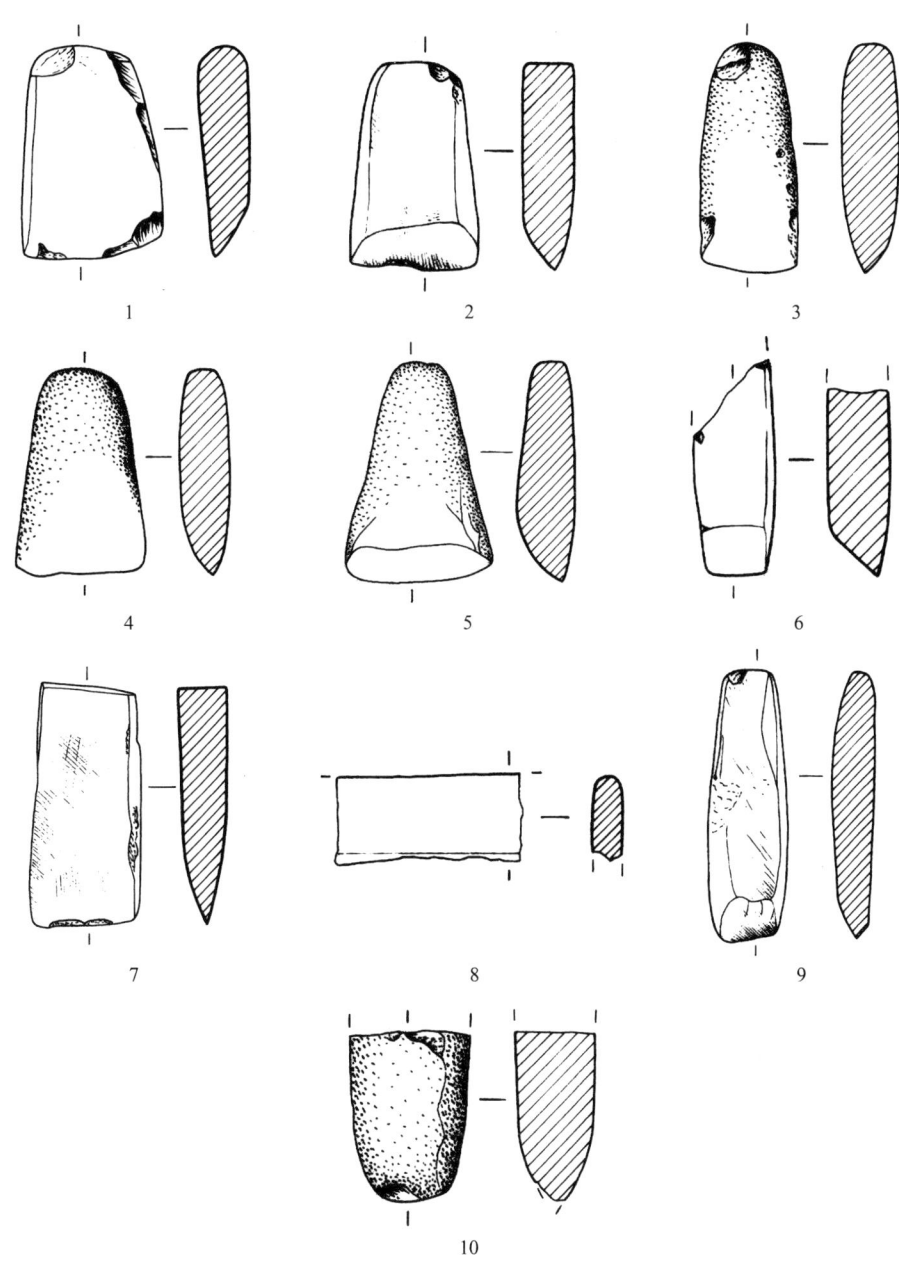

图 2.27　郑州地区仰韶中晚期乙 B、C、D 型石锛及乙类石锛毛坯

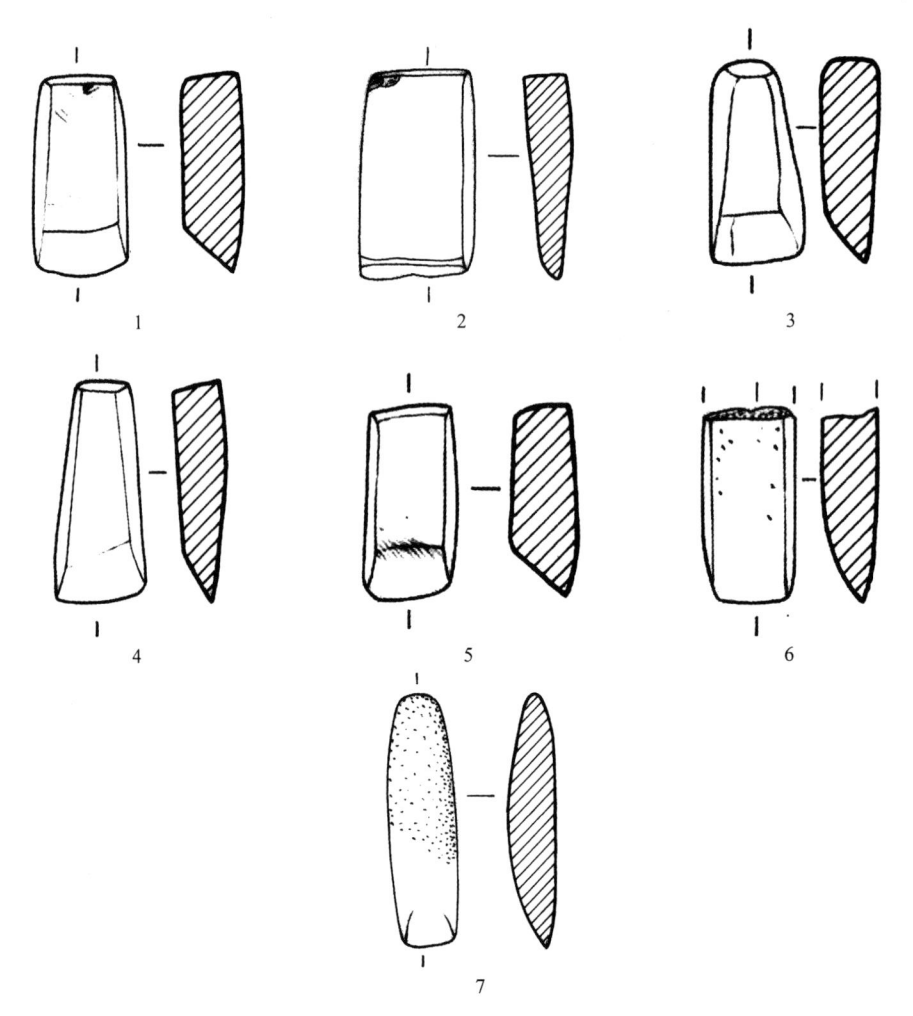

图 2.28 郑州地区仰韶中晚期丙类石锛

(四) 石凿

根据体态大小，可分为三类。

甲类 体态较大。刃部标本 XS601（图 2.29，1）刃部经磨制，断茬经琢制维修。

乙类 体态大小中等，介于甲、丙类之间。根据平面形态，可分为两型。

乙 A 型 平面近矩形，两侧微外张。根据器身厚薄，可分为两个亚型。

乙 Aa 型 器身较厚。成品标本 XS175（图 2.29，2），折刃，刃部经磨制维修。

乙 Ab 型 器身较薄。成品标本 XS481（图 2.29，3），折刃，刃部经磨制维修。

乙 B 型 整体近梭形。多由砾石料加工而成。成品标本 XS287、XS357、XS143（图 2.29，4）。

乙类石料 标本 XS258（图 2.29，5），系与石凿形态相近的天然砾石，稍加琢制便可形成石凿轮廓。

丙类　体态较小。根据平面形态，可分为两型。

丙A型　平面近矩形，两侧微外张。成品标本XS247（图2.29，6）器身较厚，折刃。

丙B型　整体近梭形。成品标本XS465（图2.29，7）。

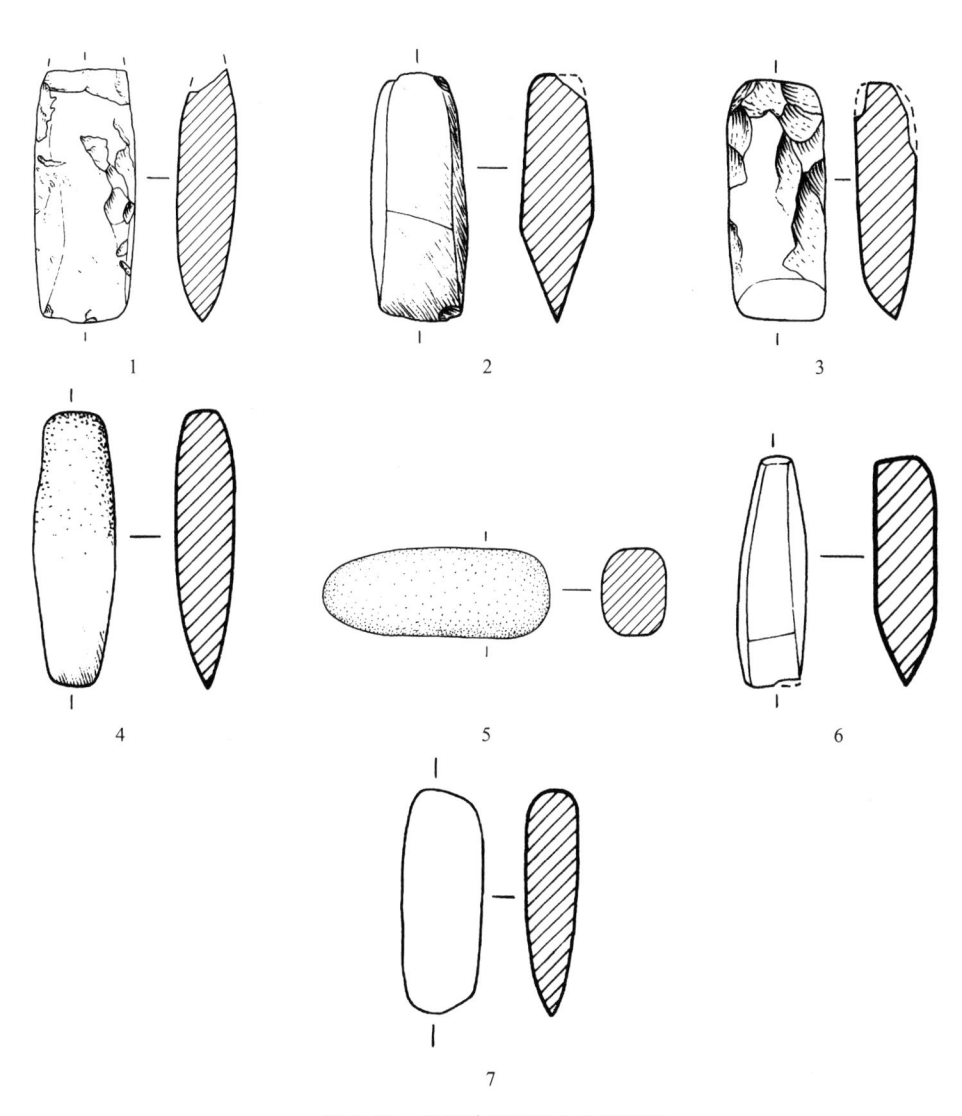

图2.29　郑州地区仰韶中晚期石凿

（五）石抹子

根据整体形态差异，可分为四型。

A型　平面近椭圆形，均为砾石料。依据厚薄可分为两个亚型。

**Aa 型** 体态较厚。包括石料、成品或可复原器标本。

成品 标本 XS075（图 2.30，1）、XS249、XS266、XS445（图 2.30，2）。其中 XS075 单面使用磨平，其余双面使用。

石料标本 标本 XS276、XS195（图 2.30，3）。

**Ab 型** 体态较薄，可能为 Aa 型石抹子使用变薄所致。标本 XS363、XS705、XS371（图 2.30，4）均为成品或可复原器标本，双面使用。

**B 型** 均为砾石料，保持砾石原始形态，不甚规则，作用面十分平整。成品标本 XS366、XS088、XS097、XS071、XS652（图 2.30，5）、WG035（图 2.30，6）。其中 XS366、XS088、XS097、XS071、XS652（图 2.30，5）单面使用，WG035（图 2.30，6）多面使用。

**C 型** 平面近梯形。包括成品、顶部残片标本。

成品 标本 XS302（图 2.30，7），正面、侧面使用平整，一端作石锤用。

顶部标本 标本 XS020，正反两面使用平整（图 2.30，8）。

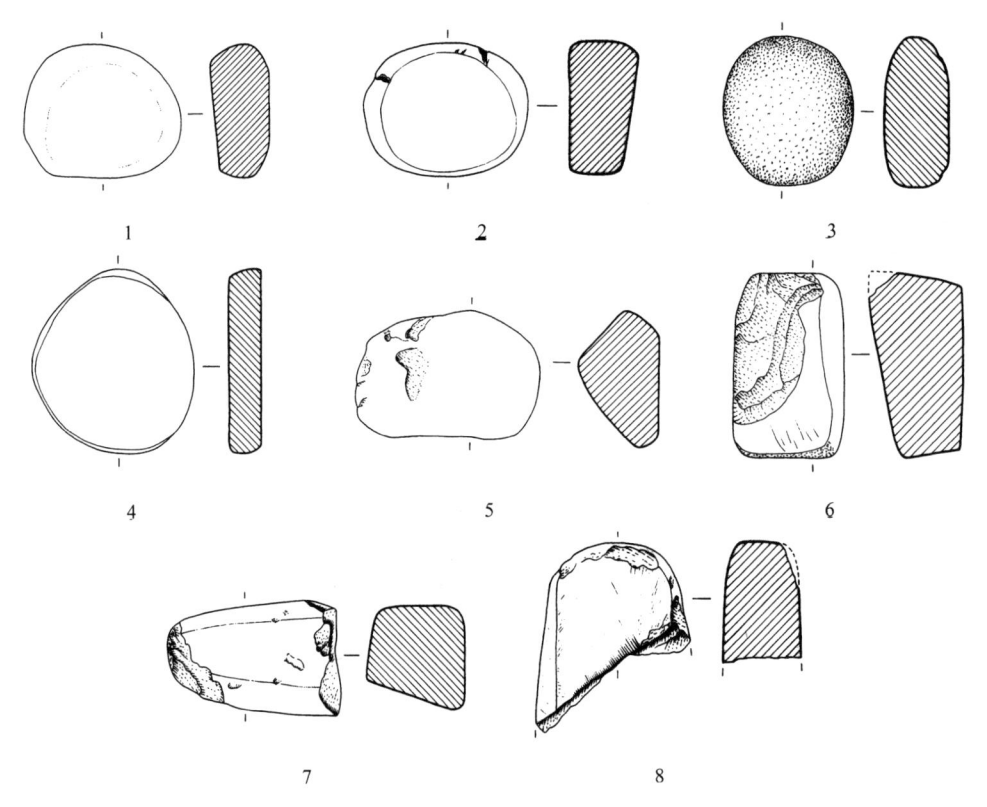

图 2.30 郑州地区仰韶中晚期石抹子

（六）石锤

依据整体形态差异，可分为三型。

A型　平面近椭圆形或圆角矩形。标本 XS427、XS032（图 2.31，1）。均为成品标本，由砾石料加工而成。

B型　条形，不甚规整，近端头处微内收。包括成品和一器多用标本。

成品标本 XS668（图 2.31，2）、XS300（图 2.31，3）、XS076、XS504、XS706（图 2.31，4）。其中 XS668、XS300、XS076 为砾石料。XS076、XS504、XS706（图 2.31，4）均一器多用，器表有平整面及磨制痕迹，可作为石抹子或磨石使用，端头可作锤头用。

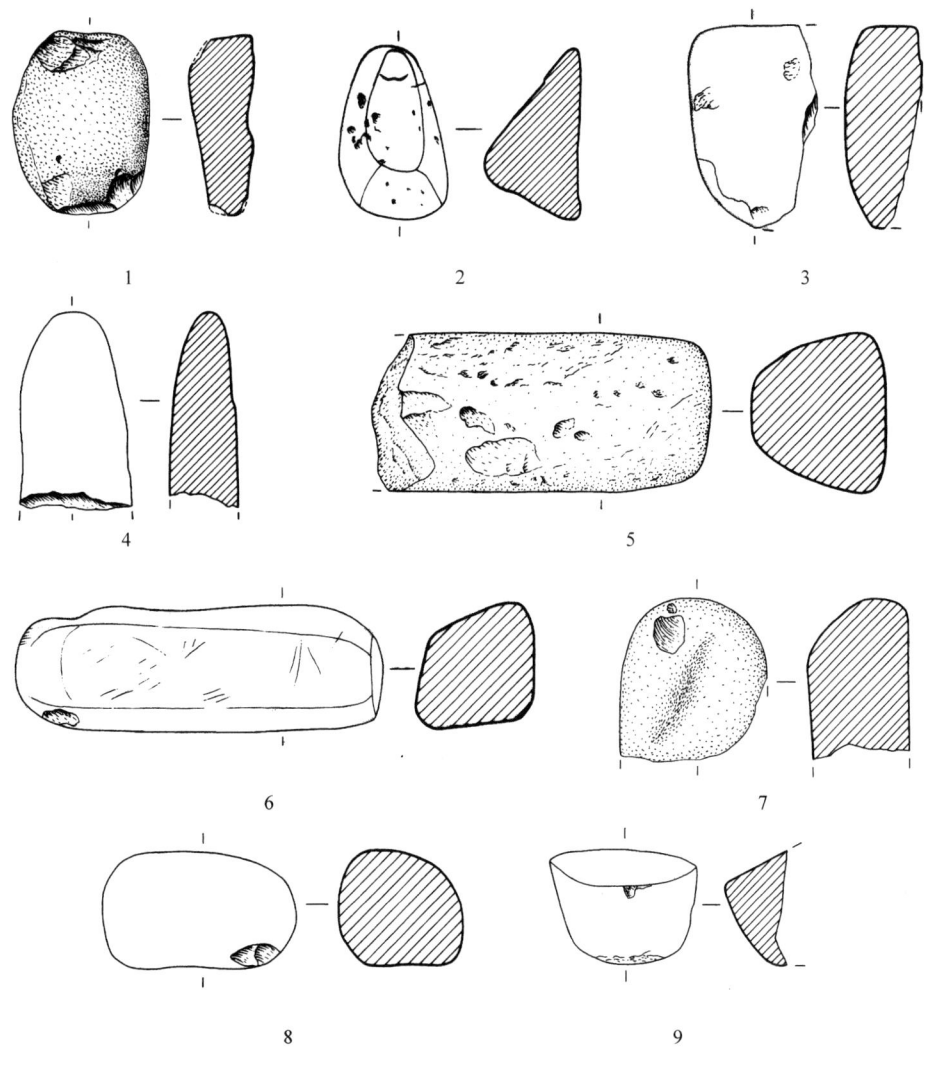

图 2.31　郑州地区仰韶中晚期石锤

C 型　呈较规则的条形或柱状，多为一器多用标本，端头用作锤头。标本 XS009 为石杵，XS228 为磨棒（图 2.31，5），XS101（图 2.31，6）器表及一端可作为石抹子或磨石使用。

未分型标本　均为一器多用的成品或可复原标本，端头用作锤头。标本 XS416（图 2.31，7）、XS229（图 2.31，8）、XS067（图 2.31，9）。其中 XS416、XS229 器表用于磨制；XS067 一端保留有类似抹子的平整面。

（七）其他

钝刃形器　均为成品标本。标本 ZZ059（图 2.32，1），近矩形，刃部琢磨，顶部打琢。标本 ZZ126（图 2.32，2），利用砾石的近梯形形态，对两端进行琢制，形成弧凸的钝面。

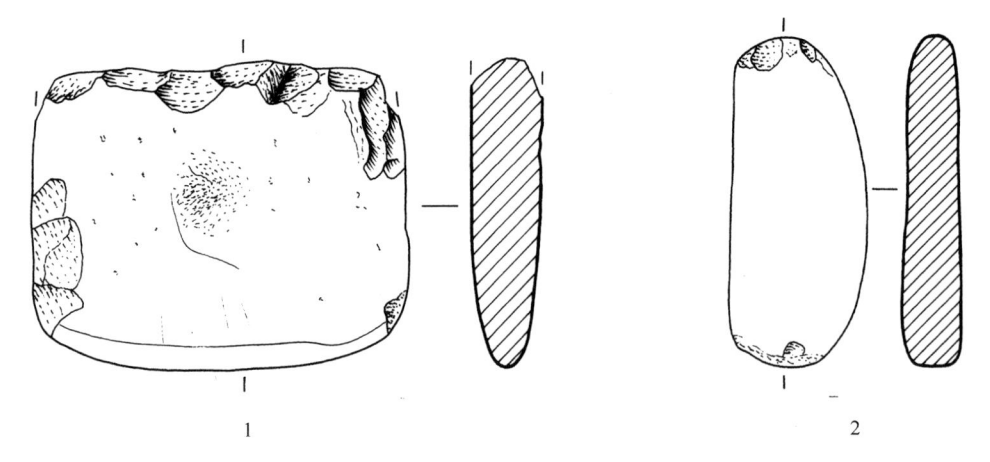

图 2.32　郑州地区仰韶中晚期钝刃器

## 第三节　各遗址石器的类型与数量

我们对各遗址出土石器的类型与数量进行了统计，以附表（附表 2）的形式置于文末，以便下一节对石器的形态特征、形制参数及其反映的形态标准化程度进行研究。

## 第四节　石器形态特征、形制参数及标准化分析

一　农作工具

（一）石刀

笔者曾在本节内容的基础上，就郑州地区仰韶中晚期的石刀类型与技术特征等问

题撰写专门论文发表①。由于西山遗址出土完整或可复原的石刀数量不多,我们将巩义双槐树、荥阳青台、郑州大河村、汪沟、尚岗杨、上街区昆仑路、信合普罗旺世小区、建业壹号城邦小区、黄岗寺工人路小区等遗址出土的石刀纳入统计。

  整体上看,郑州地区仰韶中晚期乙类石刀数量最多,丙类次之,甲类最少。具体到型别,又以乙 C、丙 B 型石刀数量最多(图 2.33)。除成品外,还包括数量较多的改制器,由石铲残片改制而成者占据较大比例(图 2.34)。

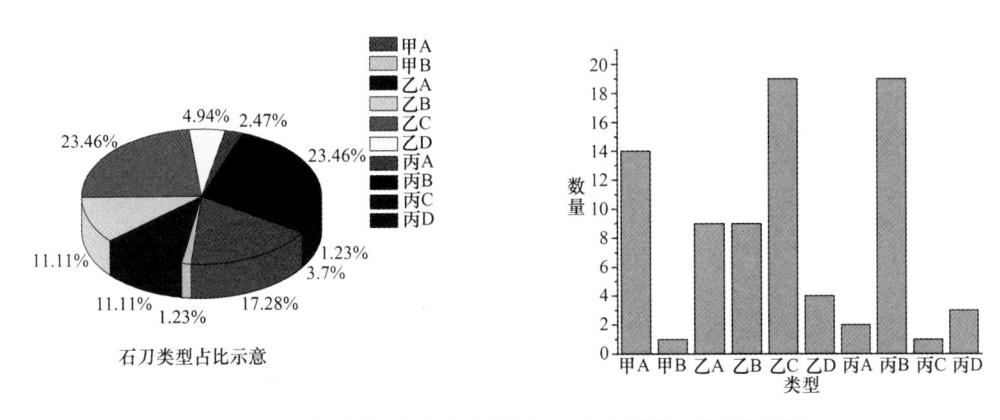

图 2.33 郑州地区仰韶中晚期石刀(含改制器)数量统计图

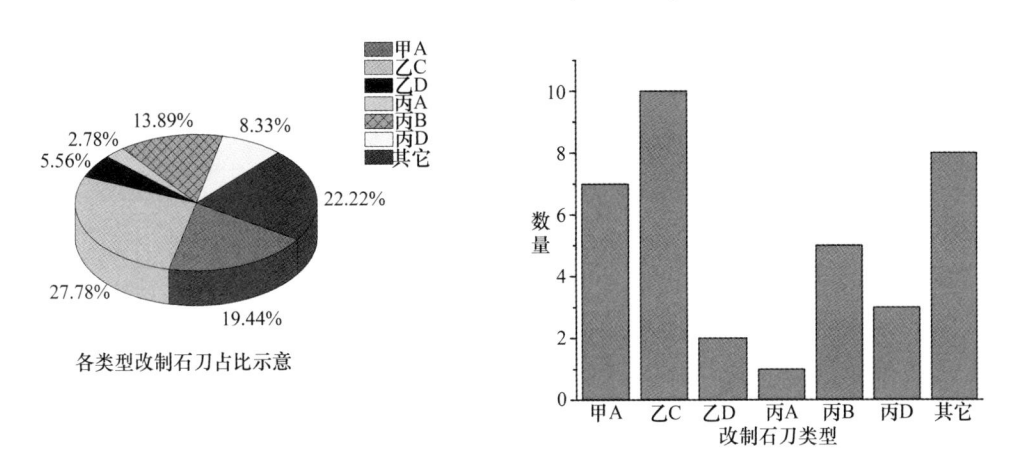

图 2.34 郑州地区仰韶中晚期石刀改制器数量统计图

  我们对保存较好石刀标本的长度、宽度、厚度、长宽比、宽厚比、质量、刃角等进行了量化统计分析,绘制了石刀长度、宽度的散点图(图 2.35)。需要说明的是,丙 D 型均为石铲改制,故未纳入丙类形制参数框定范围中。从乙 A、乙 B、到乙 C—D、丙 A—C 型石刀,长度、宽度的分布范围逐渐缩小,体现出明显的渐变特征。

---

  ① 吴超明、魏青利、刘亦方等:《试论郑州地区仰韶中晚期的石刀类型与技术特征》,《南方文物》2021 年第 5 期。

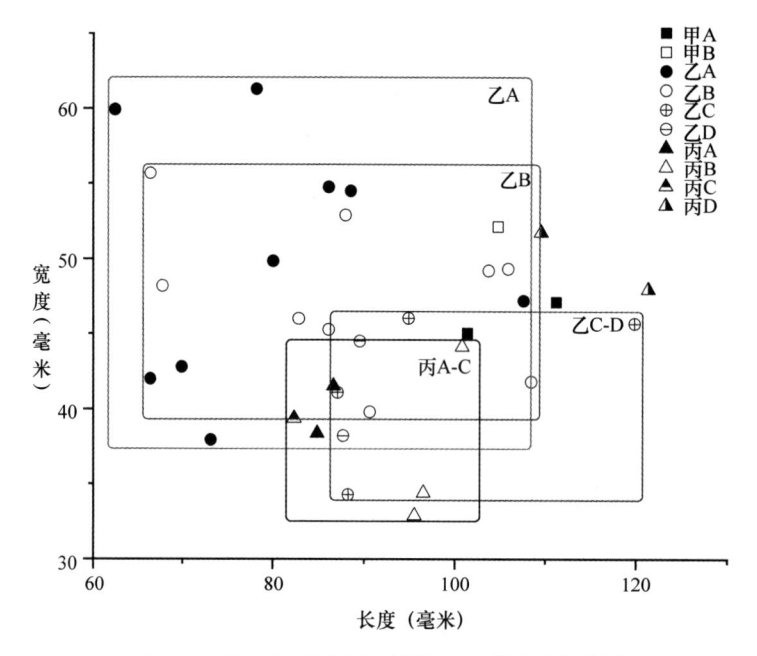

图 2.35 郑州地区仰韶中晚期石刀形制参数散点图

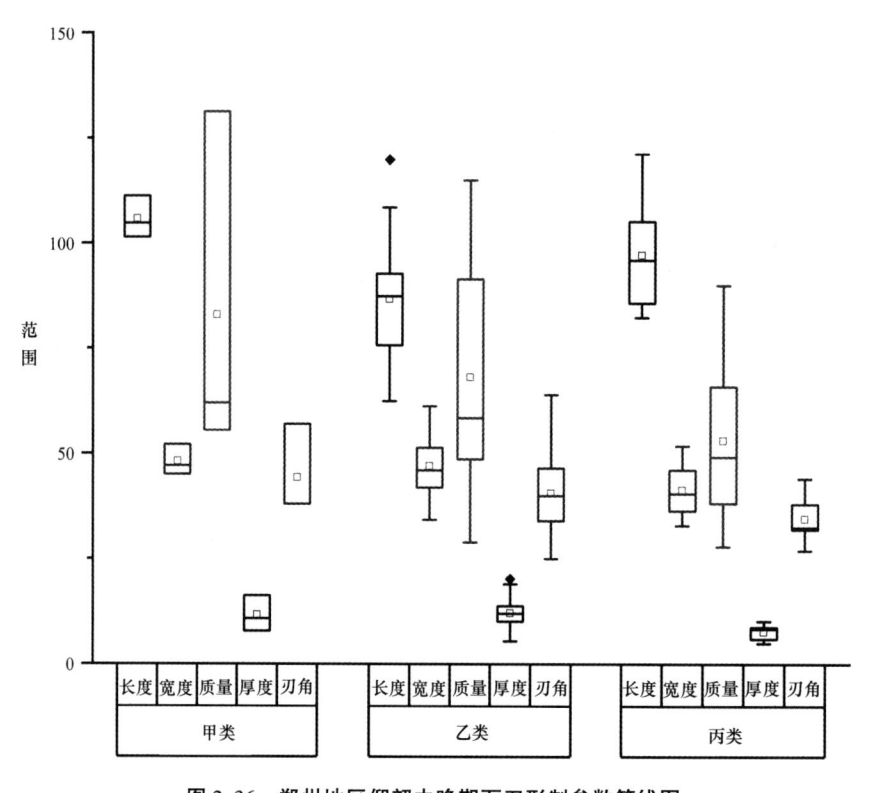

图 2.36 郑州地区仰韶中晚期石刀形制参数箱线图

注：宽度、厚度的单位为毫米，刃角的单位为度。

各类石刀形制参数箱线图（图2.36）也表明，从乙类到丙类，石刀的质量、厚度及刃角等形制参数的主要分布范围呈现出逐渐减小的趋势。甲类石刀标本数量较少，形制参数分析尚难以全面反映该类石刀的规范化程度。但是从其厚度、质量差异较大，制作亦不规整的情况看，其整体造型的规范化程度应该不高，箱线图所反映的情况或许有一定参考价值。所以，从甲类、乙类到丙类，石刀形态的规范化程度呈现出逐渐增强的特点。

为进一步揭示各类石刀生产的专业化水平，我们对各类石刀形制参数所体现的标准化程度进行了分析（表2.1）。甲类标本量较小，难以准确反映该类石刀的标准化程度，故主要讨论乙、丙两类石刀。整体上看，丙类石刀的长度、宽度、长宽比、刃角等数据的CV值均在15%左右，高于乙类石刀。厚度、宽厚比、质量等形制参数CV值偏高，主要是石刀原料厚度不太集中所造成的。因为石刀刃部多磨制成型，对器身厚薄的要求不甚高，所以涉及厚度的若干形制参数的CV值就会偏高，而影响手持使用的长度、宽度等数据的CV值则相对偏低。

综上可知，丙类石刀的标准化程度较高，甲、乙两类偏低，在形制参数的量化统计上反映出较明显的过渡趋势。尤其是乙C、D型石刀的过渡性特征最为典型。乙C型石刀背部、刃部特征与丙类无异，乙D型石刀既有缺口，又有穿孔，都是介于乙A—B型至丙类（尤其是丙B型）石刀之间的过渡形态。本书所涉标本多属仰韶中期偏晚至仰韶晚期的时代范围，结合中原地区龙山时代形态与本研究丙类（尤其是丙B型）相似的石刀大量流行的情况看，郑州地区石刀形态的过渡性特征很可能反映出仰韶中晚期至龙山时代石刀由标准化程度偏低的打制缺口类型向标准化程度偏高的磨制钻孔类型过渡的演变脉络。

值得注意的是，同石铲、石斧、石锛等工具相比（详后），石刀的刃角、厚度或宽厚比等关键形制参数CV值相对较高，反映出其标准化程度不如前几类器。这很大程度上与形态设计和原料选用有关。

首先，石铲、石斧、石锛等石器对厚度的控制是比较严格的。如甲、乙类石铲偏厚，丙、丁类石铲偏薄；甲类石斧偏薄，乙类石斧偏厚；各类型石锛大多有偏厚和偏薄的亚型。大部分石铲、石斧及部分石锛的厚度大于石刀，这就导致其造刃需要先经过打制加工。通过后文对石铲、石斧的再加工分析可知，再加工人群可以磨制出较锋利的刃部，所以改制石刀刃部与成品刃部差异并不明显。但打制刃部雏形是再加工人群无法掌握的核心技术，故石铲、石斧、石锛等刃部再加工的技术形态特征与成品之间存在明显差别。

表 2.1　　郑州地区仰韶中晚期石刀标本形制参数变量的平均值（mean）、
标准偏差（SD）和变化系数（CV）

|  | 统计值 | 长度 | 宽度 | 厚度 | 长度/宽度 | 宽度/厚度 | 刃角 | 质量 |
|---|---|---|---|---|---|---|---|---|
| 甲类 | n=3 | | | | | | | |
|  | Mean | 105.77 | 48.10 | 11.58 | 2.21 | 4.59 | 66.14 | 82.93 |
|  | SD | 4.99 | 3.65 | 4.25 | 0.18 | 1.91 | 12.56 | 42.01 |
|  | CV | 4.72% | 7.59% | 36.69% | 8.15% | 41.58% | 18.99% | 50.66% |
| 乙类 | n=24 | | | | | | | |
|  | Mean | 86.62 | 47.01 | 12.06 | 1.89 | 4.19 | 40.54 | 68.15 |
|  | SD | 14.94 | 6.95 | 3.39 | 0.44 | 1.31 | 10.35 | 25.69 |
|  | CV | 17.24% | 14.77% | 28.12% | 23.35% | 31.27% | 25.54% | 37.70% |
| 丙类 | n=8 | | | | | | | |
|  | Mean | 97.16 | 41.31 | 7.63 | 2.38 | 5.59 | 34.50 | 53.04 |
|  | SD | 13.30 | 6.46 | 1.81 | 0.33 | 1.13 | 5.88 | 21.20 |
|  | CV | 13.69% | 15.64% | 23.68% | 13.82% | 20.17% | 17.04% | 39.96% |

注：长度、宽度、厚度的单位为毫米，刃角的单位为度，数据均保留小数点后两位。

其次，石铲、石斧、石锛等石器的选料也更为严格。通过后文分析可知，石斧、石锛等多用辉绿岩、硬铝质岩、铁英岩、石英岩、石英砂岩等硬度（后文"硬度"均指莫氏硬度）较高的石料，石铲多用白云岩、灰岩等大块片状石料。石刀以灰岩、砂岩、白云岩、片岩等石料为主，硬度不及石斧、石锛，与石铲相近。而石铲以大块石料为主，要加工出规整的刃部难度明显更大。

所以，石铲、石斧、石锛等生产工具对形态厚薄和刃角的控制更严格，所用石料加工起来难度更大；然而这几类大型或专用性较高的工具的形制参数反映出的标准化程度却明显高于石刀，足可见其生产的专业化水平应高于石刀这类小型工具。

（二）石镰

单个遗址出土石镰数量较少，我们对西山、青台、大河村、建业壹号城邦、信合普罗旺世、林山寨、上街区昆仑路等遗址出土石镰进行了量化统计。从数量上看，A型石镰占比超过6成，B型接近4成；其中Ab型数量较多，占比超过3成（图2.37）。

由于大部分石镰标本残断，完整长度不易统计，我们将宽度、厚度、宽厚比、刃角等作为关键形制参数进行统计分析。

据各类型石镰形制参数散点图（图2.38）及箱线图（图2.39）可知，A型石镰宽度主要分布在4.5—5.2、厚度主要分布在0.8—1.1厘米的范围内，B型宽度主要分布在2.5—4.5、厚度主要分布在0.6—0.9厘米的范围内。A型宽度、厚度分布范围的数据明显偏大，这表明前文的类型划分大体不误。

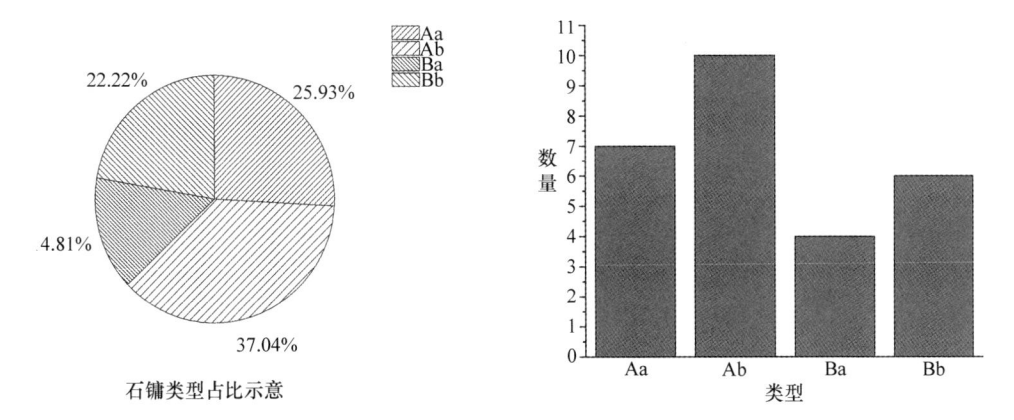

图 2.37　郑州地区仰韶中晚期各类型石镰数量统计图

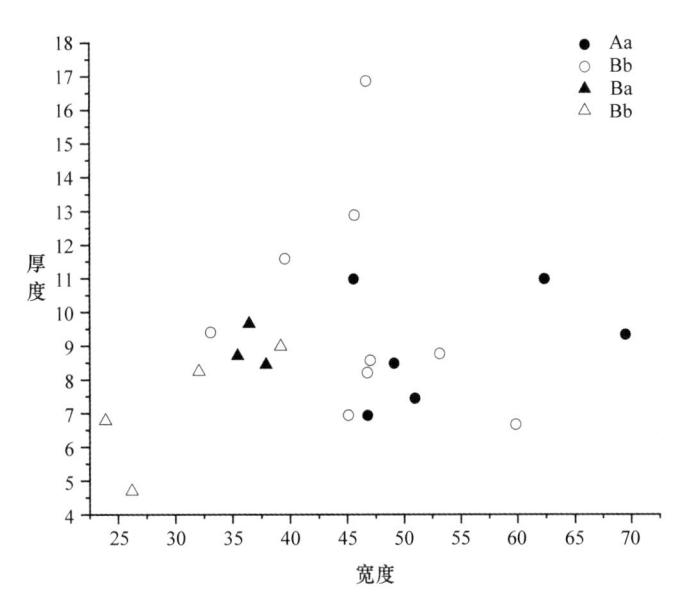

图 2.38　郑州地区仰韶中晚期各类型石镰形制参数散点图

注：宽度、厚度的单位为毫米。

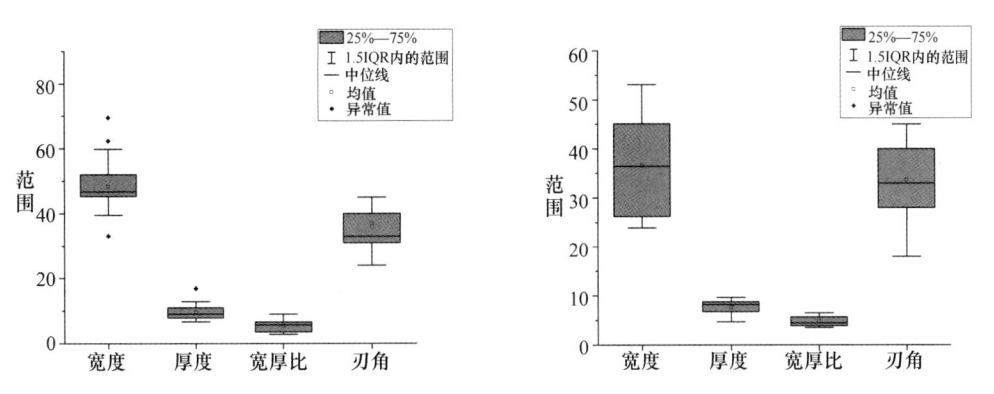

图 2.39　郑州地区仰韶中晚期 A（左）、B（右）型石镰形制参数箱线图

注：宽度、厚度的单位为毫米，刃角的单位为度。

A 型石镰宽度、厚度的主要波动范围分别为 0.7、0.3 厘米，刃角的主要波动范围为 10 度左右。B 型石镰宽度、厚度的主要波动范围分别为 2、0.3 厘米，刃角的主要波动范围为 15 度左右。变化系数可以更进一步反映石镰形制参数的标准化程度（表2.2）。A 型石镰的厚度、宽厚比等形制参数的 CV 值均接近甚至超过 30%，B 型厚度、宽厚比等形制参数的 CV 值均接近甚至超过 20%。具体到刃角这一核心形制参数，A、B 型石镰 CV 值均大于 25%，B 型超过 30%。

总体来看，石镰形制参数所体现的标准化程度明显比石铲、石斧、石锛、石凿等更低，形态的规范化程度更弱。

表 2.2　郑州地区仰韶中晚期石镰标本形制参数变量的平均值（mean）、标准偏差（SD）和变化系数（CV）

|  | 统计值 | 宽度 | 厚度 | 宽度/厚度 | 刃角 |
| --- | --- | --- | --- | --- | --- |
| A 型 | n＝16 |  |  |  |  |
|  | Mean | 48.38 | 9.59 | 5.38 | 36.85 |
|  | SD | 9.60 | 2.63 | 1.75 | 11.25 |
|  | CV | 19.84% | 27.44% | 32.47% | 30.54% |
| B 型 | n＝8 |  |  |  |  |
|  | Mean | 32.16 | 7.53 | 4.40 | 30.63 |
|  | SD | 5.98 | 1.93 | 0.78 | 7.85 |
|  | CV | 18.61% | 25.60% | 17.81% | 25.65% |

注：长度、宽度、厚度的单位为毫米，刃角的单位为度，数据均保留小数点后两位。

（三）石铲

我们对西山、青台、大河村、汪沟、尚岗杨、建业壹号城邦、信合普罗旺世、黄岗寺工人路小区、林山寨、亚星置业四地块、上街区昆仑路、陈伍寨、春天花园等遗址出土的可辨认类型的石铲标本进行了统计（图2.40）。丙类石铲数量最多，尤其是丙 A 型占比超过 8 成。其中虽然包含了大量残片标本，可能导致数量统计偏大，但丙类（尤其是丙 A 型）石铲作为仰韶中晚期最流行的石铲种类应无大的问题。

值得注意的是，丁类石铲数量占比不高，却与中原地区龙山时期常见的石铲类型相近，体现出石铲由仰韶中晚期向龙山时代的过渡性特征。如新密新砦遗址第一期遗存出土石铲 1999T3H17∶1[①]（图2.41），平面形态呈规整的等腰梯形，器身中部有穿孔，形制与郑州地区仰韶中晚期丁类石铲标本 ZZ194（图2.16，5）十分接近。

---

① 北京大学震旦古代研究中心、郑州市文物考古研究院编著：《新密新砦——1999—2000 年田野考古发掘报告》，文物出版社 2008 年版，第 57 页。

82.33%

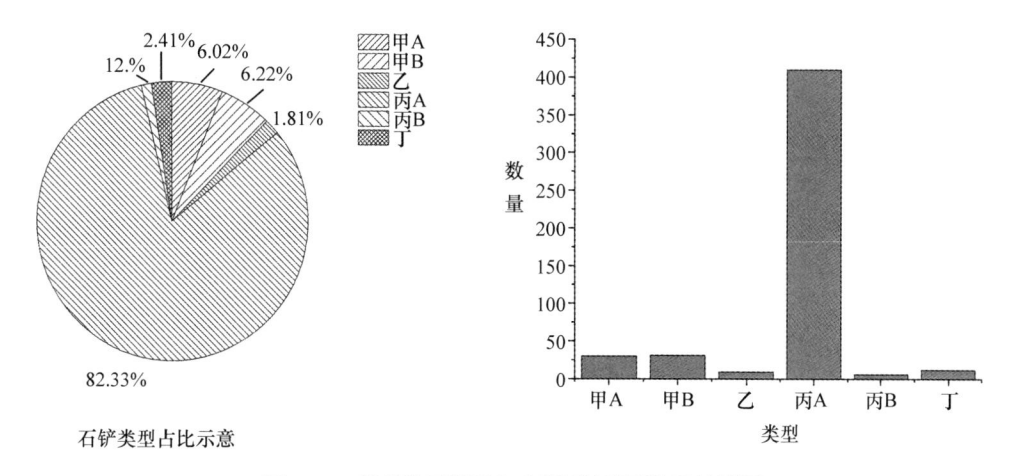

石铲类型占比示意

图 2.40 郑州地区仰韶中晚期石铲类型数量统计图

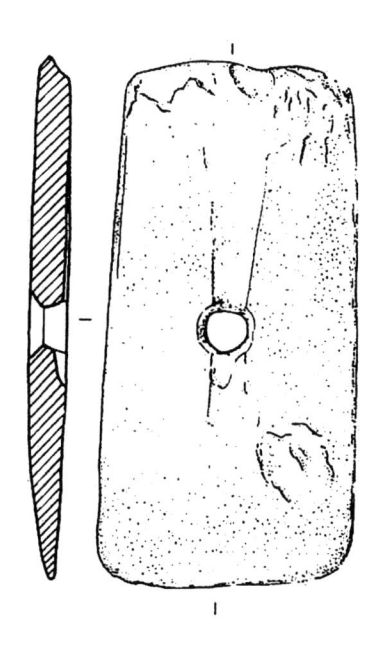

图 2.41 郑州地区龙山时期石铲标本

部分石铲标本使用后发生较大形变或经过再加工，存在越使用越短的情况，难以准确测量石铲原本的长度。故厚度和宽度是反映生产体态大小的主要参数。生产技术与再加工的研究表明造刃是石铲最核心的技术，故刃角也是主要的形制参数。我们将以厚度、宽度、宽厚比、刃角等数据作为主要形制参数进行分析。

我们根据保存较好的石铲标本制作了宽度、厚度散点图（图 2.42），宽厚比、厚度、刃角的箱线图（图 2.43），并计算出平均数、标准偏差、变化系数等数据来分析形态标准化等相关问题（表 2.3）。

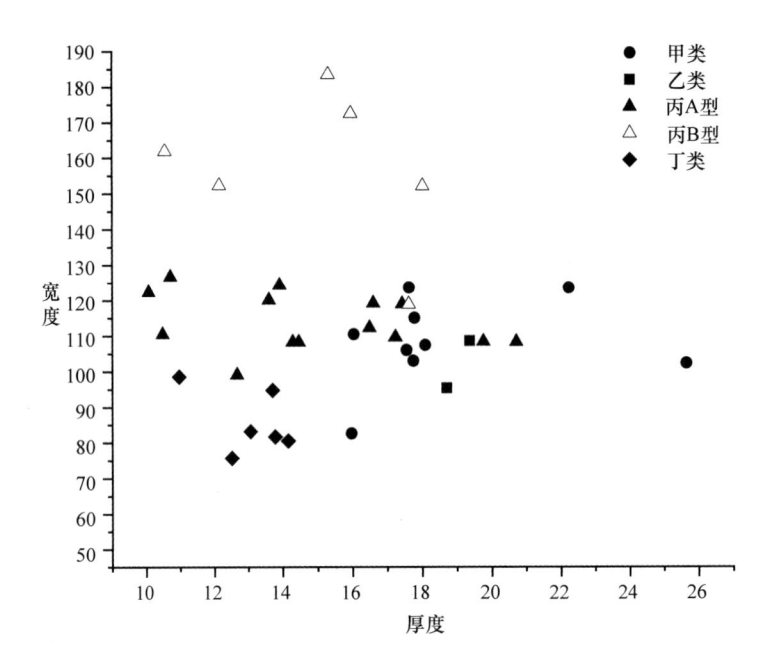

图 2.42 郑州地区仰韶中晚期石铲形制参数散点图

注：宽度、厚度的单位为毫米。

其一，甲、乙类石铲厚度多在 1.6—2.6 厘米，丙类厚度多在 1—2 厘米，丁类厚度多在 1—1.5 厘米。可见，甲、乙类明显厚于其他石铲。丙 B 型石铲宽度多在 13—19 厘米，丁类宽度多在 7—10 厘米，其余多在 9—13 厘米。可见，丙 B 型石铲宽度明显宽于其他石铲，丁类宽度明显窄于其他石铲。这说明前文石铲的类型学分析是基本准确的。

其二，相关图表及数据在一定程度上揭示了石铲形态设计的标准化程度与生产行为的专业化水平。乙类石铲只有 2 件标本，故暂未纳入统计。

各类石铲的宽度变化幅度多在一个较小的范围内。标本量较大的丙 A 型石铲宽度 CV 值低于 10%，甲、丁类宽度 CV 值接近 10%，宽度 CV 较高的丙 B 型石铲也没有超过 15%。厚度的主要变化幅度也在一个较小的范围内。甲、丁类石铲厚度的变化幅度多在 0.5 厘米以内，丙类石铲厚度的变化幅度多在 0.5 厘米左右。甲、丁类石铲厚度的 CV 值接近 15%。甲类、丁类、丙 A 型石铲宽厚比的主要波动范围也较小，多在 1—2 左右。甲类、丁类、丙 A 型石铲刃角的主要波动范围多在 5 度以内，波动范围较大的丙 B 型刃角也在 10 度以内。丙 A 型、丁类石铲刃角的 CV 值接近 10%，甲类刃角 CV 值接近 15%。

所以，综合宽度、厚度、宽厚比、刃角等形制参数的量化统计和变化系数等情况看，甲类、乙类、丙 A 型、丁类石铲的造型设计均体现出较高的标准化特征。丙 B 型石铲统计数据虽低于其他类型，但其对柄部、肩部边缘的加工比其他类型石铲更平整，整体造型也最为对称和规范。这些都是丙 B 型石铲外形具备较高标准化程度的重要指征，目前较高的 CV 值可能受到标本量较少的影响。综上可知，郑州地区仰韶中晚期石铲的生产应达到了较高的标准化水平。

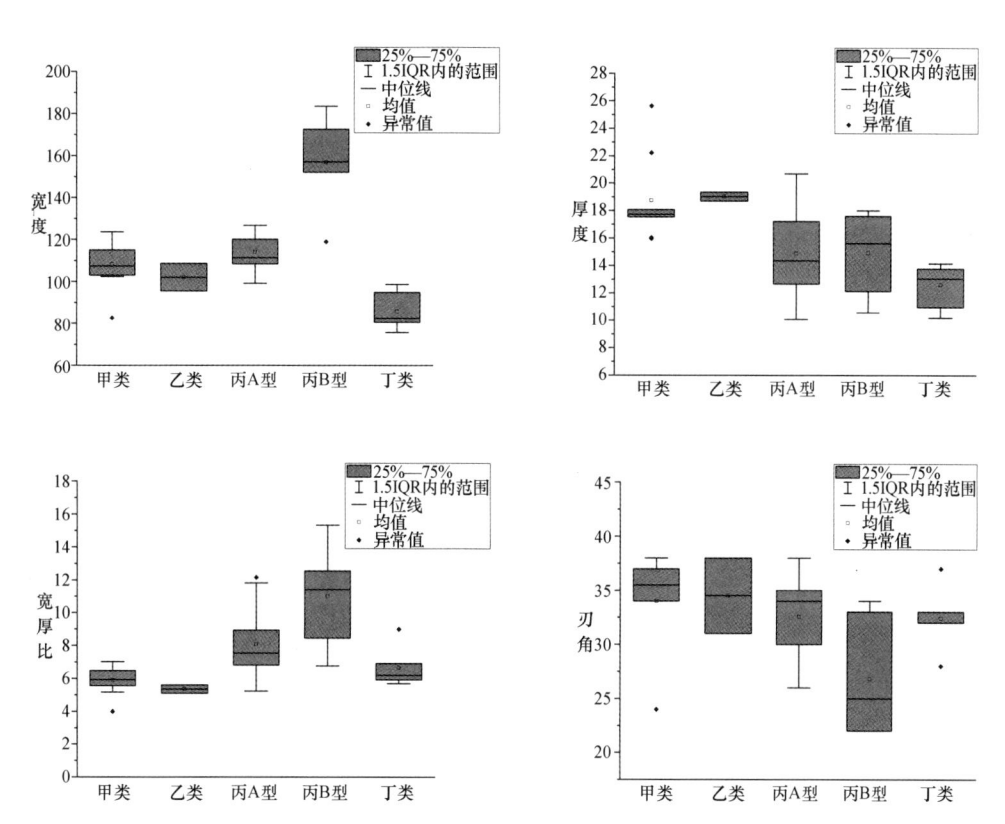

**图 2.43　郑州地区仰韶中晚期石铲形制参数箱线图**

注：宽度、厚度的单位为毫米，刃角的单位为度。

**表 2.3　郑州地区仰韶中晚期石铲标本形制参数变量的平均值（mean）、标准偏差（SD）和变化系数（CV）**

|  | 统计值 | 宽度 | 厚度 | 宽度/厚度 | 刃角 |
|---|---|---|---|---|---|
| 甲类 | n＝9 | | | | |
| | Mean | 108.24 | 18.73 | 5.88 | 34.00 |
| | SD | 12.49 | 3.16 | 0.93 | 5.10 |
| | CV | 11.54% | 16.86% | 15.77% | 15.00% |

续表

| 　 | 统计值 | 宽度 | 厚度 | 宽度/厚度 | 刃角 |
|---|---|---|---|---|---|
| 丙A型 | n = 14 | | | | |
| | Mean | 114.06 | 14.88 | 8.08 | 32.54 |
| | SD | 7.88 | 3.31 | 2.15 | 3.76 |
| | CV | 6.91% | 22.27% | 26.63% | 11.54% |
| 丙B型 | n = 6 | | | | |
| | Mean | 156.88 | 14.92 | 10.99 | 26.83 |
| | SD | 22.20 | 2.99 | 3.06 | 5.67 |
| | CV | 14.15% | 20.01% | 27.81% | 21.14% |
| 丁类 | n = 7 | | | | |
| | Mean | 91.69 | 12.16 | 6.66 | 32.40 |
| | SD | 8.89 | 1.86 | 1.22 | 3.21 |
| | CV | 9.70% | 15.28% | 18.32% | 9.91% |

注：宽度、厚度的单位为毫米，刃角的单位为度，数据均保留小数点后两位。

（四）石锸

仅一件。标本XS370长16.9、宽7.0、厚36.1厘米，刃角65度。

## 二 市作（建筑）工具

（一）石斧

我们对西山、青台、大河村、汪沟、尚岗杨工人路小区、建业壹号城邦、信合普罗旺世、陈伍寨等遗址出土各类型石斧的数量进行了统计（图2.44）。乙类石斧数量最多，占比超过8成。乙A型占比最高，超过6成，其中乙Aa型便超过4成。可见，乙类（尤其是乙A型）石斧在仰韶中晚期最为流行。

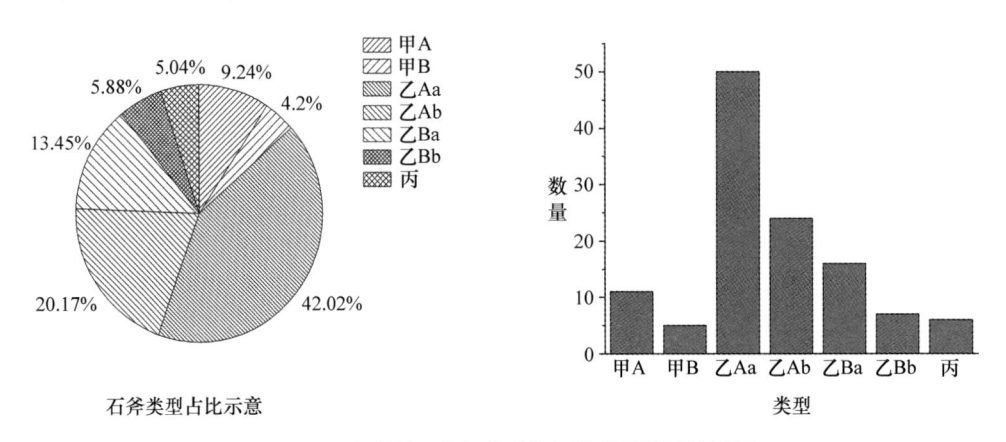

石斧类型占比示意

图2.44 郑州地区仰韶中晚期石斧类型数量统计图

部分石斧标本使用后发生较大形变或经过再加工，存在越使用越短的情况，难以准确测量石斧原本的长度。生产技术与再加工的研究表明造刃是石斧最核心的技术，故我们挑选能较大程度反映刃部形态的标本，以厚度和刃角作为主要形制参数进行分析。石斧的整体形态则由宽度、厚度及宽厚比等形制参数来进行分析。

我们根据保存较好的石斧标本制作了宽度、厚度散点图，宽厚比、厚度、刃角的箱线图（图2.45），并计算出平均数、标准偏差、变化系数等数据（表2.4）来分析形态标准化等相关问题。

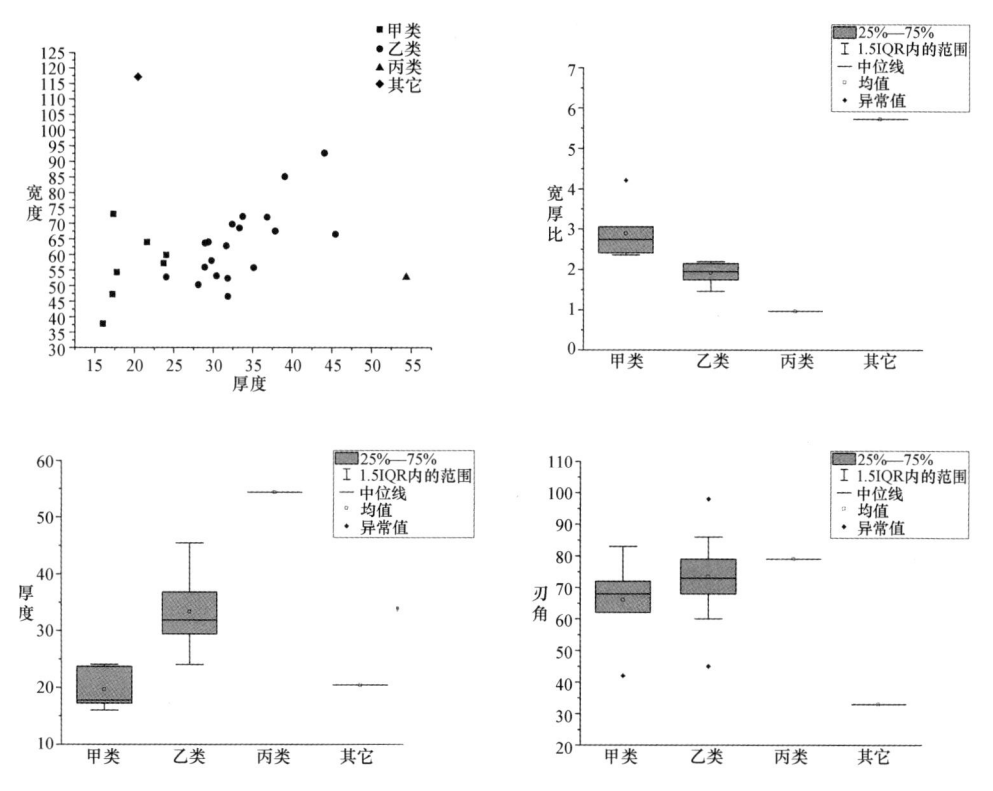

图2.45 郑州地区仰韶中晚期石斧形制参数散点图及箱线图

注：宽度、厚度的单位为毫米，刃角的单位为度。

其一，甲类石斧厚度多在2.5厘米之内，乙类多在3—4.5厘米，丙类超过5厘米；乙类石斧宽度的主体分布范围也明显大于甲类。这说明前文关于甲、乙、丙类石斧的类型划分是准确的。

其二，相关图表及数据将一定程度上揭示石斧形态设计的标准化程度与生产行为的专业化水平。

整体上看，除特殊的薄片状大石斧之外，甲、乙、丙类石斧的刃角大多集中于

60—80度的范围内，体现出较强的标准化水平。尤其是甲、乙类石斧，它们刃角分布的主要浮动范围在10度左右，厚度分布的主要浮动范围在10毫米左右，进一步证明石斧的设计与生产达到了较高的标准化程度，体现出整体造型与造刃技术的专业化水平。

如果说宽度、厚度会受石斧整体大小的影响，那么宽厚比、刃角及其变化系数就能从另一个面向反映甲、乙类石斧形态的标准化程度差异。乙类石斧的统计数量比甲类的2倍还多，但宽厚比分布的范围比甲类还小。甲类石斧宽厚比、刃角的CV值均在20%左右，而乙类石斧仅为12%左右，明显低于甲类。这些都表明乙类石斧的标准化程度较高，反映出更高的专业化生产水平。甲类石斧偏高的CV值可能受到标本量不够的影响。

古城南关遗址二里头和二里岗期典型陶器口径与器高比值的CV值达到了10%左右，戴向明对照东关Ⅰ期和庙底沟二期典型陶器CV值明显偏大的情况，指出古城南关在二里头和二里岗期的陶器生产已达到了较高的标准化程度，应是一种较大规模和较高强度的生产活动，存在专门从事陶器生产的"全职"工匠[1]。暂且不提石器与陶器的生产使用差异，即使将乙类石斧与戴氏研究案例置于相同标准下考察，乙类石斧宽厚比与刃角的CV值也已经足够反映出其较高的标准化程度，应该也可以指示较大规模和强度的生产活动。

综上可知，乙类石斧刃角与宽厚比的标准化数据应该是石斧专业化生产难得的间接证据，表明郑州地区仰韶中晚期石斧的生产已经达到了一定的专业化水平，可能存在专门从事石器生产的工匠。

表2.4 郑州地区仰韶中晚期石斧标本形制参数变量的平均值（mean）、标准偏差（SD）和变化系数（CV）

|  | 统计值 | 宽度 | 厚度 | 宽度/厚度 | 刃角 |
| --- | --- | --- | --- | --- | --- |
| 甲类 | n=5 |  |  |  |  |
|  | Mean | 56.28 | 19.67 | 2.89 | 66.14 |
|  | SD | 11.41 | 3.35 | 0.64 | 12.56 |
|  | CV | 20.30% | 17.05% | 22.22% | 18.99% |
| 乙类 | n=19 |  |  |  |  |
|  | Mean | 63.67 | 33.32 | 1.92 | 75.11 |
|  | SD | 11.79 | 5.42 | 0.25 | 9.14 |
|  | CV | 18.52% | 16.27% | 12.96% | 12.17% |

注：宽度、厚度的单位为毫米，刃角的单位为度，数据均保留小数点后两位。

---

[1] 戴向明：《陶器生产、聚落形态与社会变迁——新石器至早期青铜时代的垣曲盆地》，文物出版社2010年版，第76—77页。

## (二) 石楔子

大部分石楔子由使用受损的石斧改制而成，经打击使用又发生形变，其长度难以准确把握。石楔子一侧经打、琢改制为向刃部内收的形态，宽度应能反映石楔子的设计与形态特征，而厚度可反映选取改制原材料的倾向。另外，刃部是石楔子最重要的作用部位，刃角也应纳入形制参数分析。

我们绘制了石楔子宽度、厚度的散点图（图2.46）以及宽度、厚度、宽厚比、刃角的箱线图（图2.47），制作了标准化分析统计表（表2.5）。

A型石楔子宽度多在5、厚度多在3厘米以上；B型石楔子宽度多在3.5—4.5、厚度多在2—3厘米。这证明前文关于石楔子的类型学分析是准确的。A型多由保留有完整刃部的石斧残片改制而成，B型石楔子多由刃部不完整的石斧残片改制而成，这是造成二者形态差异的重要原因。

A型石楔子标本数量太少，暂时难以进行标准化的讨论。B型石楔子的宽度多分布在3.5—4.5厘米，集中分布范围的波动幅度在0.5厘米左右；厚度多分布在2—3厘米，集中分布范围的波动幅度在0.5厘米左右；宽厚比集中分布在1.5—1.7的范围；刃角多分布在65—75度。这反映出石楔子虽经改制，加工技术也不复杂，但其造型应该经过设计，与一般的权宜性改制工具有明显区别。尤其是宽度的CV值达到7%，体

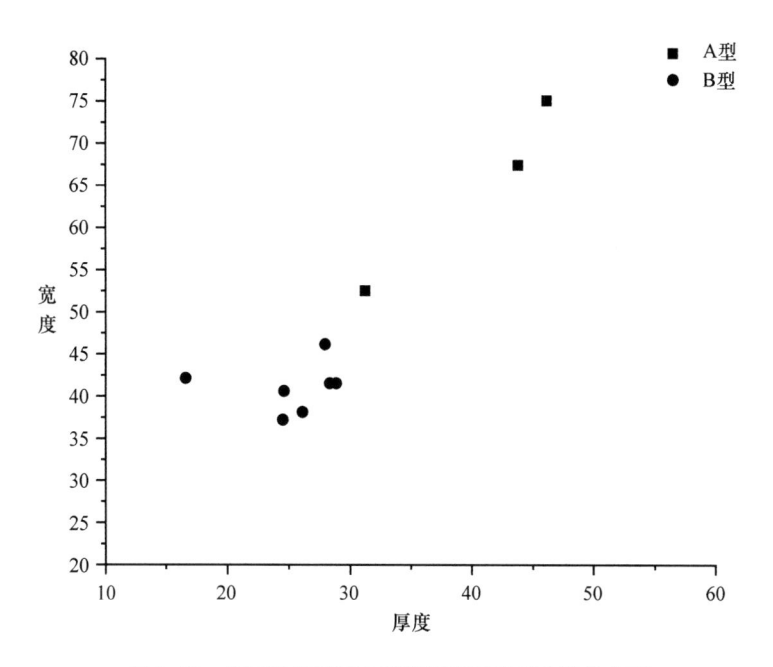

图2.46 郑州地区仰韶中晚期石楔子形制参数散点图

注：宽度、厚度的单位为毫米。

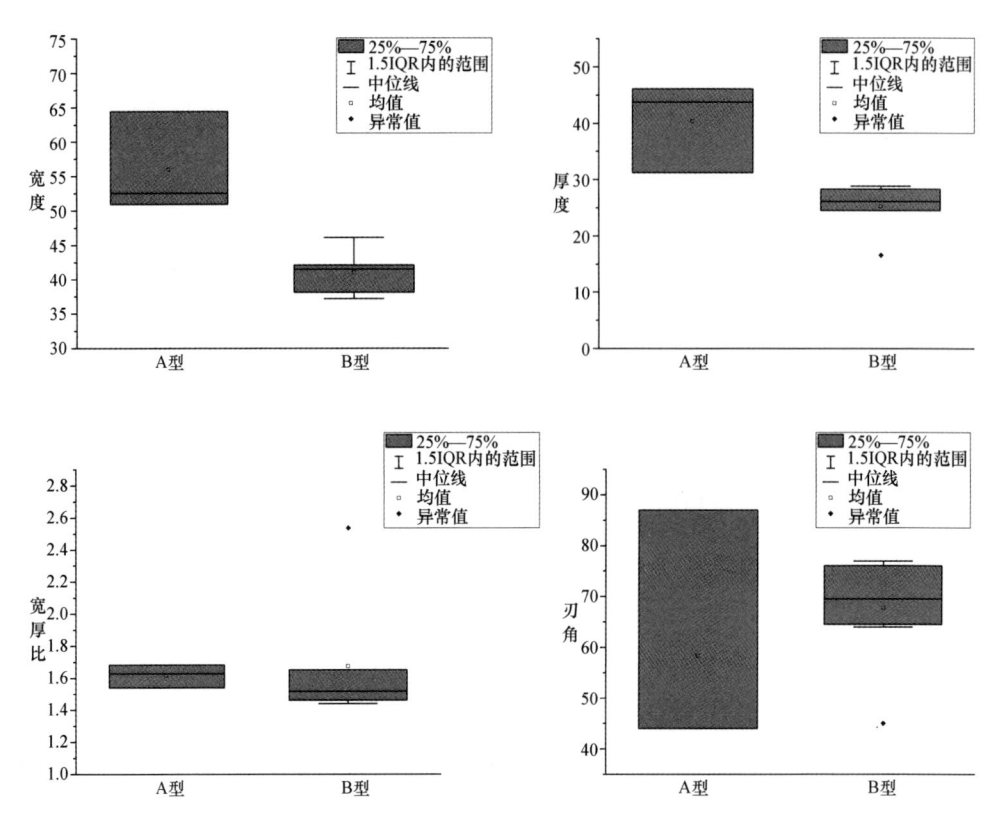

图 2.47　郑州地区仰韶中晚期石楔子形制参数箱线图

注：宽度、厚度的单位为毫米，刃角的单位为度。

现出较高的标准化程度，反映出石楔子作为新改制器类的主要形态特征。而厚度、刃角等 CV 值在 16% 左右，宽厚比的 CV 值高于 20%，这表明改制后石楔子标准化程度是比不上石斧的，石斧生产所体现的专业化水平也不是石楔子可以达到的，这与后文石斧再加工研究的认识是相符的。

表 2.5　郑州地区仰韶中晚期 B 型石楔子标本形制参数变量的平均值（mean）、标准偏差（SD）和变化系数（CV）

| 统计值 | 宽度 | 厚度 | 宽度/厚度 | 刃角 |
| --- | --- | --- | --- | --- |
| n = 7 | | | | |
| Mean | 41.03 | 25.27 | 1.67 | 66.43 |
| SD | 2.92 | 4.20 | 0.39 | 10.89 |
| CV | 7.11% | 16.62% | 23.29% | 16.40% |

注：宽度、厚度的单位为毫米，刃角的单位为度，数据均保留小数点后两位。

## （三）石锛

我们对西山、青台、大河村、汪沟、尚岗杨、建业壹号城邦、信合普罗旺世、黄岗寺工人路小区、林山寨、亚星置业四地块、上街区昆仑路、通用机械厂等遗址出土石锛的类型和数量进行了统计（图2.48）。结果显示，甲类石锛数量占比超过3成，其中甲A型石锛占比约2成；乙类石锛数量占比超过4成，其中乙A型占比约2成，乙B型占比约15%；丙类石锛占比超过2成。其中丙A型占比接近10%。结合前文类型学分析可知，由甲至丙类，石锛尺寸逐渐变小，但平面形态近矩形的A型石锛数量占比均最高，可见这是仰韶中晚期最流行的形制。此外，近等腰梯形的B型石锛也比较流行。

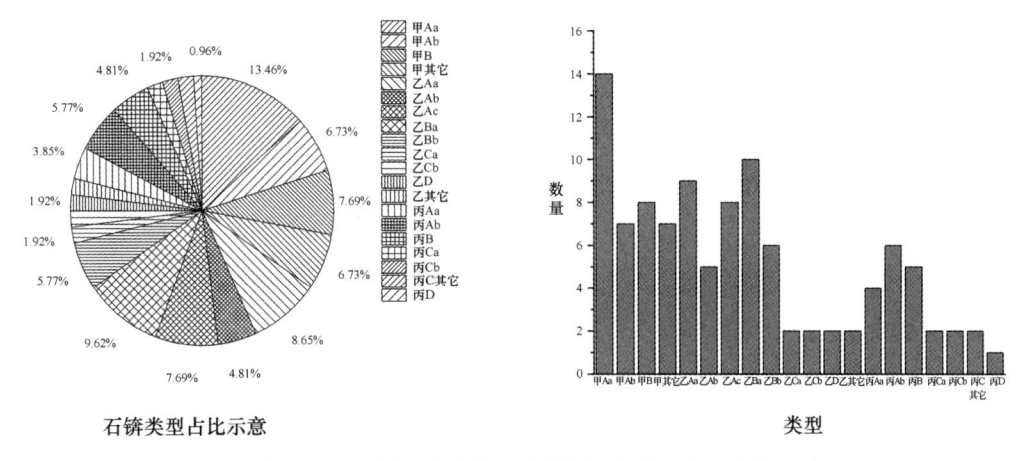

图2.48　郑州地区仰韶中晚期石锛类型数量统计图

同石斧一样，部分石锛标本同样存在使用后发生较大形变或再加工的情况，致使越使用越短，长度难以准确反映成品的设计与加工特征。所以，我们参考石斧形制参数分析的经验，以宽度、厚度、宽厚比、刃角等数据来进行标准化分析，但结果却并不完全一致。我们发现石锛刃角的标准化程度与石斧相近甚至更强，宽厚比却体现出很大的波动，其原因将在后文讨论。所以，本研究将刃角作为石锛标准化分析的主要参数，而厚度、宽度等形制参数依然作为类型学分析的有效配合手段。

据石锛厚度、宽度散点图（图2.49）可知，甲类石锛厚度多在2—4、宽度多在3.5—6厘米，乙类厚度多在1.5—2、宽度多在2.5—4厘米，丙类厚度多在1—1.5、宽度多在1.5—3厘米。这说明大类的划分是没有问题的，各类的型别划分也体现出一定的集中分布趋势。甲Aa型石锛厚度明显大于其他甲类标本，厚体特征十分明显；乙Ca型厚度明显偏大，乙Aa、D型石锛器身较厚的特征虽未反映在绝对厚度上，但宽厚比明显小于其他乙类标本；丙Aa、D型石锛器身较厚的特征也反映在较小的宽厚比上。所以，即便石锛形态丰富，参数交错，根据器身厚薄进行的型别划分也没有大的问题。

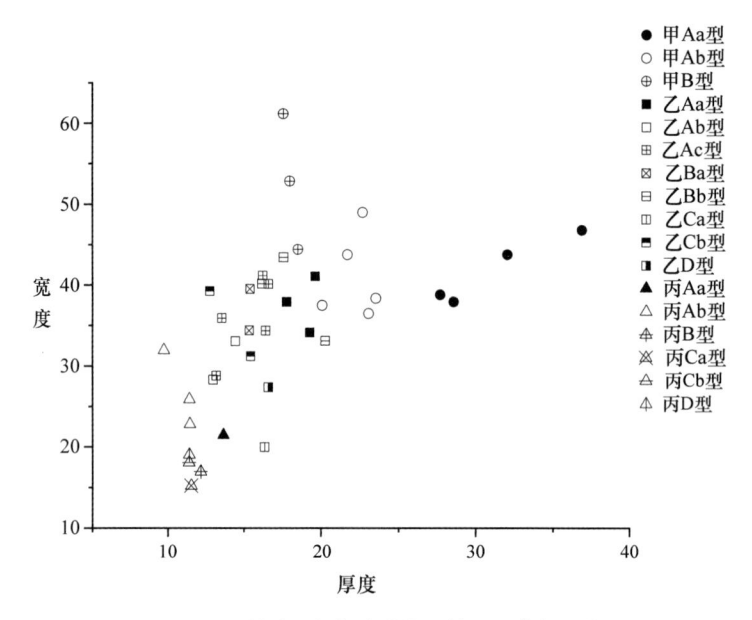

图2.49 郑州地区仰韶中晚期石锛形制参数散点图

注：宽度、厚度的单位为毫米，刃角的单位为度。

石锛的标准化集中体现在刃角上。这里有两个问题先要说明。

其一，石锛的宽厚比 CV 值明显高于石斧，是否可以证明其产品的标准化程度也大大低于石斧？答案是否定的。首先，某类石锛与某类石斧之下均有型别和亚型的层级划分，但型别的数量不一样。如乙类石斧之下只有 A、B 两型，而乙类石锛之下有 A—D 四型；乙 A、B 型石斧之下只有两个亚型，而同层级石锛下有的有三个亚型。在这个层级的统计中，石锛的型别比石斧更多，而且器身厚薄是亚型划分时的重要标准，所以，宽厚比的 CV 值偏大是正常的。其次，各类型石锛的出土数量还不多。标本量达到 18 的乙类石锛的宽厚比 CV 值明显小于只有 10 个标本左右的甲、丙类石锛。所以，型或亚型层级标本量足够大时，各型石锛标本应该会呈现出一个较低的宽厚比 CV 值。

其二，石器形态的标准化程度是反映石器生产专业化的间接证据，多样性同样也是。戴向明在对国外关于产品多样性对生产活动的指示作用进行介绍后，颇有见地地指出多样性的意义应该结合陶器功能的社会需求与特定的社会背景来阐释[1]。这对于石质生产工具的多样性考察具有较大的启示意义。首先，石质工具是仰韶中晚期最坚硬耐用的生产工具，属于重要的生产资料，具有与盛食器、装饰品等其他日用产品完

---

[1] 戴向明：《陶器生产、聚落形态与社会变迁——新石器至早期青铜时代的垣曲盆地》，文物出版社 2010 年版，第 76—77 页。

全不同的独占作用。在能够适应社会生产的情况下，生产者没有必要去创制那么多的器形，以满足使用者的审美需求。可以按照平面形态、尺寸大小与器身厚薄将石锛划分为诸多类型，这说明石锛这类生产工具存在很多的样式。但在刃部这一核心作用区域上，无论是折刃还是弧刃，其刃角都体现出较高的标准化程度（图2.50）（表2.6—7），这说明石锛刃部的形态设计和生产技术是高度统一的，它的使用方式与作用对象也高度集中。那么，诸多样式就不应该简单理解为有诸多技术传统的生产者，或反映松散的生产模式，而是反映出在石锛使用过程中需要对作用对象形成大小、深浅、厚薄程度不一的加工效果。今天的螺丝刀、钢锉等工具也会分很多型号，但这并不能说明其生产没有达到较高的专业化水平，反而是其生产和使用均体现出较高专业化水平的体现。各类型石锛标本大多经过通体或大面积磨制，这种跨越形制层级限制的统一加工行为，正是多样性背景下专业化、精细化生产的生动写照。

现在再来讨论石锛的形制参数与生产专业化的问题就比较清楚了。

一方面，石锛是类型划分最多的器类，共3类、10型、17亚型（未分亚型者算作1个亚型），其中还有部分型别没有足够的标本去区分亚型。这说明石锛的形态设计具有很强的多样性。

另一方面，弧刃与折刃是石锛刃部的两种主要形态，厚体与薄体是划分亚型的主要标准。我们将所有折刃与弧刃标本拉通进行刃角的形制参数统计，结果体现出较强的一致性。从绝对角度看，大部分折刃石锛刃角为55—63、弧刃石锛刃角为45—55度，大部分标本刃角的主要波动范围在10度左右（图2.50）；从统计数据看，二者刃角CV值均在12%—13%，均达到了较高的标准化程度。乙类薄体石锛的厚度统计结果也显示出类似结果。其大部分标本的厚度为1.3—1.8厘米，主要波动范围在0.5厘米左右，厚度CV值为12%。这是薄体石锛呈现出较高标准化水平的量化表征。

表2.6　　郑州地区仰韶中晚期石锛标本形制参数变量的平均值（mean）、
标准偏差（SD）和变化系数（CV）（一）

| | 统计值 | 宽厚比 | | 统计值 | 宽厚比 | | 统计值 | 宽厚比 |
|---|---|---|---|---|---|---|---|---|
| 甲类 | n=11 | | 乙类 | n=18 | | 丙类 | n=9 | |
| | Mean | 1.95 | | Mean | 2.20 | | Mean | 1.89 |
| | SD | 0.69 | | SD | 0.43 | | SD | 0.64 |
| | CV | 35.57% | | CV | 19.41% | | CV | 34.13% |

注：宽度、厚度的单位为毫米，刃角的单位为度，数据均保留小数点后两位。

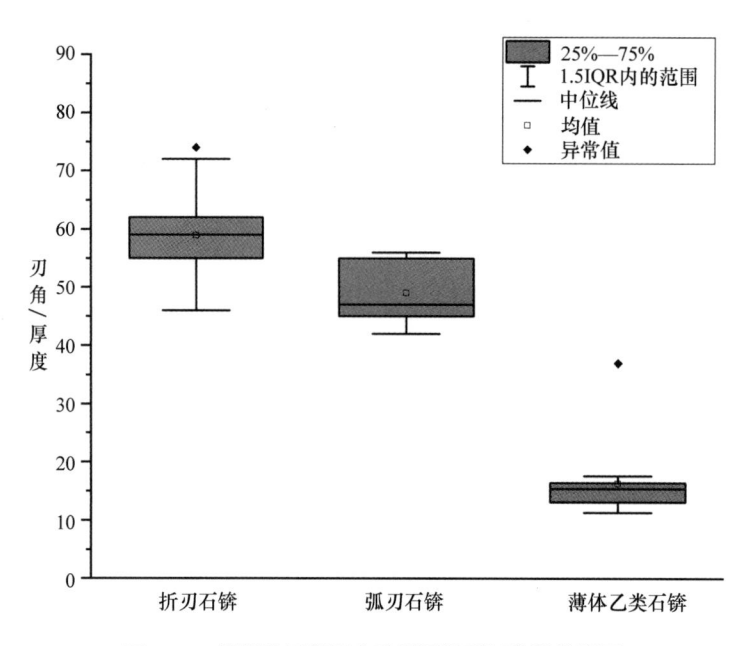

图 2.50　郑州地区仰韶中晚期石锛形制参数箱线图

注：宽度、厚度的单位为毫米，刃角的单位为度。折刃石锛、弧刃石锛的数据为刃角角度，薄体乙类石锛的数据为厚度。折刃石锛包括甲 Aa、甲 Ab、乙 Aa、乙 Ab、乙 Ba、乙 Ca、丙 Aa、丙 Ab、丙 B、丙 Ca 型，将梭形的乙 D 型排除在外。弧刃石锛包括甲 B、乙 Ab、乙 Ac、乙 Bb、乙 Cb、丙 Cb、丙 D 型。薄体乙类石锛包括除乙 Aa、乙 Ca、乙 D 及 XS121 等部分器身较厚标本以外的其他乙类石锛标本。

表 2.7　郑州地区仰韶中晚期石锛标本形制参数变量的平均值（mean）、标准偏差（SD）和变化系数（CV）（二）

| | 统计值 | 刃角 | | 统计值 | 刃角 | | 统计值 | 厚度 |
|---|---|---|---|---|---|---|---|---|
| 折刃石锛 | n=17 | | 弧刃石锛 | n=14 | | 薄体乙类石锛 | n=14 | |
| | Mean | 58.94 | | Mean | 49.07 | | Mean | 14.82 |
| | SD | 7.26 | | SD | 6.12 | | SD | 1.82 |
| | CV | 12.31% | | CV | 13.69% | | CV | 12.26% |

注：宽度、厚度的单位为毫米，刃角的单位为度，数据均保留小数点后两位。折刃石锛包括甲 Aa、甲 Ab、乙 Aa、乙 Ab、乙 Ba、乙 Ca、丙 Aa、丙 Ab、丙 B、丙 Ca 型，将梭形的乙 D 型排除在外。弧刃石锛包括甲 B、乙 Ab、乙 Ac、乙 Bb、乙 Cb、丙 Cb、丙 D 型。薄体乙类石锛包括除乙 Aa、乙 Ca、乙 D 及 XS121 等部分器身较厚标本以外的其他乙类石锛标本。

更为重要的是，刃角的统计涵盖了甲、乙、丙三类和厚、薄诸型石斧，其中还包含有使用过后磨刃维修和由石铲残片改制而成的标本。在此情况下，折刃与弧刃标本刃角的低 CV 值更能说明生产者对于石锛刃部形态的严格控制。折刃与弧刃是石锛最主要的刃部形态样式，都经过精细设计与专业加工。再磨制的刃部刃角也可纳入刃角的主要分布范围，或许表明生产者对刃部形态的设计已经被使用、再加工人群广泛接受，同时也是高标准刃部形态与较统一使用方式正向相关的间接写照。乙类薄体石锛厚度较高的标准化程度表明石锛并非不对整体形态进行控制。更客观的情况可能是：石锛在更细致的形态分类基础上，以某类关键形制参数为主，对可能对应更细致具体使用效果的各类器形，进行精细化的器身形态控制。

还有一点值得注意。甲 A、B、乙 Ac、D、丙 B、丙 Cb 型石锛均存在由砾石石料加工制作而成的标本，这些标本保留了砾石表面的磨圆特征（图 2.51—52）。除甲 B 型石锛 XS703 为硬铝质岩外，其他标本均为砂岩、片岩、石英岩等常见于河道、河滩的岩石类型。据河南省有色金属地质矿产局第七地质大队工作者提供相关资料，硬铝质岩多见于巩义市小关镇一带，位于双槐树遗址东南面的汜水上游区域，附近河流上游或有该类岩石的砾石料分布。

图 2.51 郑州地区仰韶中晚期甲类砾石料石锛举例

1. 甲 Aa 型 XS061（中粒石英砂岩） 2. 甲 Ab 型 XS006（中粒石英砂岩） 3. 甲 B 型 XS703（硬铝质岩）

图 2.52 郑州地区仰韶中晚期乙、丙类砾石料石锛举例

1. 乙 D 型 XS086（绿泥石英片岩） 2. 丙 B 型 XS176（石英片岩） 3. 丙 Cb 型 XS321（石英岩）

石锛、石凿的岩性鉴定结果可以对该问题进行更好的说明（图2.53）。我们将石锛、石凿放在一起进行岩性统计，是因为二者生产技术（以琢磨为核心手段）、使用功能（木作加工）及所用石料均较为相似。西山及各遗址出土石锛、石凿所用石料的岩性鉴定结果表明，石英砂岩、硬铝质岩在西山或各遗址岩性占比统计中超过20%，辉绿岩、砂岩接近15%，石英岩、白云岩在10%左右，灰岩、石英片岩在5%左右。无论是西山还是各遗址之和，硬铝质岩、辉绿岩、石英砂岩、石英岩等硬度较高的石料占比均超过一半，是石锛、石凿选料的重要构成部分。其他岩性石料也占据一定比例，它们与主要石料之间呈现出的阶梯状落差。简言之，石锛的选料具备明显的倾向，以硬度在7左右的石料为主，同时包含其他多种石料。

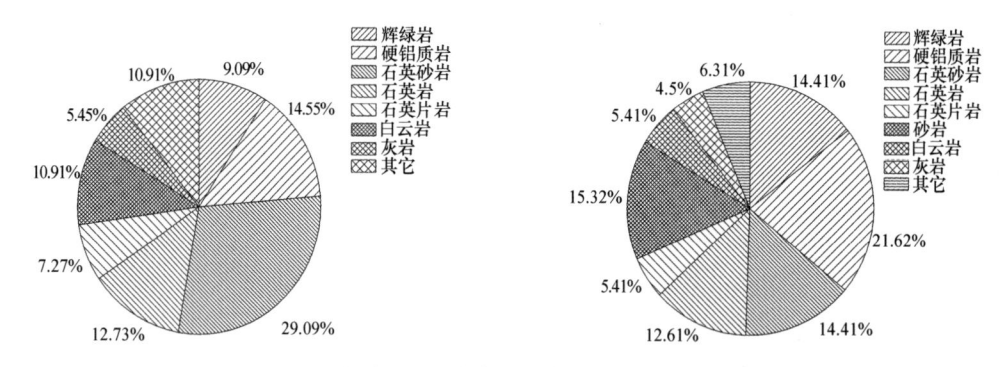

图2.53 郑州地区仰韶中晚期石锛、石凿岩性占比饼状图

注："各遗址"指西山、青台、汪沟、大河村、尚岗杨、建业、普罗旺世等6个遗址出土各类岩性石斧之总和。

综上可知，石锛选料呈现出明显的倾向性，石锛生产者已经能够将物理性质不同的多种石料（尤其是大量高硬度石料）加工成相应的设计版型，还能在关键形制参数中呈现出较高的标准化水平，这也从一个侧面反映出石锛生产的专业化水平。形制类型的多样性、加工技术的精细化、部分形制参数的高标准化以及不同石料产品的统一性都体现出石锛生产应该已经达到了较高的专业化水平。

（四）石凿

我们对西山、汪沟、尚岗杨、建业壹号城邦等遗址出土各类型石凿进行了数量统计（图2.54）。结果显示，甲类石凿数量占比超过2成，乙类占比超过5成，丙类占比超过2成。其中乙A、丙B型石凿占比约15%，乙B型占比超过2成。结合前文类型学分析可知，由甲至丙类，石凿的尺寸不尽相同，但平面近矩形的A型与整体近梭形的B型石凿是最为流行的形制。

石凿也是难以准确估测长度的石质工具，所以我们还是选取宽度、厚度、宽厚比、

石凿类型占比示意

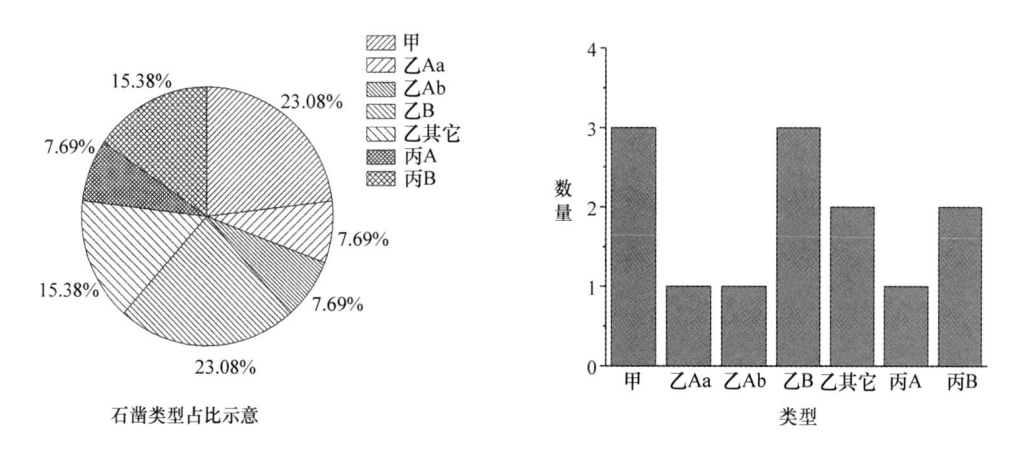

图2.54 郑州地区仰韶中晚期各类型石凿数量统计图

刃角等形制参数进行分析。

石凿厚度、宽度的散点图（图2.55）表明该类器的体态大小存在明显差异，我们的类型划分是准确的。由于各型标本量很少，难以展开更细致的分析。

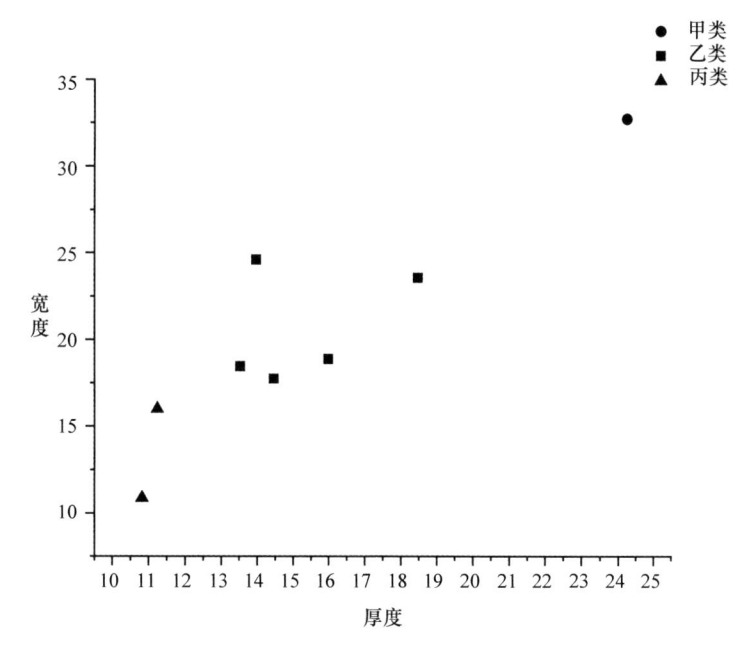

图2.55 郑州地区仰韶中晚期石凿形制参数散点图

注：宽度、厚度的单位为毫米，刃角的单位为度。

乙类石凿标本相对丰富，其宽度主要集中分布在1.5—2.5、厚度主要集中分布在1.5—2厘米的范围内；宽度的主要波动范围在1、厚度在0.5厘米之内。乙、丙类石凿的刃角主要集中分布于 45—55 度的范围内（图 2.56）。

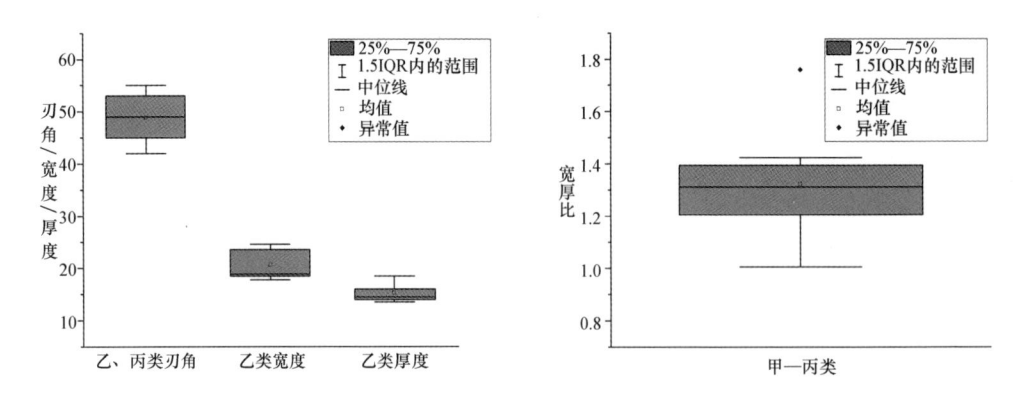

**图 2.56　郑州地区仰韶中晚期石凿形制参数箱线图**

注：宽度、厚度的单位为毫米，刃角的单位为度。

从 CV 值结果看，石凿的整体宽厚比以及数量相对较多的乙类石凿的宽度均没有呈现出较高的标准化程度（表 2.8），CV 值均大于 15%。而乙、丙类石凿刃角的 CV 值却低于 10%，体现出较高的标准化程度；乙类石凿厚度的 CV 值也相对较低。同石锛相似，石凿生产的专业化水平还是体现在刃部制造的高标准化程度上。石凿刃部以弧刃为主，所以在类型划分时比石锛少了一个变量，故其形制的多样性不及石锛。

**表 2.8　郑州地区仰韶中晚期石凿标本形制参数变量的平均值（mean）、标准偏差（SD）和变化系数（CV）**

| | 统计值 | 宽厚比 | | 统计值 | 刃角 | | 统计值 | 厚度 | 宽度 |
|---|---|---|---|---|---|---|---|---|---|
| 石凿 | n = 7 | | 乙、丙类石凿 | n = 8 | | 乙类石凿 | n = 5 | | |
| | Mean | 1.32 | | Mean | 48.86 | | Mean | 15.28 | 20.65 |
| | SD | 0.22 | | SD | 4.45 | | SD | 2.01 | 3.17 |
| | CV | 16.55% | | CV | 9.11% | | CV | 13.14% | 15.36% |

注：宽度、厚度的单位为毫米，刃角的单位为度，数据均保留小数点后两位。

此外，乙类、丙 B 型石凿存在使用砾石料的情况（图 2.57），整体石料的岩性分析也与石锛相近。所以，先民也应该掌握了将不同类型石料加工为较统一石凿产品的专业化生产技术。

简言之，石凿形态的标准化和生产的专业化程度集中体现在刃角上。

图 2.57　郑州地区仰韶中晚期出土砾石料石凿举例

1. 乙类砾石料 XS258　2. 丙 B 型 XS465

（五）石抹子

我们对西山、青台、汪沟、大河村出土各类型石抹子进行了量化统计（图 2.58）。结果显示 A 型石抹子数量最多，占比超过 5 成；B 型占比超过 3 成；C 型接近 1 成。结合前文类型学分析可知，平面近椭圆形的 A 型石抹子是郑州地区仰韶中晚期最流行的形制，形态不规整的 B 型石抹子也是主要的形制。

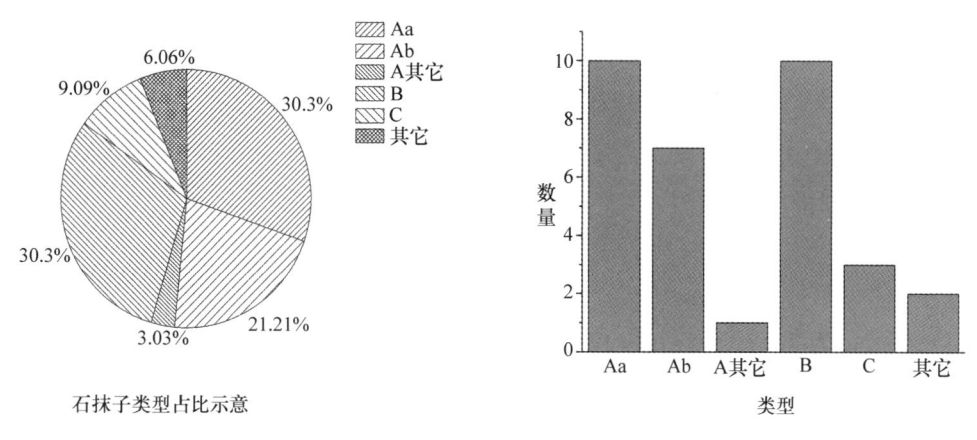

图 2.58　郑州地区仰韶中晚期各类型石抹子数量统计图

由于 A、B 型石抹子器形简单，且以砾石为原料，我们谨选取最大径、厚度及最大径与厚度之比作为形制参数进行量化统计。C 型标本量太少，又存在端头用作石锤的情况，故暂不纳入统计。因为各遗址出土石抹子数量本来就不多，所以我们将西山、青台、大河村、汪沟遗址出土的成品标本作为主要的考察对象。

Aa 型石抹子最大径主要分布范围在 8—10 厘米，厚度主要在 3—4 厘米，最大径与厚度之比主要在 2—3；Ab 型最大径主要分布范围在 7 厘米左右，厚度主要在 1—2 厘米，最大径与厚度之比主要在 4.5—5。B 型石抹子最大径主要分布范围在 6—8 厘米，厚度主要在 2—4 厘米，最大径与厚度之比主要在 1.5—3（图 2.59）。

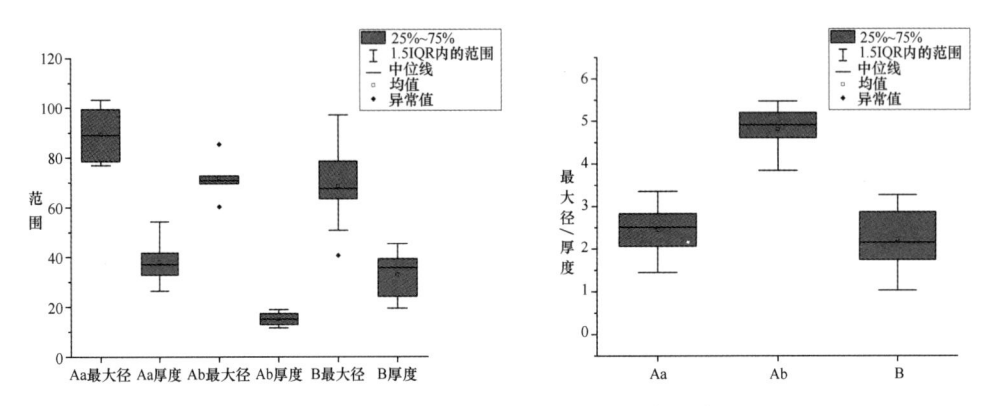

**图 2.59　郑州地区仰韶中晚期石抹子形制参数箱线图**

注：宽度、厚度的单位为毫米，刃角的单位为度。

石抹子在使用过程中会变薄，所以厚度及最大径与厚度之比的指示意义不如最大径直接。A、B 型石抹子最大径主要为 6—10 厘米，均适于用手抓握。各型石抹子最大径的主要变化范围在 2 厘米以内，这说明先民在选取石抹子原料时可能有意控制了尺寸。形制参数的标准化分析（表 2.9）也基本支持这样的认识。A 型石抹子以椭圆形为主，最大径的 CV 值接近 10%，体现出较高的规范化程度。B 型石抹子以形态不规则的砾石为雏形，存在尺寸差距较大的标本，所以 CV 值偏高，标准化程度较弱。

表 2.9　　郑州地区仰韶中晚期石抹子标本形制参数变量的平均值（mean）、

标准偏差（SD）和变化系数（CV）

| | 统计值 | 最大径 | 厚度 | 最大径/厚度 |
|---|---|---|---|---|
| Aa 型 | n = 8 | | | |
| | Mean（cm） | 89.30 | 38.00 | 2.45 |
| | SD | 10.92 | 8.46 | 0.60 |
| | CV | 12.23% | 22.27% | 24.51% |

续表

|  | 统计值 | 最大径 | 厚度 | 最大径/厚度 |
|---|---|---|---|---|
| Ab 型 | n = 5 |  |  |  |
|  | Mean（cm） | 71.76 | 15.18 | 4.81 |
|  | SD | 8.99 | 3.02 | 0.63 |
|  | CV | 12.52% | 19.91% | 13.06% |
| B 型 | n = 10 |  |  |  |
|  | Mean（cm） | 68.57 | 32.89 | 2.22 |
|  | SD | 15.69 | 8.91 | 0.72 |
|  | CV | 22.88% | 27.11% | 32.40% |

注：最大径、厚度的单位为毫米，数据均保留小数点后两位。

简言之，虽然 A、B 型石抹子最大径集中在较小范围内，但这主要是因为仰韶先民在挑选石抹子原料时对尺寸进行了控制，以便于使用时抓握，所以石抹子的并未体现出形态设计与加工上的高标准化程度。此外，A、B 型均为天然砾石，经使用形成平整面。

（六）石锤

我们对西山、青台、大河村、汪沟、尚岗杨工人路小区、建业壹号城邦、信合普罗旺世、通用机械厂等遗址出土各类型石锤进行了量化统计（图 2.60）。结果显示 A 型石锤数量占比超过 15%，B 型石锤占比超过 40%，C 型石锤占比超过 3 成；B、C 型石锤数量占比超过 7 成。结合前文类型学分析可知，一器多用现象普遍的 B、C 型石锤占据主导，专用性较强的 A 型石锤反而占比较弱，可见石锤的专用性较弱，具有较大的权宜性。

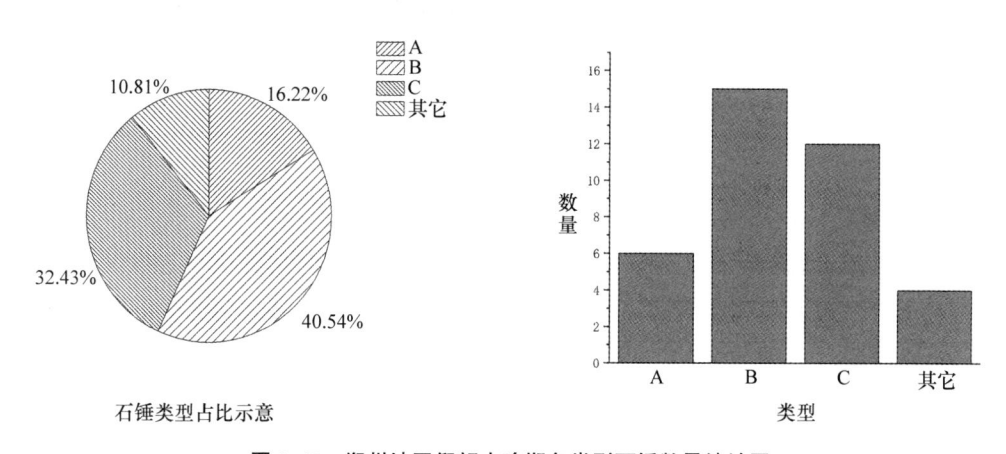

图 2.60 郑州地区仰韶中晚期各类型石锤数量统计图

由于大部分石锤标本都比较完整，我们对其长度、宽度、厚度及长宽比、宽厚比等数据进行了量化统计。

从各类型石锤长度、宽度等形制参数散点图看（图2.61），B、C型石锤长度明显大于宽度，平面形态偏长；A型石锤的长度、宽度实际上是长径与短径，因其平面形态近椭圆而较为接近。这些都与前文的类型学分析相符。

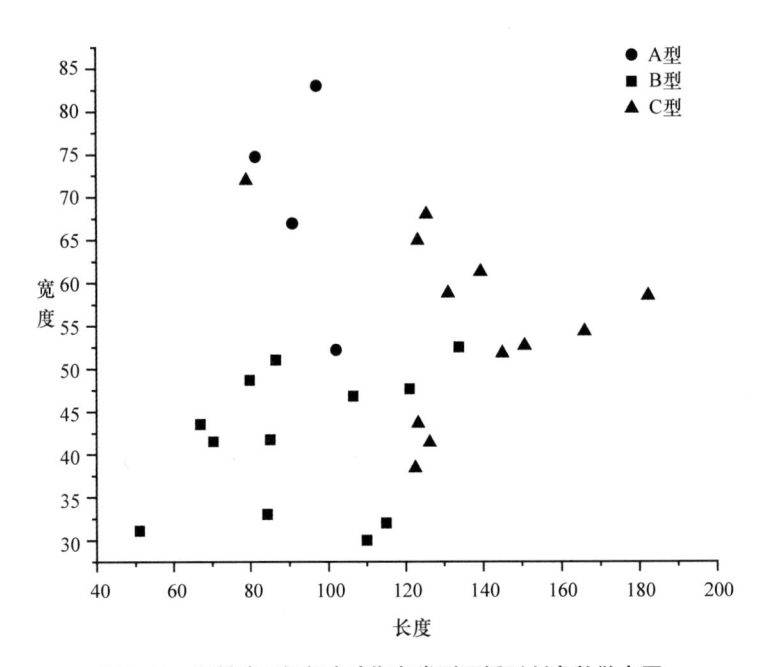

图2.61　郑州地区仰韶中晚期各类型石锤形制参数散点图

注：长度、宽度的单位为毫米。

通过形制参数箱线图可知（图2.62），A型石锤长度的主要分布范围在8.5—10、宽度在6—8、厚度在2.5—5厘米，B型长度的主要分布范围在7—11、宽度在3—4.8、厚度在2.5—4厘米，C型长度的主要分布范围在12.5—15、宽度在5—6.5、厚度在4—5.5厘米。

形制参数的变化系数可更进一步反映石锤形态是否规范或比较标准（表2.10）。除A型石锤的长度外，绝大部分石锤形制参数的变化系数都接近或超过20%。尤其是长宽比、宽厚比等最能反映石锤形态特征的形制参数，除C型宽厚比外，变化系数均接近或超过25%，其中A、B型长宽比变化系数约为30%，A型宽厚比变化系数超过50%。可见，石锤形态的规范化程度不高，并没有体现出较高的标准化程度，这与其选取砾石作为石料、加工手段相对随意的情况（详见后文加工技术的分析）相符。

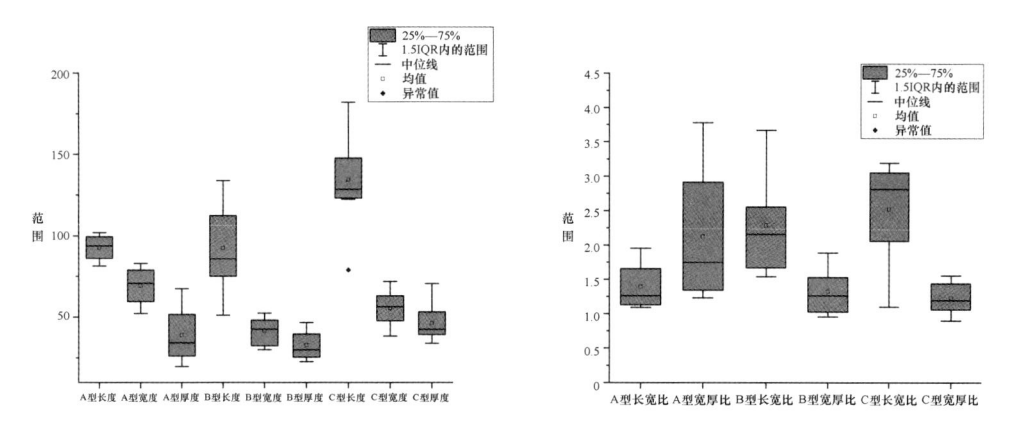

图 2.62　郑州地区仰韶中晚期各类型石锤形制参数箱线图

注：长度、宽度、厚度的单位为毫米。

表 2.10　郑州地区仰韶中晚期石锤标本形制参数变量的平均值（mean）、
标准偏差（SD）和变化系数（CV）

|  | 统计值 | 长度 | 宽度 | 厚度 | 长宽比 | 宽厚比 |
|---|---|---|---|---|---|---|
| A 型 | n = 4 |  |  |  |  |  |
|  | Mean（cm） | 92.80 | 69.21 | 38.98 | 1.39 | 2.13 |
|  | SD | 8.89 | 13.10 | 20.27 | 0.39 | 1.15 |
|  | CV | 9.58% | 18.93% | 52.00% | 28.09% | 54.27% |
| B 型 | n = 12 |  |  |  |  |  |
|  | Mean（cm） | 92.56 | 41.63 | 32.65 | 2.29 | 1.32 |
|  | SD | 24.68 | 8.18 | 8.28 | 0.74 | 0.32 |
|  | CV | 26.66% | 19.64% | 25.36% | 32.22% | 24.18% |
| C 型 | n = 12 |  |  |  |  |  |
|  | Mean（cm） | 135.88 | 55.48 | 46.22 | 2.52 | 1.22 |
|  | SD | 28.18 | 10.55 | 10.74 | 0.65 | 0.22 |
|  | CV | 20.74% | 19.02% | 23.24% | 25.88% | 18.15% |

注：长度、宽度、厚度的单位为毫米，数据均保留小数点后两位。

# 第三章 石器原料与生产技术分析

## 第一节 概述

石器原料与成品制作技术是石器生产研究的两个重要内容，也是构成本章研究的两个重要组成部分。石器原料的选择倾向、生产技术的稳定程度以及石料、类型与技术的相互关系，与前一章形态学分析中反映的石器标准化程度存在密切关联，会体现出不同石质工具生产技术体系的差异，进而从不同面向揭示出郑州地区仰韶中晚期石器工业的专业化水平。课题组前期在石环[①]、石纺轮[②]研究中均发现了石器类型与加工技术之间的对应关系，取得了比较好的效果，为石器生产研究提供了重要参考。所以，本研究将与石器形态学分析紧密结合，通过岩性鉴定、痕迹观察等手段，着重考察石质工具的选料倾向与加工工艺，尽可能勾勒石器生产的关键环节。由于掌握资料的情况不同，每一部分内容的详略也会不同。

课题组与河南省有色金属地质矿产局第七地质大队合作进行了该石器的岩性鉴定，包括手标本鉴定及部分石器的切片实验（附表3）。绝大部分石器均已完成了岩性鉴定工作，每类石质工具的原料类型是可以细致把握的。

相较而言，加工技术与生产链条的分析更依赖于遗址出土的石料、毛坯、半成品等遗物，这些石器标本可以直接反映生产过程中的技术特征。各类石器的毛坯标本都很少，是进行生产技术研究的限制性因素。好在课题组掌握了数量较多的成品与残片标本，除使用与再加工痕迹外，石器有的部位还保留有生产技术痕迹。我们可以通过大量的观察，把握生产加工痕迹形态与技术的普遍性特征，进而将其视为生产过程中的一道工序。总体来讲，加工技术越稳定的石器（如石铲、石斧等），其成品或残片标

---

[①] 任文勋、吴超明、李升韬、宋国定、顾万发：《郑州地区仰韶时期石环的初步研究》，《南方文物》2021年第5期。

[②] 任文勋、吴超明、吴倩、戴建增、宋国定、顾万发：《郑州仰韶时期石纺轮的类型与加工技术》，《人类学学报》2022年第6期。

本中所保留的技术痕迹越具有规律性且越易于把握。当然，遇到毛坯材料比较丰富的器类（如石刀），我们的研究便可更加深入，尽可能勾勒出石器生产的关键环节，甚至归纳出几条的生产链条。所以，制作技术研究是有详有略的，具体怎么分析，分析到哪种程度，将视所掌握的标本情况而定。

新石器时代磨制石器的生产链条或关键环节研究与旧石器时代打制石器研究存在一定差异，这点我们在绪论考古学方法部分的操作链分析法中已经作了说明，兹不赘述。这里要强调的是，郑州地区仰韶中晚期聚落结构与社会形态的发展程度也远非旧石器时代可以比拟，在业已成型的金字塔式聚落结构以及阶层分化迅速加剧的社会背景下，郑州地区仰韶中晚期各小区域石器生产技术的趋同特征也更明显。所以，在较宽松的时空框架中讨论生产的关键技术环节，既是由暂未发现石器作坊的情况所造成的，又有一定的合理性，不至于脱离特定时空范围下的历史语境。

在接下来的石料分析中，我们会着力于单类石质工具的岩性鉴定，并未单独设置章节来讨论郑州地区仰韶中晚期石器的石料概况，所以在此以西山（700 余件）、双槐树（400 余件）、青台（300 余件）等出土石器较多的遗址为例，进行背景介绍。为了更全面地把握石器的岩性特征，我们对已掌握的这几个遗址出土的所有石器均进行了岩性鉴定（表 3.1—3.10）。

西山遗址出土石器的大类岩性为岩浆岩、沉积岩、变质岩，还有极少量绿松石。岩浆岩的亚类岩性包括中性岩、基性岩、酸性岩几类；中性岩的小类岩性为安山岩，基性岩的小类岩性为辉绿岩，酸性岩的小类岩性为花岗岩。沉积岩的亚类岩性包括砂岩、页岩、硅质岩、碳酸盐岩、铝质岩、泥岩；砂岩的小类岩性包括粗粒石英砂岩、细粒砂岩、细粒石英砂岩、细粒长石砂岩、中粗粒石英砂岩、中粒砂岩、中粒长石石英砂岩、中粒杂砂岩、中粒石英砂岩、细粒长石石英砂岩、页岩夹粉砂岩、粉砂岩，页岩的小类岩性包括页岩、砂质页岩、泥质页岩、粉砂质页岩，硅质岩的小类岩性为燧石，碳酸盐岩的小类岩性包括灰岩、白云岩、泥质灰岩、白云质灰岩，铝质岩的小类岩性为硬铝石铝质岩，泥岩的小类岩性包括砂质泥岩、泥岩。变质岩的亚类岩性包括石英岩、片岩、大理岩、角闪岩、片麻岩；石英岩的小类岩性为石英岩、长石石英岩，片岩的小类岩性包括石英片岩、细粒石英片岩、千枚状石英片岩、绿泥石英片岩、绿泥片岩、绢云石英片岩，大理岩的小类岩性为大理岩，片麻岩的小类岩性包括斜长角闪片麻岩、黑云斜长片麻岩，角闪岩的小类岩性包括角闪岩、斜长角闪岩。

从大类岩性看，西山遗址最主要的石料为沉积岩，占比超过 8 成；岩浆岩、变质岩占比之和约当 2 成（图 3.1）。从亚（小）类岩性看（图 3.2），西山遗址最主要的石料为白云岩，占比超过 3 成；其次为灰岩、砂岩，占比为 2 成左右；再次为辉绿岩、石英岩，占比超过 5%；再次为硬铝质岩、片岩，占比为 2%—3%。这些亚（小）类岩性构成了西山遗址使用的主要石料组合，白云岩、灰岩、砂岩占据主导地位，其他岩性石料也是稳定的构成部分。

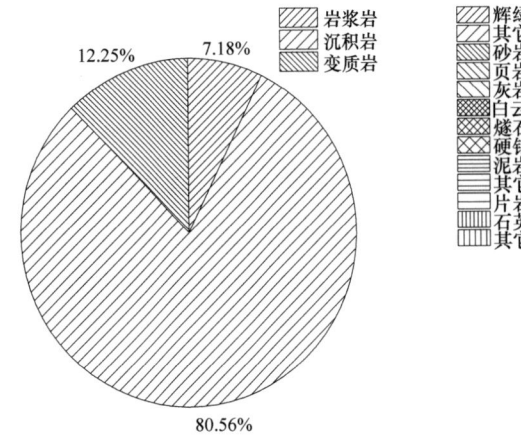

图 3.1　西山石器大类岩性占比示意图　　图 3.2　西山石器亚（小）类岩性占比示意图

青台遗址出土石器的大类岩性为岩浆岩、沉积岩、变质岩。岩浆岩的亚类岩性包括中性岩、基性岩、酸性岩；中性岩的小类岩性为安山岩，基性岩的小类岩性为辉绿岩，酸性岩的小类岩性为花岗岩。沉积岩的亚类岩性包括砂岩、碳酸盐岩、铝质岩；砂岩的小类岩性包括粗粒砂岩、粉砂岩、细粒砂岩、细粒石英砂岩、细粒长石砂岩、细砂岩、中粒砂岩、中粒长石砂岩，碳酸盐岩的小类岩性包括粉砂质灰岩、灰岩、泥质灰岩、白云岩，铝质岩的小类岩性为硬铝石铝质岩。变质岩的亚类岩性包括铁英岩、石英岩、片岩、大理岩；铁英岩的小类岩性为铁英岩，石英岩的小类岩性为石英岩，片岩的小类岩性包括石英片岩、片岩，大理岩的小类岩性为大理岩。

从大类岩性看，青台遗址最主要的石料为沉积岩，占比接近 9 成；岩浆岩、变质岩占比之和约 1 成（图 3.3）。从亚（小）类岩性看（图 3.4），青台遗址灰岩和砂岩占比均超过 3 成，二者占比之和超过 7 成；其次为白云岩、片岩，占比为 5%左右；再次为硬铝质岩、铁英岩，占比约 2%；再次为硬铝质岩、片岩，占比为 2%—3%。这些亚（小）类岩性构成了青台遗址使用的主要石料组合，灰岩、砂岩占据主导地位，其他岩性石料也是稳定的构成部分。

双槐树遗址出土石器的大类岩性为岩浆岩、沉积岩、变质岩。岩浆岩的亚类岩性包括基性岩、酸性岩；基性岩的小类岩性为辉绿岩，酸性岩的小类岩性为花岗岩。沉积岩的亚类岩性包括砂岩、碳酸盐岩、页岩、铝质岩、硅质岩、砾岩；砂岩的小类岩

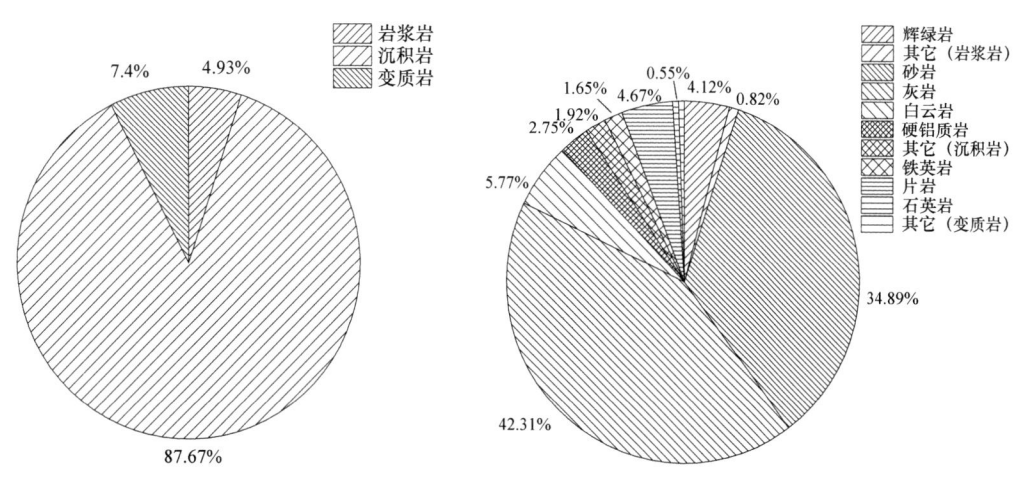

图 3.3　青台石器大类岩性占比示意图　　图 3.4　青台石器亚（小）类岩性占比示意图

性包括粗粒石英砂岩、细粒砂岩、细粒石英砂岩、粗粒绢云长石石英砂岩、细粒绢云长石石英砂岩、中粒石英砂岩、细粒长石石英砂岩、中粒绢云长石石英砂岩、粉砂岩，碳酸盐岩的小类岩性包括灰岩、白云岩、方解石，页岩的小类岩性为页岩，铝质岩的小类岩性为硬铝石铝质岩，硅质岩的小类岩性为燧石，砾岩的小类岩性为中粒砾岩。变质岩的亚类岩性包括石英岩、片岩、大理岩、角闪岩；石英岩的小类岩性为石英岩、长石石英岩，片岩的小类岩性包括石英片岩、绢云母片岩、绿泥石英片岩、绢云石英片岩，大理岩的小类岩性为大理岩，角闪岩的小类岩性为斜长角闪岩。

从大类岩性看，双槐树遗址最主要的石料为沉积岩，占比超过 8 成；岩浆岩占比超过 1 成；变质岩占比接近 5%（图 3.5）。从亚（小）类岩性看（图 3.6），青台遗址灰岩和砂岩占比均为 3 成左右，二者占比之和超过 6 成；其次为白云岩、石英岩，占比在 1 成左右；再次为片岩、辉绿岩、硬铝质岩，占比接近 5%。这些亚（小）类岩性构成了双槐树遗址使用的主要石料组合，灰岩、砂岩、白云岩占据主导地位，其他岩性石料也是稳定的构成部分。

综合几处遗址的情况看，灰岩、砂岩、白云岩是郑州地区仰韶中晚期石器生产选用的最主要石料，占据主导地位；石英岩、辉绿岩、硬铝质岩、片岩、铁英岩等也是常用石料的稳定构成部分。这些岩性种类的石料是用于制造石质生产工具的最主要原料，后文单类器的岩性分析将进一步印证该问题，也将从这些石料中选取部分岩性进行成分分析。另外，由于亚（小）类岩性具有更强的指示意义，后文主要针对这一层级的岩性信息进行分析。

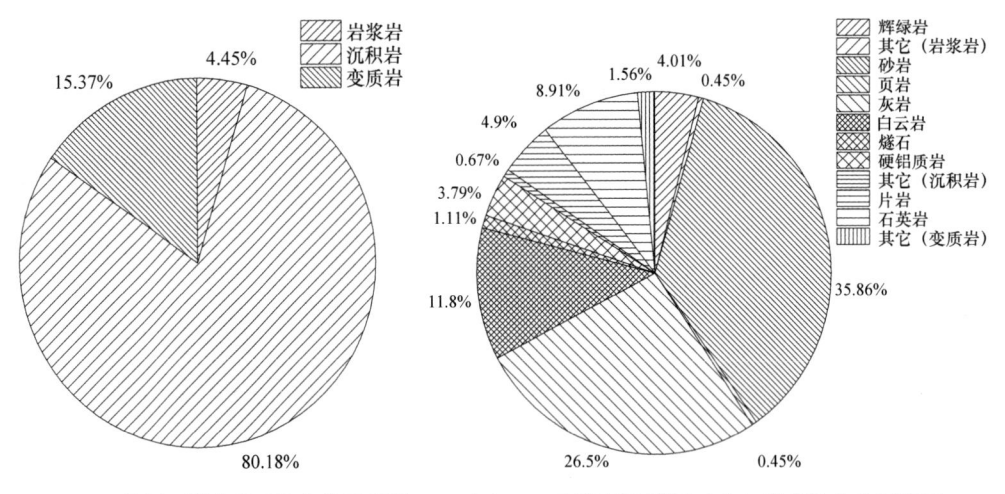

图 3.5　双槐树石器大类岩性占比示意图　　图 3.6　双槐树石器亚（小）类岩性占比示意图

表 3.1　　　　　　　　　西山遗址出土石器岩性（岩浆岩大类）鉴定统计表

| 岩浆岩 | | |
|---|---|---|
| 中性岩 | 基性岩 | 酸性岩 |
| 安山岩 | 辉绿岩 | 花岗岩 |
| 1 | 47 | 3 |

注：数字单位为件（后同）

表 3.2　　　　　　　　　西山遗址出土石器岩性（沉积岩大类）鉴定统计表

| 沉积岩 |||||||||||||||||||
|---|---|---|---|---|---|---|---|---|---|---|---|---|---|---|---|---|---|---|
| 砂岩 |||||||||| 页岩 ||| 硅质岩 | 碳酸盐岩 ||| 铝质岩 || 泥岩 |
| 粗粒石英砂岩 | 细粒砂岩 | 细粒石英砂岩 | 细粒长石砂岩 | 中粒砂岩 | 中粗粒长石石英砂岩 | 中粒杂砂岩 | 中粒石英砂岩 | 中粒长石石英砂岩 | 细粒长石石英砂岩 | 页岩夹粉砂岩 | 粉砂岩 | 页岩 | 砂质页岩 | 泥质页岩 | 粉砂质页岩 | 燧石 | 灰岩 | 白云岩 | 泥质灰岩 | 白云质灰岩 | 硬铝石铝质岩 | 砂质泥岩 | 泥岩 |
| 7 | 10 | 36 | 1 | 2 | 3 | 26 | 2 | 44 | 15 | 1 | 13 | 1 | 2 | 1 | 5 | 8 | 125 | 244 | 1 | 1 | 15 | 1 | 8 |

表 3.3　　　　　　　　　西山遗址出土石器岩性（变质岩大类）鉴定统计表

| 变质岩 |||||||||||||
|---|---|---|---|---|---|---|---|---|---|---|---|---|
| 石英岩 || 片岩 ||||||| 大理岩 | 角闪岩 | 片麻岩 ||
| 石英岩 | 长石石英岩 | 石英片岩 | 细粒石英片岩 | 千枚状石英片岩 | 绿泥石英片岩 | 绿泥片岩 | 绢云石英片岩 | 大理岩 | 斜长角闪岩 | 斜长角闪片麻岩 | 黑云斜长片麻岩 |
| 37 | 11 | 6 | 1 | 5 | 3 | 1 | 4 | 7 | 4 | 2 | 4 |

## 第三章 石器原料与生产技术分析

表 3.4　　　　　　　　西山遗址出土石器岩性（其他类）鉴定统计表

| 绿松石 |
|---|
| 2 |

表 3.5　　　　　　双槐树遗址出土石器岩性（岩浆岩大类）鉴定统计表

| 岩浆岩 ||
|---|---|
| 基性岩 | 酸性岩 |
| 辉绿岩 | 花岗岩 |
| 18 | 2 |

表 3.6　　　　　　双槐树遗址出土石器岩性（沉积岩大类）鉴定统计表

| 沉积岩 |||||||||||||
|---|---|---|---|---|---|---|---|---|---|---|---|---|
| 砂岩 |||||||| 页岩 | 硅质岩 | 碳酸盐岩 ||| 铝质岩 | 砾岩 |
| 粗粒石英砂岩 | 细粒砂岩 | 细粒石英砂岩 | 粗粒绢云长石石英砂岩 | 细粒绢云长石石英砂岩 | 中粒石英砂岩 | 细粒长石石英砂岩 | 中粒绢云长石石英砂岩 | 粉砂岩 | 页岩 | 燧石 | 灰岩 | 白云岩 | 方解石 | 硬铝石铝质岩 | 中粒砾岩 |
| 4 | 1 | 48 | 1 | 15 | 41 | 21 | 6 | 24 | 2 | 5 | 119 | 53 | 2 | 17 | 1 |

表 3.7　　　　　　双槐树遗址出土石器岩性（变质岩大类）鉴定统计表

| 变质岩 ||||||||
|---|---|---|---|---|---|---|---|
| 石英岩 ||| 片岩 |||| 大理岩 | 角闪岩 |
| 石英岩 | 长石石英岩 | 硅质岩 | 石英片岩 | 绢云母片岩 | 绿泥石英片岩 | 绢云英片岩 | 大理岩 | 斜长角闪岩 |
| 32 | 6 | 2 | 16 | 1 | 1 | 4 | 2 | 5 |

表 3.8　　　　　　青台遗址出土石器岩性（岩浆岩大类）鉴定统计表

| 岩浆岩 |||
|---|---|---|
| 中性岩 | 基性岩 | 酸性岩 |
| 安山岩 | 辉绿岩 | 花岗岩 |
| 2 | 15 | 1 |

表 3.9　　　　　青台遗址出土石器岩性（沉积岩大类）鉴定统计表

| 沉积岩 |||||||||||||
|---|---|---|---|---|---|---|---|---|---|---|---|
| 砂岩 |||||||  碳酸盐岩  |||| 铝质岩 ||
| 粗粒砂岩 | 粉砂岩 | 细粒砂岩 | 细粒石英砂岩 | 细粒长石砂岩 | 细砂岩 | 中粒砂岩 | 中粒长石砂岩 | 粉砂质灰岩 | 灰岩 | 泥质灰岩 | 白云岩 | 硬铝石铝质岩 |
| 2 | 13 | 2 | 2 | 5 | 82 | 18 | 3 | 1 | 154 | 7 | 21 | 10 |

表 3.10　　　　　青台遗址出土石器岩性（变质岩大类）鉴定统计表

| 变质岩 |||||
|---|---|---|---|---|
| 铁英岩 | 石英岩 | 片岩 || 大理岩 |
| 铁英岩 | 石英岩 | 石英片岩 | 片岩 | 大理岩 |
| 6 | 2 | 8 | 9 | 2 |

在加工工艺研究的部分，我们将对加工痕迹进行细致观察，进而勾勒石质工具加工过程中可把握的关键技术环节，尝试复原部分加工链条。由于石质工具备料、坯料、半成品、废料等标本数量很少，我们难于直接归纳石器的生产链条，而只能根据已掌握材料的实际情况进行系统观察和分析，部分可以反映加工工艺的成品和残片标本也被纳入。总的来讲，不同石质工具标本的类别和数量存在一定差异，所以我们对不同工具研究的详略程度也有所不同，着力的多寡将视具体材料而定。

## 第二节　石器原料分类与鉴定

### 一　岩性分析

（一）石刀

本研究对郑州西山遗址、青台遗址、大河村遗址、汪沟遗址、黄岗寺工人路小区地点、尚岗杨遗址、信合普罗旺世小区、建业壹号城邦小区地点、亚星置业 4 号地块、上街区昆仑路遗址、巩义双槐树等遗址出土石刀的岩性进行了鉴定。

岩性鉴定结果表明（图 3.7），灰岩、砂岩占比均超过 2 成，占比之和超过 5 成；片岩、白云岩占比均超过 15%，占比之和超过 3 成；辉绿岩、页岩占比在 5% 左右；石英岩、铁英岩、片麻岩占比极低。灰岩、砂岩、片岩、白云岩等几类岩石占比超过 8 成，总体上看这几类岩石占据主导，但用料并不集中，均为河滩砾石及石铲残片（详后）常见的岩性。

白云岩莫氏硬度（后文"硬度"均指莫氏硬度）一般为 3—4，灰岩一般为 3。砂岩、片岩因成分或风化程度不同，硬度存在一定差异。本研究对西山遗址部分石刀的

郑州地区仰韶中晚期石刀岩性占比示意

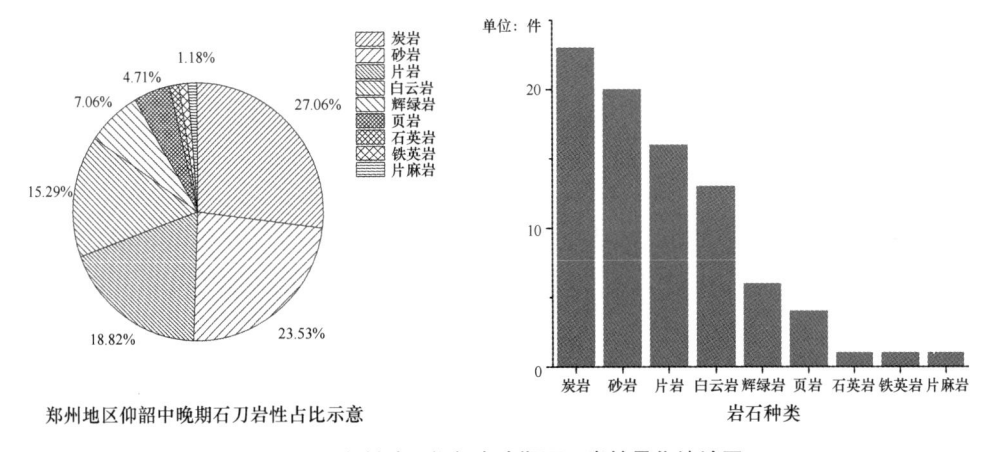

图3.7 郑州地区仰韶中晚期石刀岩性量化统计图

硬度进行了测试，采用"Deluxe Hardness Pick Set and Mineral Identification Kit"高级矿物硬度鉴定套装对标本进行刻划实验，选取莫氏硬度最高与最低值的平均值作为参考。结果显示片岩硬度约为3—5，砂岩约为2.5—3.5。所以，相较于石斧、石锛、石凿等所用石料，石刀选料硬度更软，更易于加工。

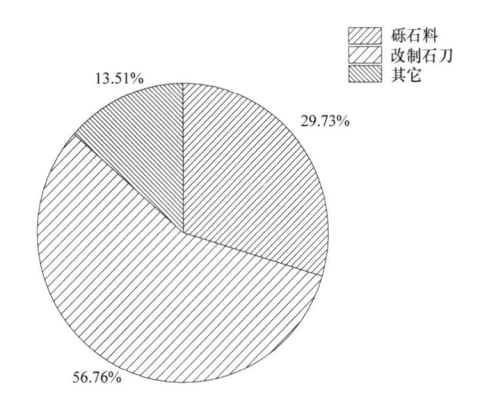

图3.8 郑州地区仰韶中晚期石刀选料量化统计图

部分砾石石料和改制石刀为分析石刀石料的提供了线索。选用砾石作为石料进行制作的石刀占比接近3成，选用石铲残片作为原材料进行制作（石铲改制Ⅲ组，详后）的改制石刀占比超过5成，两类石刀占比超过8成（图3.8）。这说明从河滩拾取砾石以及从使用损坏的石铲残片中挑选原材料是石刀石料的两种主要方式。对各类型石刀的数据进行对比，可以更进一步认识这一问题。

我们对各类型石刀的选料进行了数量统计（表3.11），结果表明此两种情况在各类型石刀中都很普遍。为了方便表述，我们在统计中采用了"标准器"、"砾石料"、"其

· 103 ·

他"等简称来指代相关信息。"改制器"指由石铲残片改制的石刀,反映用石铲残片作原材料进行石刀制作的情况;"标准器"指不是由石铲残片改制而成的石刀,"砾石料"指标准器中使用砾石料制作而成的石刀,"其他"指除掉砾石料以外的标准器,尚不能准确判断其选料信息。

先看两种选料方式在各类石刀中的分布(图3.9)。砾石料在甲类石刀中占比1成,改制器占比6成,二者占比之和为7成。砾石料在乙类石刀中占比接近4成,改制器占比5成,二者占比之和接近9成。砾石料在丙类石刀中占比接近3成,改制器占比超过6成,二者占比之和超过9成。改制器在各类石刀中的占比均超过5成,表明石铲残片是各类石刀石料的主要来源。除数量较少的甲类石刀外,乙、丙类石刀中砾石料在标准器中的占比都超过7成,表明砾石料也是各类石刀石料的主要来源。

表 3.11　　　　郑州地区仰韶中晚期各类型石刀选料信息统计表

|  | 标准器(砾石料) | 改制器 | 合计 |
| --- | --- | --- | --- |
| 甲 A | 3 (1) | 6 | 9 |
| 甲 B | 1 (1) |  | 1 |
| 乙 A | 15 (12) | 3 | 18 |
| 乙 B | 1 (1) | 2 | 3 |
| 乙 C | 2 (2) | 11 | 13 |
| 乙 D | 1 | 3 | 4 |
| 丙 A | 2 (2) |  | 2 |
| 丙 B | 5 (3) | 11 | 16 |
| 丙 C | 1 (1) |  | 1 |
| 丙 D |  | 4 | 4 |
| 其他 | 1 | 2 | 3 |
| 合计 | 32 (22) | 42 | 74 |

注:"( )"内数字表示砾石料数量。

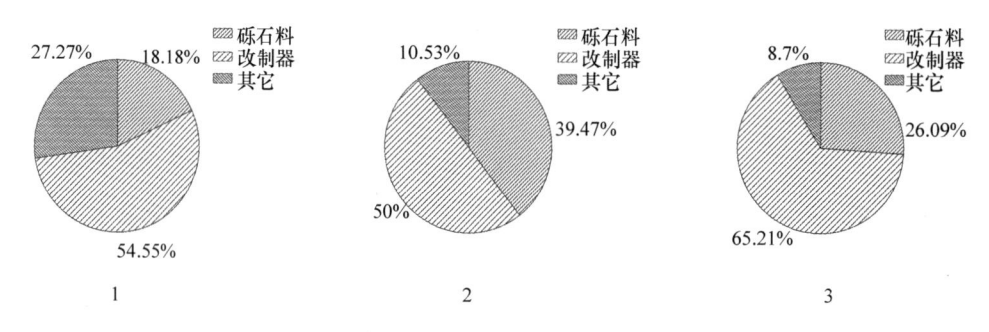

图 3.9　郑州地区仰韶中晚期各类石刀选料量化统计图

1. 甲类　2. 乙类　3. 丙类

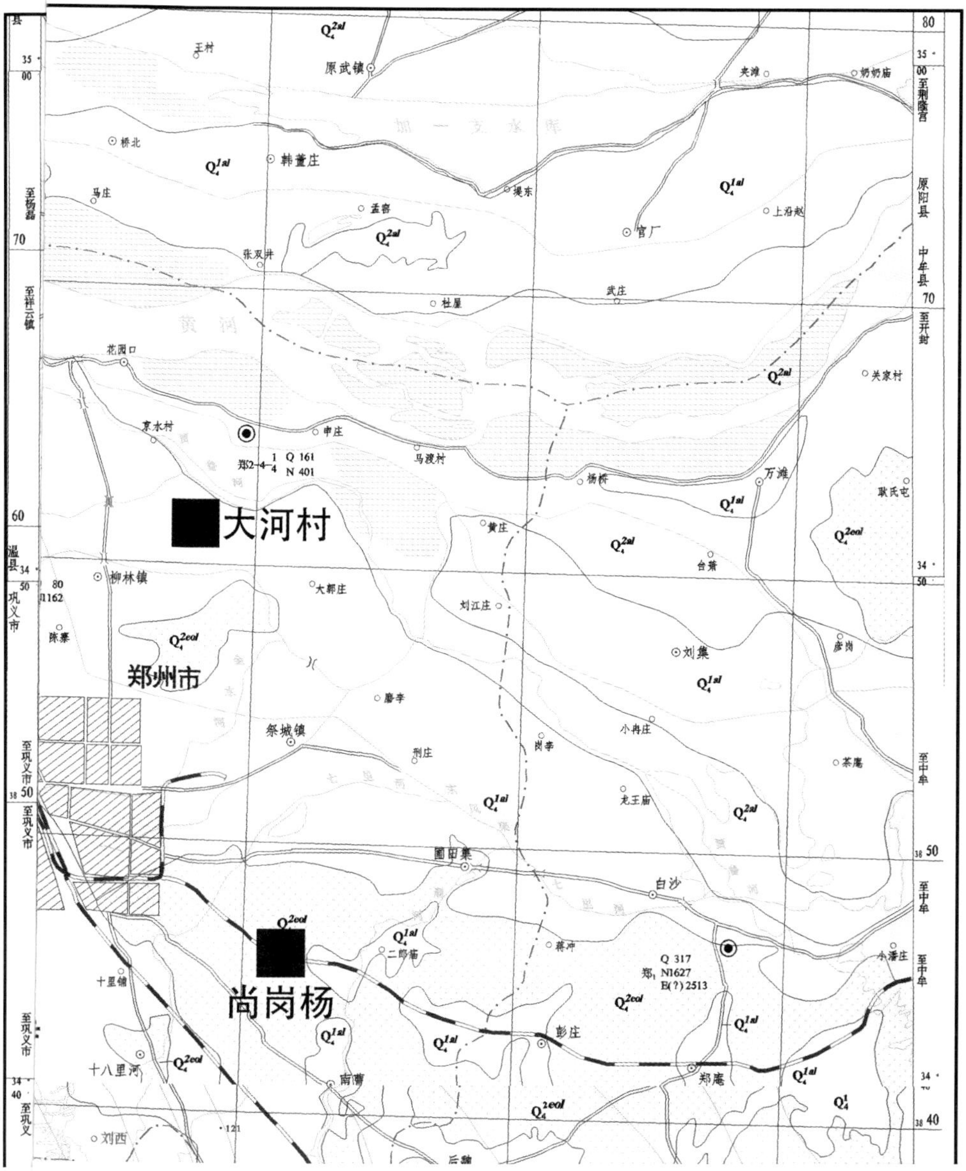
大河村
尚岗杨
郑州市
原武镇
韩董庄
官厂
花园口
京水村
申庄
马渡村
杨桥
万滩
黄庄
台前
柳林镇
大郭庄
刘江庄
刘集
陈寨
祭城镇
刑庄
岗李
小冉庄
龙王庙
圃田集
白沙
二郎庙
蒋冲
十里铺
彭庄
十八里河
南曹
郑庵
刘西
小潘庄
关家村
耿氏屯
王村
桥北
马庄
孟岩
张双井
杜屋
武庄
堤东
上沿赵
夹滩
奶奶庙
原阳县
中牟县
至开封
至中牟
至巩义市
至杨磊
至祥云镇
温县
巩义市
黄河
Q 161
N 401
Q 317
N1627
E(?) 2513

再看两种选料方式在各类型石刀中的分布。据前（表3.11）可知，甲B、乙B、乙C、丙A、丙C型石刀的标准器均由砾石料制作，乙A、丙B型石刀标准器中砾石料的占比约为6—8成。甲A、乙B、乙C、乙D、丙B型石刀中改制器占比约为6—8成，丙D型均为改制器。可见，在更细的类型划分层面，砾石料与改制器也是石刀石料的主要来源。

地质工作者提供的石料产地信息显示（图3.10），白云岩、灰岩主要分布于石河上游至氾水河上游的巩义市南山口至树林沟一带，以及新密市袁庄至荥阳市龙王庙一带；砂岩主要分布于东泗河中游的巩义市猴山沟一带，以及新密市观音堂至韦沟一带；片岩主要分布在登封市李庄至凉水泉一带。课题组的围绕巩义双槐树和郑州西山等遗址的石料产地问题，进行了资源域调查[①]，可作为更细刻度的参考。

先看双槐树遗址南边的石河、西泗河、东泗河等流域的调查情况。

石河上游两岸分布有白云岩、灰岩山体基岩，岩壁风化严重，各层沉积层间节理发育较好。在河道散落有尺寸各异的低磨圆度石料，尺寸从数厘米到数米；其中大型石料节理明显，便于剥制石铲坯料。从河道两岸高处岩壁的风化程度来看，大型石料应从两岸岩壁上脱落。

东泗河上游分布有白云岩、灰岩、砂岩基岩岩体。因巩义市政桥梁建设施工工地揭开了河床淤泥，东泗河上游河床可见灰岩、白云岩及砂岩等砾石。砂岩砾石尺寸各异，小的几厘米，大的几米。白云岩、灰岩尺寸较小，基本不超过50厘米，磨圆度较高，不具备山体基岩的层理结构。东泗河中游的岳岭分布有部分红色砂岩的山体基岩，附近中游河道也分布有尺寸较大的砂岩砾石。西泗河上游河道分布有尺寸较小、磨圆度较高的白云岩砾石。

距离郑州诸遗址更近的石料位于索须河上游的丁店水库一带。丁店水库西侧的万山一带分布有红色砂岩山体基岩，水库东侧的井里沟、界沟村、老邢村一带分布有白云岩、灰岩山体基岩。这几处山体基岩现在都还保留着人工开采痕迹。井里沟、界沟村一带分布有大量裸露在地表的白云岩、石灰岩，而且岩石层状节理明显，便于敲剥出与石铲坯料长度、厚度相近的石料。

整体来看，嵩山北麓、东麓地区白云岩、灰岩、砂岩的分布比较丰富，无论是双槐树还是郑州诸遗址，都能在附近河流的上游区域寻觅石料。由于现代河道、河滩多经修整，难以直接发现大量砾石料，我们只在部分流域上游接近嵩山山麓的位置发现有大量砾石石料。但是可以想见，在河流的作用下，分布有白云岩、灰岩、砂岩等山体基岩的河流上游区域，应该会有更多的砾石石料随着流水搬运至河流的中下游地

---

[①] 任文勋：《郑州地区仰韶中晚期石器工业研究》，中国科学院大学，博士学位论文，2021年。

区。所以,郑州地区仰韶中晚期尺寸较小的石刀砾石石料应该是较容易的。

简言之,石刀的选料以白云岩、灰岩、砂岩等石料为主,白云岩、灰岩等石料硬度较低,易于加工。从方式上看,拾取河滩的砾石和挑选的石铲残片是石刀最主要的石料来源。白云岩、灰岩、砂岩等在巩义、登封、荥阳地区大量分布,大量小型砾石石料随着流水作用搬运至河流中下游,获取应该不太困难。

(二)石镰

我们对西山、青台、汪沟、大河村、建业壹号城邦、信合普罗旺世、林山寨、上街区昆仑路等遗址出土石镰进行了岩性鉴定(图3.11)。其中片岩占比接近6成,砂岩接近3成,是制作石镰最常见的石料。片岩主要分布于登封市李庄至凉水泉一带,砂岩主要分布于巩义市猴山沟、荥阳市万山以及新密市观音堂至韦沟一带。

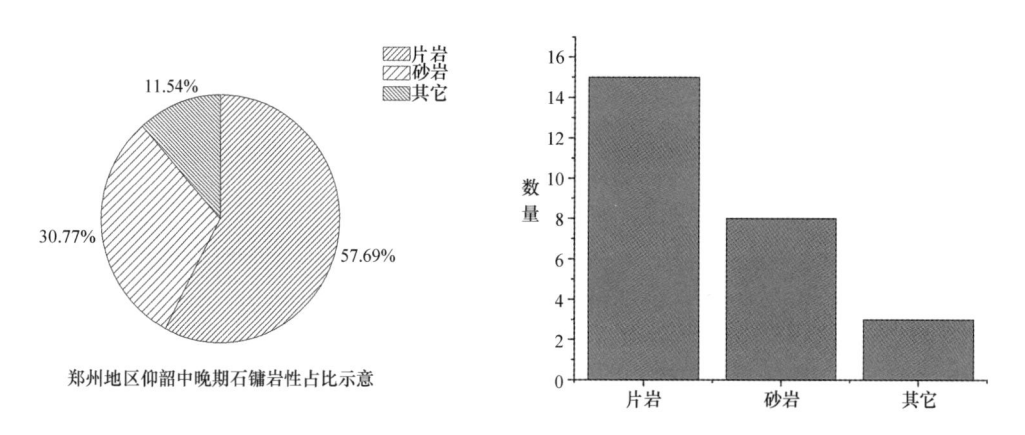

图 3.11 郑州地区仰韶中晚期石镰岩性鉴定量化统计图

石镰器形不大,部分标本表面保留有磨圆的砾石面(如 ZZ167、XS531,图 3.12,1-2),反映出从河滩砾石中拾取石料的情况。这部分砾石料标本占比接近6成(图3.13),可见从河滩中拾取砾石应该是石镰石料的重要手段。

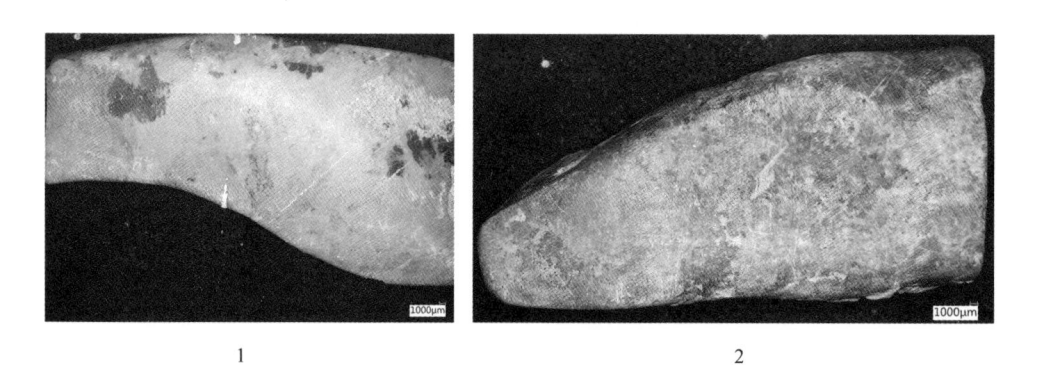

图 3.12 郑州地区仰韶中晚期砾石料石镰举例

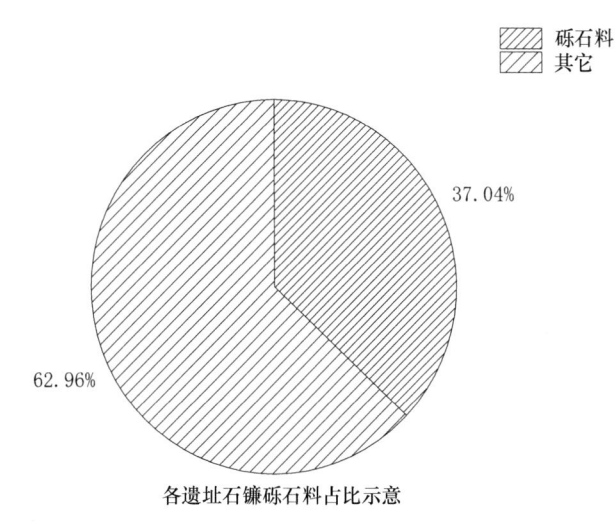

图3.13 郑州地区仰韶中晚期石镰砾石料占比示意图

简言之，石镰石料以砂岩、片岩为主，尺寸适宜的河滩砾石是石料的来源之一。

(三) 石铲

我们对西山、青台、大河村、汪沟、尚岗杨、建业壹号城邦、信合普罗旺世等遗址出土石铲进行了岩性鉴定和量化统计。郑州诸遗址石铲白云岩数量占比超过5成，灰岩占比超过4成（图3.14）；西山遗址石铲中白云岩数量占比超过7成，灰岩超过2成（图3.15）。这两类岩性石铲占比之和超过9成，是最主要的石铲石料。

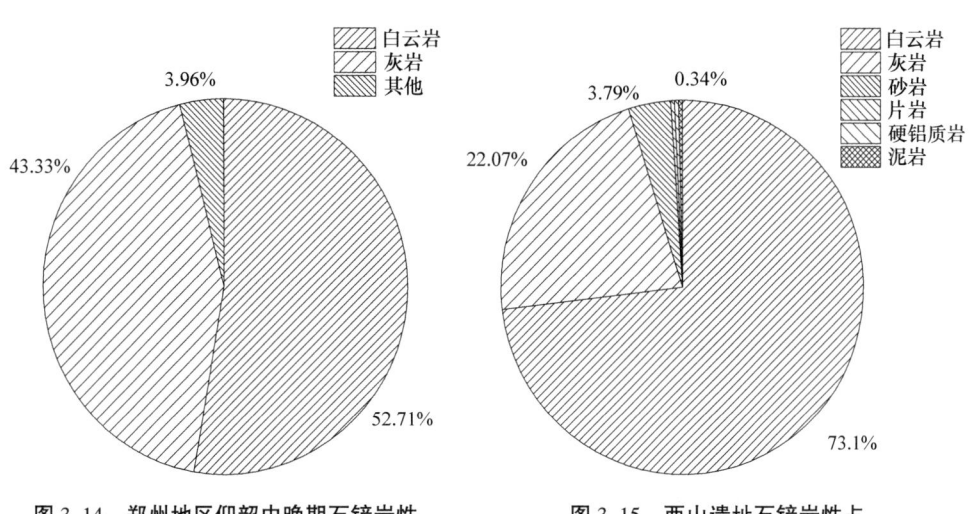

图3.14 郑州地区仰韶中晚期石铲岩性占比量化统计图

图3.15 西山遗址石铲岩性占比量化统计图

白云岩、灰岩主要分布于巩义市南山口至树林沟一带以及新密市观音堂至韦沟一带。课题组在东泗河上游发现有白云岩、灰岩山体基岩，丁店水库南侧的井里沟、界沟村一带发现了大量裸露在地表的白云岩或石灰岩（图3.17）。这两类岩石层状节理明显，相邻层间有红色夹杂物。由于夹杂物发育充分，我们用木棒便可敲剥与双槐树遗址（图3.16，2—4）、灰嘴遗址（图3.16，1）①，②出土石铲坯料长度、厚度相近的石料（图3.17，1）。这类沉积岩发育有层状节理，可以大量开采以作为石铲石料。根据目前掌握的资料看，石铲毛坯表面不见磨圆度较高的砾石面，应该不是经流水搬运的河滩砾石料。因此，郑州地区仰韶中晚期用于生产石铲的原料主要来自山体基岩或者岩体散落区域。无论是东泗河上游还是丁店水库以南的石料分布区，距离遗址都有一定的距离，仰韶先民需要通过长途运输来解决石铲的石料问题。

图3.16 灰嘴、双槐树遗址出土石料举例
（1为灰嘴、2—4为双槐树遗址出土）

简言之，石铲生产需要大块片状的白云岩、灰岩石料，大概率从山体基岩中开采或在山体附近，需要从巩义、荥阳等地的嵩山北麓、东麓一带运输至遗址。

（四）石镢

石镢标本XS370为辉绿岩，硬度一般为7—8，是高硬度的石料，主要分布于登封

---

① 李永强、陈星灿、刘莉：《河南偃师市灰嘴遗址2006年发掘简报》，《考古》2010年第4期。
② 李永强、陈星灿、刘莉：《2002—2003年河南偃师灰嘴遗址的发掘》，《考古学报》2010年第3期。

图 3.17 郑州地区石器资源域调查照片
1. 东泗河上游山体基岩及采集石料  2. 井里沟、界沟村山体基岩及散落岩体

市唐庄乡井湾村附近。从标本 XS370 的形态特征看,其石料应近扁平的条形,表面又保留有光整的砾石面。蒙河南省有色金属地质矿产局第七地质大队地质工作者指教,这应该是接近石料产地的河流上游砾石料。

(五) 石斧

我们对西山、青台、汪沟、大河村、尚岗杨、建业、普罗旺世等 6 个遗址出土石斧进行了岩性鉴定及量化统计。西山遗址的统计中,辉绿岩和石英岩占比在 3 成左右,石英砂岩占比超过 2 成,硬铝质岩接近 5%(图 3.18)。各遗址的统计中,辉绿岩占比超过 4 成,铁英岩、硬铝质岩、石英砂岩占比为 10%—15%(图 3.19)。整体来看,辉绿岩是石斧最主要的原料,铁英岩、硬铝质岩、石英砂岩、石英岩也是重要的组成部分。

辉绿岩硬度一般为 7—8;硬铝质岩硬度一般为 6—7;石英岩硬度一般为 7;铁英岩硬度一般为 7—8;石英砂岩中的长石石英砂岩硬度一般在 6 以上。这些石料的硬度明显高于石刀主要选用的灰岩、砂岩、片岩、白云岩以及石铲主要选用的灰岩、白云岩等硬度最高不超过 4 的石料。可见,石斧选料具有较强的倾向性,高硬度是最显著的特点。

根据地质工作者提供的资料,我们可以大体把握石斧主要石料的岩石分布地点(图 3.10)。辉绿岩主要分布在登封市唐庄乡井湾村附近,石英岩、铁英岩主要分布在登封市李庄至凉水泉一带,硬铝石铝质岩主要分布在巩义市小关镇附近,石英砂岩主要分布在巩义市猴山沟、荥阳市万山以及新密市观音堂至韦沟一带。这些区域处于巩义东部、荥阳南部及新密北部等靠近嵩山北麓、东麓的位置,尤其是辉绿岩、石英岩、硬铝质岩等石料主要分布于嵩山北麓。

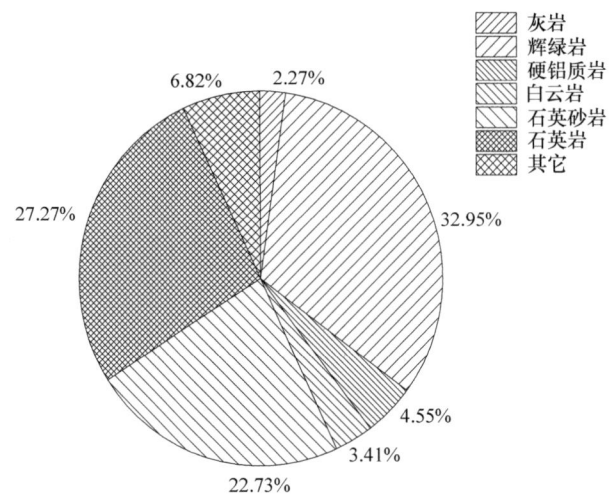

图 3.18 西山遗址出土石斧岩性占比统计图

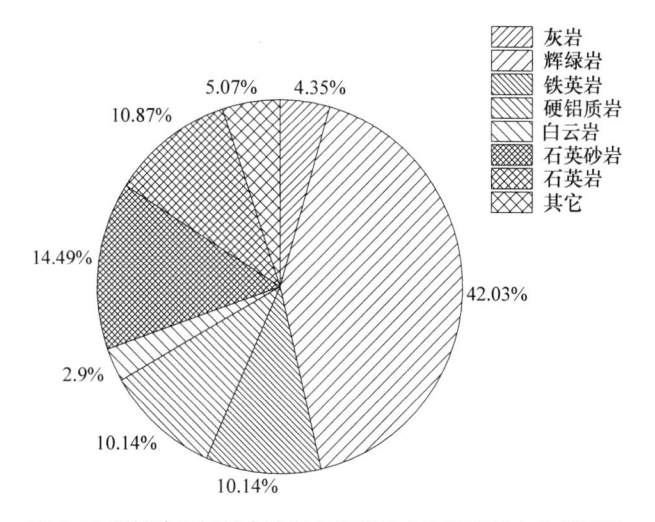

**图 3.19 郑州地区仰韶中晚期各遗址出土石斧岩性占比饼状图**

注:"各遗址"指西山、青台、汪沟、大河村、尚岗杨、建业、普罗旺世等6个遗址出土各类岩性石斧之总和。

我们在西山遗址采集有石斧坯料,系砾石石料(图3.20),大部分石斧亦保留有砾石面。蒙河南省有色金属地质矿产局第七地质大队地质工作者指教,石斧的砾石料呈扁平状长条形,应该集中分布于位于靠近石料产地的河流上游地区,大部分石斧标本均呈扁平状条形,可能是从靠近石料产地的河流上游地区。嵩山北麓是石河、东泗河、西泗河、索须河、须水河等河流上游的发源地。由于分布辉绿岩、铁英岩、石英岩等山体基岩,靠近嵩山北麓的河流上游会分布有相应砾石石料,郑州地区仰韶中晚期先民有可能在这些区域拾取坚硬砾石来作为石斧的石料。此外,西山、双槐树均出土有表面磨圆不明显的毛坯(详后),系山料加工后的标本,说明仰韶先民也可能进入嵩山北麓石料产地开采或拾取山料。

(六)石锛、石凿

我们分别对西山、青台、大河村、汪沟、尚岗杨、建业壹号城邦、信合普罗旺世等遗址出土石锛、石凿进行了岩性鉴定和量化分析(图3.21—22)。结果显示,辉绿岩、硬铝质岩、石英砂岩、石英岩等岩性在西山及各遗址出土石锛、石凿的数量占比均接近或超过10%,上述岩性标本之和在西山及各遗址的数量占比均超过6成,可见这几类石料是制作石锛、石凿的最主要原料。此外,白云岩在西山占比超过1成,砂岩在各遗址占比超过1成,或许也是石锛、石凿石料的主要构成之一。

图 3.20　西山遗址采集石斧砺石石料

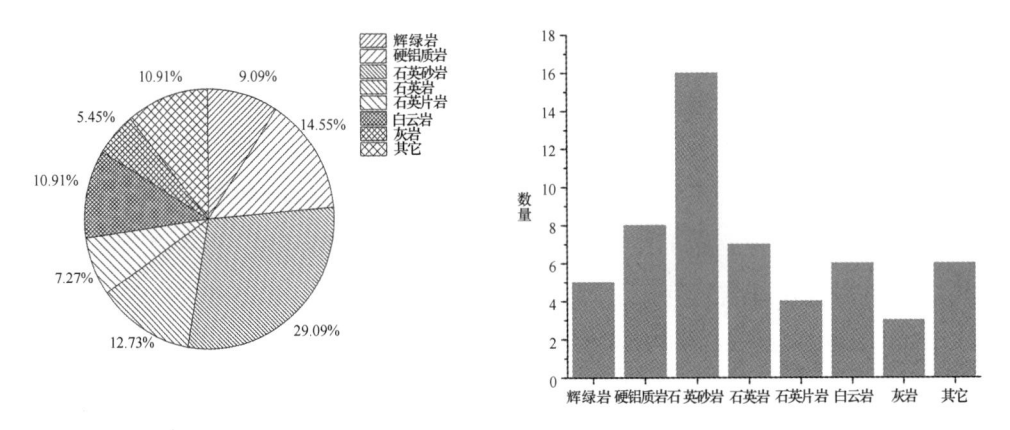

图 3.21　郑州地区仰韶中晚期西山遗址石锛、石凿岩性鉴定结果量化统计图

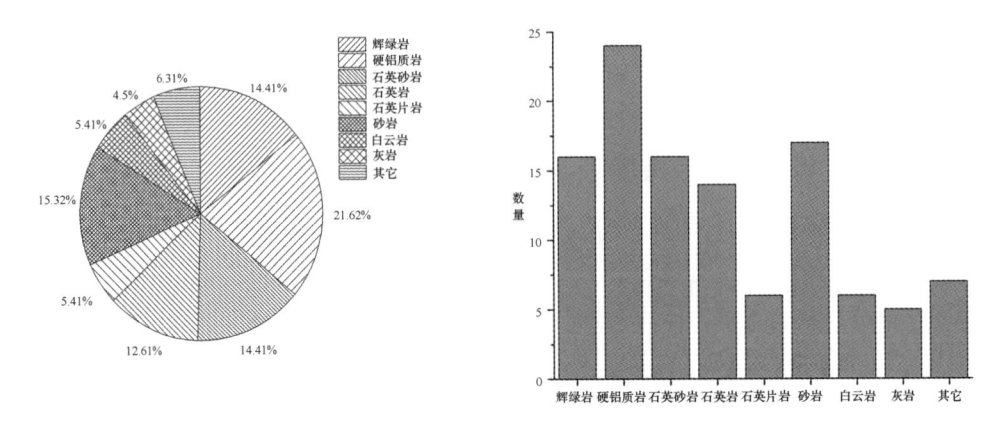

图 3.22　郑州地区仰韶中晚期各遗址石锛、石凿岩性鉴定结果量化统计图

辉绿岩硬度（指莫氏硬度，后同）一般为 7—8；硬铝质岩硬度一般为 6—7；石英岩硬度一般为 7；石英砂岩中的长石石英砂岩硬度一般在 6 以上。可见，同石斧一样，石锛、石凿选料也具有较强的倾向性，高硬度是最显著的特点。

根据地质工作者提供的资料，我们可以大体把握石斧主要石料的岩石分布地点（图 3.10）。辉绿岩主要分布在登封市唐庄乡井湾村附近，石英岩、铁英岩主要分布在登封市李庄至凉水泉一带，硬铝石铝质岩主要分布在巩义市小关镇附近，石英砂岩主要分布在巩义市猴山沟、荥阳市万山以及新密市观音堂至韦沟一带。这些地点都集中在巩义、登封、荥阳、新密等靠近嵩山北麓、东麓的地区，尤其是辉绿岩、石英岩、硬铝质岩等石料分布在嵩山北麓的山区中。

砾石料同样是石锛、石凿原料分析中值得注意的问题。石锛（如 XS006、XS086、XS312、XS123，图 3.23，1—4）、石凿（如 XS287、XS465，图 3.23，5—6）中部分标

图 3.23 郑州地区仰韶中晚期砾石料石锛、石凿举例

本保留有磨圆的砾石面，呈扁平状长条形，顶部、侧边等均无山料的层状节理，还有可用于加工锛、凿的砾石料（如 XS258，图 3.24）。我们对西山、青台、汪沟、建业壹号城邦等遗址出土石锛以及西山、汪沟、建业壹号城邦等遗址出土石凿的砾石料标本进行了统计（图 3.25）。石锛砾石料标本占比超过一半，石凿砾石料标本占比超过 3 成。虽然出土石锛、石凿的总体数量不多，但是统计结果还是在一定程度上说明砾石料在其中占据了重要的位置，拾取河滩砾石应该是石锛、石凿石料的主要获取方式。

此外，青台、汪沟、双槐树等遗址均出土有石锛的山料标本。如标本 SHS118 器表、侧面保留有山料原本凹凸不平的节理，造刃成器后并未将其琢磨平整（图 3.26，3）。SHS090 系石锛毛坯，表面琢制后依然无法覆盖山料表面的节理凹凸（图 3.26，1—2）。WG039 已经造刃成器，顶部、器身、侧边保留有山料原本凹凸不平的节理（图 3.26，4）。这说明开采山料可能也是石锛、石凿石料的获取方式之一。

图 3.24　用于制作石锛、石凿的砾石料

各遗址石锛砾石料标本占比示意　　各遗址石凿砾石料标本占比示意

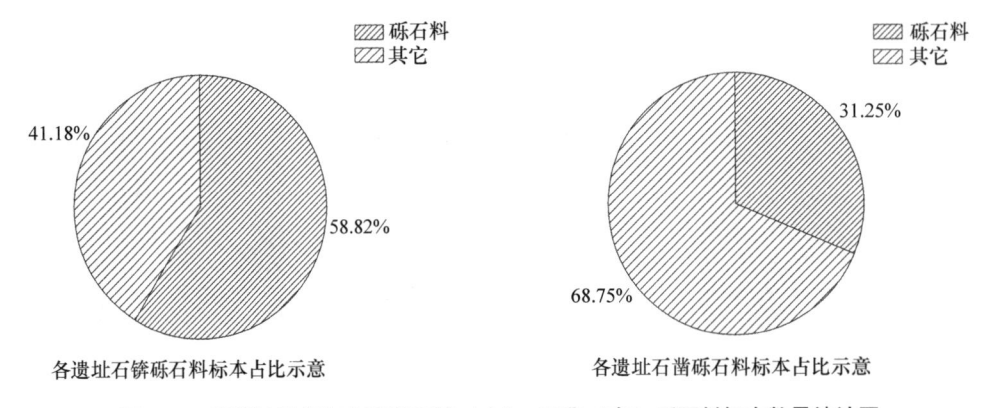

图 3.25　郑州地区仰韶中晚期石锛（左）、石凿（右）砾石料标本数量统计图

所以，石锛、石凿的石料岩性种类与获取方式与石斧相近，在嵩山北麓一带的山体基岩开采山料或邻近区域的河流上游拾取砾石料，是获取石料的主要方式。

（七）石抹子

我们对西山、青台、大河村、汪沟等遗址出土石抹子进行了岩性鉴定和量化统计

(图 3.27)。结果显示，灰岩、砂岩石抹子数量占比均超过 4 成，两类岩性之和占比超过 8 成，占据主导地位，是加工石抹子的最主要石料。

1

2

3

4

图 3.26  郑州地区仰韶中晚期山料石锛举例

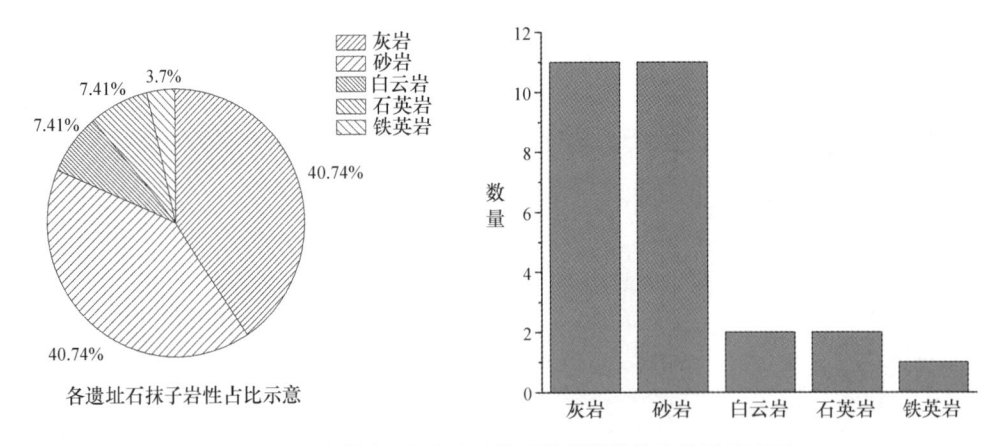

图 3.27　郑州地区仰韶中晚期石抹子岩性鉴定数量统计图

结合前文形态学分析可知，A（如 XS075、XS266，图 3.28，1、3）、B 型（如 WG035、XS652，图 3.28，2、4）石抹子器表保留有磨圆度很高的砾石表面，系选用砾石料加工制作而成；部分其他形制（如 XS229，图 3.28，5）的石抹子也选用砾石料进行加工。量化统计表明，超过 8 成的石抹子选用砾石料加工而成（图 3.29）。据前文石刀石料分布及方式的分析可知，石抹子石料也可能以从河滩拾取为主。

图 3.28　郑州地区仰韶中晚期使用砾石料制作的石抹子举例

### （八）石锤

我们对西山、青台、大河村、汪沟、尚岗杨、建业壹号城邦、信合普罗旺世、通用机械厂等遗址出土石锤进行了岩性鉴定（图 3.30—31）。结果显示，灰岩、砂岩占比

第三章 石器原料与生产技术分析

各遗址石抹子砾石料数量占比示意

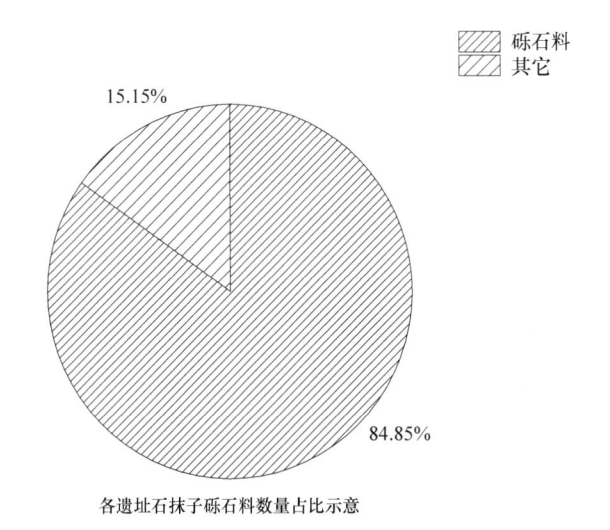

图 3.29 郑州地区仰韶中晚期石抹子砾石料数量占比示意图

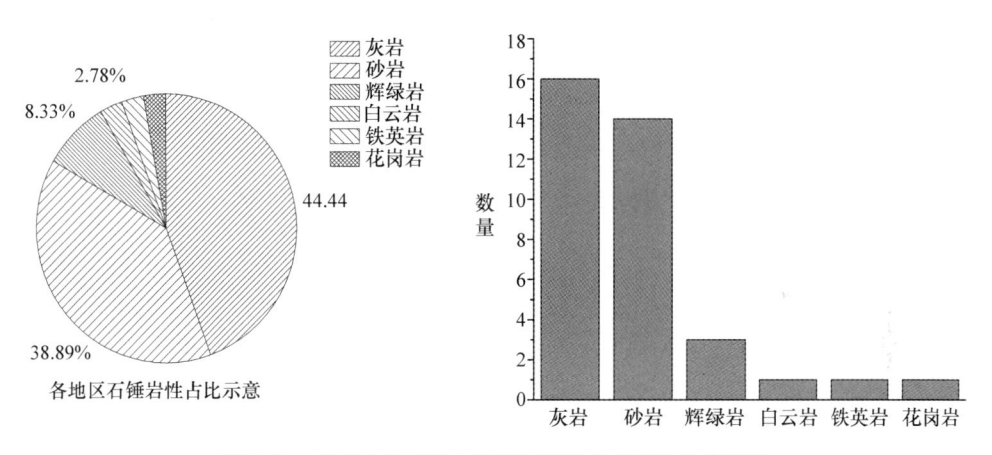

各地区石锤岩性占比示意

图 3.30 郑州地区仰韶中晚期石锤岩性鉴定数量统计图

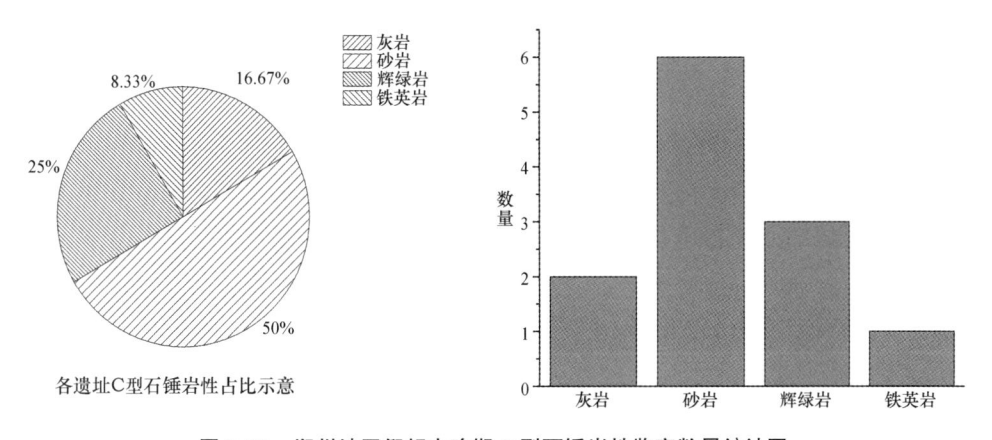

各遗址C型石锤岩性占比示意

图 3.31 郑州地区仰韶中晚期 C 型石锤岩性鉴定数量统计图

均接近 4 成，两类岩性之和占比超过 8 成，是制作石锤的最主要石料。值得注意的是，C 型石锤中存在一定量的辉绿岩，可能是标本量较少的缘故，也可能与该型石锤主要为一器多用标本有关。

大部分石锤标本的表面存在磨圆度较高的砾石面（如 XS032，图 3.32），表明其系选用砾石料制作而成，方式可能与石抹子相近，主要从河滩上拾取。

图 3.32 郑州地区仰韶中晚期使用砾石料制作的石锤

## 二 小结

郑州地区仰韶中晚期石质工具石料产地及方式可主要分为以下几类。

第一类，以石刀、石镰、石抹子、石锤等石质工具为代表。这些工具主要选用白云岩、灰岩、砂岩、片岩等砾石石料来加工成器；石刀还选用石铲残片进行改制成器，石铲最主要的石料还是白云岩、灰岩两类。白云岩、灰岩、砂岩等莫氏硬度约在 3—4 的范围，辉绿岩、硬铝质岩、石英岩等石斧、石锛、石凿所用的主要石料硬度都在 6—8 的范围。相较而言，石刀、石镰、石抹子、石锤等石质工具的主要石料硬度偏软，比较易于加工。白云岩、灰岩、砂岩还是分布范围很广泛的岩石种类。白云岩、灰岩广泛分布于巩义市南山口至树林沟、新密市袁庄至荥阳市龙王庙一带，砂岩主要分布于巩义市猴山沟、荥阳市万山、新密市观音堂至韦沟一带。该类石质工具尺寸不大，大部分为砾石料，可以通过拾取河滩砾石的方式获取原材料。无论是双槐树遗址附近的西泗河、东泗河，还是郑州腹地诸遗址附近的索河、须水河等，均发源于嵩山巩义东部、荥阳南部、登封及新密北部等嵩山北麓地区，通过流水作用可以将小型石料搬运至河流中下游地区。所以，前述几类岩石在郑州地区西南边缘分布广泛，且多为尺寸较小的砾石石料，应该可以在遗址附近的流域获取。

第二类，以石铲为代表。石铲所用石料均为大块片状的白云岩或灰岩石料。这些石料尺寸大，表面无高度磨圆的砾石面，明显不是河滩砾石料；剖面可见层状节理发育，是从山体基岩上开采或散落的未经流水长途搬运的石料。白云岩和灰岩广泛分布于郑州西南边缘的嵩山北麓、东部一带。从东泗河、西泗河上游巩义市南山口至树林沟一带的白云岩、灰岩分布区至双槐树遗址的直线距离超过10千米；从丁店水库以南白云岩、灰岩分布区至最近的高等级聚落汪沟遗址直线距离超过15千米，至西山、大河村等遗址的距离超过30千米。石铲是郑州地区仰韶中晚期数量占比最高的石质工具之一，大量的石料需要进入山区开采或采集，并经过长途运输返回遗址。所以，获取石铲石料需要耗费较大的成本。

第三类，以石斧、石锛、石凿为代表。该类石质工具以辉绿岩为最主要的石料，硬铝质岩、铁英岩、石英砂岩、石英岩等也是重要组成部分。这些岩石的莫氏硬度在6—8的范围，明显比第一、二类石质工具所用石料硬度更高，加工的难度也更大。辉绿岩主要分布在登封市唐庄乡井湾村附近，石英岩、铁英岩主要分布在登封市李庄至凉水泉一带，硬铝石铝质岩主要分布在巩义市小关镇附近，石英砂岩主要分布在巩义市猴山沟、荥阳市万山以及新密市观音堂至韦沟一带。辉绿岩、石英岩、铁英岩等石料的分布范围均深入嵩山北麓地区，从石料产地至双槐树遗址的直线距离超过25千米，至郑州腹地最近的高等级聚落汪沟遗址距离超过30千米，至较远的西山、大河村等遗址距离超过50千米。这些石料产地到郑州诸遗址的距离远超白云岩、灰岩、砂岩等石料。从方式上看，大部分石斧、石锛、石凿等石质工具可能选用扁平的条形砾石料进行加工。石斧、石锛、石凿是除石铲以外的数量占比最高石质工具组合，对石料的需求量很大。随着河流搬运距离的增加，石料长轴的尺寸会逐渐变小，扁平剖面形态的边缘会被变得更圆滑，各种岩性砾石的汇集度会逐渐增高，想要挑选形态合适且硬度较大的石料也就更为困难。所以，除了从山体基岩上开采坚硬石料以外，进入到更靠近山麓的河流上游地区，也才能挑选到更多尺寸合适的砾石料。课题组的资源域调查也印证了这一问题。在目前徒步可达的石河、东泗河、索须河上游地区，可拾取到数量较多的灰岩、白云岩、砂岩等石料，却基本不见辉绿岩、硬铝质岩、铁英岩、石英岩等石料。此外，石斧、石锛、石凿等都存在使用山料进行加工的情况，无论是从山体基岩上开采还是散落石料，都要比拾取砾石更深入嵩山北麓地区，耗费的成本也会更高。

简而言之，越靠近石料产地，越有丰富的石料资源。除第一类石料外，其他两类石料均需要深入或靠近嵩山北麓、东麓地区才能大量获取。

比较有趣的是，郑州地区仰韶中晚期石器工业石料的背景或可为认识郑州地区聚落体系的发展提供一个新的视角。

受资料限制，以往郑州地区仰韶中晚期聚落形态的研究相对薄弱，中原地区仰韶文化聚落研究的对象主要集中于洛阳盆地。赵春青通过细致的资料梳理，指出郑洛地区西部聚落群（东边到黄河以南的偃师以东—伊川东部—汝阳县城一线，西南包括嵩县、洛宁、渑池、卢氏诸县）与东部聚落群（伊洛河以东的淮河上游与郑州地区）的对抗成为仰韶文化中晚期聚落格局的主要发展态势。仰韶中期晚段开始，西部聚落群出现主从式分布的聚落体系并逐渐占据优势，与东部聚落群整体分布的状况明显不同①。

随着郑州地区考古工作不断开展，相当于赵春青所说的东部聚落群实际上在仰韶中晚期也已经发展到了具备主从式分布特征的格局。据郑州市文物考古研究院提供郑州地区仰韶时期遗址分布图及相关资料，我们得以从宏观上勾勒仰韶中晚期的聚落分布形态及聚落群格局。郑州地区仰韶时期遗址以仰韶中晚期这一阶段为主，除了以往大家所熟知的双槐树、秦王寨、青台、汪沟、西山、大河村、黄岗寺、尚岗杨等遗址外，大量小型遗址的形态为我们讨论聚落群形态与石料之间的关系提供了重要线索。

双槐树、青台、汪沟、西山、大河村、黄岗寺、尚岗杨、秦王寨等遗址之间应该存在性质差异，但是与大量一般性小型聚落相比，均可视为高等级的大型聚落。郑州西山遗址作为郑州地区仰韶文化中晚期区域性政治中心的认识已经得到了部分学者的认同。大河村遗址文化的多样和贫富的差异表明该聚落经济、文化交流功能更为突出，可能为该区域的经济交流或商贸中心②。青台遗址具备浓重的军事防御属性和原始宗教色彩。这些高等级聚落在结构、面积、性质等方面均存在不同程度的差异，表明高等级聚落群之内应该也存在层级差异。最近发掘的双槐树仰韶文化遗址是目前郑洛地区规模最大的聚落，还位于郑州、洛阳的交界地带，在一定程度上可以视作郑洛地区最高等级的中心聚落③。所以，郑州地区仰韶中晚期也具备了层次分明的主从式聚落格局。

郑州地区高等级聚落与小型聚落的分布存在一定的规律。西山、大河村、青台、汪沟、尚岗杨等高等级聚落均位于郑州腹地诸河流的中下游地区，双槐树也位于东泗河下游。以这些高等级聚落为中心，一般性小型聚落可大体分为三群，顺河流向上游地区分布（图3.33）。

---

① 赵春青：《郑洛地区新石器时代聚落的演变》，北京大学出版社2001年版，第86—98页。
② 靳松安、张建：《从郑州地区仰韶文化聚落看中国早期城市起源》，《郑州大学学报》（哲学社会科学版）2015年第2期。
③ 顾万发、汪旭、胡亚毅、信应君：《河南巩义市双槐树新石器时代遗址》，《考古》2021年第7期。

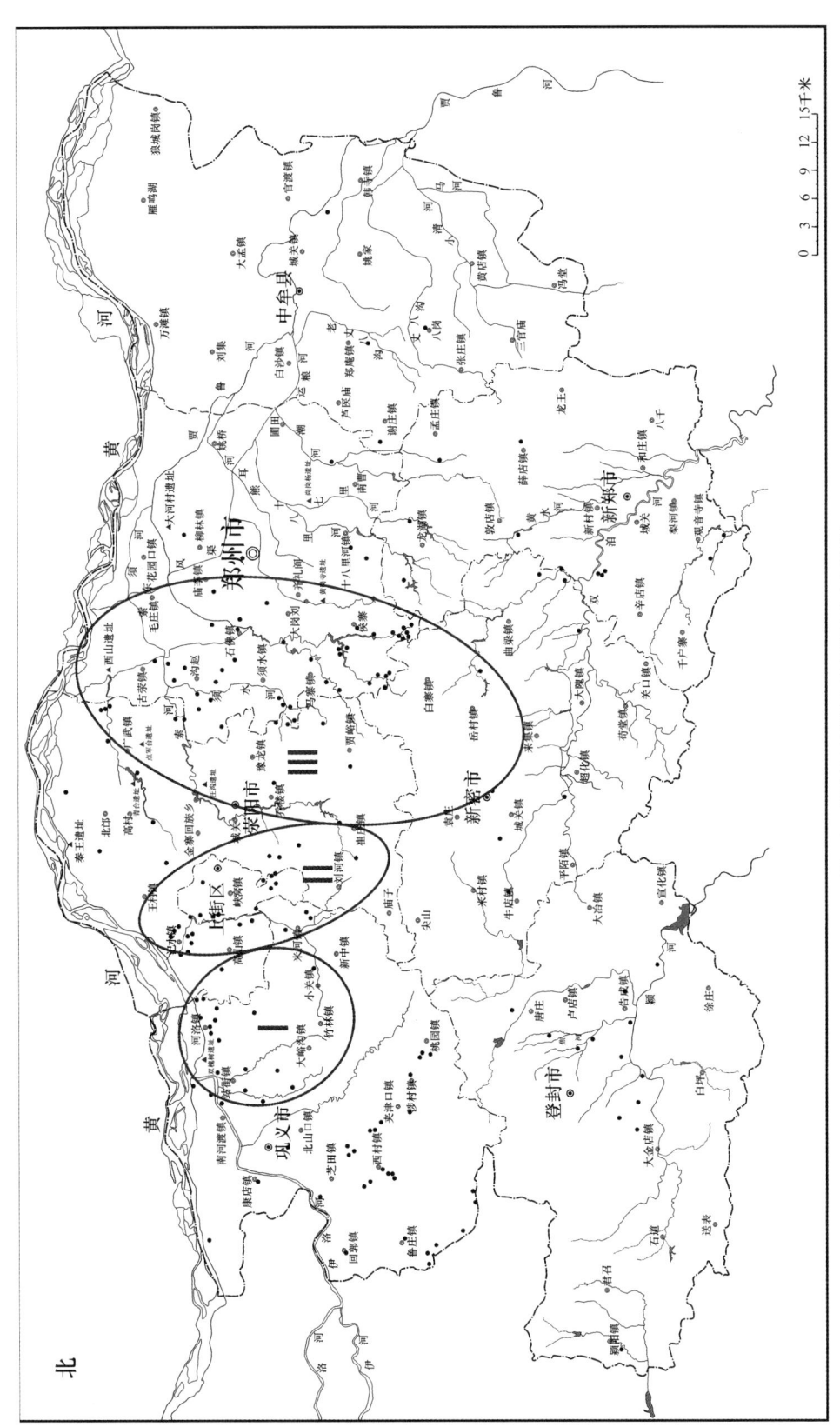

图3.33 郑州地区仰韶中晚期遗址分布示意图

Ⅰ群：以双槐树为中心。各小型遗址沿着西泗河、东泗河向上游地区分布，已将西泗河、东泗河上游的白云岩、灰岩、砂岩等石料分布区域纳入可接触的聚落群范围之中，较远的遗址点已达分布有硬铝质岩的巩义小关镇一带。

Ⅱ群：介于Ⅰ群与Ⅲ群之间，目前尚不好判断具体受哪一个高等级聚落（群）控制，从属于郑州地区高等级聚落群。各小型遗址沿汜水河向上游分布，较远的遗址点已达荥阳刘河镇一带。刘河镇东侧是分布有大量砂岩的万山，再向南可达巩义树林沟、界沟村等分布有大量白云岩、灰岩的区域，继续深入嵩山北麓山区则可到达登封李庄至凉水泉一带的铁英岩、石英岩分布区以及登封井湾村一带的辉绿岩分布区。

Ⅲ群：以西山遗址为中心。各小型遗址沿须水河、贾鲁河向上游分布，而且在荥阳贾峪镇、二七区侯寨、新密白寨镇一带的分布比较密集，较远的遗址点已达新密岳村附近。荥阳、二七区、新密市交界地带实际上已达新密袁庄至韦沟的白云岩、灰岩、砂岩分布地区，新密岳村附近也已达观音堂附近的砂岩分布区。

综上可知，虽然高等级聚落与石料产地存在较远的距离，但是小型聚落呈现出向石料产地分布的倾向性特征，是郑州地区仰韶中晚期聚落群发展的重要阶段性特征。这一方面便于高等级聚落通过小型聚落获取充足的第二、三类石料，另一方面也是石料运输的有力保障。从地理环境上看，郑州地区诸河流的中下游地区位于黄淮平原腹地，地势更平坦，更利于先民居住。可见，郑州地区仰韶中晚期小型聚落的分布与石器工业原料的运输存在着微妙的关联，似乎可以勾勒这样一幅历史图景——郑州地区仰韶中晚期已经形成了层次分明的主从式聚落群结构，黄河南岸诸河流中下游高等级聚落（群）的周围分布有大量小型聚落，并逐渐向西泗河、东泗河、汜水河、索须河、须水河、贾鲁河等河流的上游地区分布，靠近甚至抵达巩义、荥阳、新密以及登封等主要石料来源的岩石产地。

石质工具作为当时最主要的生产资料，而可以用于石质工具生产的石料无疑是可以推动聚落生产力水平发展的重要资源。无论聚落分布与石料之间的关系何如，小型遗址逐渐向石料产地分布的倾向特征都是客观存在的。诸流域均存类似的分布特点，表明这应该不是发掘的偶然性所致，而是聚落发展与石器工业存在密切关联的生动写照。

## 第三节　石器加工技术分析

由于郑州地区尚未发现仰韶时期石器作坊，我们只能根据各遗址出土的毛坯、成品及调查采集相关标本进行分析，在现有资料的前提下尝试勾勒各类工具的加工工艺与生产环节。

## 一 农作工具

### (一) 石刀

石刀的加工工艺与形态特征、石料选取等存在密切关联,本研究据此将其生产链条大致分为以下几类。

1. 砾石打制石刀

主要以乙 A—C 型石刀标准器为代表。该类石刀在选料、形态、加工等方面都有明显特点。

(1) 选料与打制雏形

选取河滩砾石为备料,在砾石顶部打击剥片,也可能对扁平砾石进行摔击,形成大小合适的石片作为具备石刀轮廓雏形的坯料。在西山出土石刀中,大部分顶部保留有打击痕迹(如 XS309,图3.34,1—2),以石片远端作为刃部轮廓。我们在西山遗址调查中还发现有砾石石片和成品石刀。石片作为坯料,顶部保留有清晰的打击点(图3.34,3);部分已经在两侧打制缺口,加工为成品石刀(图3.34,4)。

图 3.34 郑州地区仰韶中晚期砾石打制石刀

我们对西山遗址采集的石片进行了测量和统计。散点图(图3.35)显示,砾石石片的长度大多分布在 8—12、宽度在 6—10 厘米，还有长度超过 19、宽度超过 13 厘米的大型石片。乙类成品石刀长度多分布在 6—12、宽度在 3—6 厘米，范围小于砾石石片。打击下来的石片基本就是具备石刀雏形的坯料，不会像石斧、石铲那样较大幅度地修减坯料轮廓。所以，打制的砾石石片不一定全用于制作石刀。如部分石片对远端进行打制，形成远端的打制刃部（图 3.36，1—3），与石刀直接利用石片远端或稍加磨制的情况差异明显；部分石片形制与石刀坯料相近，但尺寸明显大于石刀（图 3.36，4—6），厚度超过 4 厘米，重量接近 1.5 千克，不适合加工为主要用于割刈的石刀。

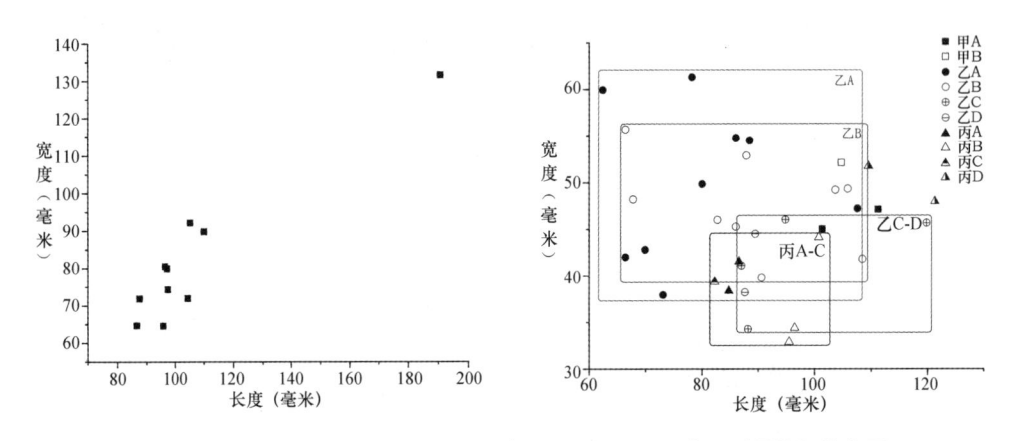

图 3.35 郑州地区仰韶中晚期砾石石片（左）及石刀（右）测量数据散点图

图 3.36 郑州地区仰韶中晚期砾石石片举例

整体上看，打制石片大体可分为三类。第一类为尺寸较小、适合继续加工的石刀坯料；第二类为直接利用刃部或对刃部进行打制的端刃工具，不在侧边打制缺口；第三类为大型端刃工具。从砾石上打制石片并没有很高的技术含量，而且打制下来的石片也没有体现出较强的规范化特征，具有较强的权宜性。

（2）加工成器

在坯料两侧打制缺口是最主要的加工成器环节。此外，少部分石刀的背部或缺口经不同程度的打、琢、磨制，极少数标本只在一侧打制缺口。如标本 QT116 打制形成石片坯料（图 3.37，1）后在两侧打制缺口（图 3.37，2），顶部有琢痕（图 3.37，3）。QT045 顶部保留有琢磨痕迹（图 3.37，4），QT069 缺口有琢痕（图 3.37，5），ZZ079 缺口有磨痕（图 3.37，6）。整体来看，该类石刀的加工工艺以简单的打制为主，琢磨技术的使用并不常见。

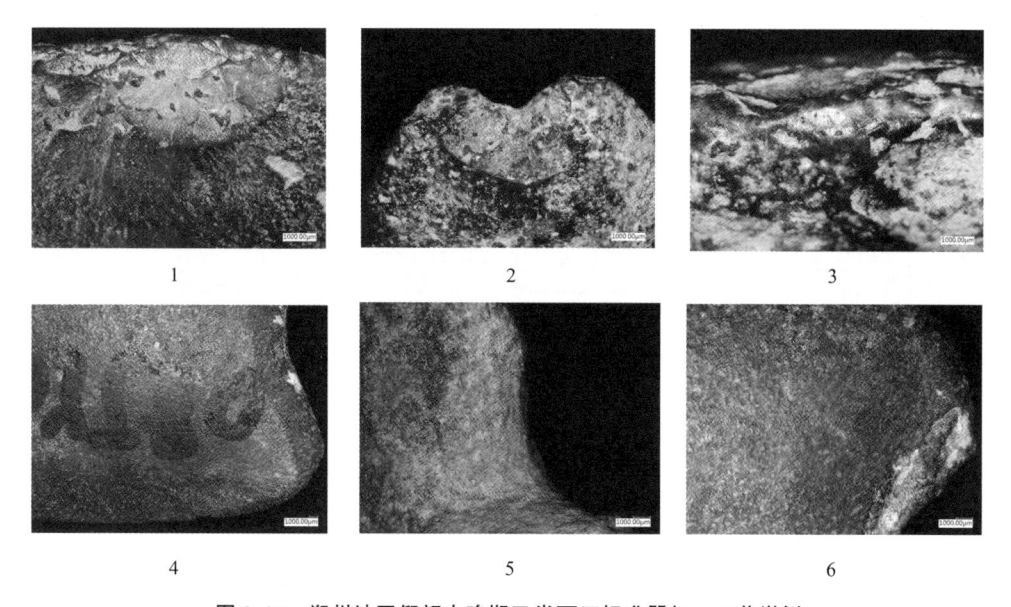

图 3.37 郑州地区仰韶中晚期乙类石刀标准器加工工艺举例

2. 砾石磨制石刀

主要以甲、丙类石刀标准器为代表，选取大小、厚薄合适的河滩砾石作为具备石刀雏形的备料。甲类石刀对背部、侧边、刃部均进行不同程度的打、琢、磨制加工；丙类均经磨制，并使用划槽钻、锥钻或二者结合的方式进行钻孔。

如甲类石刀标本 XS511 背部有打、琢痕迹（图 3.38，1），侧边、刃部（图 3.38，2）有打、琢、磨制痕迹，器身有磨制痕迹（图 3.38，3）。丙类石刀标本 QT045 背部（图 3.38，4）、侧边有琢、磨痕迹，器表（图 3.38，5）、刃部有磨制痕迹，锥钻穿孔

（图 3.38，6）；QT282 通体磨制，划槽后锥钻穿孔（图 3.38，7）。

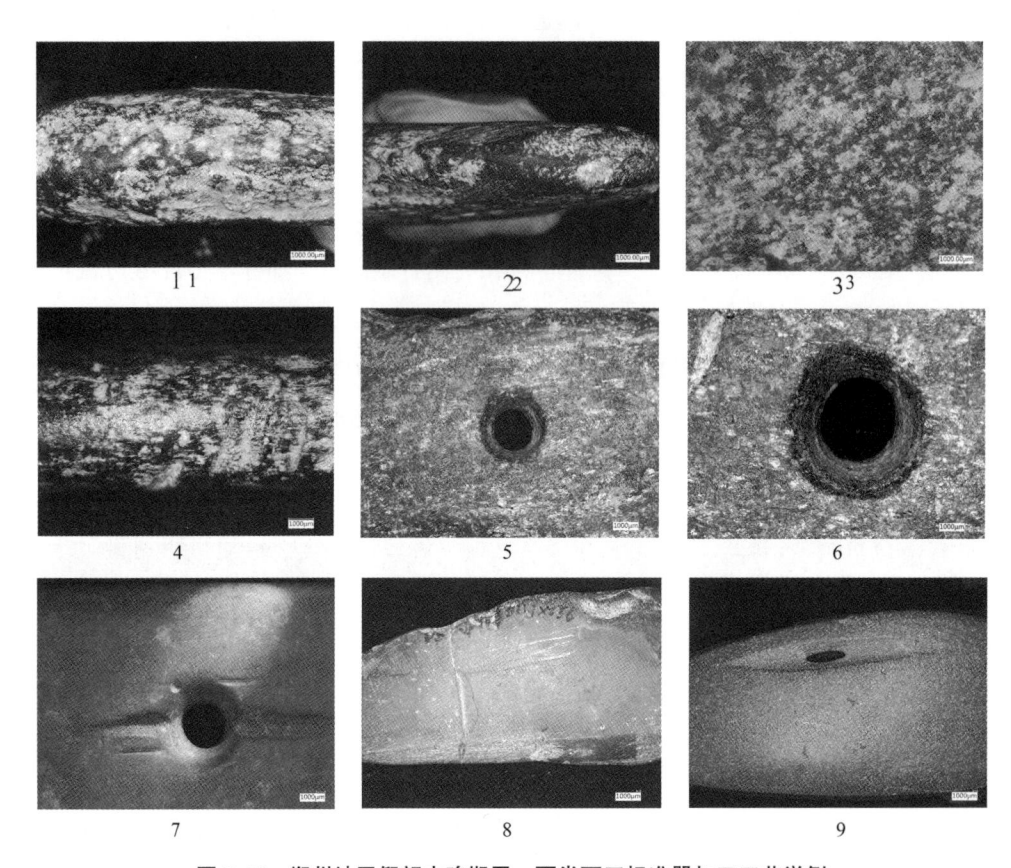

图 3.38 郑州地区仰韶中晚期甲、丙类石刀标准器加工工艺举例

此外，丙 A 型石刀保留有半成品和成品标本。半成品标本 XS263 背部经打、琢、磨，侧边经打、琢，器表及刃部经磨制，器身中部划槽钻孔未穿透（图 3.38，8）。成品标本 XS140 背部琢磨，侧边、器表、刃部均磨制，划槽钻孔穿透（图 3.38，9）。这两件标本揭示出此类石刀的加工流程：先将砾石周身进行打、琢、磨制，尤其是磨制刃部，再划槽穿孔成器。半成品保留有一些打、琢痕迹，成品基本不见打制痕迹，琢痕也多被磨掉。可见，琢磨工艺会将部分打制痕迹覆盖掉，磨制痕迹又可能将部分琢痕覆盖。

3. 石铲改制石刀

主要以乙、丙类改制器为代表，以石铲残片为改制的原材料。

乙类石刀改制器的缺口、背部、刃部、侧边等部位经不同程度的打、琢、磨制加工。丙类石刀改制器的背部、侧边经不同程度的打、琢、磨制，刃部、器表经磨制加工，并使用划槽钻、锥钻或二者结合的方式进行钻孔。如乙类石刀标本 XS420 背部

（图 3.39，1）、缺口经打、琢、磨制，器表、刃部经磨制；标本 XS257 背部、缺口（图 3.39，2）、侧边（图 3.39，3）经打、琢、磨制，器表、刃部经磨制；ZZ078 背部经打、琢、磨制，缺口（图 3.39，4）、侧边、器表（图 3.39，5）、刃部（图 3.39，6）经磨制。

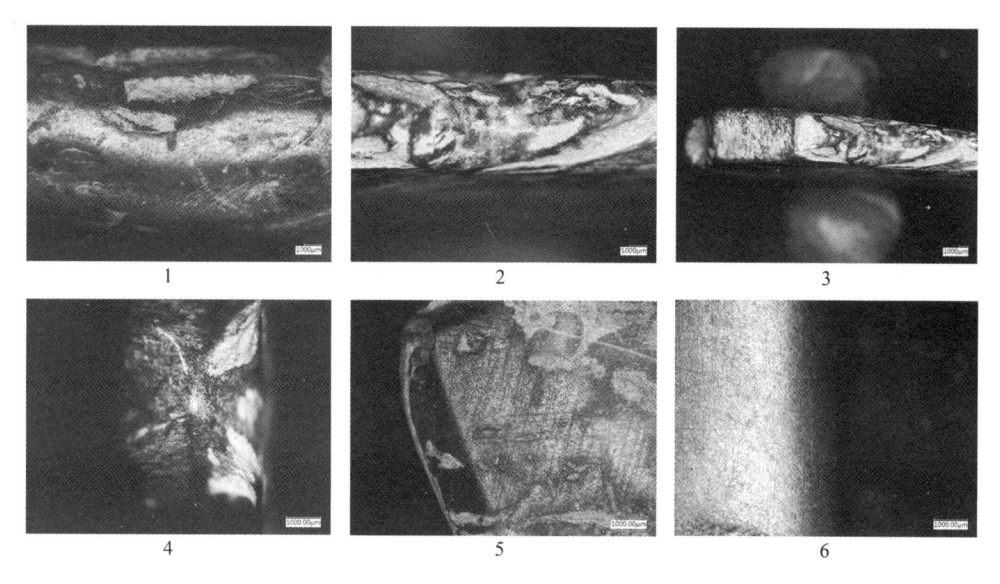

图 3.39　郑州地区仰韶中晚期乙类石刀改制器加工工艺举例

丙类石刀改制器侧边、刃部、器身多经磨制，有的部位保留有琢痕，背部经琢磨，有的保留有打制痕迹，并使用划槽钻、锥钻或二者结合的方式进行钻孔。如标本 ZZ108 背部经琢、磨，侧边、器身、刃部经磨制，一面划槽钻（图 3.40，1），另一面划槽后锥钻（图 3.40，2）。整体上看，丙类石刀琢磨工艺的使用比乙类更广泛，规范化程度更高。

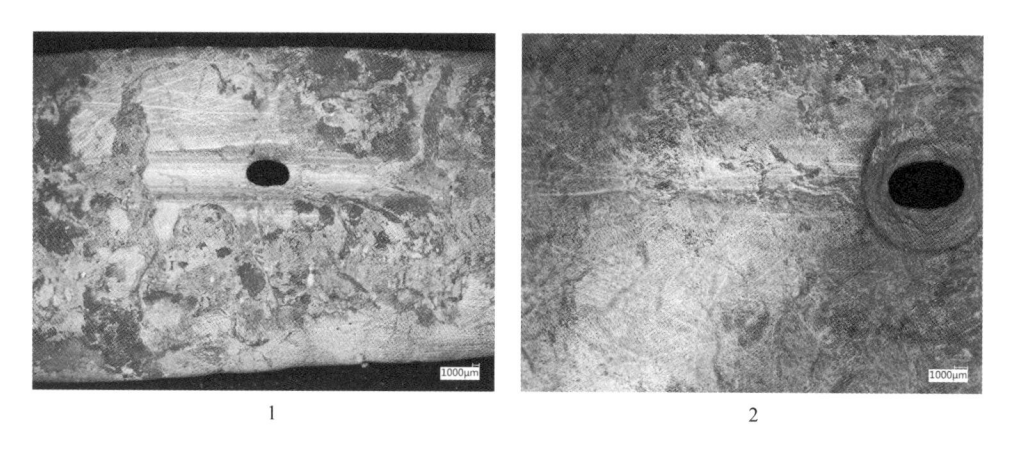

图 3.40　郑州地区仰韶中晚期丙类石刀改制器加工工艺举例

简言之，以乙A—C型标准器为代表的砾石打制石刀在原料、打制雏形以及加工成器等环节都比较简单，没有体现出规范的形态或复杂的工艺，生产专业化水平相对较低。以甲、丙类标准器为代表的砾石磨制石刀在加工工艺上比砾石打制石刀更复杂，除打制外，大量使用琢磨技术。以乙、丙类改制器为代表改制石刀在加工工艺上广泛使用琢磨技术，加工技术与规范程度比前两类稍高。

值得注意的是，因为在选料时注意到砾石或石铲残片的厚薄及尺寸，备料已经具备了周身及刃部雏形特征，所以砾石磨制石刀及石铲改制石刀的刃部磨制难度远不如石斧、石铲等需要先打制雏形的大型石质工具。即便如此，石刀刃角所反映出的标准化程度还是远不如石斧、石铲等工具（详见第二章）。这说明石刀虽然已经可以使用磨制技术加工出比较规整的中锋刃，但是仅局限于不需要打制雏形的小型工具，与石铲、石斧等大型工具的造刃技术还存在较大差距。

（二）石镰

石镰加工工艺的认识主要基于成品标本的观察。大部分石镰均选取较薄的一端宽、一端窄的砾石料进行加工（如ZZ090，图3.41，1）。顶部的弧形形态先经打制（如XS157，图3.41，2），再琢磨（如ZZ090，图3.41，3），故顶部边缘还保留有未完全被磨掉的片疤痕迹。器身较宽的一侧经打、琢、磨制加工为较平直的形态（如XS157，图3.41，2、4）。器身两面（如XS157，图3.41，2）、肩窄的尖刃侧（如XS157，图3.41，5）及刃部（如ZZ090，图3.41，6）均经磨制。

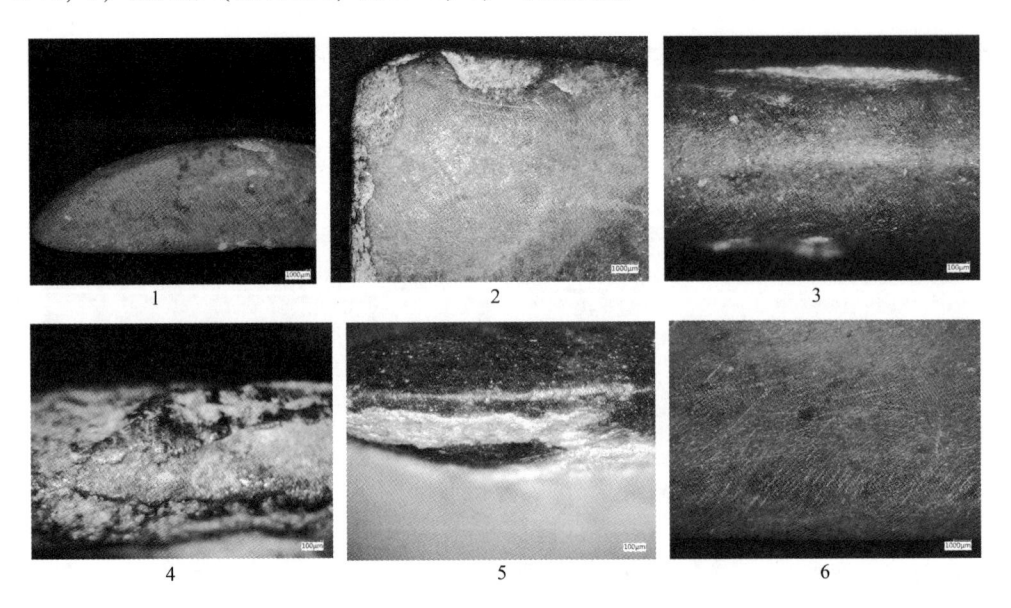

图3.41 郑州地区仰韶中晚期石镰加工工艺举例

此外，有 1 件坯料标本很有意思。标本 XS531（图 2.2，7）已具备尖头石镰的雏形，惟厚度较大，表面存在磨制痕迹，或许存在将类似石料磨薄成坯的情况。

（三）石铲

据前可知，石铲石料均为尺寸较大的片状山料，是需要进入嵩山北麓、东麓地区才能大量开采的珍贵原料。西山、青台、双槐树等遗址出土了少量石铲毛坯标本，是反映石铲制坯的重要资料。结合其他标本保留下的加工痕迹，我们可以大体勾勒石铲加工的重要环节。

1. 毛坯加工

先看两件厚度较大的毛坯标本。标本 SHS013（图 3.42，4—5）厚度接近 3 厘米，两端及侧面轮廓经过打制（图 3.42，1），两侧、肩部、柄部侧面经琢制（图 3.42，2），两面琢磨平整（图 3.42，3），器表保留有一个打制的凹坑（图 3.42，5），疑为控制石铲厚薄之用。QT245 为残次毛坯，厚度近 3.5 厘米，侧面轮廓经琢制，肩部经打制（图 3.42，12）。

再看几件磨薄后的毛坯标本。标本 SHS008（图 3.42，6）、SHS003 轮廓经双面打制，两面琢磨平整。XS679 为残次毛坯，轮廓经双面打制，两面琢磨平整，器表保留有一个打制凹坑，明显比厚度较大的几件毛坯凹坑更浅（图 3.42，7）。XS169 为柄部残次毛坯，轮廓经打、琢，两面琢磨平整。XS398 为柄部残次毛坯（图 3.42，8—9），轮廓经打、琢，两面琢磨平整，侧面、肩部经磨制（图 3.42，13）。QT212 为残断毛坯，轮廓经打、琢，两面琢磨平整（图 3.42，10）。

再看几件侧边轮廓经磨制的毛坯标本。SHS002 轮廓经打、琢，两面琢磨平整，轮廓一侧经磨制（图 3.42，11）。XS145 为柄部残次毛坯，轮廓经打、琢，两面琢磨平整，轮廓一侧经磨制（图 3.42，14）。

综合上述毛坯标本所保留的加工痕迹，可大体勾勒石铲制坯的重要工序。首先，厚度偏大的毛坯标本侧边经打制、琢制，说明打琢轮廓是石料加工的第一步。从目前掌握的情况看，大部分标本轮廓均经正反两面打制。其次，厚度偏大及偏小的毛坯器表均保留有磨制痕迹，说明磨制器表的主要目的是减小厚度。部分标本表面保留有深浅不一的打制凹坑，或许是控制磨制厚薄的手段之一。再次，部分毛坯侧边及柄部、肩部经磨制，与成品标本侧边特征较为一致，应该是造刃前的最后一道工序。

2. 造刃与磨制成器

部分石铲毛坯的刃部加工痕迹是十分重要的线索。标本 SHS013 正面刃端经打制，反面稍加磨制（图 3.43，1—2），形成近平的形态，初步形成正面弧收、反面近平的刃部雏形。SHS008 刃部正、反两面经打制（图 3.43，3），形成正面弧收程度较强、反面

图 3.42 郑州地区仰韶中晚期石铲毛坯加工工艺举例

微微弧收的刃部雏形。QT324 刃部正、反两面经打制，反面还经琢磨修整（图 3.43，7），形成正面弧收程度较强、反面微微弧收的刃部雏形。此外，QT324 侧边已经琢磨平整，是否意味着造刃的最终磨制环节是在侧边轮廓磨制平整之后？由于目前毛坯标本较少，该问题的讨论有待更多资料来支撑。

部分可反映成品刃部形态的标本保留有磨制痕迹，是打制刃部雏形后的重要加工工序。标本 ZZ064（图 3.43，4—5）、XS136（图 3.43，6）刃部正面、反面保留有磨制痕迹，表明琢磨加工应该是刃部成型的最终工序。

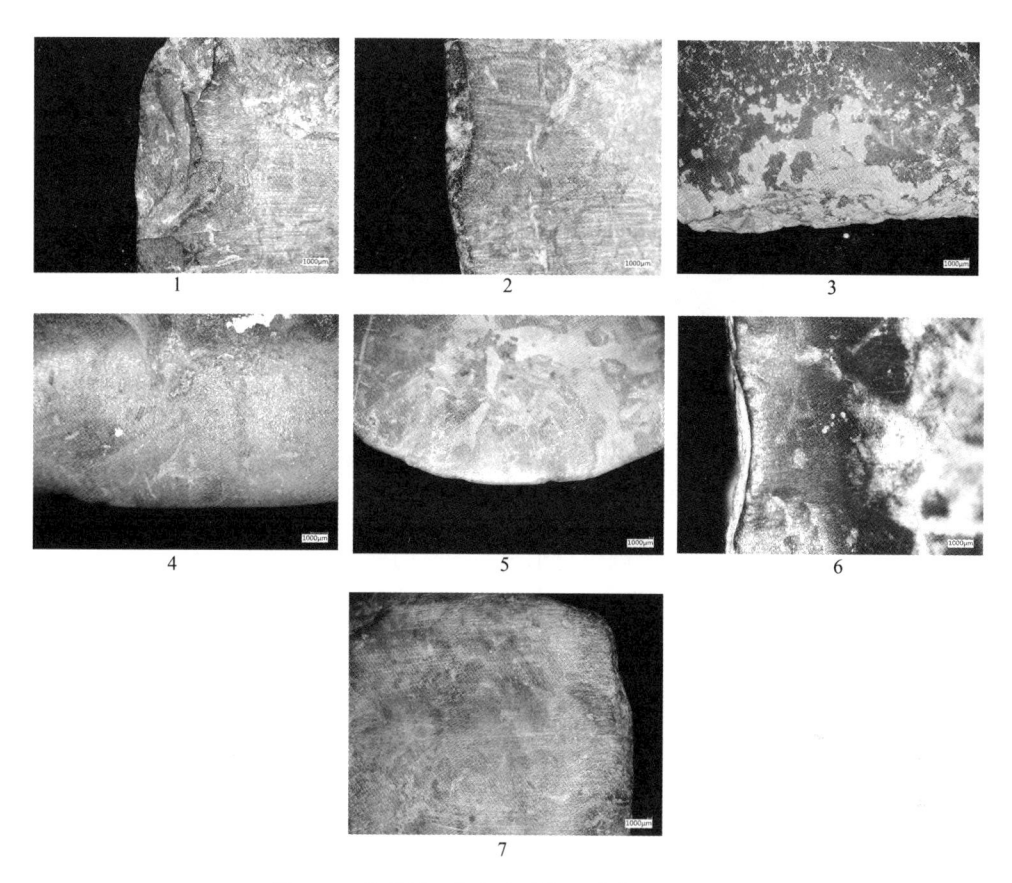

图 3.43　郑州地区仰韶中晚期石铲造刃工艺举例

根据目前掌握的资料，我们初步把握了造刃最初的打制雏形与最终的磨制成型工艺，但中间还缺乏具备过渡形态的典型标本。大型石斧及石锛均使用琢制技术对刃部雏形进行修整，结合部分毛坯标本刃部存在琢制痕迹的现象看，石铲或许也存在类似的加工环节。

除对毛坯刃部进行打、琢、磨制外，石铲正反两面（如 XS408，图 3.44，2）及侧边轮廓（如 XS571，图 3.44，1）均琢磨平整，部分标本的肩部、柄部轮廓（如 XS305，图 3.44，3—4）也琢磨平整，部分则未经磨制平整（如 XS126，图 3.44，6）。因为石铲轮廓均经打制，形成了连续分布的大片疤，所以绝大部分标本轮廓虽经琢磨，但依然可见打制残存的片疤凹坑（如 SHS006，图 3.44，5）。

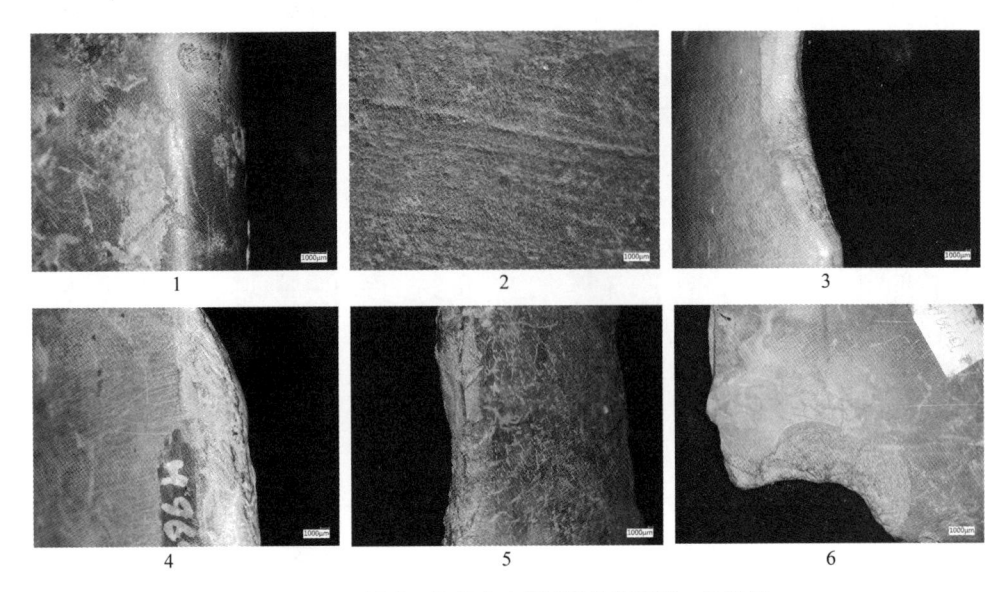

图 3.44　郑州地区仰韶中晚期石铲轮廓琢磨工艺举例

我们在西山、青台遗址出土侧边轮廓琢磨平整的标本中，根据石铲柄部肩部或柄部是否存在琢磨平整的现象，对相关标本分为两类并进行了量化统计（图 3.45）。第一类标本占比超过 5 成，第二类超过 4 成，占比均较高。这说明将器身正反面、侧边、刃部磨制平整以及对柄部、肩部轮廓进行打琢是石铲成器的必经手段，而将肩部、柄部轮廓磨制平整并非石铲成器的必要条件，这些部位是否磨制平整均不影响石铲的捆绑使用。

第一类
第二类

41.46%
58.54%

各遗址石铲轮廓琢磨部位占比示意

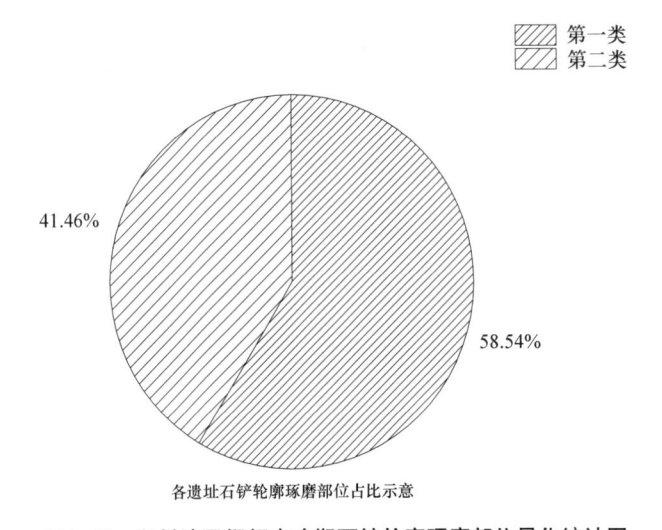

图 3.45　郑州地区仰韶中晚期石铲轮廓琢磨部位量化统计图

注：第一类指侧边、肩部、柄部等轮廓均琢磨平整的标本，第二类指仅侧边轮廓被琢磨平整的标本。

综上可知，石铲制坯以打琢轮廓及琢磨表面为主要手段，造刃以打制锥形及琢磨刃部为主要手段，轮廓定型以琢磨为主要手段，各加工环节所体现的技术特征较为稳定。根据形态学及石料分析可知，石铲刃角等关键形制参数体现出较高的标准化程度，用料的倾向性极强。综合上述因素来看，石铲生产应该已经达到了较高的专业化程度。

（四）石锛

石锛标本 XS370 选用硬度较高的辉绿岩作为原料，石料可能从接近嵩山北麓的河流上游地区。顶部有明显的打制痕迹，琢制后也不能完全覆盖（图 3.46，1），说明可能存在类似于石斧的将砾石料先打断以适当长度毛坯的工序。侧边也有明显的打制痕迹，琢磨后也不能完全覆盖（图 3.46，2），说明存在打、琢毛坯锥形的工序。在毛坯基础上，对两面、两侧进行琢磨，形成弧收的正面、平直的反面（图 3.46，3）和斜收的束腰形态（图 3.46，2）。从正反两面琢磨成弧收的锋利刃部（图 3.46，4）。根据石斧的造刃工艺看，或琢磨覆盖了打制刃部的痕迹，或依照石料的形态琢磨造刃成器。

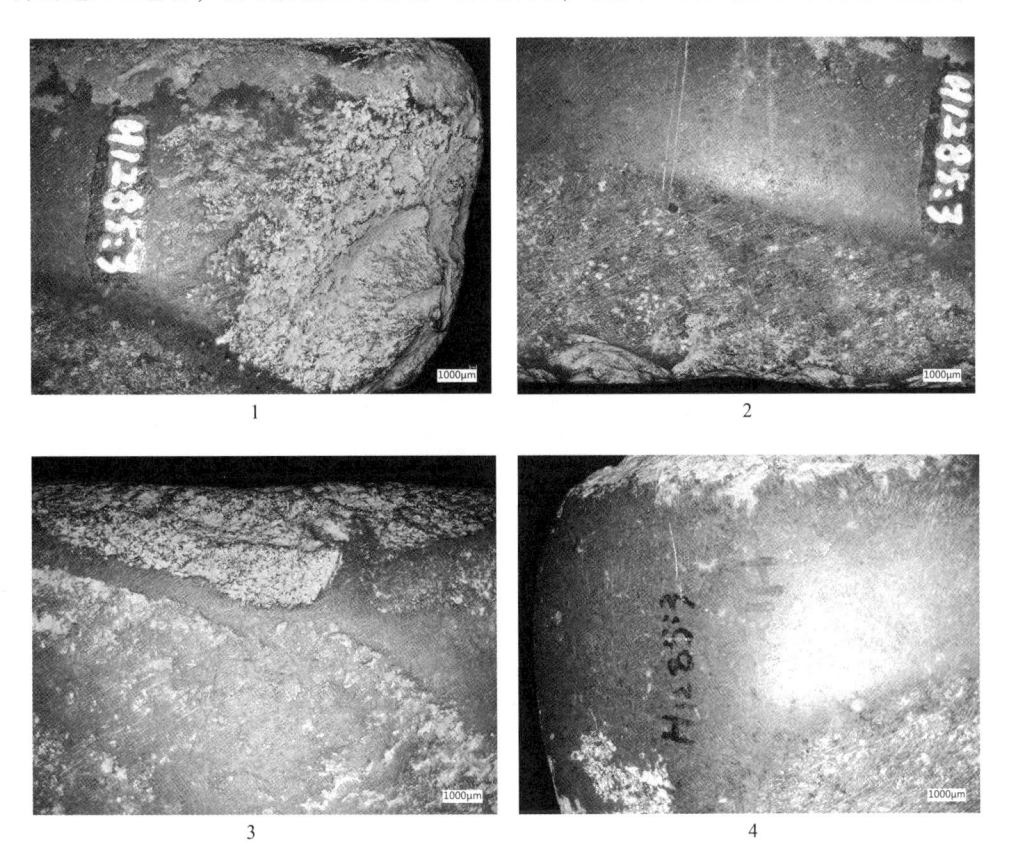

图 3.46 郑州地区仰韶中晚期石锛加工工艺举例

## 二 市作（建筑）工具

### （一）石斧

1. 石料选取

石斧石料的选取主要分为两类。一类是从靠近石料产地的河流上游拾取砾石料，另一类是从石料产地山体基岩开采或拾取散落石料。砾石料制作而成的石斧表面保留有部分天然的磨圆面，数量尤多；山料制作的石斧表面没有天然的磨圆面，目前数量较少。

砾石料亦可分为两类。

第一类为形制规整程度比第一类稍弱的标本，一般尺寸更大，需要打制才能具备毛坯雏形。如西山采 15∶18、采 15∶5（图 3.47，1—2），采 15∶5 形态较长，两端保留有截断痕迹。

图 3.47 郑州地区仰韶中晚期石斧石料、坯料举例

第二类为形制与石斧接近的天然砾石，不需要打制便已经大体具备毛坯雏形。如标本巩义水地河采14：6（图3.47，3）。

部分毛坯标本表面无磨圆的砾石面，可能是山料。标本西山采15：20两端经打制，两侧经打制、琢制，两面经琢制（图3.47，4）。SHS097顶部、两侧及两面均琢制，顶部及侧边可见打制留下的痕迹（图3.47，5），刃端保留有打制截断痕迹。SHS103顶部、两侧经打制、琢制，琢痕未完全覆盖打制痕迹（图3.47，7—8）。SHS447为打制坯，两端、两侧保留有打制痕迹（图3.47，6）。SHS107顶部（图3.47，9）、两侧有打制痕迹，刃端被打断，似为加工失败的废料。

2. 打琢毛坯

制作毛坯的工艺与前述砾石料的种类存在密切关系。

第一类砾石料制坯：先从石料两侧、两端向中心打制剥片，消减掉两侧较薄的边缘形态。再对顶部、两侧、表面进行琢制，形成剖面近圆角矩形或两翼弧凸程度较弱的椭圆形毛坯，可见少量在两侧及表面稍加磨制的情况。由于顶部经打制或截断，琢制后仍然保留有打制剥片后形成的凹坑，不如第二类砾石料毛坯规整。两侧与石斧装柄关系密切，琢制后较为规整，在打琢坯标本上可见琢痕未完全覆盖的剥片痕迹。刃端仍保留石料被打制或截断的形态。

标本XS003两侧、顶部、刃端均保留有向中心打制剥片的痕迹（图3.48，5—6），侧边及两面经琢制，琢制尚未完成，没有覆盖掉打制痕迹。XS081两侧、顶部、刃端均保留有向中心打制剥片的痕迹（图3.48，7—8），侧边及一面经琢制，另一面尚未琢制（图3.48，9），琢痕尚未覆盖掉所有打制痕迹。XS054对顶部、两侧、两面、刃端进行琢制，顶部、刃端可见残存的打制痕迹（图3.48，10—11）。西山采15：14两侧保留有打制、琢制痕迹（图3.48，3—4），顶部及两面尚未琢制完成。采15：19一面较平整（图3.48，1），另一面及两侧经琢制（图3.48，2），侧面保留有未被琢痕完全覆盖的打制痕迹。SHS098两侧、两面的琢痕已经覆盖此前的打制剥片痕迹，侧边、两面可见磨制痕迹（图3.48，13），顶部保留有打制留下的片疤凹坑。SHS101顶部、刃端保留有向中心的打制剥片痕迹，两侧及两面经琢制（图3.48，12）。SHS100顶部、两侧、两面琢制规整，顶部可见打制残存的片疤凹坑（图3.48，14）。

第二类砾石料制坯：对顶部、两侧、两面进行琢制，形成近圆角矩形或两翼弧凸程度较弱的椭圆形毛坯，存在少量对侧边及两面进行磨制的情况。与第一类石料相比，最典型特征是顶部未见打制痕迹。

图 3.48 郑州地区仰韶中晚期石斧第一类砾石料毛坯举例

标本 XS414 顶部、两侧、两面、刃端均经琢制（图 3.49，1—2）。SHS096 顶部、两侧、两面、刃端均经琢制（图 3.49，3—4），两侧、两面（图 3.49，5）还可见磨制痕迹。

除前述毛坯标本外，还有部分石斧成品及其他类别标本的顶部保留有与这两类砾石料毛坯顶部相近的特征，我们以双槐树和西山遗址出土石斧为代表，对其进行了量化统计分析（图 3.50）。第一类砾石料毛坯及相关标本占比超过 7 成，第二类占比超过 2 成。可见，适合直接琢制的砾石料相对较少，大部分石料需要先经过初步打制。

图 3.49 郑州地区仰韶中晚期石斧第二类砾石料毛坯举例

各遗址石斧砾石料分类占比示意

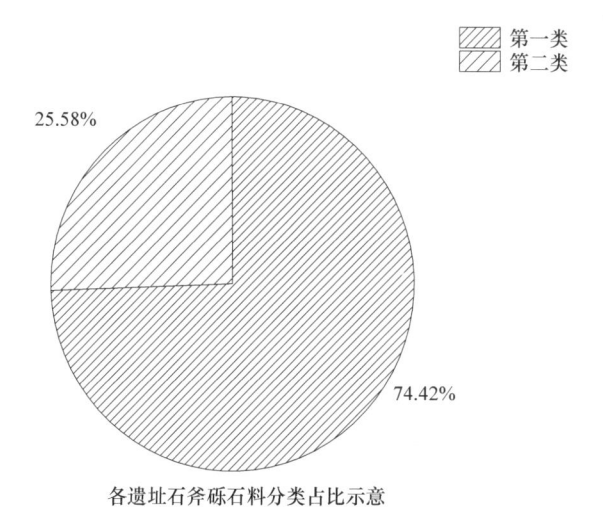

图 3.50 郑州地区仰韶中晚期石斧砾石料分类占比饼状图

注:"第一类"指第一类砾石料石斧毛坯以及顶部特征相近的成品与相关标本,"第二类"指第二类砾石料石斧毛坯以及顶部特征相近的成品与相关标本。

3. 造刃成器

造刃是打制、琢制毛坯后成器前的最后一个加工环节，也是最核心的加工工艺。根据毛坯、成品及相关标本的观察，可以大体勾勒出以下几个造刃关键环节。

（1）刃部加工的初始形态

砾石料毛坯制作后刃端形态可分为两类。一类保持石料时打断形成的斜面（如西山采 15∶19，图 3.48，1—2），或稍加琢制，使斜面更平整（如 XS054，图 3.51，1）。另一类形成平面（如 XS003，图 3.51，2），或稍加琢制，使表面更平整（如 XS414，图 3.51，3）。

图 3.51　郑州地区仰韶中晚期砾石料毛坯刃端初始形态举例

（2）制作刃部雏形

刃部雏形的加工可以分为两类。

第一类：先在刃端打制形成一个由刃端向中心、由一面向另一面的较规则的倒梯形片疤（如 SHS100，图 3.52，1），再通过打制、琢制不断缩减片疤的长度（如 SHS096，图 3.52，2—3），缩减到适当长度再准备磨制。

第二类，在刃端两侧打制剥片，并进行初步琢磨（如 XS118，图 3.52，4—6），形成中锋刃的雏形。

（3）琢制、磨制中锋刃

琢磨锋利的中锋刃使大部分石斧成器前的最后一个加工环节，该加工痕迹在成品标本上广泛分布。如标本 XS318（图 3.53，1—2）、XS543（图 3.53，3）、XS525（图 3.53，4）等刃部均保留有琢磨痕迹，并形成了规则且锋利的中锋刃。

至此，石斧近矩形或梯形的平面形态，近圆角矩形或两翼弧凸程度较弱的椭圆形剖面形态，以及用于劈砍的锋利中锋刃部形态已经加工完成。平剖面形态可满足装柄使用的需求，锋利的中锋刃可满足劈砍使用的需求，石斧已经具备应有的功能，可以投入使用。

第三章 石器原料与生产技术分析

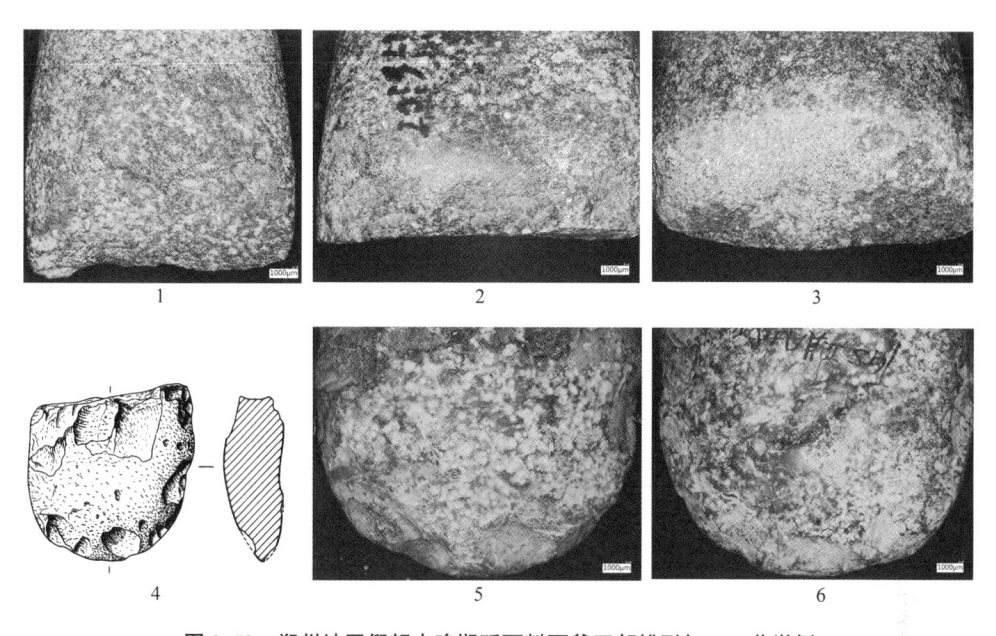

图 3.52 郑州地区仰韶中晚期砾石料石斧刃部锥形加工工艺举例

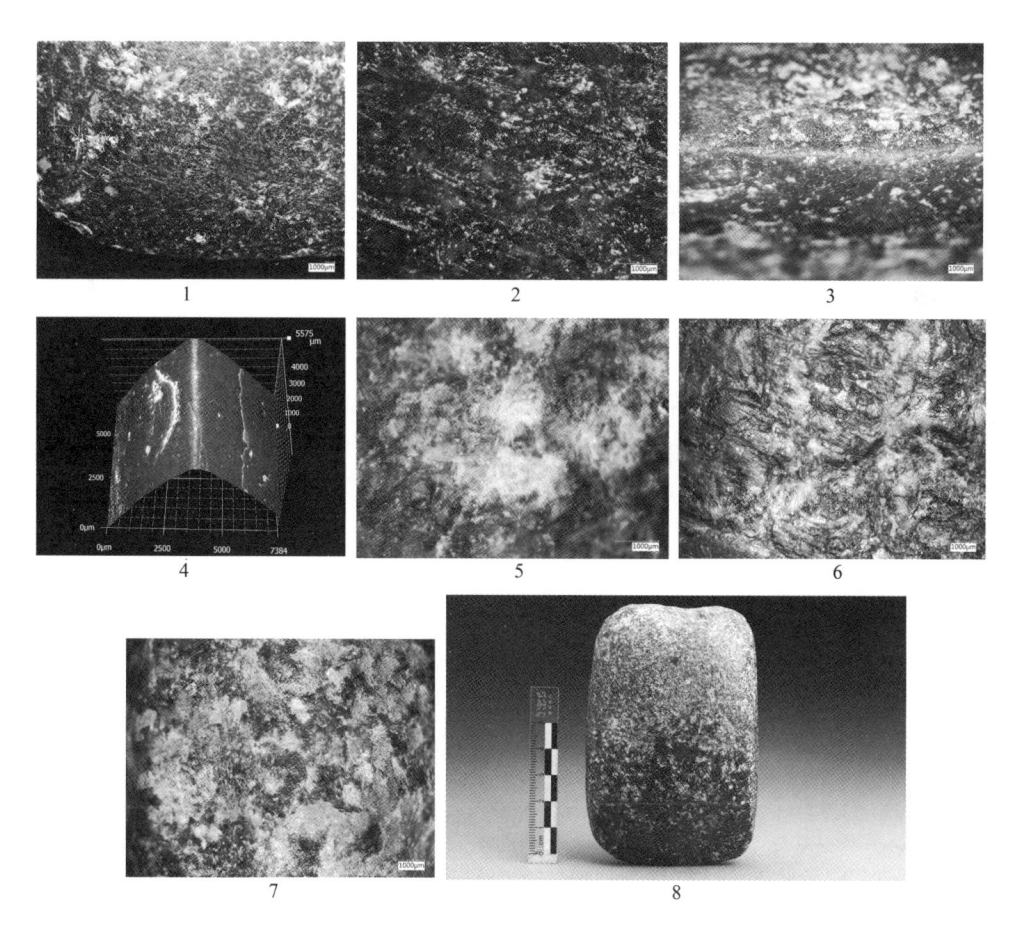

图 3.53 郑州地区仰韶中晚期砾石料石斧琢磨成型工艺举例

· 139 ·

一部分标本琢磨刃部之后，还对表面（如XS699，图3.53，5）、侧边（如XS318，图3.53，6）及顶部（如XS699，图3.53，7）进行了磨制。我们以西山、双槐树遗址为例，对成品及相关标本进行了量化统计（图3.54）。造刃后器身（除刃部外）经磨制的标本占比超过6成，不再磨制的标本也超过3成。因为琢制器身已经满足石斧装柄劈砍使用的平剖面形态，所以造刃成器后磨制器身并非必要的加工环节。另外，一部分石斧标本的器身经过磨制加工，但是经磨制的绝大部分标本并非通体磨光，只将器表粗糙的琢制面稍加磨修（如XS318，图3.53，8）。可见，造刃后磨制器身的主要目的应该是将不甚规整的器表进一步加工平整。

各遗址石斧造刃后磨制标本占比示意

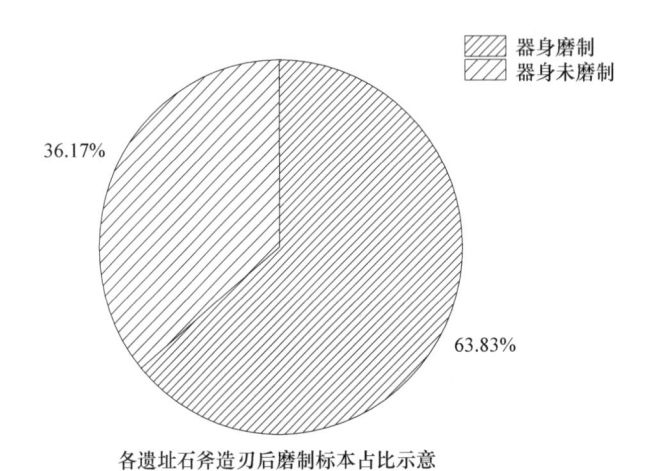

图3.54 郑州地区仰韶中晚期石斧造刃后磨制标本占比饼状图

4. 钻孔

少量薄体石斧存在钻孔加工工艺。如标本WG049双面琢制穿孔（图3.55，1）。QT231一面先琢制，再使用类似钻头的工具旋转磨施钻（后简称钻头旋磨），形成半球形凹坑（图3.55，2）；另一面使用钻头旋磨，钻孔尚未穿透（图3.55，3）。QT231为辉绿岩，QT049为细砂岩。辉绿岩莫氏硬度为7—8，是硬度较高的岩石。这两件标本使用琢制和旋磨的方式进行钻孔，或许表明生产者难以对较硬的材料施以管钻。

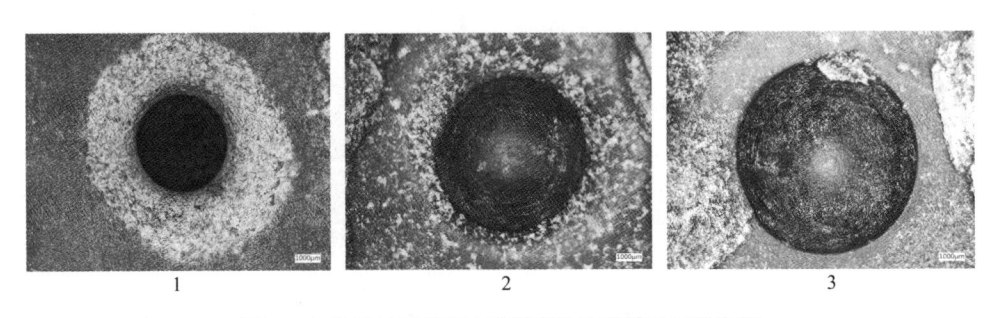

图3.55 郑州地区仰韶中晚期薄体石斧钻孔工艺举例

5. 相关讨论

吕红亮借助新几内亚民族志和"操作链"分析法，对香港西贡沙下遗址新石器时代石斧锛作坊的生产系统进行了初步重建。指出其制造过程可分为原料采备与毛坯预制、粗坯整形以及磨制成器等三个阶段，并认为香港新石器时代晚期石斧、石锛的生产已趋于专业化[①]。文中引用了几条民族志材料，对本书研究有一定的参考价值。

第一，关于石料开采与预制：大量的远距离的石料，一般不是工匠的个人行为，更多为集体行为，与社会政治有关。

第二，关于粗坯整形：对粗坯进行表面除突与刃部减薄是有难度的工艺，对工匠的技术和经验要求都很高。在对粗坯进行加工时，折断率一般为10%—20%。粗坯整修的片疤轻浅，打击方向大多朝向器物长轴中心，类似软锤加工的效果，工具为各种石锤。较长的石锛一般出自专业工匠之手，较短的一般出自学徒，学徒生产石锛的长、宽、厚的稳定性明显不如师傅。

第三，关于磨制成器：匠人有时会带着加工好的粗坯到路程一天以上的巨型砂岩露头地去磨制石锛，砺石、水、沙（磨擦介质）是磨制工序的几件必需品。长25厘米的玄武岩石锛，需要10天左右的时间来磨制。长8—18厘米的石锛，需要1—3小时来磨制。部分制作完成的石锛，以草皮革包裹用于部落交换。

我们可以将前文内容与这些资料结合起来，对石斧的生产问题进行分析。制作石斧需要根据岩性、尺寸、形制等来石料，具备明显的倾向性。在郑州地区各聚落迅速发展的仰韶中晚期，双槐树、西山、青台、大河村、汪沟等高等级聚落及一般村落构成了金字塔结构的聚落群。石斧是重要的木作工具，对各聚落来说，这些坚硬的石料也是重要的资源。无论这些聚落之间是否存在频繁的冲突，还是存在一个等级高于其他高等级及一般聚落的中心聚落，它们都需要设法在石料资源掌控中占据主导地位。所以，人类学资料中提到石料可能具备一定的社会政治意义是有道理的。

整体来讲，石斧毛坯制作与造刃成器等加工环节十分稳定，打、琢、磨制技术的运用也很成熟。打、琢主要用于毛坯制作，琢、磨主要用于造刃成器，磨制用于最终修整器身，琢制与旋磨钻用于钻孔。结合前文石斧刃角较高的标准化程度看，石斧石料选取及加工工艺体现出较高的专业化水平，应该存在人类学资料中提到的专门从事生产的工匠。

具体到磨制环节，郑州地区仰韶中晚期石斧生产应该与人类学资料存在明显差异。郑州地区仰韶中晚期各高等级遗址均出土有大量砺石，工匠并不一定要去寻找砂岩露头处进行磨制。而且，砂岩露头处巩义猴山沟一带与双槐树遗址的直线距离在10千米

---

① 吕红亮：《香港新石器时代斧、锛生产系统的重建：以西贡沙下遗址为例》，《华夏考古》2007年第4期。

左右，砂岩露头处万山一带与郑州地区诸遗址最近的（如汪沟）直线距离在15千米以上，最远的（如西山、大河村）超过30千米。在有砂岩砾石作为工具的情况下，仰韶先民没有必要在距离较远的地方寻找砂岩露头进行磨制再携带返回。

简言之，郑州地区仰韶中晚期的石斧生产已经具备了较高的专业化水平，可能存在专门的工匠去原料和加工成品。石斧及其石料是郑州地区仰韶中晚期的重要资源，专业化水平较高的石斧生产应该与仰韶中晚期聚落体系迅速发展的背景存在密切关联。

（二）石锛、石凿

1. 石料选取

据前可知，石锛、石凿的石料多在嵩山北麓一带的山体基岩开采或在邻近区域的河流上游拾取砾石料，而且多为高硬度的石料。与石斧相似，可能不同石料对应的加工制坯工艺不尽相同。由于毛坯标本很少，我们只能通过对成品标本的观察来区分不同的选料和制坯工艺。根据石锛、石凿的顶部及侧面加工痕迹的差异，可将其分为两类。

第一类：顶部、侧边保留有打制痕迹，或未被磨制痕迹完全覆盖。这说明石料的形制不如第二类规整，需要打制修形，所以才会留下打制残存的片疤。

第二类：器身未见明显打制痕迹，可能使用形制合适的石料直接琢磨成坯，也可能是磨制痕迹覆盖了原本的打制痕迹。从第一类标本大量存在的情况看，生产者似乎没有一定要将打制痕迹磨平的加工意图，所以该类标本使用形制合适的石料直接琢磨成器的可能性更大。从器表较高的磨圆度看，第二类标本多由砾石料加工而成。

我们对西山、青台遗址出土石锛（图3.56，1）以及青台出土石凿（图3.56，2）的上述两类标本进行了量化统计。结果显示，这两类标本所代表的石料及制坯工艺类型均占据较大比重，应该代表了选料与修坯的两种主要方式。

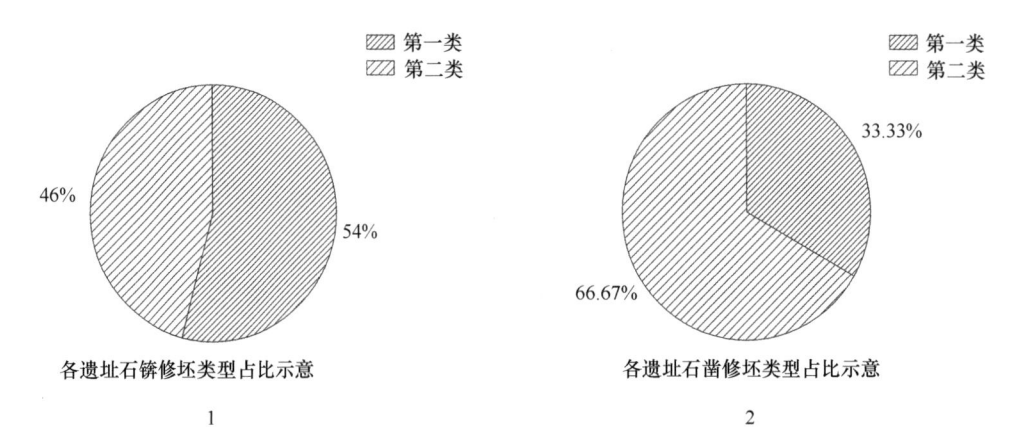

各遗址石锛修坯类型占比示意
1

各遗址石凿修坯类型占比示意
2

图3.56 郑州地区仰韶中晚期石锛、石凿修坯类型数量统计图

## 2. 打琢毛坯

青台、双槐树遗址出土有少量石锛毛坯，为勾勒前述第一类石锛、石凿标本的制坯工艺提供了重要线索。

标本QT198为打制坯。从侧面看，初步具备了正面弧收、反面平直的形态特征，但表面均不平整；从平面看，两侧并不平直，未具备近条形或梯形的毛坯形态（图3.57，1）。SHS118为琢制坯（图3.57，2—3），石料的顶部、反面及刃端比较平整。器身经琢制（图3.57，4—5），两侧平直，正面弧收，基本具备了厚体条形石锛的器身及刃部雏形特征。SHS090为琢磨坯，顶部、刃端经打制（图3.57，6—7），正面、反面、两侧均经琢制，其中一侧磨制近平（图3.57，8）。

至此，我们可以初步勾勒第一类石锛、石凿标本的制坯工艺：首先，对石料周身

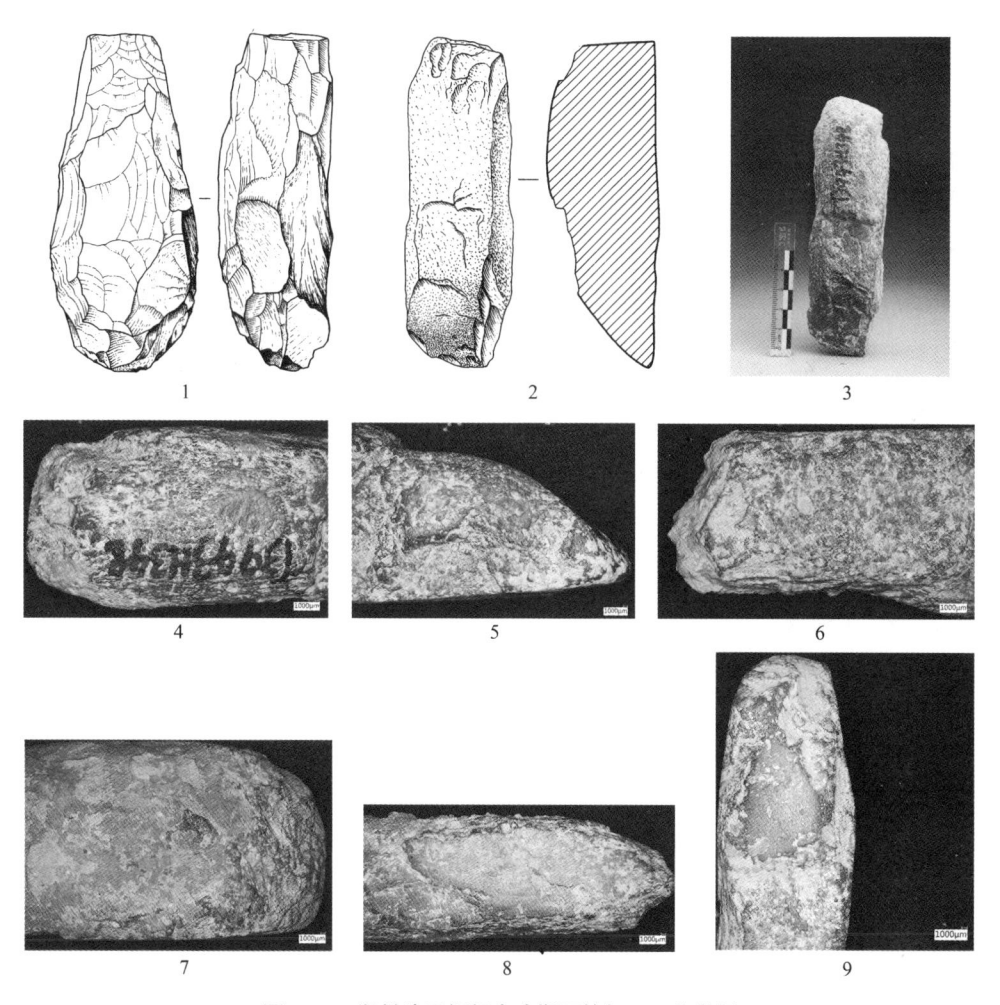

图3.57 郑州地区仰韶中晚期石锛加工工艺举例

进行打制，形成进一步琢制的粗坯；然后，进行琢制加工，形成较规整的坯料；再对器身进行磨制，进一步达到规整的形制，以便下一步造刃成器。因为打制是此类石锛、石凿必经的工序，而琢磨工艺并未将留下的片疤完全加工平整，因此此类成品标本的侧边、顶部均会保留有残存的片疤痕迹（如 XS405，图 3.57，9）。

第二类石锛、石凿未见毛坯标本。从成品标本看，应该直接对顶部、侧面、正面、反面进行琢制，形成条形或梯形的雏形。石锛正面需要形成弧收的形态，琢点会更密集；石凿两面多为弧收形态，琢点也比较密集。在琢制基础上，会对器身进行不同程度的磨制，使整体形态更规整，以便下一步造刃成器。

标本 XS267（图 3.58，1—2）、XS312 顶部、侧面、正面、反面均有琢制痕迹（图 3.58，3），正反两面及刃部经磨制（图 3.58，3、图 3.59，2）。标本 XS465 顶部、侧面、正面、反面均有琢制痕迹，琢磨刃部（图 3.59，3）。

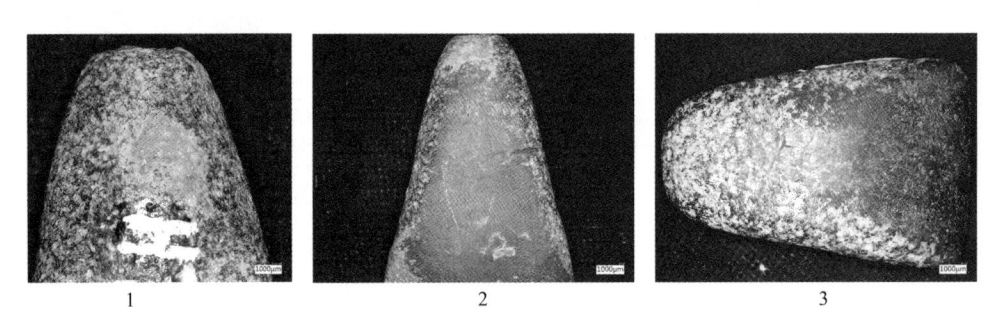

图 3.58　郑州地区仰韶中晚期石锛、石凿加工工艺举例

3. 造刃成器

第一类石锛、石凿标本的造刃技术可从极少的毛坯和大量的成品中观察获知。标本 SHS118 为琢制坯，已经基本琢制出正面弧收、反面平直的刃部雏形（图 3.57，2—5）。标本 XS405（图 3.59，1）刃部保留有明显琢磨痕迹。可见，刃部可能在琢制坯基础上琢磨加工而成。

第二类石锛、石凿标本的造刃以磨制工艺为主。石锛标本 XS312（图 3.59，2）、石凿标本 XS465（图 3.59，3）刃部经琢磨。

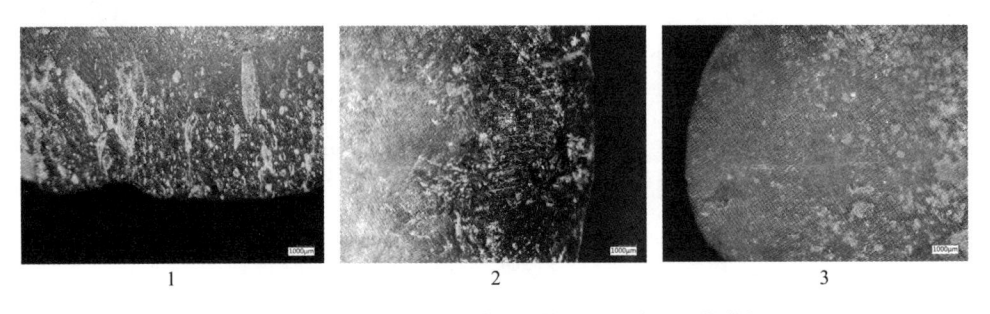

图 3.59　郑州地区仰韶中晚期石锛、石凿造刃工艺举例

## 4. 切割技术及改制石锛

将石铲残片改制为石锛或锛形器的问题详见石铲改制Ⅳ组的研究，这里主要对几件保留有切割痕迹的石锛进行分析。

标本 ZZ040 正反面及顶部、刃部保留有一周较浅的切割痕迹（图 3.60，1—2），侧面及顶部也保留有一周较浅的切割痕迹（图 3.60，3—4）。刃部的切口及器身上切割的浅痕底部均较为平整（图 3.60，5—6），与线切割痕迹存在明显差异，应该是片切割所致。器身切割痕迹两侧有连续的颗粒状弧凸形态，可能是使用类似解玉砂一类的磨擦介质所造成的。另外，如果按照这两周浅痕进行切割，那么便可将该标本切割成新的更小的石锛；这可能是使用切割技术进行丙类等小型石锛生产的重要线索。

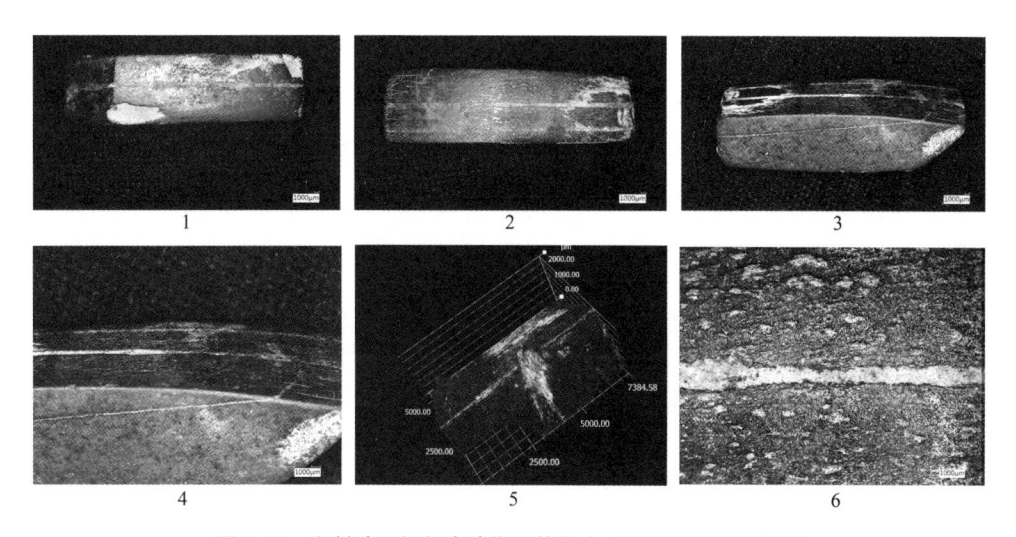

图 3.60 郑州地区仰韶中晚期石锛标本 ZZ040 切割工艺举例

标本 ZZ191 器表保留有与 ZZ040 相近的切割痕迹，深度更大，在切割凹痕底部可见与两侧平行的拉锯痕迹（图 3.61，1—3）。

图 3.61 郑州地区仰韶中晚期石锛标本 ZZ191 切割工艺举例

标本 WG011 侧面经磨制，但仍保留有切割留下的凸起痕迹（图 3.62，1—3），这是从正反两面切割后将两侧切开的常见现象。切割留下的凸痕比较平整，大概率是片切割造成的。石锛侧面的切割痕迹应该与石料切割有关系。

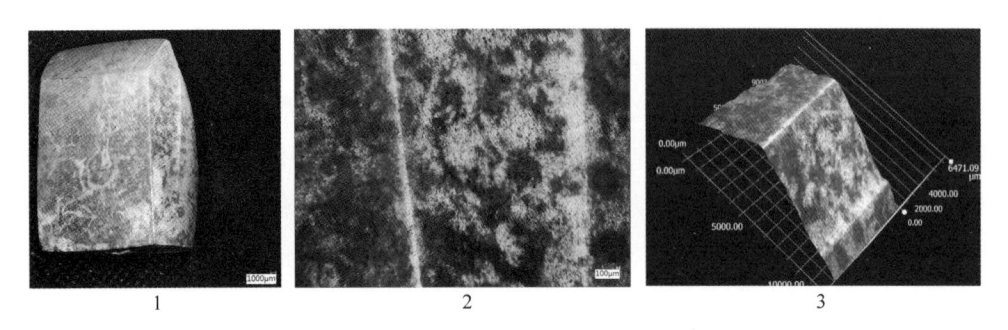

图 3.62　郑州地区仰韶中晚期石锛标本 WG011 切割工艺举例

标本 DHC038 两侧近刃部保留有切割的缺口（图 3.63，1—3）。侧面保留有较深、较宽的切割痕迹（图 3.63，4—5），切割凹痕内有平行的拉锯直线痕迹，大概率是片切割所致。

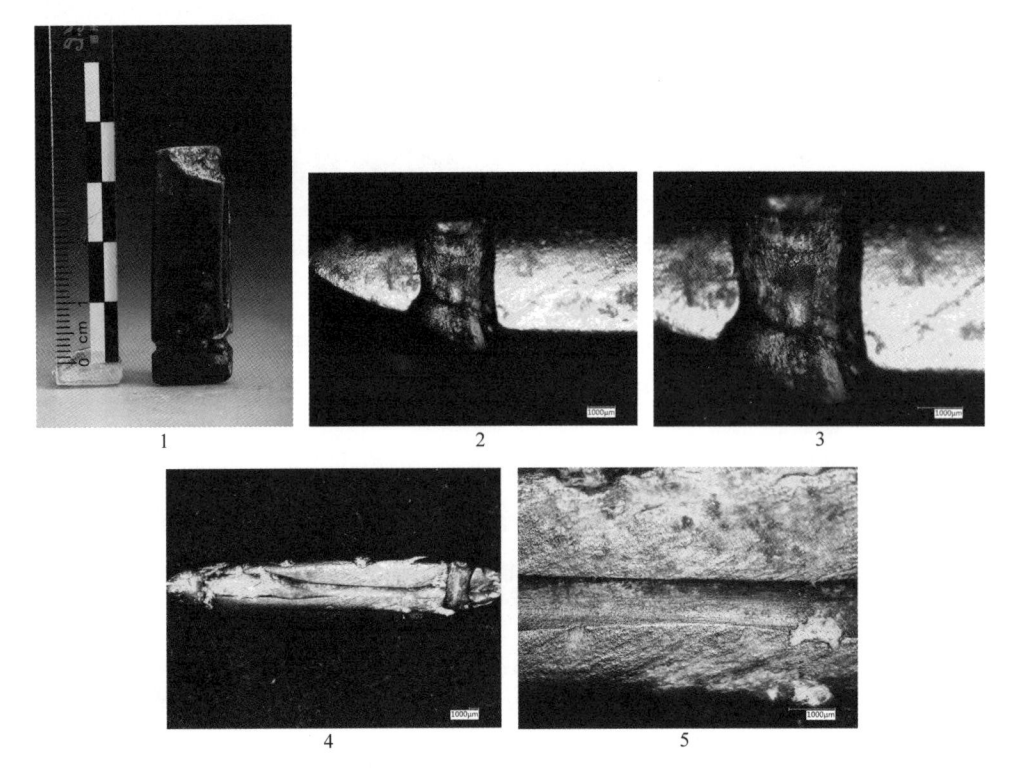

图 3.63　郑州地区仰韶中晚期石锛标本 DHC038 切割工艺举例

综上可知，形态较小且磨制精细的石锛坯料定型可能会使用切割工艺，从保留下的明显痕迹看，与线切割存在明显差别，大概率是片切割技术。

5. 相关讨论

焦天龙介绍了波利尼西亚的石锛研究，其中引用的部分内容对本研究颇有助益[①]：

第一，19世纪80年代，夏威夷土著麦罗曾描述石锛的制作过程：在岩石上击打下长石片，再用某种液体泡软，进而琢制出雏形，最后在长石板上磨制成器。在夏威夷，石锛工匠是受尊重的社会阶层。

第二，1912年，贝特斯在新西兰石器研究中，发现石锛的原料来自河卵石或打击的石块，剖面呈椭圆形的石锛多由河卵石制成。

第三，1943年，斯肯纳在新西兰石锛的类型研究中，发现了不同石料对应不同制作方法的情况。如杂砂岩主要经琢制、打磨加工，而玉锛则为拉锯、打磨加工。

我们可以结合这些内容，对石锛、石凿的生产问题进行进一步分析。

石锛、石凿的原料主要可分为山料及砾石料两类，这与焦文所介绍的夏威夷、新西兰的相关研究相近，尤其是剖面呈焦文所提椭圆形的石锛与本研究中的第二类石锛标本较为接近。郑州地区仰韶中晚期石锛、石凿部分标本先经打制，再琢制成坯，这与焦文所介绍石锛琢制石坯的情况稍有区别，目前也没有发现经过浸泡药水处理石料的证据。关于夏威夷石锛工匠的记载，提示我们需要注意生产者的阶层属性问题。

前文形态学研究表明，石锛、石凿的形制类型呈现出多样化特征，刃角等关键形制参数的达到了较高的标准化程度。这些都是专业化生产的间接证据。石锛、石凿石料的物理性质明显，集中于高硬度的岩石；区域的倾向性明确，已达嵩山北麓或附近的河流上游。石锛的加工工艺运用十分稳定，第一类标本以打、琢、磨制技术为主，第二类以琢、磨技术为主；琢、磨等加工手段几乎在所有标本上都留下了痕迹。这些都是石锛、石凿生产达到了较高专业化水准的又一有力证据。

简言之，石锛、石凿生产的专业化水平较高，与石抹子、石锤及部分形制石刀存在明显差异。

（三）石抹子

国外学者研究表明，部分地区会直接挑选尺寸、形态合适的砾石作为石抹子进行使用[②]。郑州地区仰韶中晚期石抹子多为形态合适的灰岩、砂岩砾石，这与前人研究大体相符，但部分形制石抹子存在对局部进行加工的现象。

---

[①] 焦天龙：《波利尼西亚考古学中的石锛研究》，《考古》2003年第1期。

[②] Jenny L. Adams, Amir Saed Mucheshi（2020），"The persistence of plastering technology: Defining plastering stone as a distinctive handstone category", *Journal of Archaeological Science: report*, Vol. 31, pp. 1-13.

部分 A 型石抹子侧面存在琢制（如 XS445、XS266，图 3.64，1—2）或琢磨（如 XS363，图 3.64，4）痕迹，表明或许存在对侧面稍加琢制的工艺，使石抹子侧面变得更为规整以便抓握。部分 B 型石抹子侧面也存在琢制（如 QT345，图 3.64，3）、磨制或琢磨痕迹。我们对存在西山、青台等遗址出土保留有琢制痕迹的石抹子进行了量化统计，结果表明超过 7 成的石抹子对侧面进行了琢磨加工（图 3.65）。

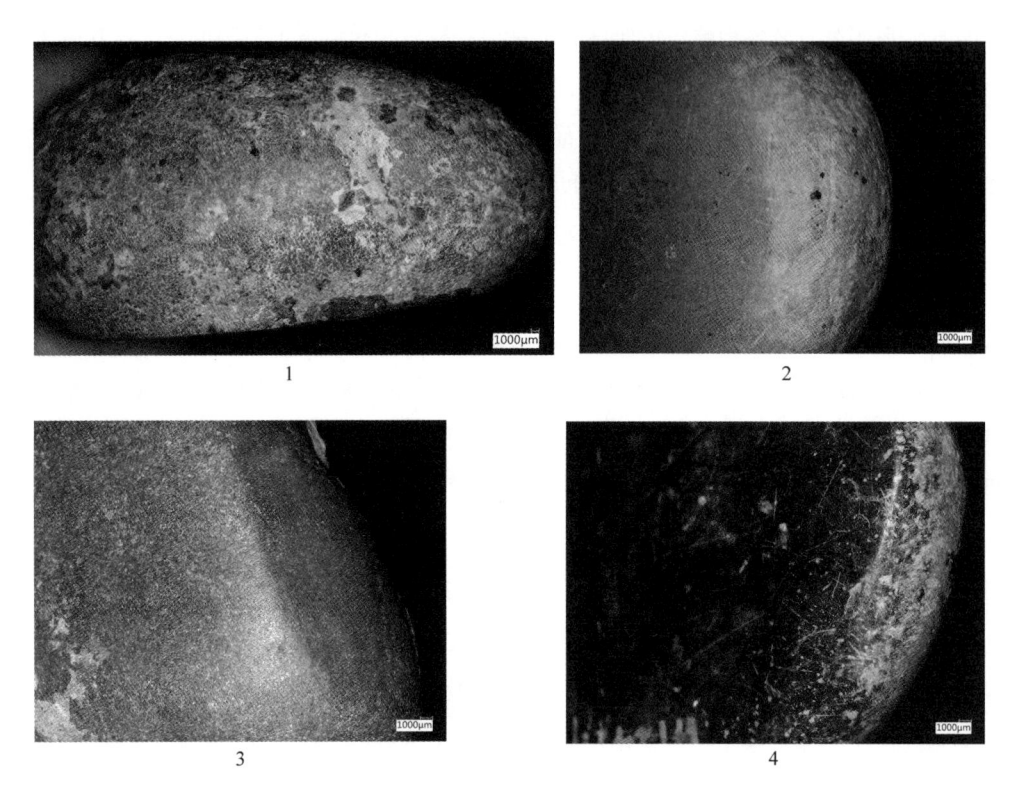

图 3.64　郑州地区仰韶中晚期石抹子加工工艺举例

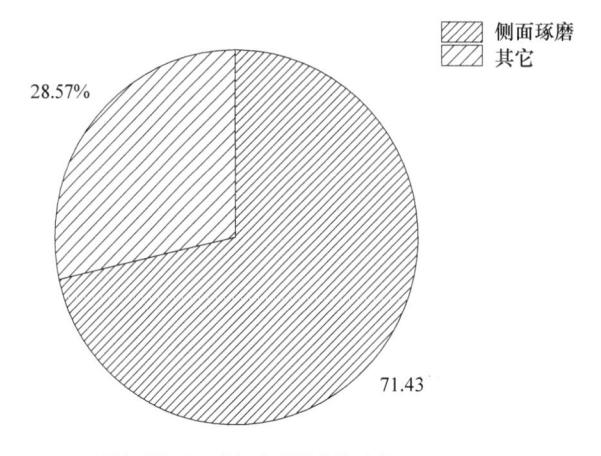

各遗址石抹子琢磨标本数量占比示意

图 3.65　郑州地区仰韶中晚期石抹子侧面琢磨标本数量统计图

整体而言，石抹子的加工工艺并不稳定，部分石抹子未经加工就投入使用，对侧面的加工主要集中于 A 型石抹子。据前文形制参数分析可知，A 型石抹子最大径的变化系数偏低。这一方面是对砾石料的形制与尺寸进行了挑选，另一方面也是进行了简单加工的缘故。

（四）石锤

除少量的辉绿岩石锤外，大部分砂岩、灰岩石锤的原料是从河滩拾取的砾石

**图 3.66 郑州地区仰韶中晚期石锤加工工艺举例**

料。从目前掌握的资料看，除极少数石锤侧面（如 QT211，图 3.66）经过琢磨加工，绝大部分石锤均直接利用形态合适的砾石作为工具。

### 三 小结

石料与加工成器都是石质工具生产的重要内容，所以我们继续按照石料讨论的石质工具分类，对其加工问题进行进一步分析。

第一类，以石刀、石镰、石抹子、石锤等石质工具为代表。石刀、石镰等石质工具的类型特征明确，但刃角等关键形制参数所体现的标准化程度明显比第二、三类石质工具低。石抹子、石锤类型划分就存在一器多用的情况，其类型与功能对应的专门程度明显不如其他工具高，关键形制参数所反映的标准化程度也偏低。大部分乙类石刀使用打制技术加工成器，加工技术较为简单；大部分石抹子、石锤选择形态合适的砾石直接使用，部分形制石抹子及极少量石锤侧面经过琢磨；只有甲、丙类石刀及石镰大量使用琢磨技术进行加工，而且部分丙类石刀还是改制器。再结合前文关于石料的分析看，第一类石质工具生产的专业化水平明显弱于第二、三类。

第二类，以石铲为代表。石铲类型特征明确，刃角等关键形制参数反映出较高的标准化程度。石铲制坯、造刃等工序所使用的加工技术均较为成熟和稳定，再结合极强的石料选择倾向看，石铲生产应该已经达到了较高的专业化水平。

第三类，以石斧、石锛、石凿为代表。该类石质工具类型特征明确，石锛、石凿等还是类型最多的石质工具，体现出较强的多样性特征。石斧、刃部形态相近的石锛以及乙、丙类石凿的刃角等关键形制参数体现出较高的标准化程度，尤其是石锛、石凿刃角的高标准化程度与类型的多样性之间可能存在密切关联，不同形态、尺寸的木作工具可能对应着更细微的木作生产功用，是木作工具发展到较高水准的生动写照。

· 149 ·

石斧、石锛、石凿等石质工具的各个加工环节均体现出较为成熟和稳定的技术，再结合高硬度的选料倾向看，本类石质工具生产应该也达到较高的专业化水平。

至此，郑州地区仰韶中晚期石质工具的形态、原料、加工等内容的研究已经联系起来，共同揭示出石器工业的丰富层次。第二类、第三类石质工具反映出石器生产的高专业化水平，无论是石料的倾向性还是加工工艺的稳定性，都在一定程度上指示着专业的生产人群。第一类石质工具石器生产的专业化水平较弱，石料的倾向性和加工工艺的稳定性均不如其他两类石铲，有的甚至拾取砾石直接使用，结合部分石刀为石铲改制器的现象（详见第四章）看，不排除使用人群进行加工的可能。

还有一点值得注意。一般来讲，硬度越软、越易获得的原料越便于加工。但郑州地区仰韶中晚期加工技术使用较为纯熟、形制类型最多样的反而是第三类石料最坚硬且难度较大的木作工具，这在一定程度上说明从事生产活动的仰韶先民具备辨别、采集及加工高品质石料的能力。相较而言，硬度偏软的第一类石质工具的加工技术反而不如第三类石料坚硬的工具，或许进一步从侧面说明第一类石质工具的加工者可能与其他两类工具的加工者存在一定差异。

当然，由于尚未发现郑州地区仰韶中晚期石器作坊遗存，我们的认识还是初步的，需要更多可直接反映石器生产的材料来予以验证。

# 第四章　石器功能与再加工技术研究

## 第一节　概述

　　石质工具的使用问题主要通过出土背景、民族调查、文献记载、形制特征、使用痕迹、残留物、模拟实验等诸多方面进行研究，如使用痕迹、残留物、模拟实验等研究方向还已经非常专精，甚至有成为单独研究方向的趋势。绪论中的学术史考察已对此进行了系统梳理，兹不赘述。本研究主要通过石器形制对使用方式的影响以及关键部位的使用痕迹，对农作、木作（建筑）工具使用的直接证据进行细致分析；再结合具体材料，不同程度选用相关出土背景、民族调查、文献记载以及本课题组已开展的残留物分析，对石质工具的使用问题进行综合研究。

　　再加工是学术界尚未重视的新石器时代磨制石器研究中的重要问题。谢礼晔曾在二里头石刀研究[1]、黄建秋曾在国外磨制石斧石锛研究综述中[2]提及石器改制的问题，可惜均未引起足够重视，也不能完全涵盖本研究"再加工"的内容。所以，新石器时代磨制石器再加工研究的基础比较薄弱，是本研究的重难点和创新点。

　　再加工的界定与辨识是两个关键问题。

　　首先是概念的界定问题。

　　对"再加工"的内涵进行界定，是因为很难借用新石器研究常见的"改制"等专业词汇来全面概括这一现象，而旧石器研究中的"修理"又与我们要表达的意思存在一定差异。

　　再加工的内涵比改制要广。"改制"一般指石器使用或损坏后对其进行加工，使其器形或功能发生改变，如谢礼晔观察到二里头石镰改制为石刀的现象就是典型代表[3]。

---

[1] 谢礼晔：《二里头遗址石斧和石刀的微痕分析》，载中国社会科学院考古研究所编《中国早期青铜文化》，科学出版社2008年版，第355—469页。

[2] 黄建秋：《国外磨制石斧石锛研究述评》，《东南文化》2010年第2期。

[3] 谢礼晔：《二里头遗址石斧和石刀的微痕分析》，载中国社会科学院考古研究所编《中国早期青铜文化》，科学出版社2008年版，第355—469页。

而再加工不仅包括改制，还包括对使用过后的石器进行修理从而使石器继续保持原本设计版型和使用功能的行为，如仰韶先民对使用损坏的石铲刃部进行加工而后继续用于破土，可称为"维修"。

再加工在石器生命史或操作链①中所处的位置不同于旧石器所说的修理或二次修理。修理或者二次修理一般指初次剥片后对石片的加工行为②。它可以发生在剥片之后、使用之前，作为石制品投入使用前的加工环节；也可以发生在石片直接使用、边缘变钝或损坏之后，作为二次甚至反复加工的行为。相较而言，王幼平曾指出"修理还有一项重要的作用就是对经过使用变钝工具的再加工③"，其中明确了"再加工"发生在石器使用之后，比修理的范围更窄，与本书的意思更接近，故引之以指代新石器时代磨制石器加工成型投入使用之后的改制或维修行为。仰韶中晚期石质工具中，各类石器的形态差异明显，除了石料、毛坯之外的标本绝大部分都被使用过，这使再加工行为的类型与技术特征更易于辨认，也是凝练再加工内涵的重要材料支撑。

简言之，新石器时代磨制石器的再加工指石器加工成器后在使用过程中或损坏后的维修或改制行为，它处于新石器操作链的特定位置，是除生产、使用外的又一重要环节。

其次是再加工与成品生产痕迹的区分问题。本研究课题组汇集了郑州地区仰韶中晚期几乎所有重要遗址出土的石质工具标本，使大范围的观摩比对与量化统计成为可能。通过一遍又一遍地整理与观察，我们总结出几条区分成品生产与再加工痕迹的经验。

第一，虽然难以找到未经使用的石器成品标本，但是部分未发生较大损伤、保存较完整的成品或关键部位标本可以很大程度上反映成品形态，作为确认石器成品形态与技术特征的依据。在此情况下，便可将使用后石器标本的维修痕迹与成品生产进行对比辨认。一般来讲，维修后的形态与成品存在明显差异，而且维修痕迹会叠压或打破原本的生产痕迹。如石铲成品刃部形态为规整的单面弧刃（如 XS222，图 4.1，1—2；QT061，图 4.1，3—5），石斧成品刃部形态为规整的双面弧刃（如 XS590，图 4.1，6—8），经过磨制再加工的刃部便出现明显折痕（如 XS599，图 4.1，9—10；XS064，图 4.1，11—12）。

第二，部分标本使用后关键作用部位形成了大的损伤，之后的加工行为自然就属于再加工范畴，这些痕迹比较好判断。如部分石铲、石斧刃部发生大的损伤，刃线形

---

① 陈虹、沈辰：《石器研究中"操作链"的概念、内涵及应用》，《人类学学报》2009 年第 2 期。
② [美]乔治·奥戴尔：《破译史前人类的技术与行为：石制品分析》，关莹、陈虹译，生活·读书·新知三联书店 2015 年版，第 90—105 页。
③ 王幼平：《石器研究：旧石器时代考古方法初探》，北京大学出版社 2006 年版，第 97 页。

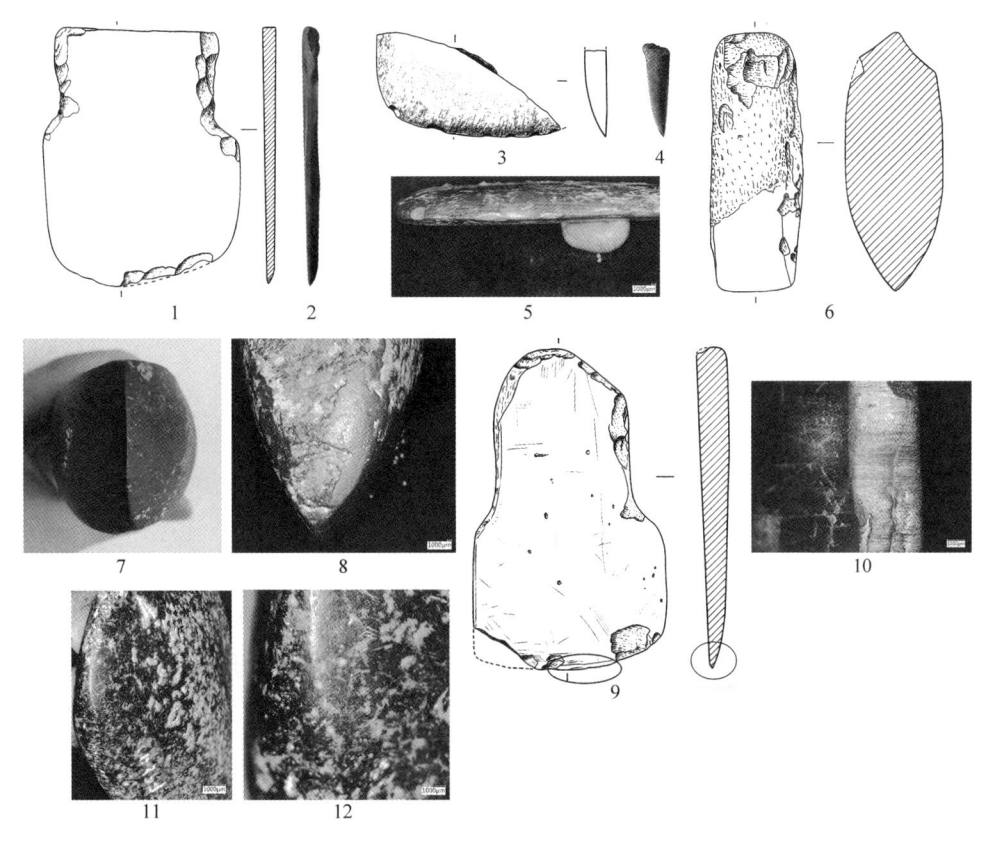

图 4.1 成品生产与维修形态、痕迹举例

态发生大的形变（如 XS383、XS394，图 4.2，1—2），故采用打制等对其进行维修，我们通过连续分布的片疤便可将其辨认出来（如 QT207、XS383、XS473，图 4.2，3—6）。这种情况下维修出来的刃部与成品的差距会很大，只能尽量维系工具原本的功能。

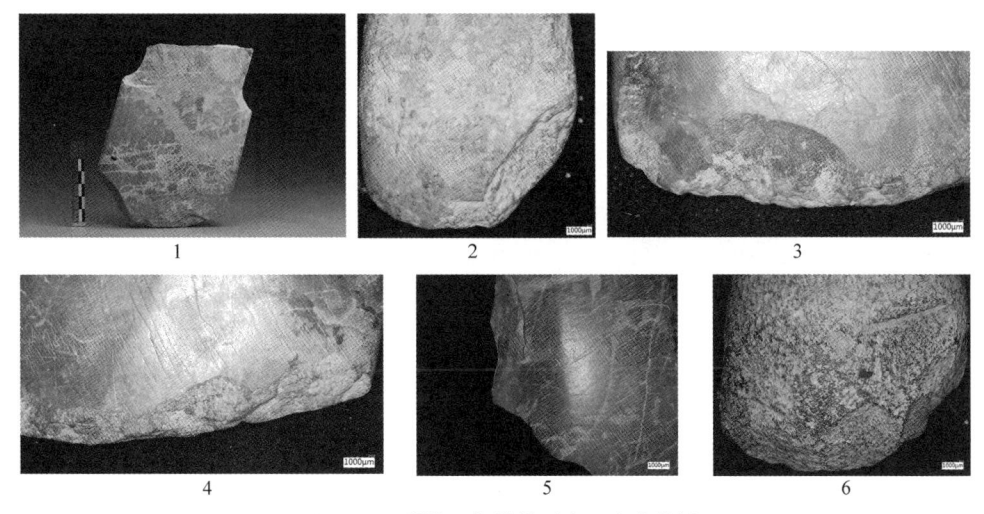

图 4.2 石器使用与维修形态、痕迹举例

第三，改制痕迹是最容易辨识出来的。改制后的器形与原本生产的成品存在明显差异，而且功能也会发生改变。石铲的刃部及边沿残片可用来改制成石刀，XS120便是典型例证之一。XS120（图4.3，1）的侧端（线图标圈处）本来是石铲的刃部，石铲残损后，将石铲原来的侧边磨制加工成石刀的刃部（图4.3，2—3），再进行钻孔，从而完成改制，由主要用于破土的石铲变为主要用于割刈的石刀。石斧的刃部残片可用来改制成石楔子，XS011便是典型例证之一。XS011为乙类石斧的刃部残片，刃部形态保留得较为完整，对其中一个侧面进行琢制，整体器形被加工成刃部窄于器身的倒梯形（图4.3，4—6），从而完成改制，成为便于锤击楔入木材中的石楔子。此外，石铲等标本残断的自然状态与再加工过的形态差异也十分明显。XS692（图4.3，7）断茬剖面保留有不规则的分层，是未加工过的形态。XS600断茬经过琢磨，形态十分平整（图4.3，8）。

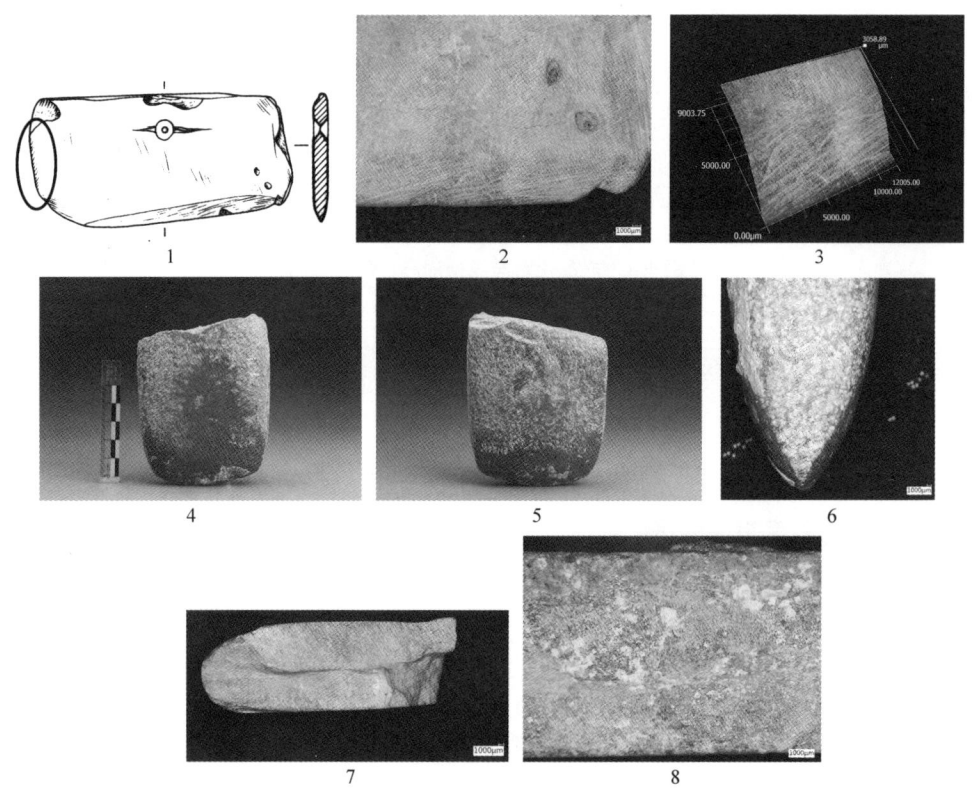

图4.3 石器改制的形态、痕迹举例

还有一点需要说明。在本研究中，西山遗址的标本基本涵盖了历次发掘出土的石器，出土各类石质工具最多，使用与再加工标本丰富，在量化统计上具有最大的参考意义，故将该遗址作为使用、再加工痕迹量化分析的典型遗址，以最大程度上反映其背后指示的人类行为。

## 第二节 石器功能的复原研究

一 农作工具

（一）石刀

1. 使用方式

罗二虎曾对古代石刀进行系统研究①，根据民族学调查指出其是手持系绳使用的收割工具②（图4.4，1—2），这也成为学界的主流认识。前文形态分析表明石刀的长度在 6—12、宽度在 3—6 厘米的范围内，从尺寸上看确实适合手握。石刀两侧的缺口以及中上部的钻孔都是便于系绳捆绑的形态设计，部分标本缺口、钻孔的微痕观察可提供更为直接的证据。

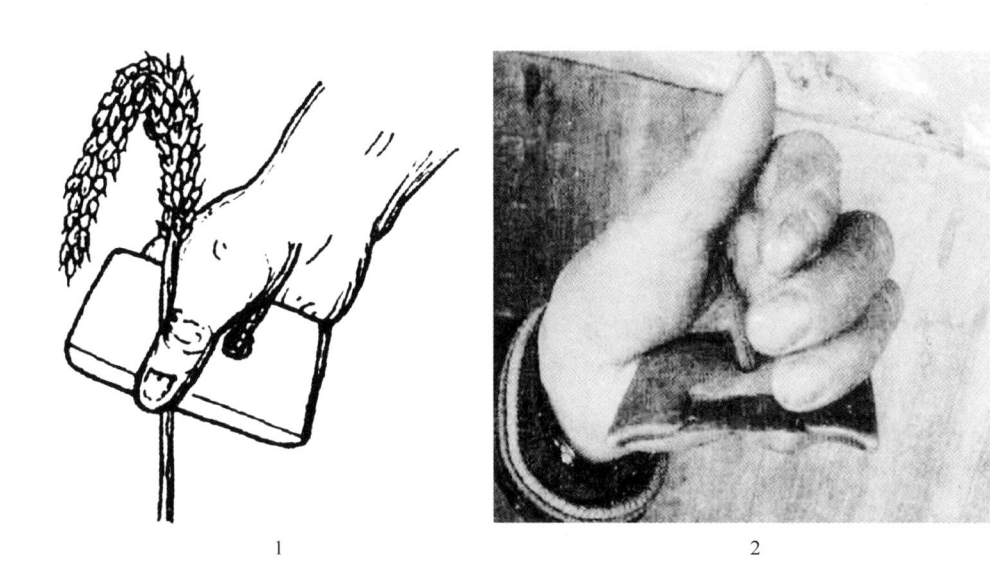

**图 4.4 罗氏研究中石刀使用方式示意图**

1. 钻孔石刀割刈示意图　2. 摘刀握法（贵州省榕江县污略村）（引自前述罗二虎、李飞论著）

部分丙类石刀的钻孔内壁有较明显的磨圆痕迹。如标本 QT282 孔内壁上下缘的锥钻痕迹被基本磨圆（图4.5，1），而其他位置保留有部分锥钻痕迹，这应是系绳使用过程中不断摩擦造成的。XS057 钻孔内壁的磨圆部位明显偏向刀背弧凹且较薄的一侧

---

① 罗二虎：《中国古代系绳石刀研究》，载文庆柱主编《考古学集刊（第14集）》，文物出版社2004年版。
② 罗二虎、李飞：《论古代系绳石刀的功能》，《考古学研究（十）》，科学出版社2016年版。

(图 4.5，2—3)，或许与使用者的动作习惯有关。

部分乙类石刀的缺口位置也有较明显的磨圆痕迹。如标本 XS190 两侧缺口的内凹处基本被磨圆（图 4.5，4），说明乙类石刀的缺口设计主要用于绑绳，佐证了罗二虎关于缺口石刀使用方式的认识。此外，部分乙 D 型石刀钻孔未穿透便在两侧制作缺口（如 SHS137，图 4.5，5，6），说明缺口与钻孔应存在功能上的互通。

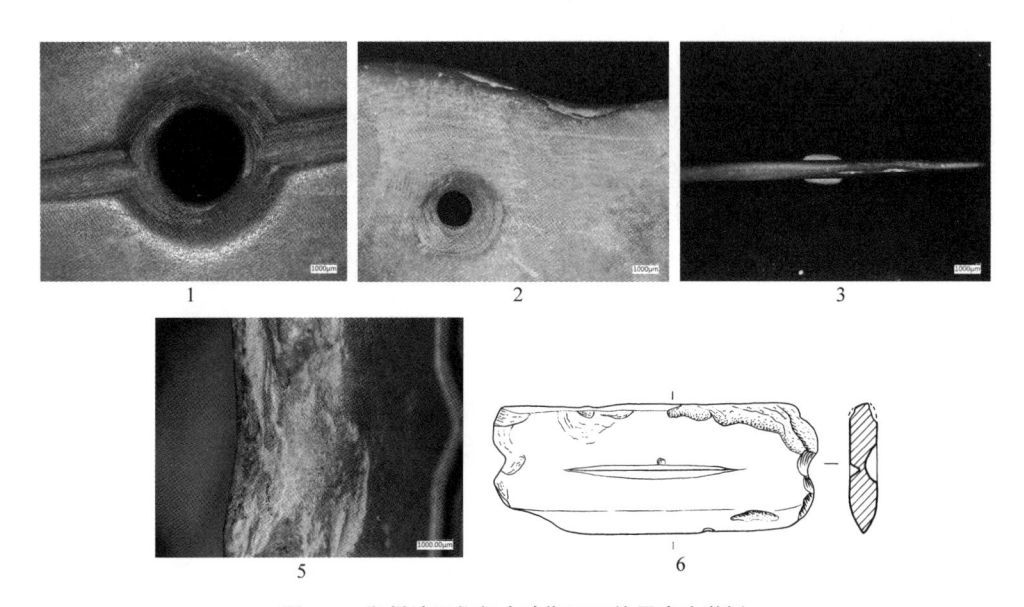

图 4.5 郑州地区仰韶中晚期石刀使用痕迹举例

简言之，系绳将石刀捆绑在手上是郑州地区仰韶中晚期石刀的主要使用方式。

2. 用途

刃部的痕迹观察可以一定程度上揭示石刀的加工方式和加工对象的软硬程度。根据可辨痕迹的标本，我们将郑州地区仰韶中晚期石刀刃部使用痕迹分为以下几组。

(1) 使用 I 组

刃部以磨圆为主，有的存在擦痕，有的部位出现凹陷。标本 XS057 刃部两端有明显磨圆痕迹（图 4.6，1），中间部位略呈凹陷状（图 4.6，2）。SHS135 刃部凹陷，磨圆擦痕更明显（图 4.6，3）。

谢礼晔在砂岩石刀模拟实验中指出磨圆和光泽是收割工具常见的损伤形式，长期使用会造成刃部的凹陷，而当刃角大于 40 度时，收割活动难以造成刃部的破裂性损伤[①]。谢礼晔实验所用石刀为单面刃，本研究石刀虽无单面刃，但砂岩也是石刀的主要

---

① 谢礼晔：《二里头遗址石斧和石刀的微痕分析》，载中国社会科学院考古研究所编《中国早期青铜文化》，科学出版社 2008 年版，第 355—469 页。

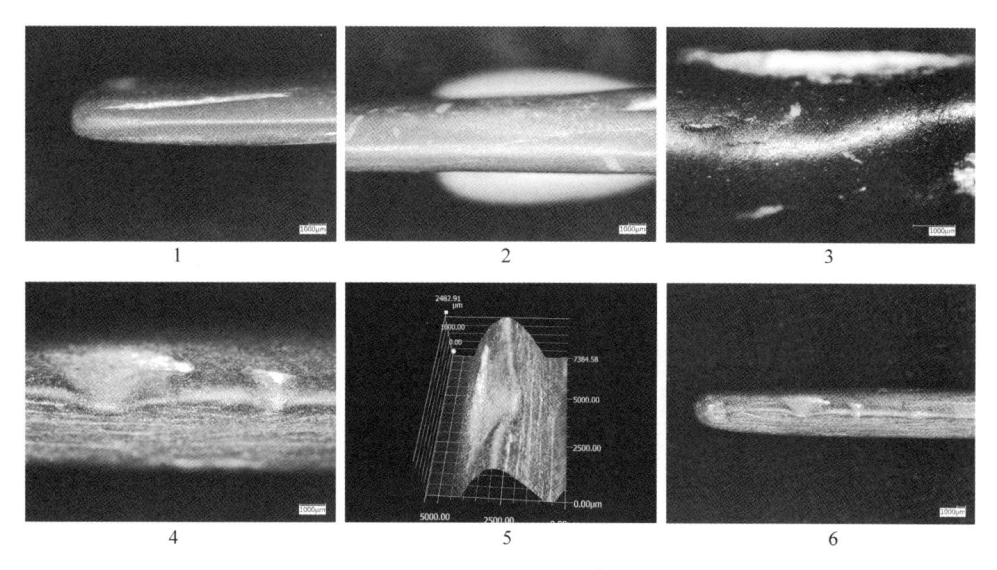

图 4.6　郑州地区仰韶中晚期石刀使用Ⅰ、Ⅱ组痕迹举例

岩性种类，乙、丙类石刀刃角多集中于 40 度左右，且劳动者在切割过程中可以调整合适的切入角度和发力方向，故实验结果应具备一定的参考价值。使用Ⅰ组痕迹与其实验结果较为贴合，又存在与割刈动作发力方向一致的擦痕，或许对应着以收割为主的生产活动。

（2）使用Ⅱ组

刃部大部分布有使用Ⅰ组痕迹，惟部分位置产生了片疤，接近刃部的片疤边缘又被使用Ⅰ组痕迹磨圆。标本 QT282 刃部磨圆痕迹明显，分布有几个片疤，片疤边缘又被磨圆（图 4.6，4—6）。

使用Ⅱ组痕迹表明石刀除割刈穗子外，可能还作用于较硬的对象。新郑唐户遗址磨制石器的研究中，石刀在刨木实验中产生了半月形片疤，或可做参考。而刃部磨圆和凹陷的集中分布，表明虽然存在作用于较硬加工对象的情况，收割较软作物仍然是石刀的主要用途。

3. 量化分析及相关讨论

我们选取西山、青台、建业壹号城邦等出土石刀较多的遗址，对石刀的使用痕迹分组进行了量化分析（图 4.7）。石刀使用Ⅱ组痕迹占比 5 成左右，一器多用的情况比较普遍。

在微痕观察的基础上，课题组选择西山、青台、双槐树和汪沟等 4 个遗址的 25 件石刀开展淀粉粒和植硅体残留物分析（郑州地区仰韶文化中晚期石器工业与社会复杂化课题组，2020）。部分钻孔石刀与形制规整（近方形或方形）的缺口石刀上则主要分

· 157 ·

布的是粟、黍属、稻属和薏苡属等禾本科植物的淀粉粒和植硅体。这与前文关于石刀割刈的用途分析相符。形制不规整的弧背缺口石刀上发现了块根块茎类（包括薯蓣科、栝楼属、姜科植物）植物淀粉粒和竹亚科植物的鞍型植硅体，说明石刀还可能作用于其他植物。

总体来看，以往学界将石刀视为割刈类农作工具的认识应该是比较准确的，同时存在一器多用的情况。

此外，标本 XS057 出土于西山 95ZXF36，XS096 出土于西山 F144。尤其是 F144 还出土有石杵（XS095）、石抹子（XS097）。这些工具组合出土于同一所房址，或许是仰韶先民日常使用和存放石质工具的写照。

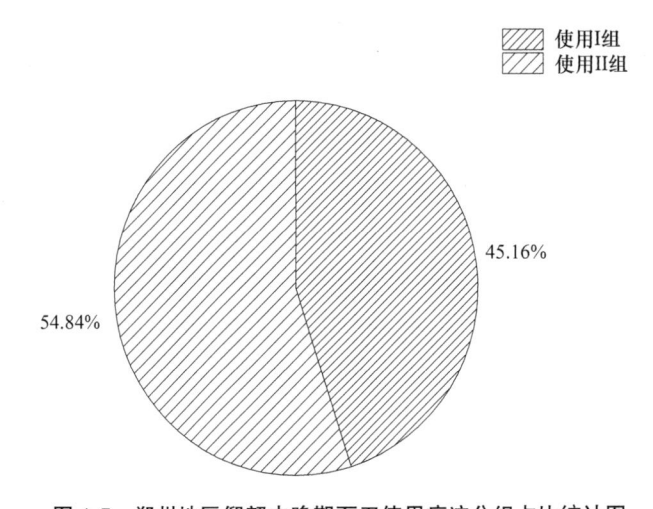

图 4.7　郑州地区仰韶中晚期石刀使用痕迹分组占比统计图

简言之，石刀的使用方式应是系绳手持，主要用途为割刈农作物，存在一器多用的现象，可能同时作用于较硬的加工对象。

（二）石镰

石镰也是郑州地区仰韶中晚期的割刈类农作工具，其刃部的使用痕迹与石刀使用Ⅰ组痕迹基本一致。

标本 ZZ167 刃部有磨圆和擦痕，使用至较严重的凹陷程度（图 4.8，1—4）。ZZ125 刃部有磨圆和擦痕，使用至轻微凹陷的程度（图 4.8，5—6）。XS598 刃部由石铲打制改制而成，仍然有使用磨圆痕迹（图 4.8，7）。饶有趣味的是，标本 ZZ131 在两侧打琢出缺口（图 4.8，8—9），改制为类似爪镰的缺口石镰。而且 ZZ131 刃部可见与石刀使用Ⅱ组痕迹相近的片疤与磨圆擦痕（图 4.8，10），可见该石镰经改制后功能可能与石刀相近，也可以加工较硬的对象，存在一器多用的现象。

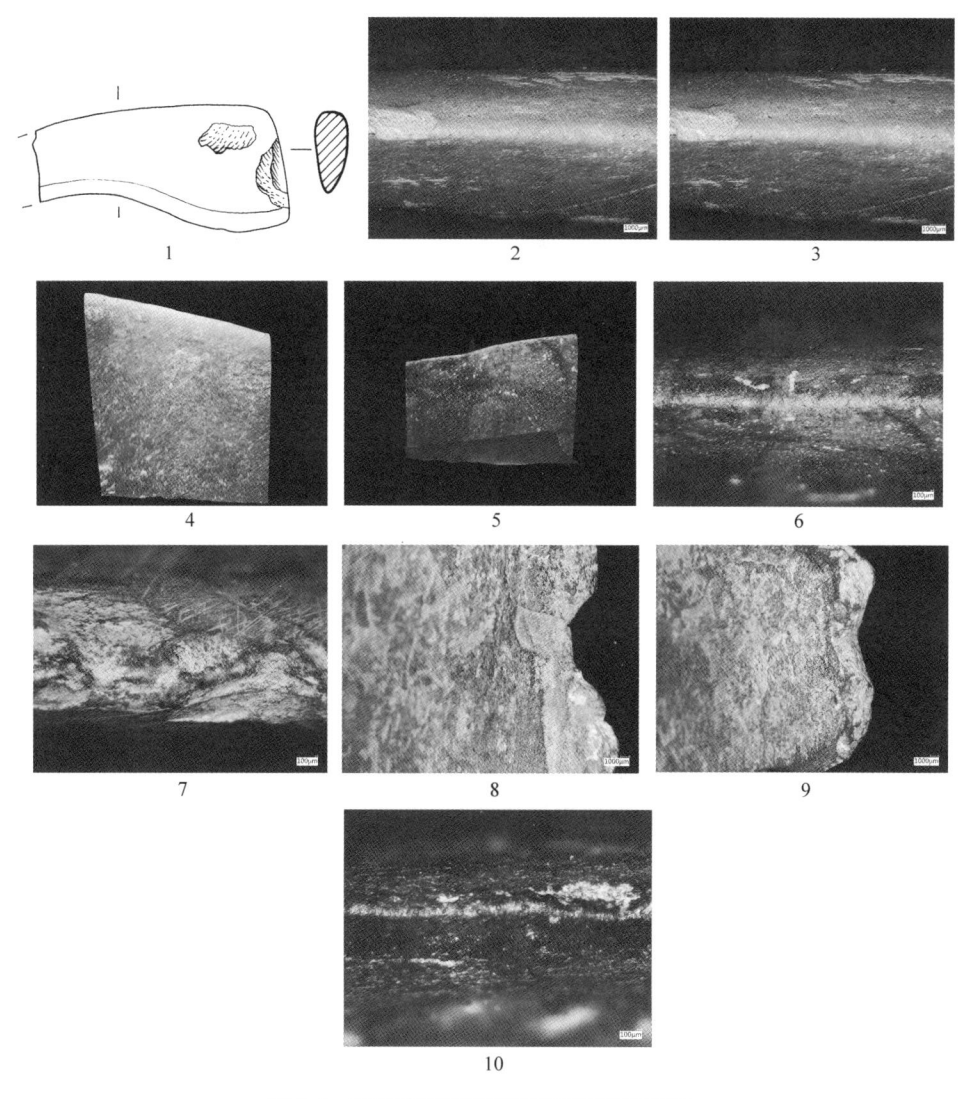

图4.8 郑州地区仰韶中晚期石镰使用痕迹

课题组选择了4把石镰进行了淀粉粒和植硅体残留物分析①,结果以粟、青狗尾草、黍属、稻属、薏苡属、稗属等禾本科植物的淀粉粒和植硅体为主,与石镰作为割刈工具的主要用途相符。

(三) 石铲

1. 装柄方式

石铲是较早引起学界关注的石质工具,一般将其视为装柄使用的破土器(图4.9)。

---

① 郑州地区仰韶文化中晚期石器工业与社会复杂化课题组:《"郑州地区仰韶文化中晚期石器的工业与社会复杂化"第二阶段报告》,内部资料2020年版,第26—27页。

佟柱臣、王吉怀在20世纪90年代前后对石铲装柄方式进行了分析和复原①,②。近年来，陈胜前团队对部分遗址出土石铲的功能进行了模拟实验，不仅复原了石铲可能的装柄方式，还归纳了石铲用作铲挖土与用作锄除草的痕迹差别③,④。

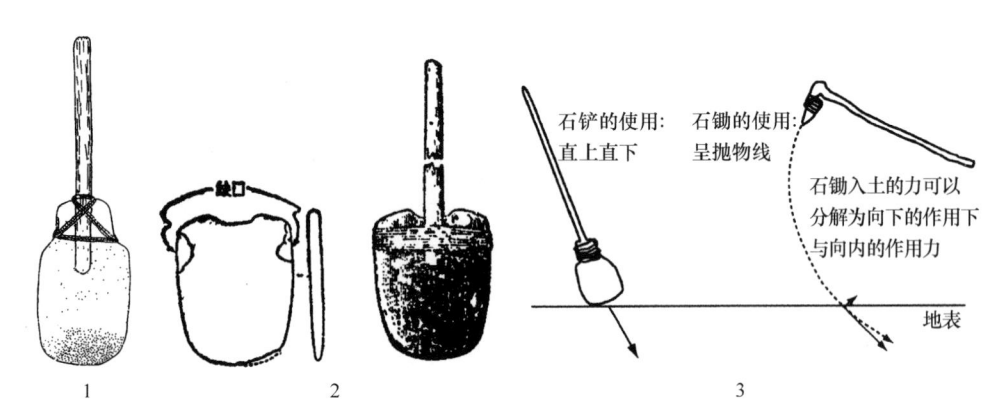

**图4.9　石铲装柄使用方式示意图**

1—3 分别引自前述王吉怀、佟柱臣、陈胜前等著述

从形态上看，乙、丙类石铲均有柄部，丁类石铲有钻孔，这些都是便于装柄的造型设计。甲类石铲厚重而不便手持，大部分标本的顶部宽度均不同程度窄于刃部，这样的造型特征便于像石斧、石锛那样插槽装柄。部分标本在近顶部的两侧打制薄于器身的缺口（如XS482，图4.10，1—2），从大量石刀加工出缺口的情况看，缺口应是便于捆绑的造型设计。一件比较特殊的缺口石铲（形器）也可作为一个证据。ZZ064是较完整刃部标本，将断茬加工平整后，在两侧打制缺口成为新的石铲（图4.10，3）。维修后的标本已经没有柄部，如果不是为了系绳捆绑，那么完全没有必要打制缺口；它的体态又远大于石刀，所以应该不是为了像石刀那样将绳系在手上形成爪镰，而用于系绳装柄的可能性更大。ZZ064的装柄方式很可能与佟柱臣先生对庙底沟出土缺口石铲装柄方式的复原相似（图4.9，2）。还有一点值得注意，打制缺口是乙、丙类石铲制作柄部、肩部的重要手段，将打制的缺口加工规整便可成为较规整的柄部与肩部的过

---

① 佟柱臣：《黄河中下游新石器时代工具的研究》，载《中国东北地区和新石器时代考古论集》，文物出版社1989年版，184—206页。
② 王吉怀：《凸形石器考》，《农业考古》1995年第3期。
③ 陈胜前、杨宽、董哲、陈慧、王立新：《大山前遗址夏家店下层文化石铲的功能研究》，《考古》2013年第6期。
④ 杨宽、陈胜前、刘郭韬：《内蒙古林西白音长汗遗址出土兴隆洼文化石铲的功能研究》，载教育部人文社会科学重点研究基地、吉林大学边疆考古研究中心、边疆考古与中国文化认同协同创新中心编《边疆考古研究（第17辑）》，科学出版社2015年版。

渡转折形态。从这个角度看，前述标本的缺口也应与柄部的功能相近。

从痕迹上看，石铲标本柄部或侧边留下的使用痕迹也是装柄使用的重要线索。XS222 柄部与肩部的交界处有较明显的打制痕迹被磨圆的现象（图 4.10，4），XS599 柄部与肩部的交界处有较明显的磨制痕迹被磨圆的现象（图 4.10，5—6）。磨圆痕迹表明柄部侧缘与肩部曾与较软的对象相互作用。但是该部位不能像刃部一样作用于土壤或地表植物，而且刃部多形成磨蚀沟或发生较大损伤，这与柄部、肩部的磨圆痕迹存在较大差异。所以，可能性更大的是，部分标本柄部因系绳捆绑而相互磨擦，进而将侧缘的加工痕迹磨圆。

ZZ184（图 4.10，7）、ZZ194（图 4.10，8）的穿孔两侧存在明显的弧形凹陷痕迹。尤其是 ZZ194 的痕迹十分清楚。背面弧形凹陷痕迹打破管钻的规整内壁，说明这可能是钻孔后柄部来回磨擦形成的使用痕迹；正面顶部还保留有清楚的系绳磨擦凹陷痕迹（图 4.10，9），类似于王怀吉复原的交叉式捆绑（图 4.9，1），只不过着力点在装柄的另一面；在管钻的两端边缘，均保留有磨圆痕迹，尤其是正面钻孔上侧边缘磨损最为严重（图 4.10，10）；两侧边保留有不同程度的磨圆痕迹，与作用于较软对象有关，可能是系绳捆绑来回磨擦所致。前述标本为丁类石铲，体态较小，使用凹陷痕迹最宽约

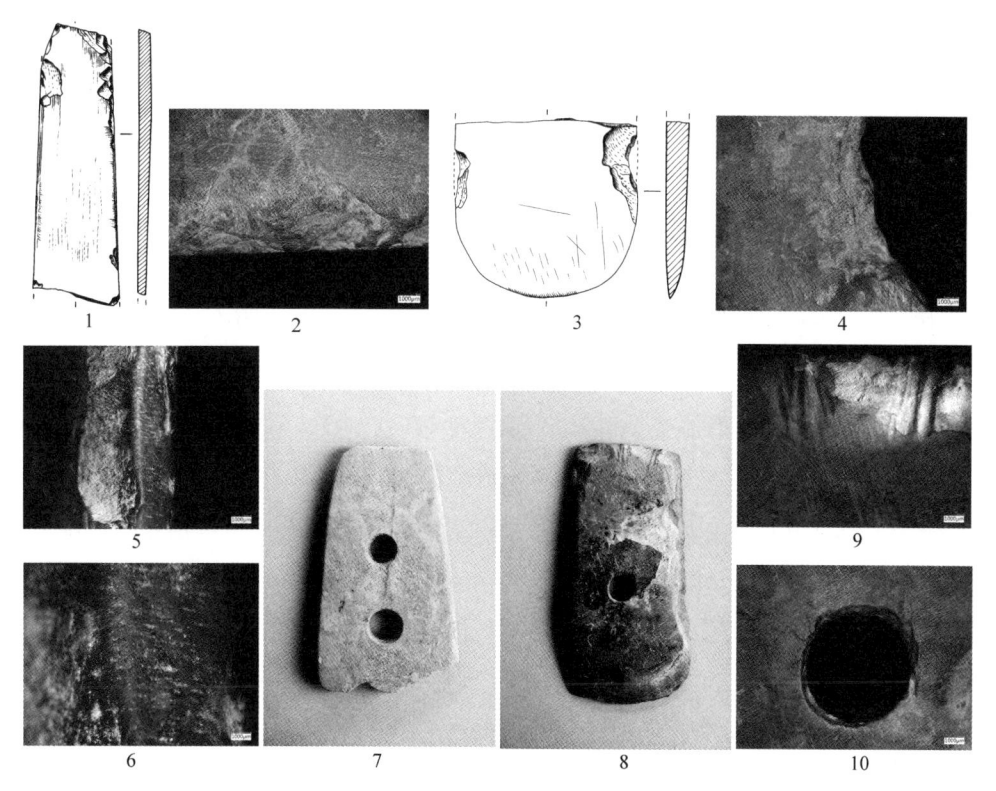

图 4.10 郑州地区仰韶中晚期石铲举例

1、顶部捆绑痕迹相距约 1.7 厘米，可见该类石铲的柄部应为不太粗的圆棒。简言之，一面留下柄部使用的凹陷痕迹、两侧磨圆、另一面顶部捆绑痕迹比装柄面明显、钻孔边缘磨圆且另一面边缘上侧磨损严重的现象均与一面置柄、另一面系绳着力的装柄方式相符。

综上可知，郑州地区仰韶中晚期石铲的柄部、钻孔及缺口设计均与装柄使用有关，主要的装柄方式很可能是在器身一面置柄，然后通过柄部、钻孔、两侧进行系绳捆绑。

2. 用途

夏家店下层文化石铲及兴隆洼文化石铲的功能研究中进行了一系列石铲使用的模拟实验①，较为清楚地揭示出石铲用于挖土和作石锄用的刃部形态差异，其中部分内容具有较大参考价值：1. 作石铲挖土时，石铲两角磨耗较大，长期使用刃部会呈突出弧形，且保留有明显的擦痕；2. 作石锄用时，两角使用不均，磨耗程度不同，长期使用会导致刃部向一角倾斜，且擦痕不如作石铲用明显。

从保存较好的成品及刃部标本看，郑州地区仰韶中晚期石铲刃部的使用痕迹以明显擦痕和磨蚀沟为主（如 XS599，图 4.11，1—2），刃部与侧边转角的磨损十分明显，刃部呈突出的弧形（如 XS408、XS126、WG010、ZZ183，图 4.11，3—6）。可见，石铲在使用过程中刃部逐渐变为突出的弧形，与侧边的转折角逐渐变大且逐渐变得圆弧，留下明显的磨蚀痕迹，说明挖土应该是郑州地区仰韶中晚期石铲的主要用途。部分标本刃部还呈现出不太对称的形态（如 XS408、ZZ183，图 4.11，3、6），可能也存在用作石锄的情况。另外，标本 ZZ182 刃部形态接近平直，刃部与侧边的转折生硬，使用损耗不严重，形态上可能更接近于加工成型的成品（图 4.11，7）。无论挖土还是锄土，都说明破土挖掘是石铲的主要用途。

接下来对石铲使用痕迹的分组，将有助于进一步把握石铲的用途。

（1）使用Ⅰ组

主要为垂直于刃部的擦痕（如 XS599，图 4.12，1—4），常兼有片疤，片疤再被磨蚀（如 QT061，图 4.12，7—8），严重者形成磨蚀沟（如 QT011，图 4.12，5—6），刃线的弧形轮廓基本未发生大的损伤。该组痕迹及其反映的使用方式与前述石铲用于破土挖土的认识大体对应。维修Ⅱ组大部分标本刃部轮廓保存较好，使用损伤后经磨制维修（如 XS599，图 4.12，3），而且多保留有纵向擦痕或磨蚀沟，亦可纳入使用Ⅰ组

---

① 陈胜前、杨宽、董哲、陈慧、王立新：《大山前遗址夏家店下层文化石铲的功能研究》，《考古》2013 年第 6 期；杨宽、陈胜前、刘郭韬：《内蒙古林西白音长汗遗址出土兴隆洼文化石铲的功能研究》，载教育部人文社会科学重点研究基地、吉林大学边疆考古研究中心、边疆考古与中国文化认同协同创新中心编《边疆考古研究（第 17 辑）》，科学出版社 2015 年版。

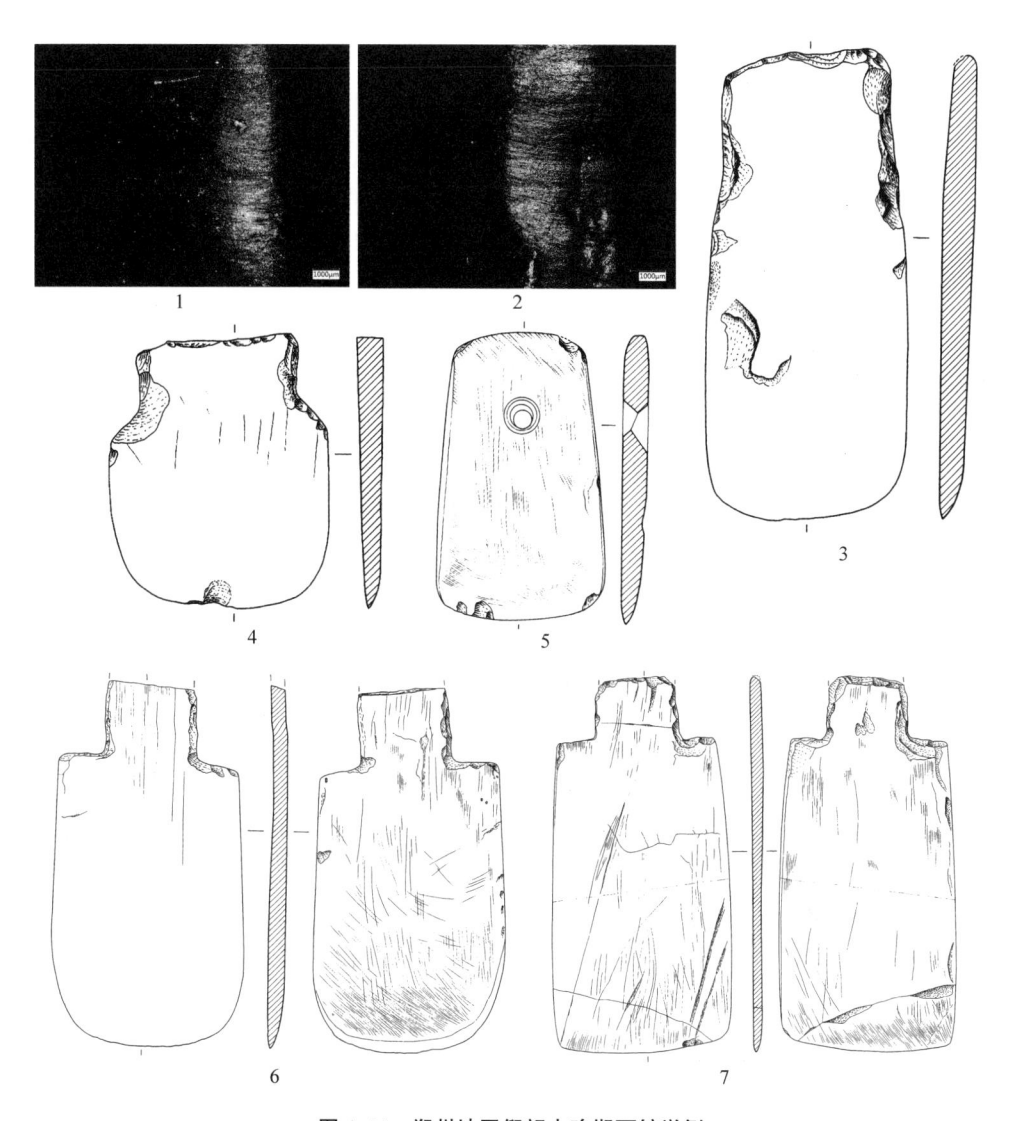

图 4.11 郑州地区仰韶中晚期石铲举例

进行统计。

(2) 使用Ⅱ组

刃部发生较大损伤,形成大片疤,刃线形态发生大的损伤和明显形变(如 XS212、XS111,图 4.13,1—2)。部分标本发生大的损伤后经打制再加工后形成新的不规则刃部(如 QT207,图 4.2,3—4),我们暂将其归为维修Ⅰ组(详后)。维修Ⅰ组标本既然使用了使刃部发生较大形变的打制技术来进行修理,说明之前的刃部损伤也很严重,故可将其纳入使用Ⅱ组的痕迹统计中。值得注意的是,大部分经维修Ⅰ组的标本刃部还会出现类似使用Ⅰ组的磨圆痕迹(如 QT207,图 4.2,3—4)。这表明使用Ⅰ组的破土用途是基础性的,它与使用Ⅱ组并不冲突。部分刃部标本改制为钝刃器、石刀(形

·163·

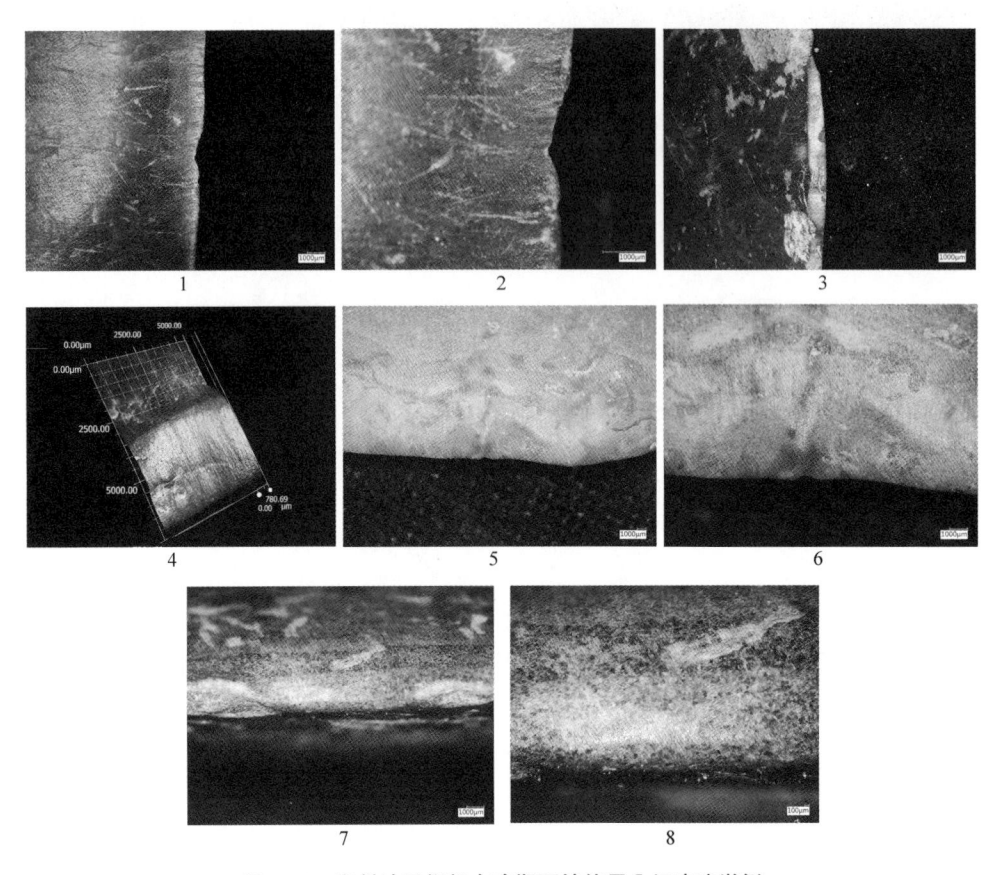

图 4.12　郑州地区仰韶中晚期石铲使用Ⅰ组痕迹举例

图 4.13　郑州地区仰韶中晚期石铲使用Ⅱ组及相关痕迹举例

器）、石锛（形器）、端刃器等，被归为改制Ⅰ、Ⅲ、Ⅳ、Ⅴ组（详后）。这几组改制标本均利用残损的刃部，说明石铲在使用过程中刃部发生了较大损伤，否则不会专门破坏刃部去改制成小型石质工具。故此类标本亦可纳入使用Ⅱ组的统计中。总体来看，使用Ⅱ组反映出石铲也会作用于较硬的物质，与用于破土的使用Ⅰ组存在差异。

3. 量化分析及相关讨论

我们对成品及刃部石铲标本的使用痕迹进行了量化统计（图4.14）。若将改制组排除在外，使用Ⅰ组与使用Ⅱ组占比相近，均为20%左右。若将改制组纳入使用Ⅱ组，使用Ⅱ组的占比便占据了主导地位。前文已述，大多数经过维修Ⅰ组打制修刃的石铲刃部依然保留有磨蚀痕迹。所以，占比的量化统计并不能直接证明作用于坚硬对象的石铲大大多于用于破土者。更符合实际的情况应该是，破土是石铲最主要的功能，同时也存在明显的一器多用现象。

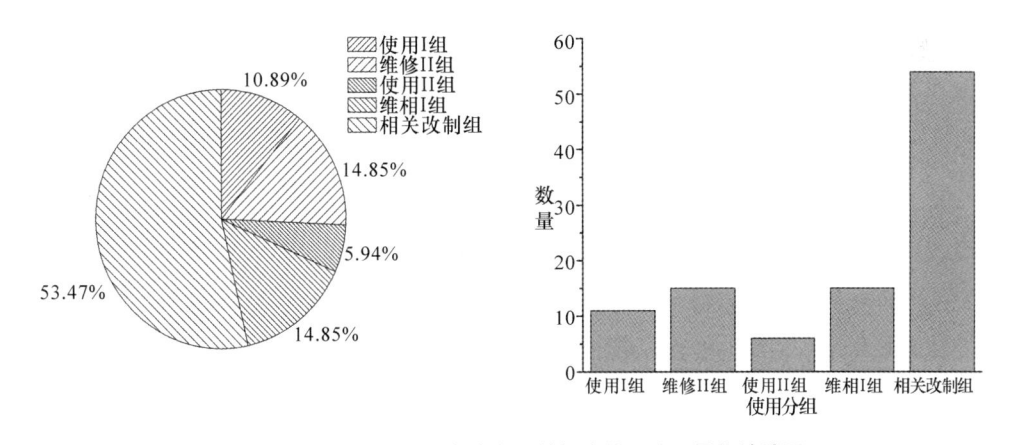

图4.14 郑州地区仰韶中晚期石铲标本使用分组量化统计图

从中原地区仰韶中晚期社会分化、聚落冲突不断加剧的情况看，不排除石铲有作为武器的可能。结合后文可知，石斧可作为短柄武器。那么石铲则可作为长柄武器，与石斧配合使用，组成近身作战的配套武器。这一问题还需要从以下三个方面来理解。

其一，石铲长度、宽度比石钺大，刃角比石斧更小，也更锋利，是体态较大、刃部锋利的石质工具，具备作为武器形态特征。实际上，铲子、锄头等农作工具直到现在也是农村地区常见的械斗工具。

其二，石铲器身断块标本占比5成。若将除成品以外的刃部、柄部及相关再加工标本纳入，残断标本占比则接近9成。如此高占比的残断现象应不是废弃或埋藏过程中造成，人为使用导致石铲大量残断的可能性更大。一方面，石铲插入土壤挖出土块的动作会对铲身造成很大的压力。由于石铲厚度较薄，很可能产生断裂。另一方面，用作武器时，石铲与石铲或石斧等其他武器猛烈碰撞，也会导致断裂。由于石斧较厚，岩性也更坚硬，残存的碎块很少，主要以顶部、刃部为主；石铲较薄，体态又更长、更宽，所以残断后的碎块更多，而且相当部分较大的刃部残片及器身碎块被再加工为其他小型石质工具。

其三，我们对石质生产工具总数超过10件的遗址出土石铲的数量及占比进行了一个比较简单的量化统计（表4.1），发现石铲属于聚落生产工具中占比最高的器类，显示出较鲜明的特点。

在西山、双槐树、青台等出土石质工具数量超过100件的聚落中，石铲与石质工具数量之比在50%左右。在汪沟、大河村、尚岗杨、建业壹号城邦、普罗旺世小区等出土石质工具数量在50件左右的聚落中，石铲与石质工具数量之比（可参看占比1数据）均超过30%，占比最高的超过60%。各遗址石铲之和与各遗址石质工具之和的数量之比也在50%左右，这与本研究资料最为完整的西山与青台遗址的石铲占比接近，应是大型聚落石铲占比的真实写照。建业壹号城邦、普罗旺世等遗址石铲占比也接近50%，说明石铲在小型聚落也占据了半壁江山。这些都说明石铲在石质工具中占据着重要地位，是不同性质聚落生产生活中不可或缺的重要生产资料。

某一遗址石铲与各遗址石铲总和的数量之比（可参看占比2数据）也能反映出一些线索。西山城址石铲占比最高，接近50%；双槐树、青台等大型聚落占比次之，超过10%；小型聚落建业壹号城邦再次之，接近10%；其他聚落占比均小于5%。部分遗址石铲数量与聚落规模的差异是值得注意的问题。

表4.1　　郑州地区仰韶中晚期各遗址出土石铲与石质工具数量统计表

|  | 西山 | 双槐树 | 青台 | 汪沟 | 大河村 | 尚岗杨 | 建业壹号城邦 | 普罗旺世 | 黄冈寺工人路 | 林山寨 | 合计 |
|---|---|---|---|---|---|---|---|---|---|---|---|
| 石铲 | 263 | 72 | 72 | 19 | 17 | 25 | 49 | 20 | 12 | 10 | 559 |
| 石质工具 | 462 | 160 | 140 | 54 | 55 | 45 | 76 | 45 | 13 | 15 | 1065 |
| 占比1 | 57% | 45% | 51% | 35% | 31% | 56% | 64% | 44% | 92% | 67% | 52% |
| 占比2 | 47% | 13% | 13% | 3% | 3% | 4% | 9% | 4% | 2% | 2% |  |

注：石质工具指本书研究的农作、木作（建筑）工具，占比1指某一遗址石铲与石质工具的数量之比，占比2指某一遗址石铲与各遗址石铲之和的数量之比。本表单位为件。

西山遗址仰韶文化分布面积约20万平方米，仰韶中晚期城址现存面积约1.9万平方米，发现有一重城墙和双重环壕；青台遗址仰韶文化核心区域面积为31万平方米，发现有三重环壕；双槐树遗址仰韶文化分布面积约117万平方米，发现有三重环壕；汪沟遗址面积约62万平方米，发现有三重环壕；大河村遗址面积约40万平方米，发现有双重环壕；尚岗杨遗址面积约 12 万平方米，发现有双重环壕。建业壹号城邦、信合普罗旺世小区、黄冈寺工人路小区、林山寨等遗址均属于小型聚落。

整体来说，小型聚落占比明显偏小是易于理解的。因为大型聚落需要挖掘环壕，农业生产活动的规模也更大，需要大量的破土工具。汪沟、大河村、尚岗杨占比小于双槐树遗址也不奇怪，因为双槐树遗址是郑洛地区仰韶中晚期规模最大的聚落，石铲的需求量自然更大。

然而，相较于双槐树、青台、大河村、汪沟遗址而言，西山城址面积并不大，也均为多重环壕结构。无论是挖掘环壕还是农业翻耕，西山在体量上都没有明显优势。那么，西山高占比的石铲很可能与修筑城墙有关。西山城址是仰韶晚期的中心聚落，修筑大规模城墙是其区别于其他大型聚落的显著特征。北城墙保存基本完整，长约 163 米；若以北城墙的四倍计算，城墙周长将接近 700 米。北城墙西北城隅段城墙结构保存较好，基底宽约 11、存高约 2.5、现存高度平面宽约 8 米，横向排列 5 版，上下收缩幅度约 27%；在北城墙中段较薄弱的地方还会加宽 3—5 米，增加 2 版。可见，城墙的长度、宽度、厚度均较大，初步估算需要近 20000 立方米净土方量用于版筑墙体。

这是西山城址在生产活动中与其他大型聚落最显著的差异，也应该是其需要大量石铲作为破土器的缘故。从这个角度讲，用于挖土的石铲还具备了营建军事防御设施的功能。

简言之，石铲应该是郑州地区仰韶中晚期主要的破土类农作工具，装柄是其主要的使用方式。石铲既可以像锄头一样装柄，又可以作为铲装柄。相关标本的刃部使用形态表明，掘土挖土应该是郑州地区仰韶中晚期石铲的主要功能。同时存在一器多用的现象，也可能作为武器使用。不同聚落石铲数量分布的量化分析表明，石铲在西山、双槐树等中心聚落具备挖掘土方以营建聚落防御工事的用途。

（四）石锛

石锛标本目前只见一件。佟柱臣先生在豫西地区新石器时代晚期石器的研究中较早称此类石质工具为石锛，并指出其为仰韶石器的新器形，是农业水平发展的标志[①]。标本 XS370（图 4.15，1）近梯形、束腰的特征与佟氏所引洛阳西乾沟 T7H4 出土的仰韶文化石锛（图 4.15，2）较为接近，尤其是刃部剖面形态几乎一致，只不过束腰不那么明显，故本研究沿用石锛的叫法。

石锛的形态特征与使用痕迹反映出其使用方式或许与石铲、石斧相近。

首先，石锛平面近梯形，器身较厚，整体形态与乙类石斧比较接近。石刀缺口及石铲肩部等形态均可能与系绳装柄的使用方式有关，石锛两侧琢制出的束腰形态（图

---

① 佟柱臣：《中国新石器研究》，巴蜀书社 1998 年版，第 232—233 页。

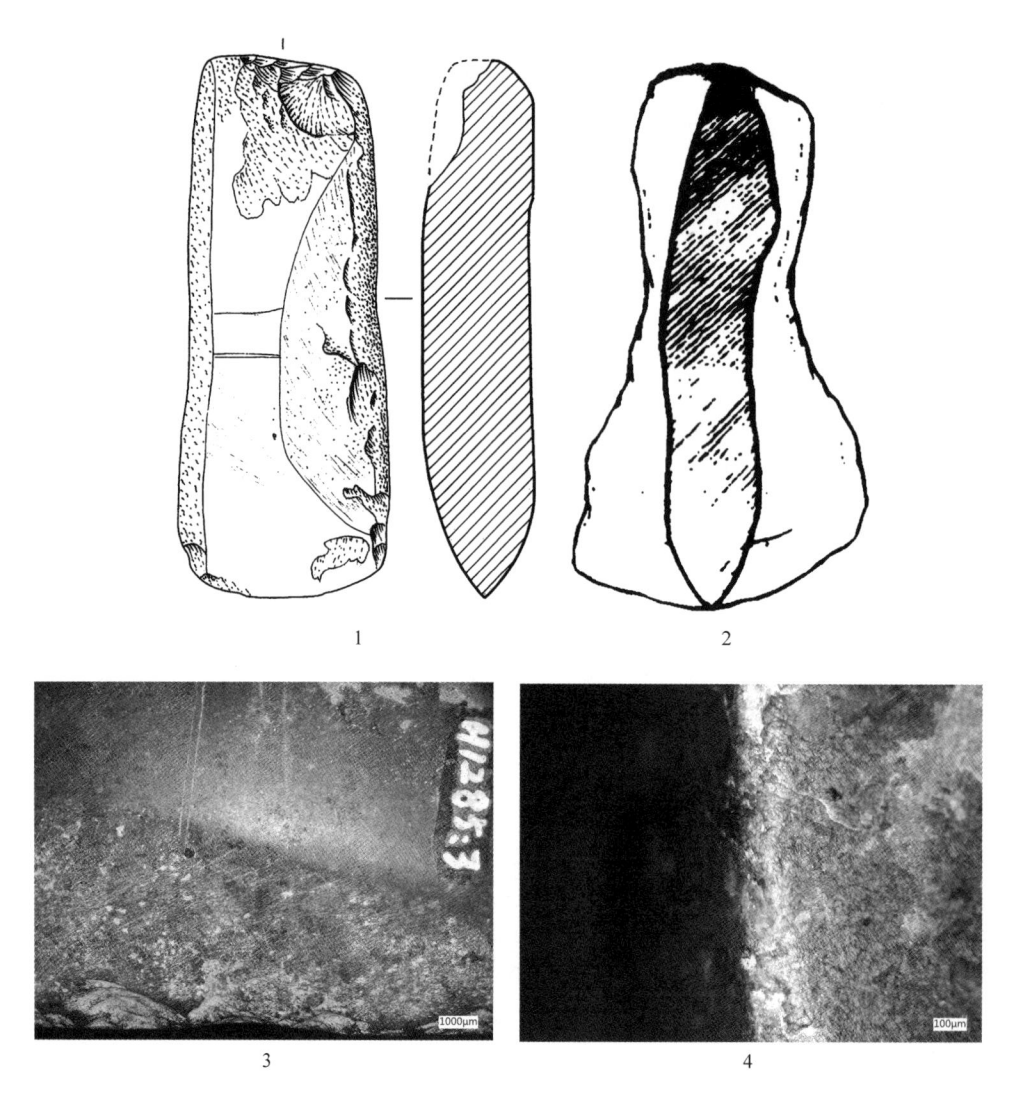

图 4.15 郑州、洛阳地区出土仰韶文化石镢举例

4.15，3）或许起到了类似作用，很可能也是装柄使用的。

其次，石镢刃部由两侧向中间弧收的角度不一，与铲的偏锋接近，而厚度接近乙类石斧。从某种程度上讲，石镢刃部形态特征介于石斧与石铲之间。痕迹观察显示，石镢刃部未见大的损伤，以磨圆、擦痕及小片疤为主要使用痕迹（图 4.15，4），应作用于不太坚硬的对象，与石斧使用Ⅰ组痕迹较为接近。结合石镢整体形态与石斧接近的情况看，石镢也可能用于劈砍木材。当然，石镢刃部接近偏锋，也可以像石铲一样用于破土。

简言之，石镢整体形态与石斧接近，刃部形态介于石斧与石铲之间，应该是装柄使用的石质工具，既可用于伐木，又可用于破土。

## 二 亍作（建筑）工具

### （一）石斧

一般而言，石斧被当作砍伐树木的工具（杨菰，2008），也有学者认为其属于手持兵器（钱耀鹏，2009）。考古出土木柄遗存及相关图像为把握石斧的装柄方式提供了参考，学者们对石斧的痕迹观察、模拟实验以及民族志调查也为研究石斧的使用及功能提供了参考。

#### 1. 装柄方式

中国东南沿海是出土史前木器保存较好的地区之一。浙江宁波余姚河姆渡[①]、井头山遗址[②]均出土有石斧的木柄遗存。河姆渡遗址出土有树木丫杈加工而成的 L 形木柄 T231④A∶135、T212④B∶243、T242④B∶303（图 4.16，1—3）及枝条挖槽钻孔而成的直柄 T233④A∶176（图 4.16，4），与系绳相互配合形成纵刃 L 形及插槽的安柄形态。井头山遗址出土有插石斧的 1 字形挖槽木柄（图 4.17），挖槽的形式更为多样，有类似于河姆渡将石斧包裹在槽里的，也有挖槽穿透木柄侧面的。

江苏海安青墩遗址出土有带柄陶斧[③]，柄部有凹槽和钻孔，清楚地展示了石斧插槽捆绑的装柄方式（图 4.18）。湖北黄梅陆墩遗址 M19、M3 出土有石钺、石斧及柄末端的骨质柄套[④]，发掘者据此复原了穿孔石斧的装柄方式（图 4.19），与青墩遗址陶斧相互印证。

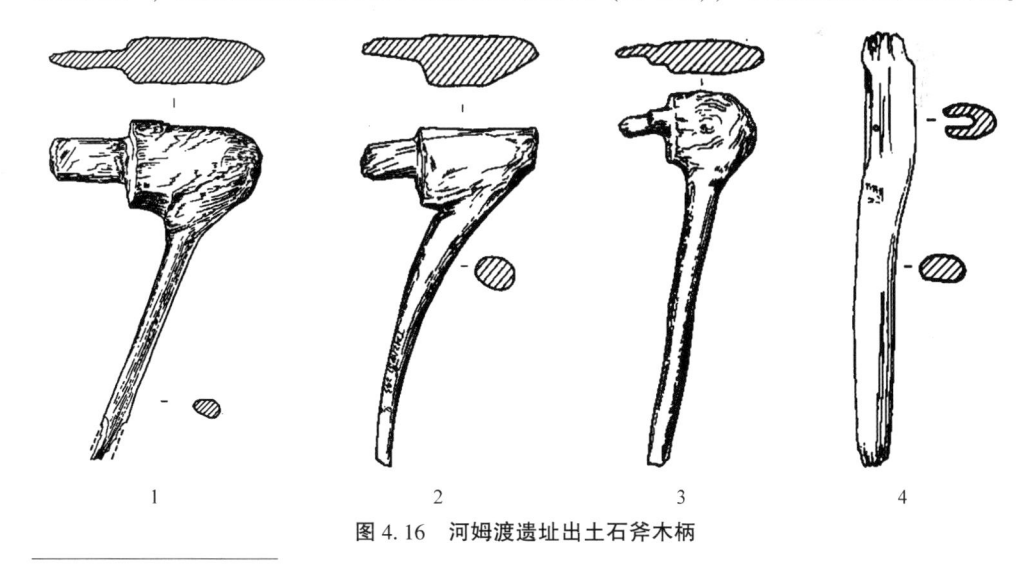

**图 4.16 河姆渡遗址出土石斧木柄**

---

[①] 浙江省文物考古研究所：《河姆渡》，文物出版社 2003 年版，第 129 页。
[②] 孙国平等：《中国海洋文化八千年的见证——浙江宁波余姚井头山遗址》，"文博中国"公众号 2021 年 3 月 31 日。
[③] 纪仲庆：《江苏海安青墩遗址》，《考古学报》1983 年第 2 期。
[④] 任式楠、陈超：《湖北黄梅陆墩新石器时代墓葬》，《考古》1991 年第 6 期。

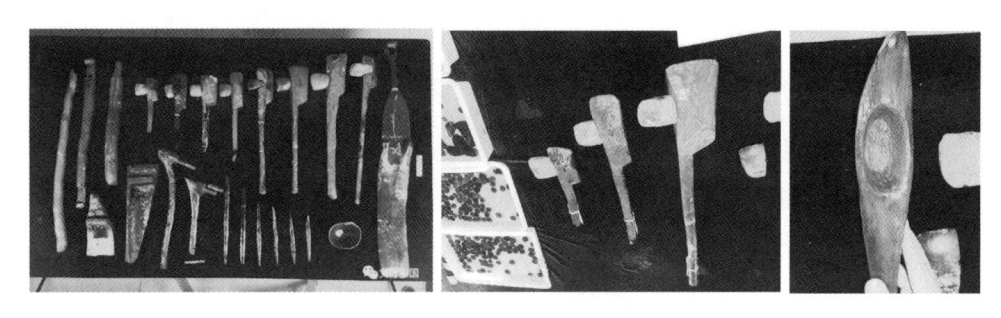

图 4.17　井头山遗址出土木柄

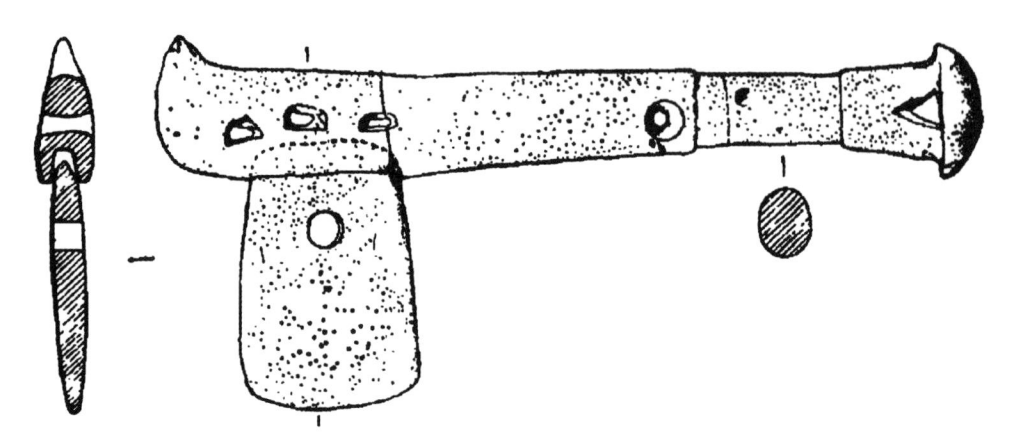

图 4.18　青墩遗址出土带柄陶斧

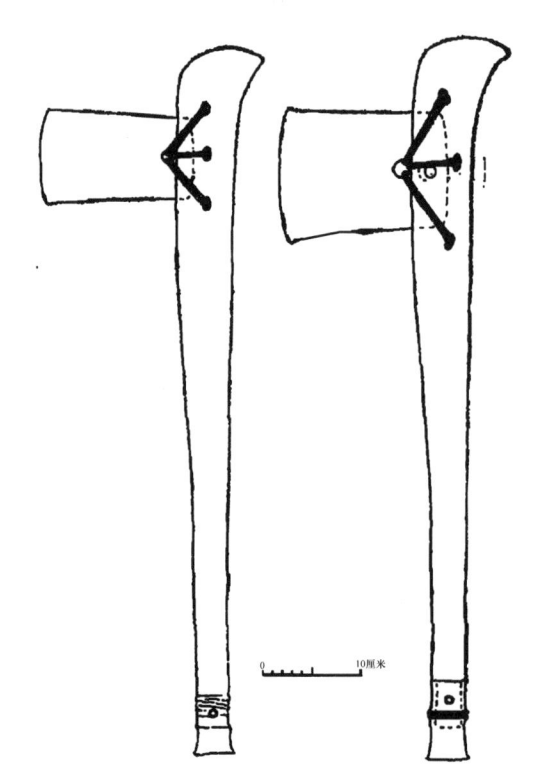

图 4.19　陆墩遗址出土石钺、石斧装柄复原示意图

中国北方青海乐都柳湾遗址马家窑文化马厂类型墓地也出土有保存较好的带柄石斧[①]。石斧标本 M902：26 长 11、宽 5.4 厘米，木柄长 35 厘米。柄一端凿成长方形孔，孔径长 5.2、宽 2.4 厘米，与石斧上端套接，然后用细绳捆绑（图 4.20）。

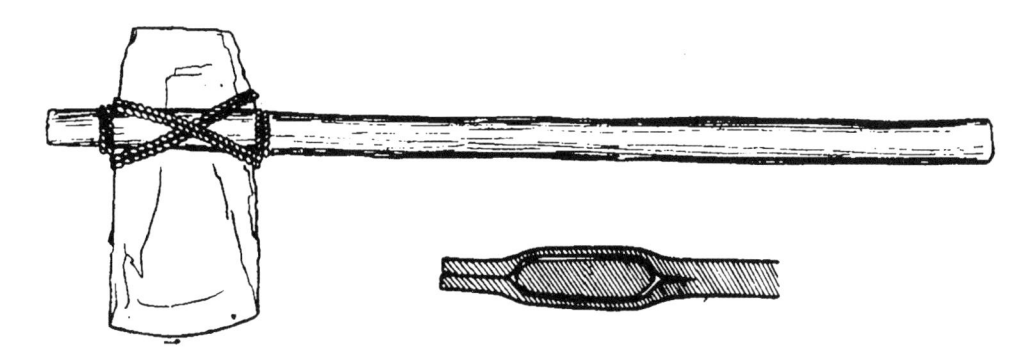

图 4.20　柳湾遗址 M902：26

中原仰韶文化也出土有石斧装柄的图像资料，为考察仰韶石斧的使用提供了重要参考。河南临汝阎村遗址采集到一批仰韶陶器[②]，其中包括一件彩绘伊川缸（图 4.21，1）。

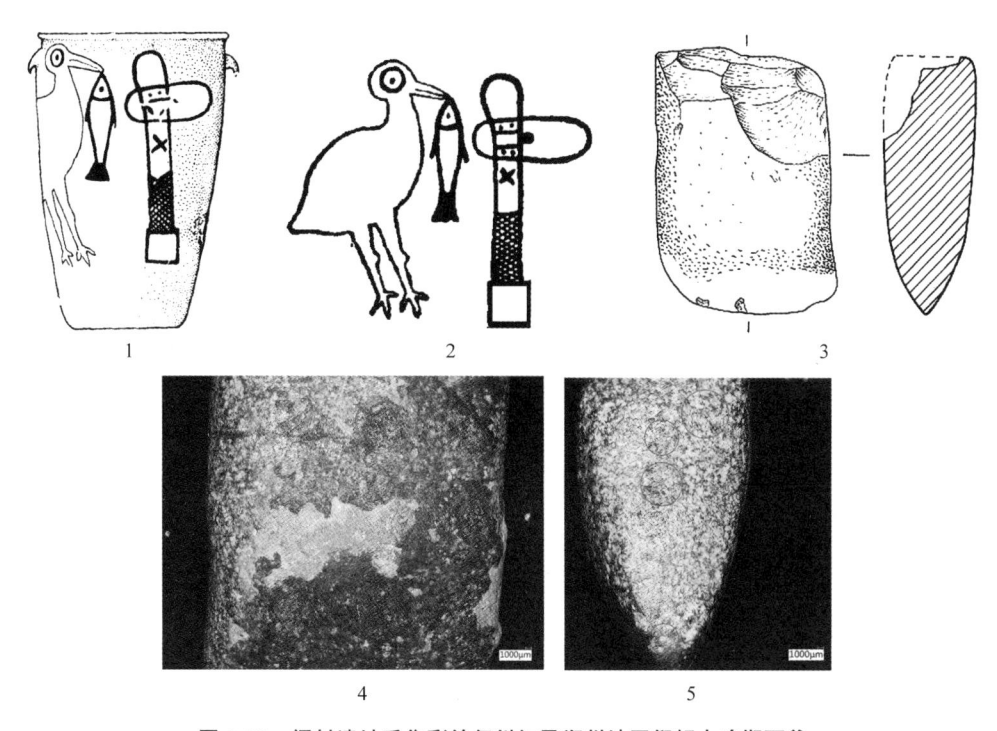

图 4.21　阎村遗址采集彩绘伊川缸及郑州地区仰韶中晚期石斧

---

① 青海省文物管理处考古队、中国社会科学院考古所：《青海柳湾（上）》，文物出版社 1984 年版，第 87—89 页。
② 汤文兴：《临汝阎村新石器时代遗址调查》，《中原文物》1981 年第 1 期。

腹部绘"鹳鱼石斧图",其中木棒上钻有四孔,可用于捆绑石斧。严文明先生考证时又引该图,但在线图中石斧描述了穿孔①(图4.21,2),如此则更适于系绳捆绑。

郑州地区仰韶中晚期石斧中有两侧明显凹陷的标本。XS334的两边侧面分布有不对称的磨损凹陷痕迹(图4.21,3—4),磨损区域(图中红笔勾出)明显低于周围,显现出一定的磨圆度,故琢点也不如周围未受磨损或磨损不大的琢痕明显(图4.21,5)。这很可能与挥动木柄时石斧两侧在槽内磨损有关:因为劈砍动作类似于一段圆周运动,所以斧身上下两侧在槽孔上下两侧的受力点不会对称;刃部一侧呈现出损耗更强的不对称特征也与劈砍动作相符。此外,甲 Aa、Ba、乙 Aa、Ba 型以及丙类石斧的侧面均加工得较为平整,这样的形态特征更便于插入槽中进行使用。

综上可知,郑州地区仰韶中晚期石斧也可能采用了插槽、系绳捆绑等常见的装柄方式进行劈砍使用。

2. 用途

谢礼晔通过模拟实验,指出辉绿岩石斧十分坚硬,除作用于骨头或更硬的加工对象,在砍伐树木的过程中难以产生除磨圆、擦痕以外的大损伤②③。高鹏杰使用花岗岩石斧进行模拟实验,三小时左右的砍树使得石斧断开,但刃部依然只观察到磨圆和擦痕④。赵碧玉在石锛的砍树实验中发现砍伐较硬的树木时,除磨圆、擦痕以外,还会产生小片疤⑤。该实验虽针对石锛,但同属劈砍行为,表明小片疤也有可能是伐木行为导致的痕迹。所以,石斧用于劈砍是没有问题的,主要加工对象为树木也成为主流意见,产生的主要痕迹也得到了模拟实验的印证。崔启龙通过模拟实验和对贾湖遗址出土石斧的高倍微痕观察,指出石斧的加工对象可能包括木材、兽骨和兽皮等,还存在加工坚硬物质形成的大片疤,一器多用现象明显⑥。

可见,除劈砍木材外,前人将其视作史前兵器的认识也是有一定的痕迹证据。但总体而言,关于石斧发生如大片疤等较大损伤的现象及其背后所蕴含的指示意义进行讨论的著述还很少,郑州地区仰韶中晚期石斧的使用损毁状况为例分析恰可为深化相关认识提供重要参考。西山遗址是目前郑州地区仰韶遗址中出土石斧最多的,具有较强的典型意义和统计价值,故本研究以该遗址为例展开讨论。

---

① 严文明:《〈鹳鱼石斧图〉跋》,《文物》1981年第12期。
② 谢礼晔:《微痕分析在磨制石器功能研究中的初步尝试》,《中国文物报》2005年11月25日第7版。
③ 谢礼晔:《二里头遗址石斧和石刀的微痕分析》,载中国社会科学院考古研究所编《中国早期青铜文化》,科学出版社2008年版,第355—469页。
④ 高鹏杰:《藤花落遗址出土磨制石器研究(上)》,博士学位论文,南京大学,2018年。
⑤ 赵碧玉:《江苏连云港藤花落遗址出土石锛研究》,硕士学位论文,南京大学,2017年。
⑥ 崔启龙:《河南舞阳贾湖遗址石制品研究》,博士学位论文,中国科学技术大学,2018年。

除去难以准确判断是否为使用造成的痕迹外，郑州地区仰韶中晚期石斧的使用损伤痕迹可分为两大组。

（1）使用Ⅰ组

主要为刃部磨圆以及与刃线斜交的擦痕（如 XS205、XS576，图 4.22，1—3），有的标本刃部兼有小片疤（如 XS576，图 4.22，3），刃部的轮廓形态基本未发生大的形变。该组痕迹及其反映的使用方式与前人关于石斧用于伐木的认识大体对应。有的标本用钝之后，经打、琢、磨制，将刃部再加工成为圆弧的钝面（如 XS289，图 4.22，4），已经不再适于伐木，成为具备其他功能的改制器。这让我们难以直接观察到其使用时的痕迹。但其器身均较短，大多保留有刃部的弧线轮廓，表明其使用过程中未受到大的损伤。而且，刃部用钝本来也是伐木行为的痕迹特征之一。所以，此类标本在改制前很可能用于伐木，我们暂将其称为钝刃斧形器，归为改制Ⅰ组（详后）。此外，有的标本刃部变钝后经过琢、磨等，维修以尽可能维持原本的刃部形态，未发生大的形变，刃部还保留有使用磨圆或擦痕。我们暂将此类维修技术归为维修Ⅱ组（详后）。

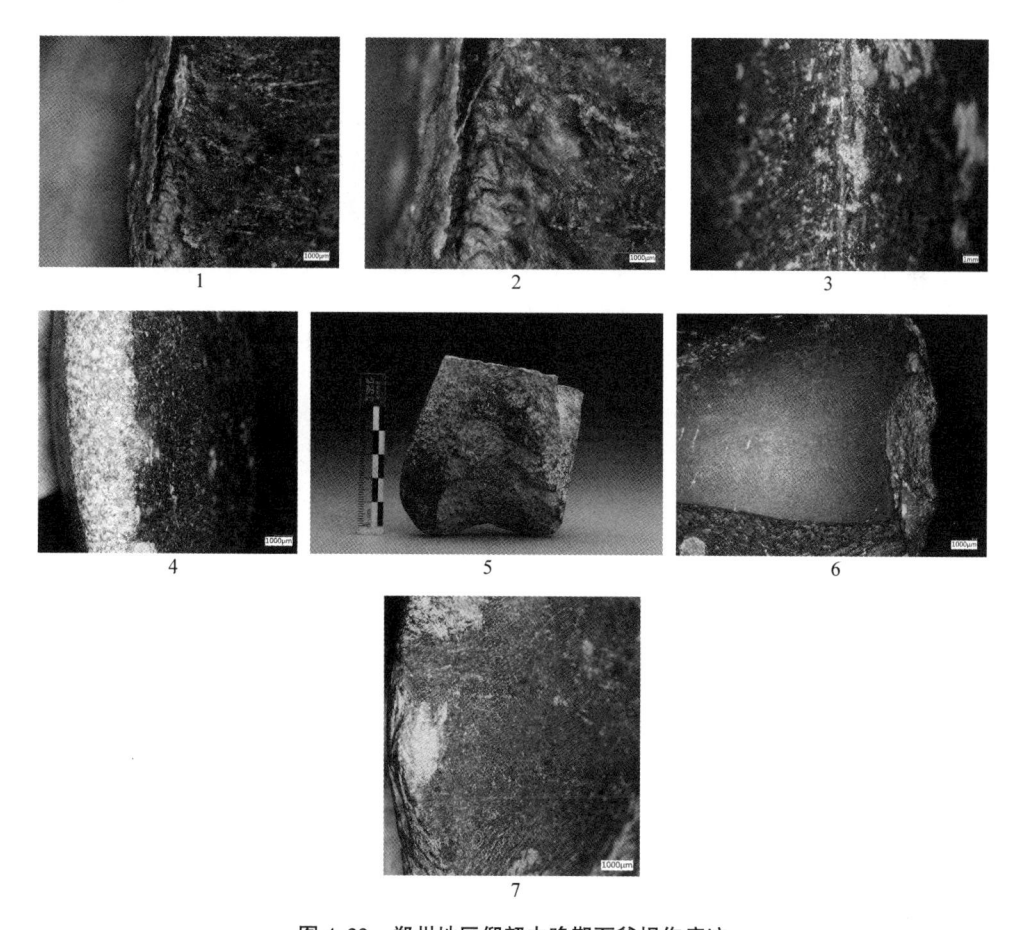

图 4.22 郑州地区仰韶中晚期石斧损伤痕迹

有的石楔子标本保留有完整刃部轮廓，刃部使用微痕也以磨圆、擦痕为主。我们将前述改制Ⅰ组、维修Ⅱ组以及石楔子纳入使用Ⅰ组痕迹的数量统计之中。

（2）使用Ⅱ组

刃部发生较大损伤，形成大片疤，刃部形态发生大的损伤，产生明显形变（如XS394、XS519，图4.2，2、图4.22，5）。有的标本发生大的损伤后经打制再加工后形成新的不规则刃部（如XS124，图4.22，6），有的兼用琢、磨进行再加工（如XS559，图4.22，7），我们暂将其归为维修Ⅰ组（详后）。这类标本虽难以直接观察到原来的损毁刃部，但打制修理的行为本身就是对刃部的破坏，如果刃部未受到严重损伤，使用者就没有必要采取同样可能对刃部带来严重形变的方法对石斧刃部进行修理。所以，刃部经打制的再加工标本也是使用过程中石斧发生严重损伤的重要证据，统计时一并纳入。此外，刃部经过打制维修的石楔子也可纳入。

3. 量化分析及相关讨论

我们对前述两组痕迹进行了数量统计。整体上看，Ⅰ组及相关痕迹占比接近五成，Ⅱ组及相关痕迹占比接近三成（表4.2—3；图4.23）。这再次证明伐木等木作生产活动是石斧最主要的用途之一，同时也表明相当一部分石斧也作用于更坚硬的物质。具体到甲、乙两类石斧，情况又稍有差异（表4.2—3；图4.24）。甲类石斧中Ⅰ组及相关痕迹占比超过七成，Ⅱ组及相关痕迹占比较弱；乙类石斧中Ⅰ组及相关痕迹占比接近五成，Ⅱ组及相关痕迹占比接近四成。这是因为甲类石斧较薄，形态尺寸也较小，作用于硬物的效率不如厚重的乙类石斧高；同时反映出石斧形态设计与使用功能之间的关联，乙类石斧更适于作用于硬物。

表4.2　　　　西山遗址石斧Ⅰ组使用痕迹及相关信息统计表

| 成品 | | | 刃部 | | | 石楔子 | 总和 |
|---|---|---|---|---|---|---|---|
| Ⅰ组 | 改制Ⅰ | 维修Ⅱ | Ⅰ组 | 改制Ⅰ | 维修Ⅱ | | |
| 9 | 9 | 2 | 8 | 7 | 2 | 8 | 45 |

本表单位为件。

表4.3　　　　西山遗址石斧Ⅱ组使用痕迹及相关信息统计表

| 成品 | | 刃部 | | 顶部 | 石楔子 | 总和 |
|---|---|---|---|---|---|---|
| Ⅱ组 | 维修Ⅰ | Ⅱ组 | 维修Ⅰ | 维修Ⅰ | | |
| 1 | 10 | 2 | 11 | 4 | 3 | 31 |

本表单位为件。

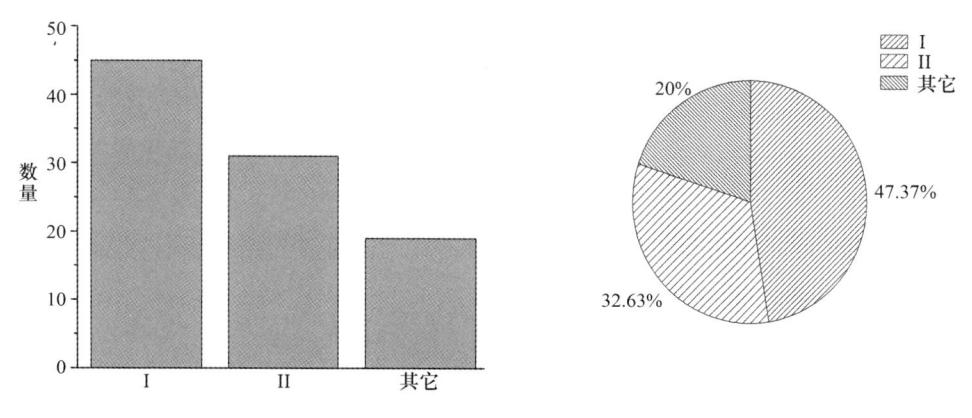

图 4.23　西山遗址出土石斧使用痕迹统计图

注：其他指痕迹不甚清晰或不能归入Ⅰ、Ⅱ组及相关痕迹的标本。

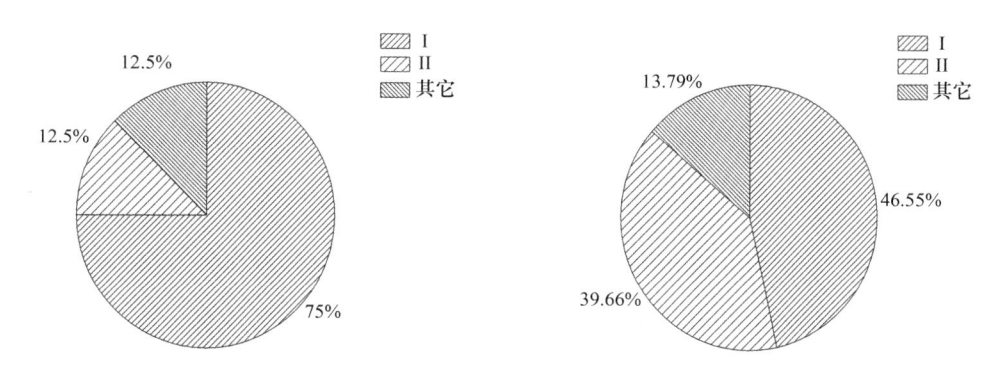

图 4.24　西山遗址出土甲（左）、乙（右）类石斧使用痕迹统计图

注：其他指痕迹不甚清晰或不能归入Ⅰ、Ⅱ组及相关痕迹的标本。

虽然部分模拟实验表明使用片岩劈砍干硬的木材会导致较多片疤的形成，从而一定程度上破坏刃部的完整[①]。但是仰韶中晚期石斧多选用辉绿岩、硬铝质岩、石英岩等原料进行加工，属于硬度最高的器类之一，而且使用Ⅱ组中大部分标本发生的损伤更接近于残断。所以，使用Ⅱ组应该不是由于长时间对类似于干木一类硬木进行加工而造成的常规性片疤堆叠损伤，即使部分片疤是由加工如干木等较硬的木材造成，也应当不是使用Ⅱ组痕迹形成的主因。那么，能对它造成损伤的作用物应该和它同样甚至更加坚硬，而且这项活动应该在当时具有很高的价值和很大的必要性。仰韶中晚期郑州地区聚落迅速发展，金字塔结构迅速成型，必然伴随着不同聚落间的资源争夺与武力扩张。在这个背景下，我们认为石斧Ⅱ组痕迹指示的作用对象很可能是坚硬的石头

---

[①] 崔天兴：《河南新郑唐户遗址出土石器的初步研究》，郑州市文物考古研究院资助项目结项报告，2018年，第82—84页。

或其制品，石料开采和武力对战可能是造成此类痕迹的重要原因。

本课题组前期的调研表明，石铲等大型石质工具的石料需要从巩义、登封一带的山体基岩中开采①，装柄石斧的劈砍与现代地质锤相近，恰可使用山体石料。据前可知，其他工具（如砺石、石刀、部分形制的石斧、石锛、石凿等）可选用河滩砾石作为原料，而石铲的原料来源具有相当强的排他性，又是掘土、农耕的重要工具，与聚落营建、农业生产关系密切，故其石料不仅是石器工业的重要组成面向，还是关系到郑州地区仰韶中晚期聚落生产的关键资源。

郑洛地区仰韶中晚期聚落间的征伐需要大量武器作为支撑。除箭镞、投石等远程武器外，近战武器也必不可少。乙类石斧包含有较多的Ⅱ组及残断标本，这与石钺的损伤情况十分类似：西山遗址出土石钺 20 余件，大部分为残断标本，部分成品的刃部也损伤严重，且保留有类似石斧的Ⅱ组痕迹。所以，我们认为保留有Ⅱ组及相关痕迹的石斧标本也可能与石钺一样，被当作武器用于武力征伐。

此外，薄片状大石斧 XS114 是西山遗址墓葬（M106）出土的唯一一件石斧。其出土位置（图 4.25）表明墓主人生前很可能左手持斧。该石斧为实用器，以质地最坚硬的辉绿岩为材料，一侧打有缺口，又在近顶部的一侧琢制（图 4.26，1），推测以榫卯和系绳方式固定在木柄上使用。刃部使用发生明显形变，兼具使用Ⅰ、Ⅱ组痕迹，经磨制锋利后继续使用（图4.26，2）。这也是石斧使用方式的直接证据，同时也提示我们应该考虑部分石斧作为武器后随葬的仪式意义。

还有一点值得注意。我们所区分的Ⅰ组、Ⅱ组并非互不共存，而是以其指示信息的倾向性进行统计分析。完全可能存在这样的情况：石斧用于伐木开始形成了稳定的Ⅰ组痕迹；在某种情况下又当作参与战争的武器或开采石料的工具进行使用，留下了Ⅱ组痕迹；而后又再加工修理兼用于伐木、战争或开采活动。如 XS114 形成Ⅱ组痕迹后，刃部经磨制再加工又使用形成Ⅰ组痕迹（图 4.26，2）；XS074 刃部经打制再加工形成新的不规则刃部形态后，又使用形成Ⅰ组痕迹（图 4.26，3）。其中

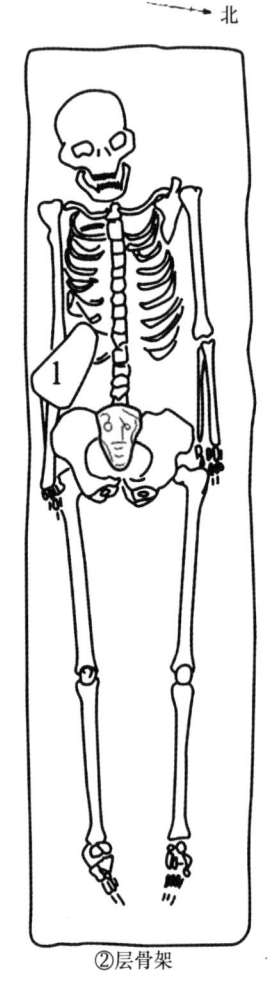

图 4.25　西山遗址 M106 ②层平面图

---

① 任文勋：《郑州地区仰韶中晚期石器工业研究》，博士学位论文，中国科学院大学，2021 年。

应该存在复杂的使用与再加工行为，我们的分析仅对痕迹特征所反映的主要人类行为进行粗线条的勾勒，上述情形也正是石斧一器多用的生动写照。

图 4.26　西山遗址石斧及刃部微痕照片

我们对石质生产工具总数超过 10 件的遗址出土石斧的数量及占比进行了一个比较简单的量化统计（表 4.4），也能反映出一些问题。

其一，西山、双槐树、汪沟、大河村等大型聚落出土石斧在石质工具中的数量占比（可参看占比 1）均达 20% 左右，青台也接近 10%。小型聚落普罗旺世小区遗址出土石斧占比较小，接近 10%；建业壹号城邦小于 5%，或系整体标本量较小造成。在陶器组合研究中，占比 10%—20% 的器类无疑属于流行的典型器。可见，无论在仰韶中晚期大型聚落还是小型聚落，石斧都是重要的石质工具，其占比仅次于石铲。大型聚落的石斧占比体现出略高于小型聚落的倾向，这是因为高等级聚落需要更多的木材、石料等资源，也需要更强的武力以维持聚落安全。所以，无论是作为工具还是武器，不同聚落出土石斧的差异性特征都是仰韶中晚期聚落与社会分化的写照。

表 4.4　　　　　　　　　各遗址出土石斧与石质工具数量统计表

| | 西山 | 双槐树 | 青台 | 汪沟 | 大河村 | 尚岗杨 | 建业壹号城邦 | 黄冈寺工人路 | 普罗旺世 | 林山寨 | 合计 |
|---|---|---|---|---|---|---|---|---|---|---|---|
| 石斧 | 84 | 41 | 13 | 12 | 12 | 10 | 3 | | 5 | | 180 |
| 石质工具 | 462 | 160 | 140 | 54 | 55 | 45 | 76 | 13 | 45 | 15 | 1065 |
| 占比 1 | 18% | 26% | 9% | 22% | 22% | 22% | 4% | | 11% | | 17% |
| 占比 2 | 47% | 23% | 7% | 7% | 7% | 6% | 2% | | 3% | | |

注：石质工具指本书研究的农作、木作（建筑）工具，占比1指某一遗址石斧与石质工具的数量之比，占比2指某一遗址石斧与各遗址石斧之和的数量之比。本表单位为件。

其二，某一遗址出土石斧在各遗址出土石斧总和中的占比（可参看占比2）呈现出较明显的差异。西山石斧数量占据了半壁江山，而其城址面积仅为2.5万平方米，仰韶文化分布范围（约20万平方米）也小于双槐树（约117万平方米）、青台（约31万平方米）、汪沟（约62万平方米）、大河村（约40万平方米）等聚落。从遗址面积合规模上看，双槐树遗址出土石斧占比高于其他几个规模高等级聚落是易于理解的。而西山遗址石斧占比如此之高，则需要结合其聚落属性来理解。

据前可知，西山遗址的面积与规模在郑州地区仰韶中晚期聚落群中并未体现出优势，反而略显不足；其与其他几个聚落的最大差别在于发现有城墙，具有强烈的军事防御色彩，所以被视为具备军权色彩的政治中心。从这个角度讲，可以用于近身作战的石斧无疑是重要的军事战略物资；石斧作为武器，在西山城址这样一个郑州地区等级最高的中心聚落大量被发现也就不足为奇了。当然，中心聚落所匹配的木材、石料等资源量也无疑是最大的。木材一般需要主动砍伐；石料可能通过主动开采，也可能通过某种流通渠道。无论通过何种手段大规模的资源，都需要强有力的武力支撑作为保障。

4. 民族志材料引出的若干线索

黄建秋对国外磨制石斧、石锛研究进行了系统梳理[1]，其中提到的一些民族调查材料，对本研究有一定的参考价值。我们分门别类地进行了归纳，并结合前文研究进行简要剖析。

（1）使用方式及加工对象

新几内亚东北部的 KuKuKuKu 族人使用的石器为石斧和石锛，尤以石斧为多。石斧的形状、大小、柄的长短及装柄位置等并不一致，但这与石器功用无关，只与个人爱好和制作方法相关。这些形态各异的石斧石锛可以用来清理杂树、开垦旱地、劈柴、加工建筑木材、制作弓箭、棍棒、斧柄以及盘子等木制品。

---

[1] 黄建秋：《国外磨制石斧石锛研究述评》，《东南文化》2010年第2期。

北美西北海岸土著印第安人用石锛砍树，用石斧屠宰和肢解动物。

仰韶中晚期石斧已经具备了较高的标准化水平，与民族志材料中形态各异的情况有一定差异。低倍法观察显示，石斧存在一器多用的情况，不仅作用于硬度较低的树木，还作用于如石头、骨头等较硬的物质，可能存在交替使用的情况。这与前述材料显示的一器多用状况大体相符。清理杂树、劈柴、加工建筑木材、制作弓箭、棍棒、斧柄以及盘子等都属于对木材或木制品进行加工，长期或交互使用过程中会留下以磨圆和擦痕为主的使用Ⅰ组痕迹。民族志材料显示，石斧可用来屠宰动物。蒙作者黄建秋赐教，日本学者左原真曾在专著中提及部分民族地区将石斧用作武器的情况，但未进行详细的民族志调查。砍杀敌人和屠宰动物的作用对象都是较硬的骨头关节，这在一定程度上可以支持前文关于使用Ⅱ组痕迹的认识。

（2）砍伐效率

丹麦考古学家在新几内亚西部高原调查中，请 40 岁左右的土著男子给以前的石斧重新装柄并用于砍伐一棵直径约 17 厘米的树。男子在树干两侧砍深口后将树折断，共用时 7 分钟。

美国密歇根大学在新几内亚调查时，请土著参与了多项石斧、铁斧砍树的模拟实验。他根据实验结果做了大致推算：要砍倒建造 1 间房子所用的树木，石斧需要约 558 分钟，而铁斧砍只要 118 分钟，二者之比约为 4.7∶1。

两侧砍伐出较深的茬口后折断树木的砍伐方式已经为国内外较多研究者所证实。铁斧是东周以后铁器时代的产物，它与石斧中间还跨越了青铜时代。它们之间的生产力差距可不是简单的几何倍数，而是资源、技术、人口、地缘、政治、文化等多方面作用的结果。从这个角度看，石斧与铁斧约当 1∶4 的砍伐效率之比，足以说明在新石器时代生产力背景下，石斧应该是效率极高的砍伐工具。

（3）使用年限

索尔兹伯里在新几内亚东部高原的调查中发现塞因人石斧的使用寿命只有一年半，他解释说这可能因为塞因人居住地距石料原产地仅 15 千米，所以石斧生产使用新陈代谢的速度较快。

澳大利亚国立博物馆在巴布亚新几内亚调查中记录了 Duan 人石斧的使用情况（表 4.5）。其中 54 把石斧已经完全"不能使用"，平均使用年限为 7 年；存在能够使用而不再被使用的石斧，平均使用年限为 11 年；使用年限最长的石斧为 17 年，最短的也有 4 年。使用年限较长存在复杂的原因。其一，他们的居住地远离石料产地，石斧要从外面进口；二是石斧代代相传，儿子若还小，就由母亲代为保管，女性不使用石斧，但其使用年限包含了闲置的时间；三是男子一般同时拥有几把石斧，只有一件装柄，而其他石斧被埋在树下或者菜地里，这段未使用的时间也被计算在内。

表 4.5　　黄建秋著述中巴布亚新几内亚 Duan 人石斧使用统计表

| 石斧的命运 | 石斧的数量（%） |
| --- | --- |
| 无法断续使用/坏了，遗失了 | 54 把（61） |
| 使用时遗失在森林里 | 11 把（12） |
| 使用时遗失在菜地里 | 6 把（7） |
| 送了人 | 8 把（9） |
| 交换物品了 | 5 把（6） |
| 失火被烧坏了 | 3 把（3） |
| 其他 | 2 把（2） |
| 合计 | 89 把（100） |

辉绿岩、铁英岩、硬铝质岩、石英砂岩是郑州地区仰韶中晚期石斧选用的最主要石料。辉绿岩分布在登封市唐庄乡井湾村一带，铁英岩分布在登封市李庄至凉水泉一带，硬铝质岩分布在巩义市小关镇一带，石英砂岩分布在巩义市猴山沟一带。这些地点都分布在郑州以西的巩义、登封地区。如果以郑州地区最偏西的大型遗址汪沟为测距基点，那么其到最近的巩义小关镇一带的直线距离约 20 千米，到最远的登封唐庄乡一带直线距离约 40 千米，距离郑州腹地的距离基本在 40 千米以上。而且这些地区都处于嵩山北麓甚至更深入的位置，实际路程肯定更为艰难。

这种情况可能导致仰韶中晚期石斧的使用年限也会很长，可能和巴布亚新几内亚的 Duan 人较为相似。一器多用、经维修和改制后反复使用的现象也与石斧常年使用的情况相吻合。

（4）废弃或保存

怀特在巴布亚新几内亚调查中发现，土著人不会把无法使用的石器丢弃掉，而是作为纪念品保存起来。

这很容易让我们联想到薄片状大石斧 XS114 被随葬于 M106 的情形。值得注意的是，该石斧并非无法使用，在作为随葬品前还是经过维修的实用器。从作为随葬品这一现象看，该石斧显然没有被废弃，而被以一种特殊形式保存起来。其他大部分石斧也都没有成为绝对不能使用的废弃品，即使不能用作石斧，也被改制为石楔子、平刃斧形器、钝刃斧形器以及权宜性端刃器等新器类。可以这样说，我们所整理到的郑州地区仰韶中晚期石斧中，除毛坯、半成品以外，没有一件未经使用的石斧，也很少有完全被废弃不用的石斧或其改制器。这与民族志材料的情况稍有不同，但同样能说明仰韶先民对石斧的高效利用和珍视程度。

(5) 非生产性功能

第一，炫耀与祭祀。

新几内亚东部高原 Hagan 山的人们拥有只在祭祀、仪式、战斗、访问邻部落和求爱等场合使用的"祭祀石斧"。男人们用叶子、皮革做的垂饰装饰石斧，带到交换仪式和祭祀场所去炫耀。他们把石斧插在腰带上，跳舞时便拿在手中挥舞。

第二，彩礼。

新几内亚东北部的 KuKuKuKu 族人磨制 30 厘米以上的大石斧作为象征性的宝物。大石斧不装柄，而用树叶把刃部包裹起来保管。准新郎把大石斧和很多日用石斧作为彩礼送往准新娘家，为了美观有时还会把大石斧装饰得比较花俏。

K. J. 富兰克林在新几内亚南部高原的 Kewa 族的调查中发现，彩礼中石斧大概占了一半。数量最多的有 60 把左右，一般也有 20—30 把；其中三四把石斧作为彩礼，其余为"祭祀石斧"，彩礼会分给准新娘的氏族兄弟。

新几内亚东部高原 Hagan 山地区，作为彩礼的石斧很看重尺寸大小，有的甚至一个人都举不起来，其大小比制作的质量更重要。

第三，资费。

新几内亚东部高原 Hagan 山地区的 Wiru 人曾用石斧当作丧葬费或请巫师的费用。

薄片状大石斧 XS114 还是讨论该面向问题的典型器。首先，它是最大的、形态最特殊的、唯一一件随葬于墓葬中的石斧。与民族志材料不同，它是一件实用器，选用质地坚硬的辉绿岩制作而成，器表琢磨规整。这样一件特殊石斧，在当时应备受瞩目。它被当成随葬品，说明对墓主人很重要，不排除作为炫耀的资本的可能性。至于其包含的其他社会价值和精神内涵，还有待更多资料作为支撑。

因为彩绘朱砂在石钺上出现得最频繁（图 4.27），所以石钺虽不是生产工具，但也被纳入进行讨论。这与民族志材料中将石斧装饰得很花俏的现象有一定程度的相似。石钺与石斧相比，器身更薄，而且均有穿孔。在河南临汝阎村伊川缸上所绘的鹳鱼石斧图也反映出这样的特点。严文明先生指出该缸为白鹳氏族首领的葬具，画中的石斧很可能是氏族首领生前所用的实物，既是实用器，又是权力的象征（严文明，1981）。这与民族志材料中"战斗场合"的"祭祀石斧"有一定的相似。更值得注意的是，严氏将石斧、石钺所包含的社会意义考察置于具体的历史背景中，立足点已经高于前述民族志调查，反映出前述调查没有关注到的石斧在各部落之间武力与文化交流中所起到的政治作用。无论如何，这些都说明石斧除了具备的实用功能外，还具有一定社会价值和政治意义。

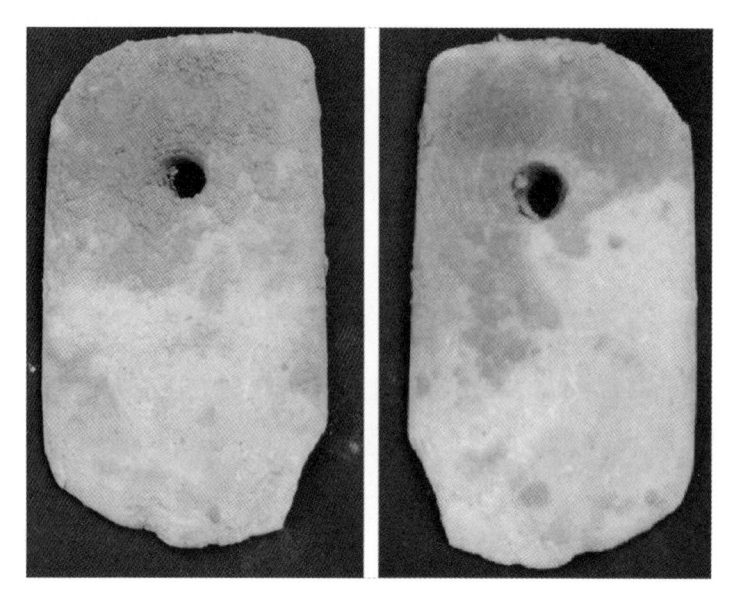

图 4.27　青台遗址出土朱砂图案石钺

简言之，郑州地区仰韶中晚期石斧可能采用了插槽、系绳捆绑等手段进行纵刃装柄，使用方式以挥动劈砍为主。主要的加工对象应该是木材，也存在作为武器等对较硬物质进行作用的情况，具有一器多用的性质。此外，部分石斧除了作为实用器以外，应该还具备了一定的社会价值和政治意义。

（二）石楔子

早在 20 世纪 80 年代，杨鸿勋便卓有见识地从河姆渡遗址出土石斧中辨识出石楔子，指出顶部有锤击破损现象的石斧应为石楔子，石斧主要用于横向劈断木材，而石楔子是纵裂木材的工具（图 4.28）[①]。仰韶中晚期出土石楔子与杨氏研究案例存在一定相似性，即均由石斧改制而成，顶部大多存在锤击破损痕迹（如 XS072，图 4.29，1）。

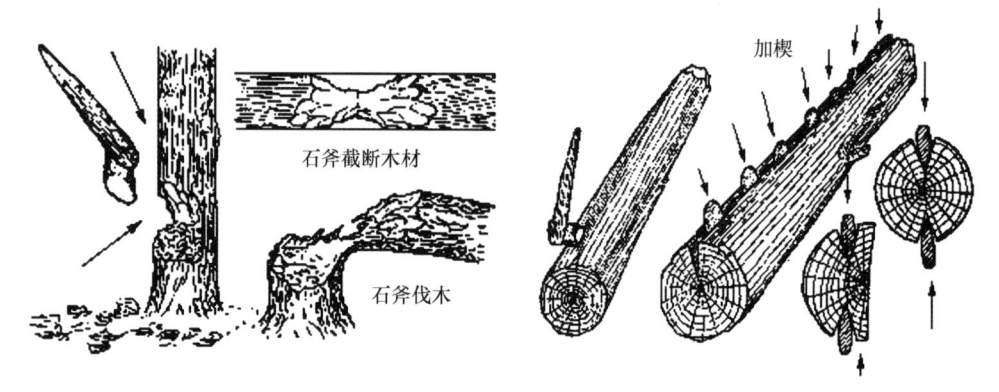

图 4.28　杨鸿勋著述钟石斧、石楔子使用示意图

---

① 杨鸿勋：《石斧石楔辨——兼及石锛与石扁铲》，《考古与文物》1982 年第 1 期。

· 182 ·

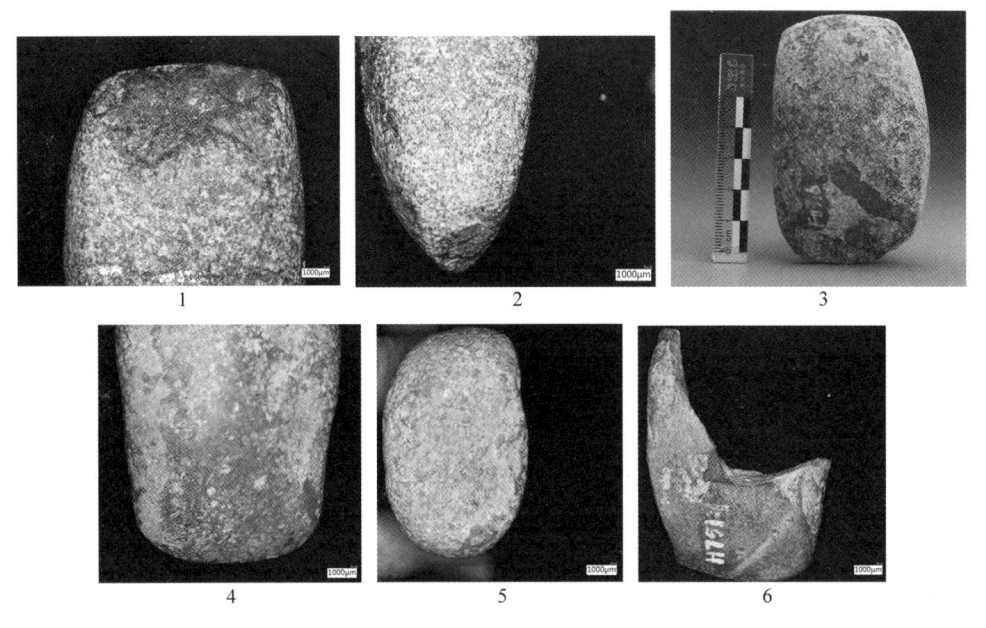

图 4.29　郑州地区仰韶中晚期石楔子痕迹观察照片

仰韶中晚期石楔子体现出的独特性更值得我们注意。

其一，对石斧一侧进行打、琢、磨等不同程度的再加工（如 XS072，图 4.29，2），在接近刃部处形成窄收的形态（如 XS072、XS087，图 4.29，3—4）。这一特征使我们更有信心将石楔子作为单独的一个器类。在没有大量标本统计数据的支持下，凭借顶部锤击破损很难将其确证为一个独立器类，毕竟存在一器多用的可能或者受到其他不可控因素的影响。但是，越接近刃部越窄的形态特征则使该类器与原本作为石斧的使用方式产生明显区别——倒梯形的石楔子既不便于插槽，也不便于系绳，在装柄使用过程中很容易脱落；而刃部窄于器身的倒梯形石楔子通过减小刃部的作用面积，可以有效增大锤击时产生的压强，更易于楔入加工对象中。

其二，部分石楔子在断茬处经打、琢、磨等不同程度的再加工，形成较为规整的顶面（如 XS087，图 4.29，5）。石楔子整体数量还不多，我们难以判断其他损伤严重的石楔子（如 XS264，图 4.29，6）是否存在将断茬加工平整的工序。但从使用上看，加工出的石楔子平整顶面相当于锤击的作用面，便于充分均匀发力，并将锤击力传导给石楔子。

这些特征表明，在郑州地区仰韶中晚期，从石斧中选取合适的残器改制为石楔子已经成为石器工业的一部分，石楔子的痕迹分析可更清楚地指示主要的加工对象。

除两件刃部经过打制再加工的石楔子以外，绝大部分标本的刃部都不同程度地保留有磨圆与擦痕（如XS087、XS204，图4.30，1—4），有的标本兼有一些小片疤。这与石斧的Ⅰ组使用痕迹十分相似，占比高达八成以上（图4.31）。虽然石楔子使用时并不装柄，但其作用方向与石斧大体一致，即垂直或斜向作用于木材表面，所以才会留下与石斧相似的Ⅰ组痕迹。这使我们进一步确信石楔子的加工对象主要是木材表面，而杨氏关于石楔子使用方式的认识应大体无误。此外，石楔子本就是由石斧改制而成的工具，刃部保留有石斧使用痕迹也是正常现象。

大小两型石楔子的形态分野在选择石斧残片时很可能就已经被考量，并导致石楔子在加工对象（如木材等）上产生效果的差异。A型石楔子体态大，可以在木材作用面形成大的楔缝，B型石楔子则可形成较窄、较小的楔缝。这在一定程度上反映出先民木作加工的较高精细化程度。

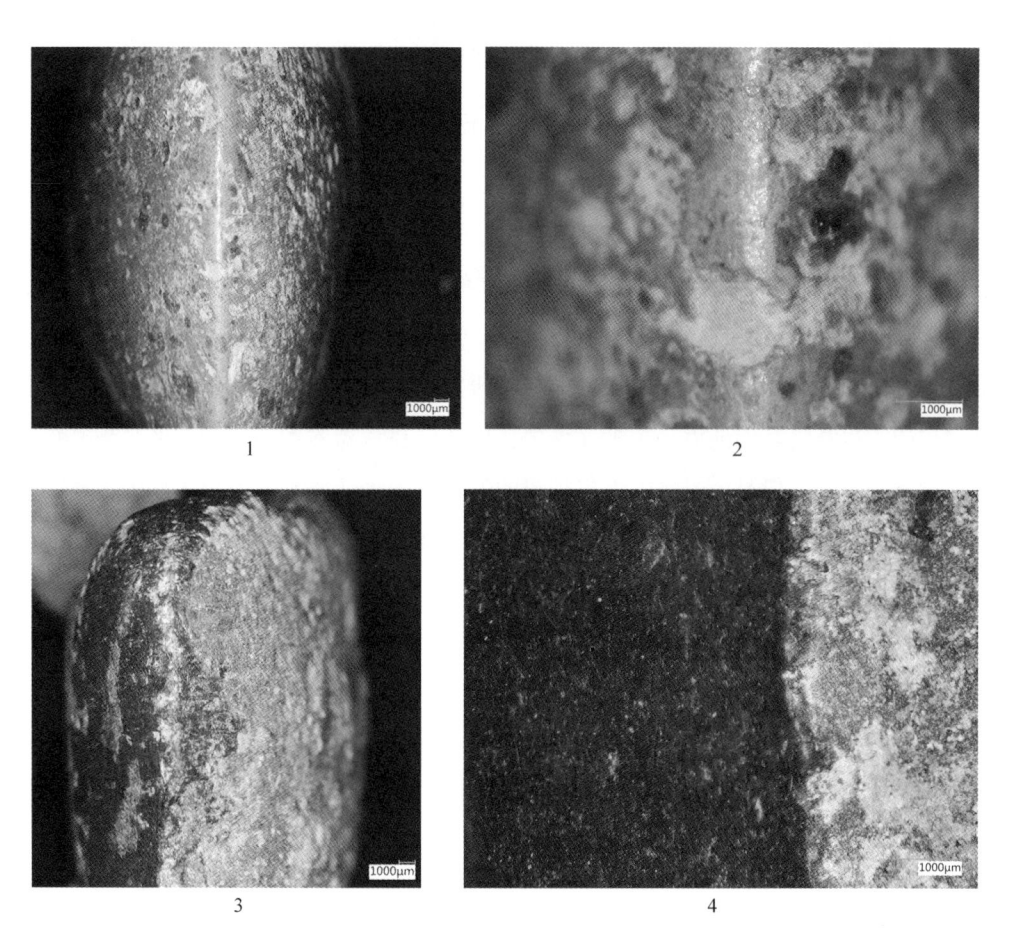

图4.30　郑州地区仰韶中晚期石楔子使用痕迹举例

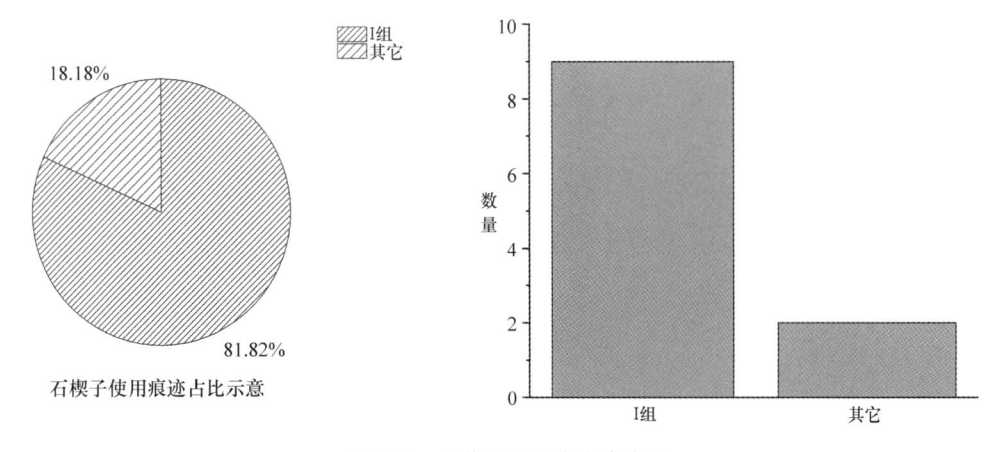

图 4.31 石楔子使用痕迹统计图

（三）石锛

石锛一般被视作用于将砍伐得来的木材加工成建筑板材的生产工具[1]。考古出土带柄石锛、相关图像资料、民族志材料以及学者们的模拟实验都为讨论石锛的使用与功能提供了直接或间接的材料支撑。

中国东南沿海出土有较多带柄石锛。浙江宁波余姚河姆渡[2]、井头山遗址[3]均出土有石锛的木柄遗存。河姆渡遗址出土有树木丫杈加工而成的 L 形木柄 T36④：28、T211④B：380、T211④B：355、T222④B：215（图 4.32，1—4）。其整体形态与石斧木柄相近，惟延伸出来用于捆绑石锛的部分最大宽度在正面而不是侧面，延伸部分的平整

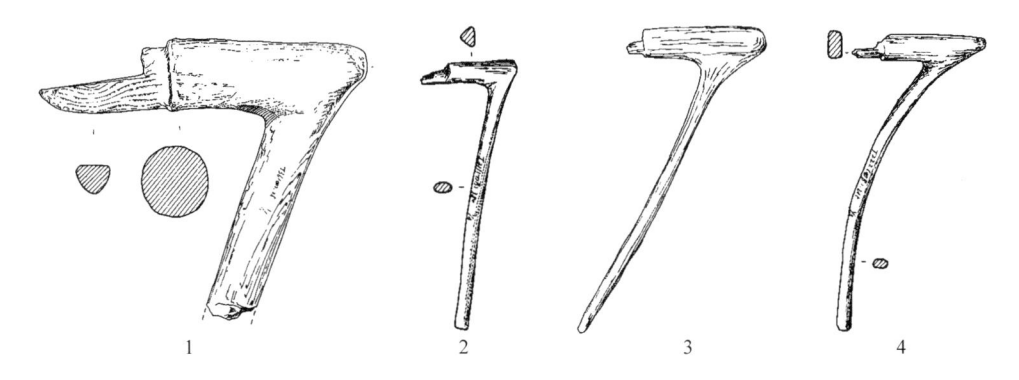

图 4.32 河姆渡遗址出土石锛木柄

---

[1] 肖宇：《史前石锛及其建筑意义考察》，《中国国家博物馆馆刊》2020 年第 1 期。
[2] 浙江省文物考古研究所：《河姆渡》，文物出版社 2003 年版，第 131 页。
[3] 孙国平等：《中国海洋文化八千年的见证——浙江宁波余姚井头山遗址》，"文博中国"公众号 2021 年 3 月 31 日。

面朝上。井头山出土的 L 形木柄（图 4.33）与河姆渡相似，部分石锛出土时就置于木柄之上，直接揭示了石锛捆绑于木柄延伸部分平整面的装柄方式。这种装柄方式可称为横刃 L 形①。

**图 4.33　井头山遗址出土石锛木柄**

赵晔在对良渚文化石器装柄技术的研究中披露了浙江南湖遗址出土及良渚文化博物馆藏的几件带柄石锛材料②。这几类插槽装柄的方法分别被称为纵刃 L 形（图 4.34，1、4）、一字形（图 4.34，2）和 T 字形（图 4.34，3），而且可能配合楔子、绑绳等使其在使用时更牢固③。

综上可知，长江下游地区新石器时代石锛的装柄方式已经比较清楚，可以大体分为横刃 L 形、纵刃 L 形、一字形和 T 字形几种。肖宇根据古代图像、民族志及现代木工情况进行了对比分析④,⑤，推测了前述几种装柄方式对应的使用方法。

第一，横刃 L 形装柄石锛与天长三角圩汉墓出土铁锛⑥相近（图 4.35，1），其使用与木工锛子大体相仿（图 4.35，2—3），较短的锛柄适于单手持握上下挥动，尽可能使石锛刃部与木材水平相切，以达到平木的目的。

---

① 肖宇：《再论石锛的安柄与使用——从出土带柄石锛谈起》，《农业考古》2016 年第 4 期。
② 赵晔：《良渚文化石器装柄技术研究》，《南方文物》2008 年第 3 期。
③ 肖宇：《再论石锛的安柄与使用——从出土带柄石锛谈起》，《农业考古》2016 年第 4 期。
④ 肖宇：《再论石锛的安柄与使用——从出土带柄石锛谈起》，《农业考古》2016 年第 4 期。
⑤ 肖宇：《史前石锛及其建筑意义考察》，《中国国家博物馆馆刊》2020 年第 1 期。
⑥ 安徽省文物考古研究所编著：《天长三角圩墓地》，科学出版社 2013 年版，第 37 页。

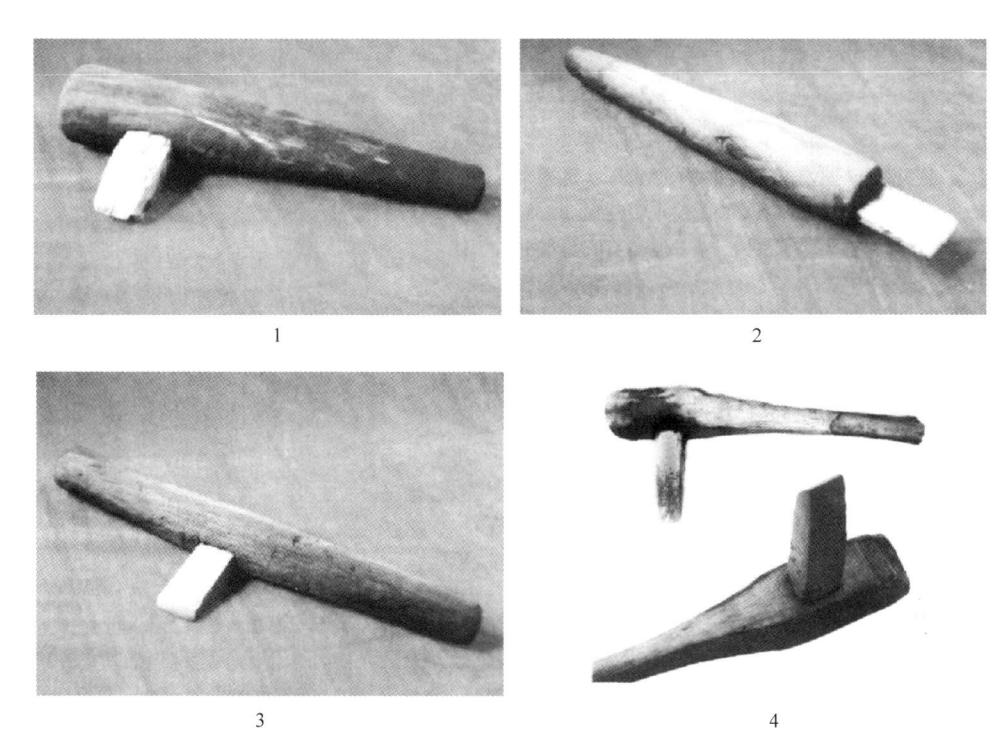

第四章 石器功能与再加工技术研究

图 4.34 赵晔研究中公布的良渚文化带柄石锛

1—3. 良渚文化博物馆藏品　4. 南湖遗址出土

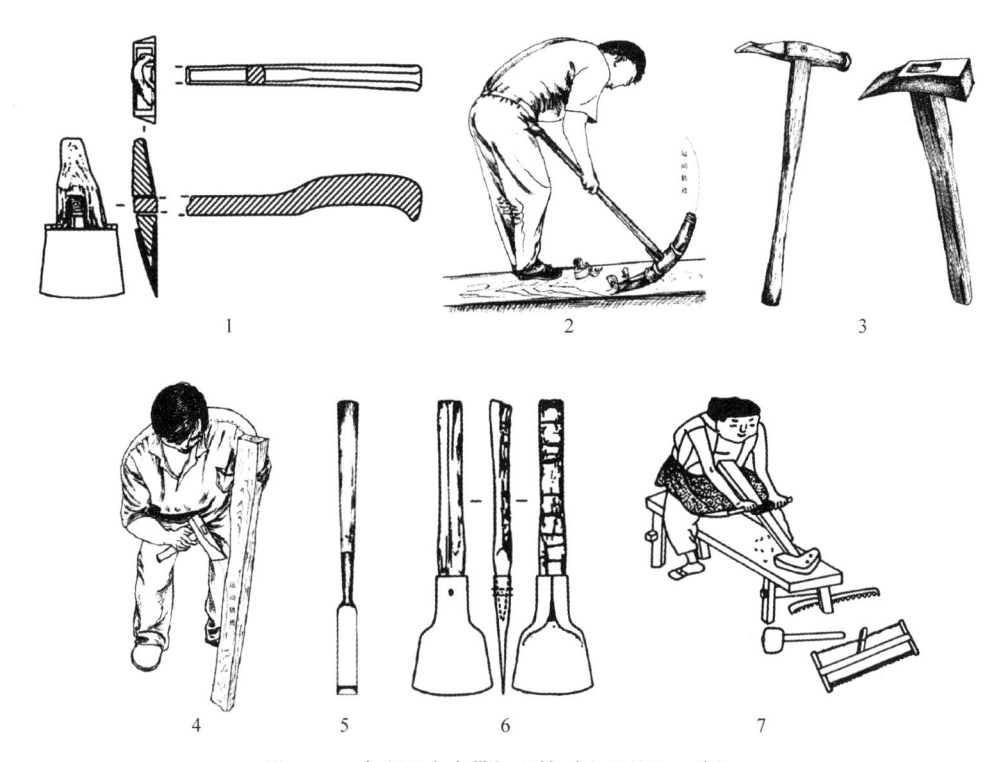

图 4.35 肖宇研究中带柄石锛对照及使用示意图

· 187 ·

第二，纵刃 L 形装柄石锛的运动原理与现代木工单面斧相近（图 4.35，4），即单手持握向侧下侧方挥动，尽可能使石锛刃部与木材水平相切，以达到平木的目的。

第三，一字形装柄石锛的安装方式与凿子相同，与传统木工中的扁铲较为相似。扁铲形态类似于大凿子（图 4.35，5），使用时一手持柄，一手按住刃部以控制刃部切入角度，从而铲削木材；或兼具凿子的功能，用于挖凿卯眼等。天长三角圩汉墓中也出土有类似扁铲的木工工具（图 4.35，6）。

第四，T 字形带柄石锛与传统的木工刨子比较接近。刨子最初的使用方法为在刨刀两侧装把手，用双手持握柄部来推削平木，《清明上河图》中有相关描摹（图 4.35，7）。这种较为原始的使用方法一直沿用到近现代，木工俗称其为"刮子"。余杭南湖遗址"T 字形"带柄石锛的木柄石所用装柄形态中最短的，恰与双肩距离相近，适合双手持握推刮木材。

焦天龙曾系统介绍过波利尼西亚的石锛研究[①]，其中贝司德的研究就很有启示意义。1977 年，贝司德通过实验考古发现影响石锛功能的三个要素：第一个要素，正面的缩减度或柄部的角度；第二个要素，刃部或刃角的弧度；第三个要素，砍砸角或刃部切入木头的最小角度。

其中至少有两点是非常重要的，和郑州地区仰韶中晚期石锛的使用研究关系密切，还能将长江中下游地区的材料串联起来进行讨论。

其一是刃部形态和刃角问题。

石锛的形态主要由是否分段和刃部形态所决定。长江中下游新石器时代石锛不仅存在有段与无段的差异，背部还可分为弧背、折背、直背等类型（肖宇，2015）。郑州地区仰韶中晚期不存在分段石锛，所以对形态产生影响的因素主要是刃部。仰韶中晚期石锛主要有折刃与弧刃两种，如果将刃部单独作为一个单元看，甚至不存在所谓明显的"弧背"或"折背"的区分，基本属于"直背"类型。可见，相较于长江下游史前石锛，郑州地区仰韶中晚期石锛的大类形态划分并不复杂。

那么，刃部便是影响郑州地区仰韶中晚期石锛使用的最主要因素。据前文形态学分析可知，本研究的石锛刃部主要可分为折刃与弧刃两类。折刃标本刃角多集中在 55—65 度，弧刃标本多集中在 45—55 度，均呈现出较高的标准化水平。这表明在制造类型多样的石锛，关键的作用部位受到了严格限制，这显然与被加工对象及要达到的加工效果有关。折刃与弧刃的刃角分别集中在不同的区域，应该与使用的差异有关。

其二是石锛使用时的切入角问题。

这既是一个力学问题，在某种程度上又是个常识问题。与石斧的劈砍不同，石锛

---

① 焦天龙：《波利尼西亚考古学中的石锛研究》，《考古》2003 年第 1 期。

的主要活动可以归结为"削",主要目标是改变作用对象表面的凹凸状况,使其变得平整或形成凹槽等其他造型。无论是在水平面向身体外侧推削,还是向身体内侧回削,抑或在垂直面纵向下削,它的本质都是将作用对象的表面削掉一块,石锛刃部与作用面相交时一定有一个夹角。我们可将石锛对加工对象表面的力分解为垂直和平行于作用面的两个方向(图4.36),垂直分解力的大小决定挖的深浅,平行分解力决定削的长短。所以,尽可能使石锛刃部与木材水平相切只是削的形式之一,如果要挖削出一定的深度,或者挖削出特定的凹槽造型,也不一定要把切入角压得接近水平。

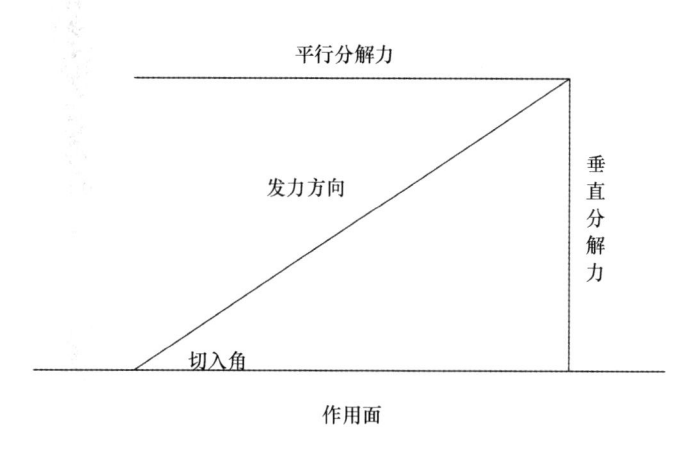

图4.36 石锛使用切入角与力学分解示意图

本研究石锛使用后的刃部形态及痕迹可以有效反映其使用方式,进而有助于反推装柄方式。

其一,使用过的石锛刃部呈现出偏刃与平刃两种形态。

偏刃的正视图类似于石斧不对称的刃部。如标本XS464,刃部明显不对称(图4.37,1)。平刃指刃部近平,两边大体对称。如标本XS174(图4.37,2)。我们对偏刃与平刃的数量占比进行了统计(图4.38),结果显示各类石锛均存在偏刃与平刃两种使用形态,而且占比接近。

从前文对石斧使用方式的研究看,以纵刃L型(图4.16,1—3)或纵刃1字形(图4.17,中、右)装柄来上下挥动劈削木材最容易造成偏刃。石锛标本偏刃占据较大比例,或许表明存在将石锛纵向安置在木柄上的装柄方法,置于具体属于哪种类型的木柄,则有待更多材料的刊布。从仰韶时期伊川缸彩绘的鹳鱼石斧图看,将石锛绑在直柄的情况应该是存在的。部分石锛标本提供了更多的装柄证据。如标本XS703,平面形态近斧,呈现出轻微的不对称状态,左侧刃部微翘,分布有使用造成的小片疤和磨圆痕迹(图4.39,1—2)。此类石锛的形态适于纵向劈削,使用痕迹也符合锋利刃部加工木材的状况。标本XS061为刃部残片,断茬处再加工为新的顶部,近顶部的两侧微

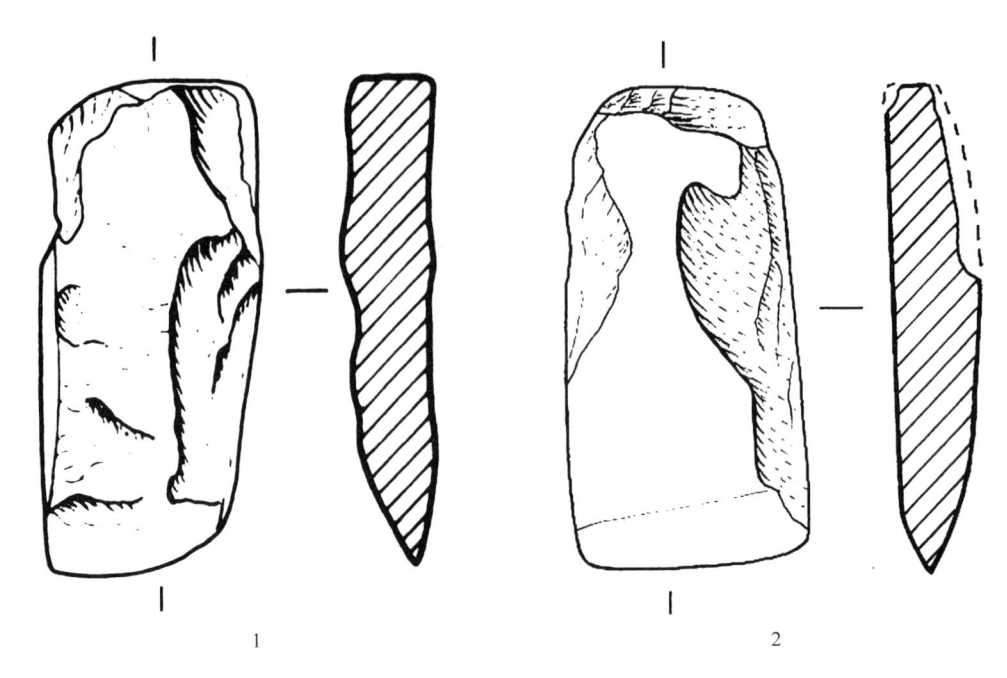

图 4.37　郑州地区仰韶中晚期石锛刃部使用形态举例

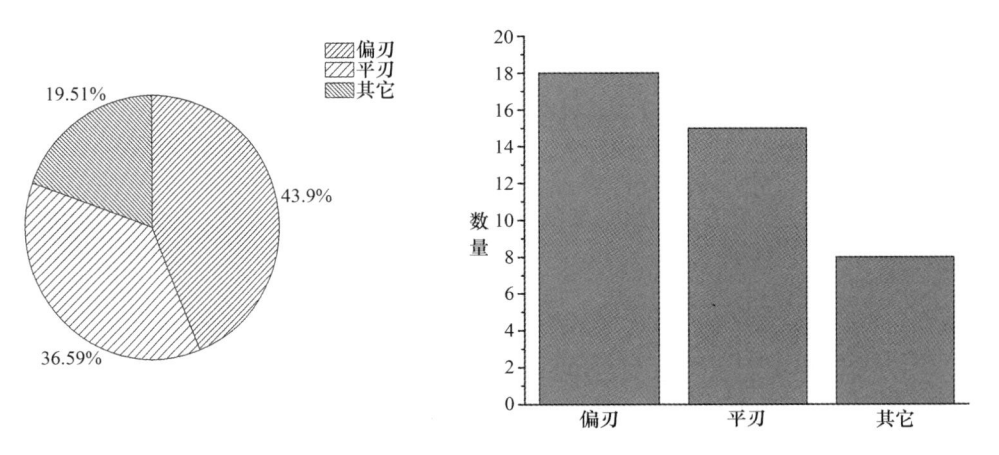

图 4.38　郑州地区仰韶中晚期石锛刃部使用痕迹统计图

注：其他指刃部磨损较严重或其他难于辨认的标本。

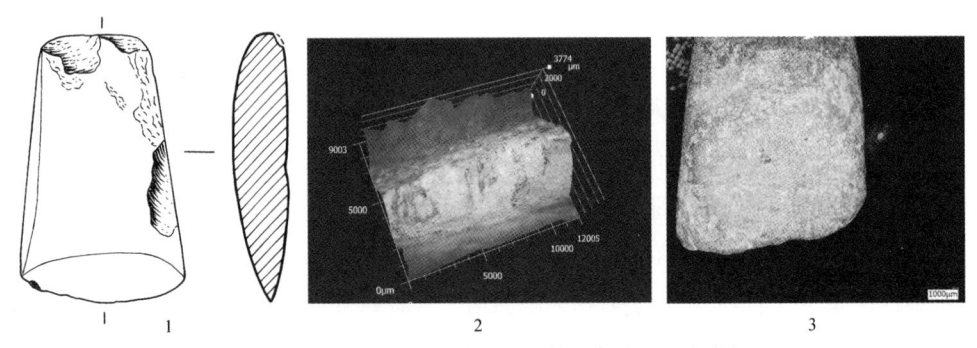

图 4.39　郑州地区仰韶中晚期石锛刃部使用形态举例

内凹，刃部不再锋利，依然能辨别出偏刃的形状（图4.39，3）。标本XS121、XS006的两侧都有凹陷痕迹（图4.40，1—2）。前述标本侧面的内凹很可能与插槽装柄有关，说明可能存在与石斧相似的纵刃1字形装柄形式。另外，标本XS464近顶部的一侧打制出缺口（图4.40，3—4）；WG039近顶部的两侧打制形成近直柄（图4.40，5）；ZZ229近顶部的两侧琢制，微向顶部斜收（图4.40，6）；DHC001顶部琢制偏薄，折刃处类似分段（图4.40，7）；DHC038近刃部两侧切割出缺口（图3.63，1）。无论是制作缺口还是在形成明显的宽窄或厚薄差异，都有利于插槽或捆绑装柄。

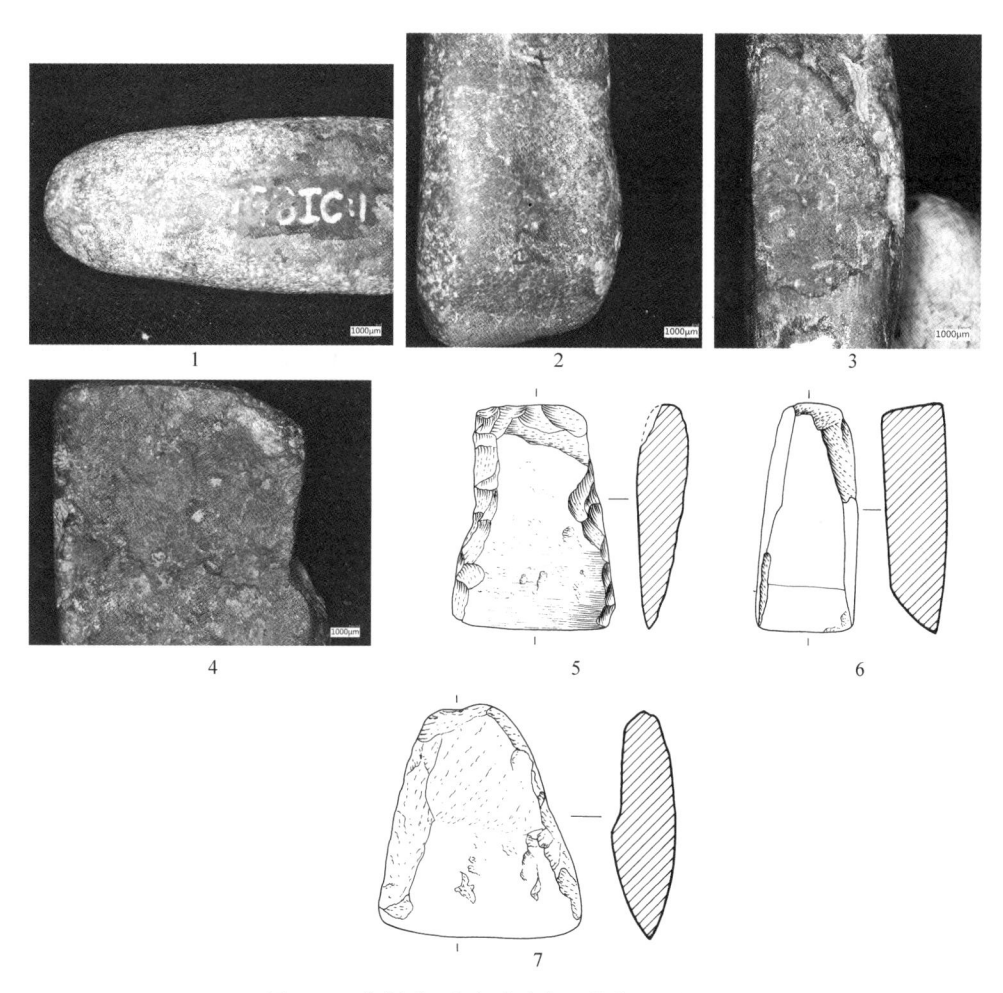

图4.40　郑州地区仰韶中晚期石锛装柄形态举例

石锛刃部使用过后形成的平刃，与其他几种装柄和使用方式关系更密切。无论是向身体外侧推削，还是向身体内侧回削，抑或其他方向平削，它们都有一个共同点——作用于相对水平的表面。这是其与纵刃装柄石锛的本质区别。这样的加工方式需要将刃部尽可能贴近表面,才能产生最大宽度的削平面,使生产效率最大化。所以,石锛使用后呈现出平刃的特点。从这个角度讲,我们基本可以确定石锛存在横刃的装柄形式。使用过后形成偏刃的石锛可能存在插槽、系绳等装柄方式,那么使用过后近平刃的石锛也应该存在类似的装柄方式,至少在技术上是没有问题的,只不过装刃方向变成了横向。

河南其他地区发现的仰韶时期大石刨同样为我们的研究提供了重要参考。洛阳孟津铁炉遗址①大石刨(图4.41,1)选用灰岩大石片作为原料制作而成,中间为刃,两侧为握柄,左侧柄长7、右侧柄残长5、全器横宽29、刃宽17、高14厘米。刃部呈宽刃弓背状,背部打制,刃端双面磨制,较为锋利,保留有长期使用形成的磨损和小片疤痕迹;柄部打制。该大石刨属于伊洛地区仰韶文化遗物。李氏经比较分析后指出其年代应与寨根遗址仰韶文化一期、二期遗存相近。寨根仰韶一期和二期大体相当于王湾一期一段和二段,其中寨根二期还有与大河村二期较为相近的器物②。严文明先生也将王湾一期二段与大河村二期视作大体同时的仰韶遗存,而将王湾一期一段置于大河村一期之前③。所以,该石刨的年代下限相当于本书所说的仰韶中期偏早阶段,上限有可能进入仰韶早期阶段。登封向阳东岗岭遗址④大石刨(图4.41,2)形制与铁炉遗址出土者相近。两侧为把手,中部为器刃,刃部与石斧相似,磨制锋利,柄长25.8、刃长6、宽3.2厘米。简报介绍该调查地点为仰韶文化遗址,未见更详细的分析。但该大石刨整体和刃部形态都比铁炉遗址出土者更规整,体现出更精细的加工技术,其年代可以更晚,接近仰韶中期晚段或晚期。

图4.41 河南出土仰韶大石刨

(1、2分别于洛阳孟津铁炉、登封向阳东岗岭遗址出土)

这两例石刨实际上就是大石锛的一种,只不过将柄做成了石质的。此类石刨具备一定的实用性,便于推削,是能满足仰韶先民需求的木作工具。但其数量很少,目前

---

① 李鑫、李德方:《孟津新发现的仰韶文化大石刨考识》,《中原文物》2010年第5期。
② 河南省文物管理局编:《黄河小浪底水库考古报告(二)》,中州古籍出版社2006年版,第206—209页。
③ 严文明:《仰韶文化研究》,文物出版社2009年版,第126—172页。
④ 崔耕、孙宪周:《河南开封地区新石器时代遗址调查简报》,《考古》1979年第3期。

仰韶中晚期仅见两例，郑州地区仰韶中晚期遗存中甚至基本不见。这是否代表具备此类功能的工具就不存在呢？答案显然是否定的。安装木柄使用的石锛也能完成大石刨的工作，这样就不需要花费大量时间制造石柄，而且加上石柄之后对石料的尺寸要求会更高。铁炉遗址出土大石刨为灰岩，而郑州仰韶中晚期石锛常用的辉绿岩、硬铝质岩、石英砂岩、石英岩质地更坚硬。所以，更符合实际的情况应该是，此类大石刨的功能可以由石锛所替代，由于加工更便利、石料更坚硬，石锛在仰韶中晚期更为流行。而大石刨的存在提示我们，石锛可能同样具备 T 字形的装柄方式。

在我们整理的石锛中也发现有指示装柄使用的线索。XS464 近顶部的一侧打制出一个缺口。WG039 近顶部的两侧打制形成近直柄（图 4.42，1）。ZZ229 近顶部的两侧琢制，微向顶部斜收（图 4.42，2）。前述形态特征体现出将石锛进行"分段"的倾向，分段处产生的明显宽窄差异，则便于插槽或捆绑装柄。XS661 两侧较为规整，但仍然保留有装柄使用凹陷的痕迹（图 4.42，3）。这些都是仰韶中晚期石锛装柄使用的重要证据。

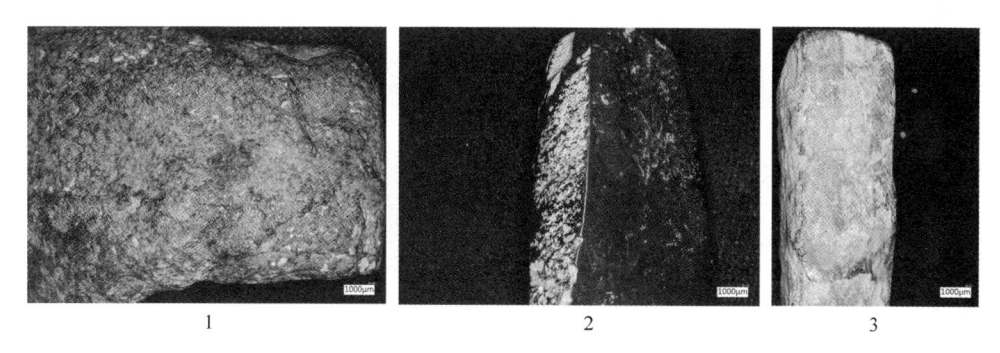

图 4.42　郑州地区仰韶中晚期石锛装柄痕迹举例

值得注意的是，关于平刃与偏刃的认识并非指二者互不相关或绝不共存。如石斧不同使用痕迹对应的使用方式会交互反复一样，二者也会存在互用的情况，我们也几乎不能也没有办法去证明同一件或某类型石锛只能用于一种加工方式。所以，我们只是从撷取出两类差异较明显的刃部使用形态，以表达倾向性的意见。

其二，石锛刃部使用痕迹也大体可以归为两组。

1. 使用 I 组

与石斧使用 I 组相近，主要为磨圆与擦痕（如 XS392，图 4.43，1—2；如 XS216，图 4.43，3），有的兼具小片疤（如 XS174，图 4.43，4—5），有的擦痕较明显，甚至可观察到垂直或斜交于刃部的现象（如 XS648，图 4.43，6—7）。该组使用痕迹与赵碧玉用石锛进行平木实验的痕迹结果吻合[1]，类似的磨圆、擦痕以及小片疤痕迹在较大程

---

[1] 赵碧玉：《江苏连云港藤花落遗址出土石锛研究》，硕士学位论文，南京大学，2017 年。

度上反映加工对象应该是比石头软的木材等物质，大体与各种装柄方式、切入角度的挖削木材行为相对应。另外，再修理Ⅱ组只对用钝的刃部进行磨制，也应该指示着相关标本在变钝前应该有与使用Ⅰ组相近的使用行为，在统计时一并纳入。

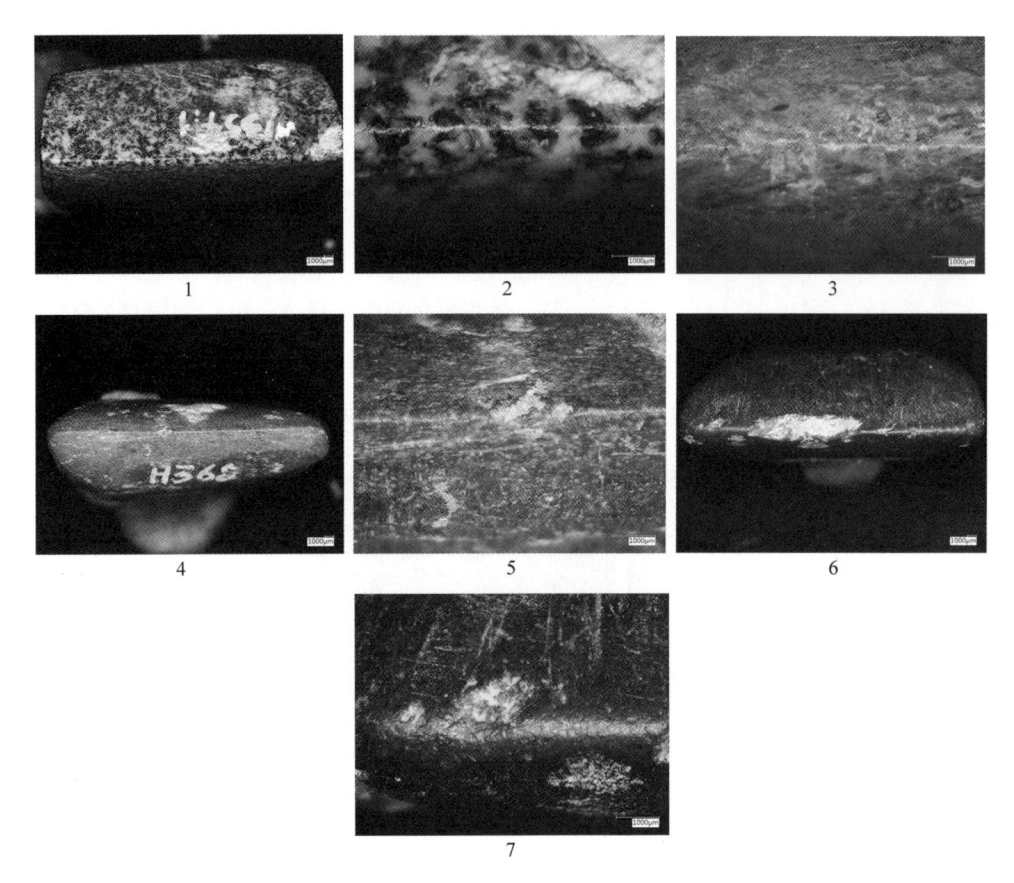

图4.43 郑州地区仰韶中晚期石锛使用Ⅰ组痕迹举例

此外，改制器标本XS319（图4.44，1）整体器形宽且薄，不属于典型的石锛，但刃部为偏锋，这一形态与石锛相近。最重要的是，该标本的刃部形成了较为清晰的垂直于刃部的擦痕（图4.44，2—3），这很可能是其器身较薄且刃角（38度）明显小于标准石锛刃部造成的。蒙陈虹执教，该标本的用途或与加工中软性物质有关，除削挖木材表面外，还可能用于加工皮革等物质。

2. 使用Ⅱ组

严格来讲，我们尚未发现石锛中存在如石斧使用Ⅱ组一样刃部发生较大损伤、形成大片疤甚至导致残损的标本，只有极少量维修Ⅰ组标本可能指示着其发生过较大损伤。这提示我们，不排除部分石锛可能作用于更硬的加工对象。

使用痕迹分组占比统计表明（图4.45）使用Ⅰ组对应的行为占比达9成以上，占

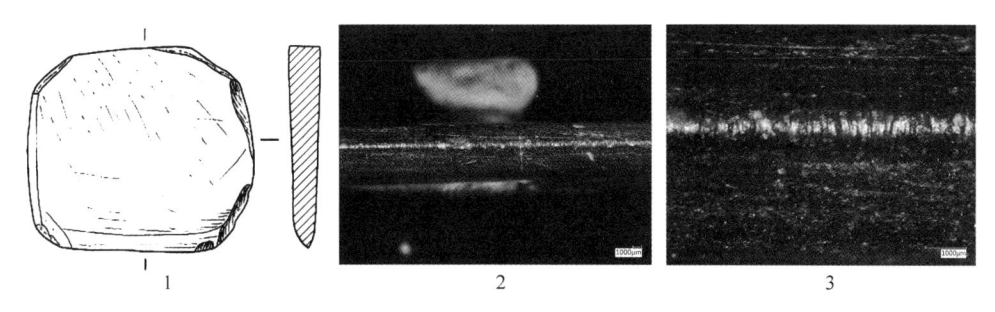

图4.44 标本 XS319 线图及刃部微痕照片

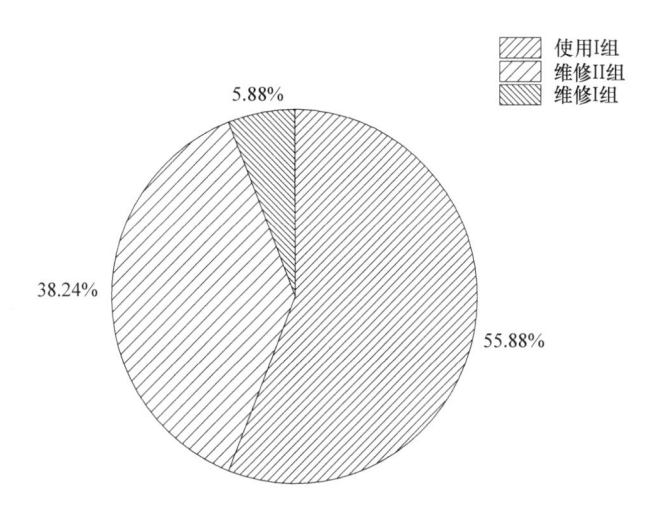

图4.45 郑州地区仰韶中晚期石锛刃部使用痕迹占比饼状图

据绝对的优势；而对应使用Ⅱ组的石锛占比极少。另外两件保留有维修Ⅰ组痕迹的石锛，一件为甲类，一件为乙类，最精小的丙类石锛则不见相应痕迹。这或许表明只有体态较大的石锛偶尔用于加工更硬的物质，但不像石斧将使用Ⅱ组作为常规的使用方法。

据前可知，石锛生产的专业化水平体现在形态的多样性和刃角的标准化上。这与使用Ⅰ组占据绝对主导地位的统计结果是相符的。如果像石斧一样主要用于伐木，那么只需要达到一定的厚体和刃角标准即可，而作用于石头等坚硬加工对象的石斧甚至连完整刃部都不需要。而石锛除体态大小的类别划分外，还有平面形态、宽窄厚薄、折刃弧刃等形制差异，在接触作用对象的关键部位（如刃部）和与使用切入角相关的关键形制参数（如刃角）上，又采取了严格的标准化控制。这说明在对木材进行挖削时，有着多样的需求，可能不仅是为了削平那么单一，还包括在一定角度下挖出宽窄、深浅不一的凹槽造型或其他不规则造型。如此，形态的多样化可以达到各种挖削效果的，刃角的统一则便于工匠使用工具，形成一套规范化的木作加工技术。不难想象，郑州地区仰韶中晚期先民的木材加工技术已经比较成熟和精细，而石锛等木作工具的生产专业化也是其使用专业化的重要基础。

简言之，郑州地区仰韶中晚期石锛存在横刃、纵刃两种装柄方式，插槽、系绳捆绑等手段均可能用于装柄。石锛的加工对象主要是木材，以纵向为主的挥动劈削、水平为主的推削、回削、挖削等多种形式和多种角度在木材表面进行加工造型。

（四）石凿

石凿与石锛最大的区别在于刃部，石锛为偏锋刃，而石凿为中锋刃，而且整体以瘦长形为主。石锛的装柄和使用方式可作为石凿的重要参考。一般认为，石凿是主要用来挖凿孔槽的木作工具。

刃部使用形态与使用痕迹依然是反推石凿装柄与使用方式的主要依据。

石凿的刃部使用形态还是可以分为偏刃（如XS287、XS465，图4.46，1—2）与平刃（如XS481、XS143，图4.46，3—4）两种。数量统计显示（图4.47），二者占比均超过4成，占有较重比例，是使用后形成的主要刃部形态。

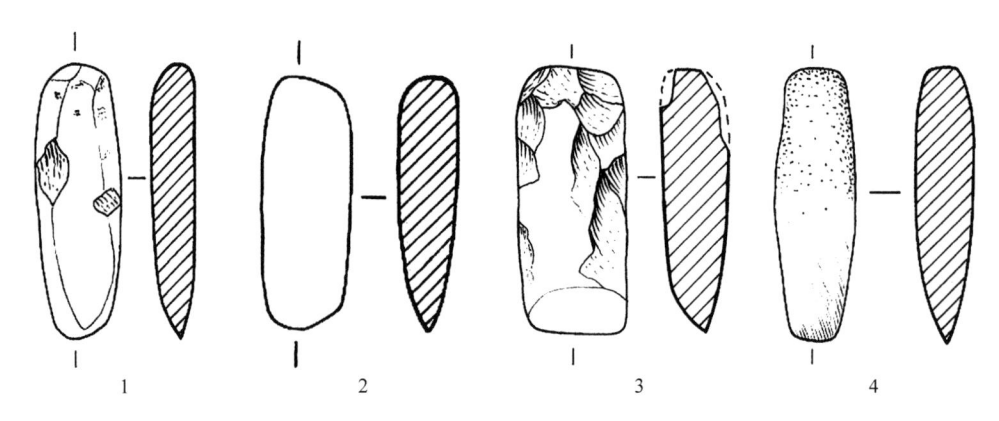

图4.46 石锛刃部使用形态举例

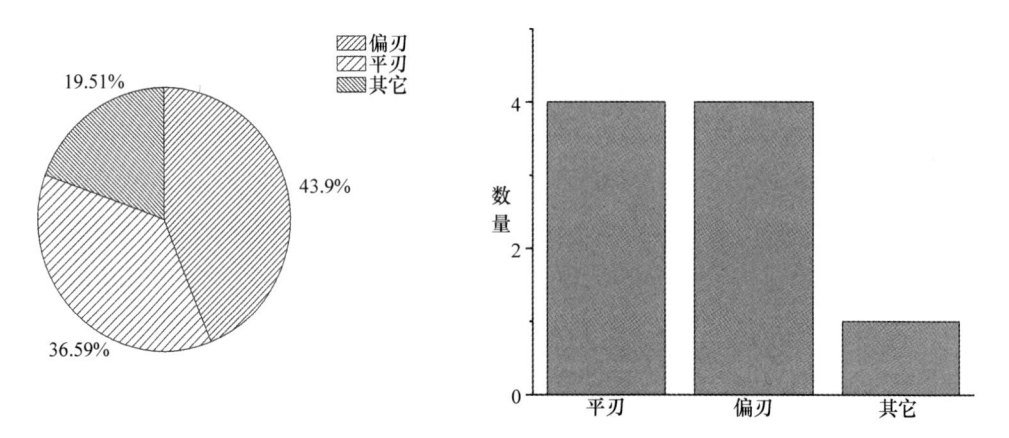

图4.47 石凿刃部使用痕迹量化统计示意图

注：其他指刃部磨损较严重或其他难以辨认的标本。

据前文关于石斧、石锛的研究可知，偏刃大体可与纵刃 L 形、纵刃 1 字形的装柄方式对应，使用时挥动劈削造成刃部的不均匀损伤。平刃大体可与各种横刃装柄方式对应，使用时刃部尽可能贴紧作用面，以形成最大宽度的作用面积。从石锛采用了插槽、捆绑等装柄方式的情况看，石凿也有可能采取类似手段装柄使用。标本 XS143 两侧保留有凹陷痕迹（如 XS143，图 4.48，1），便是石凿插槽装柄使用的写照之一。

石凿刃部保留下的使用痕迹同样是研究使用方式的重要证据，可大体与石锛对照。

石凿使用痕迹以 I 组为主，表现为磨圆、擦痕，有的兼有小片疤，有的擦痕垂直于刃线（如 XS465，图 4.48，2—3；如 XS601，图 4.48，4—5；如 XS287，图 4.48，6）。维修 II 组再加工痕迹也大多在该组使用痕迹的基础磨修刃部，并再次形成使用 I 组痕迹。据前可知，使用 I 组痕迹大体与挖削木材对应的使用方式对应。部分标本刃部出现曲线损伤（如 XS601，图 4.48，4—5），说明石凿的使用并非直上直下，也可以各种角度切入挖凿孔槽。

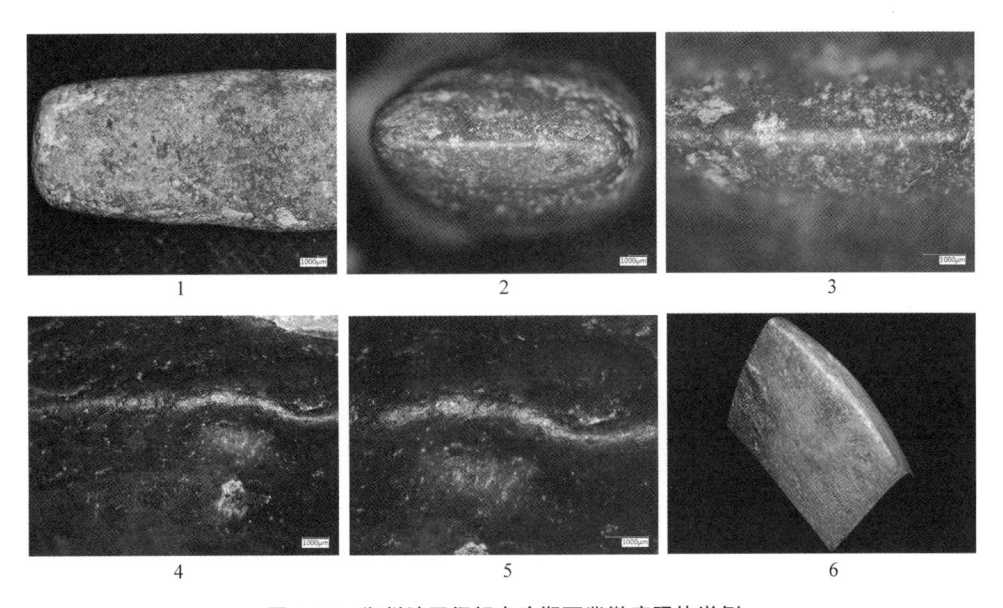

图 4.48 郑州地区仰韶中晚期石凿微痕照片举例

简言之，石凿的装柄方式可能与石锛相近，也存在以插槽、捆绑等手段进行横刃与纵刃装柄两种方式，在木材表面进行相应的挖凿加工。

（五）石抹子

石抹子是以往极少受学界关注的一类石器。早在 20 世纪末，佟柱臣先生便在汤阴白营遗址的龙山时期石器中辨识出石抹子，并指出其可能用于加工史前建筑的石灰面①。此后国内几乎不见专门研究石抹子的著述。

  国外学者 Adams 较为敏锐地从手持砾石工具中鉴别出类似于石抹子的工具，曾就相关问题展开较为系统的民族调查、痕迹分析及模拟实验研究②，具有较高的参考价值。

  Adams 对伊朗西部以及美国西南部近现代村落建筑使用的石抹子进行了较为详细的介绍，并对照指出古代遗址出土的鹅卵石工具也应为石抹子。

  伊朗西部 Kurdustian 省 Naw 村房屋的墙壁、地面、屋檐及储存室等位置均可见使用石抹子涂刷灰泥面的现象，石抹子多为火山岩或鹅卵石（图 4.49，1—2）。涂刷的材料在周围山区获得，开采白色且富含黏土的土壤，并挑选出岩石碎块等杂质，再与水混合成为灰泥涂料（图 4.49，3—4）。涂刷过程中会使用到石抹子，具体来讲分为两个步骤：1. 在涂料湿润时，使用形态较小的石抹子（平均长 11.5 厘米、重 454 克）进行抹平，抹平方向大多水平且贯穿整个灰泥面，同时喷洒适量的水以保持灰泥的柔软（图 4.49，5、7）；2. 在灰泥面干燥了一会儿之后，使用形态较大的石抹子（平均长 13.3 厘米、重 839 克）进行多方向的磨光以消除瑕疵（图 4.49，6、8）。

  伊朗地区 Sarcham 遗址（Sead Mucheshi et al., 2017）出土有晚期青铜时代（前 1900—前 1400 年）、铁器时代 I 段（前 1400—前 1200 年）及 Sassanid/Parthian 时期（公元 3 世纪）的石抹子（图 4.50，1）。在晚期青铜时代的遗址中还发现有 70—150 厘米厚的土墙。Bardeh Mar 遗址出土有石抹子（图 4.50，2），时代约当 18—19 世纪。

  在美国西南部的 Arizona 和 New Mexico 州，部分 19—20 世纪的考古人笔记或人类学调查中有关于石抹子加工壁面的简要记载。如 Zia Pueblo 地区的房屋土面先用脚踏平，再用手涂抹泥灰面，最后用光滑的鹅卵石将地面涂抹至坚硬致密③。生活在 First Mesa 的 Hopi 人会在每年 2 月用灰泥粉刷室内，这与 Powamu 庆典的春季清洗有关。此外，婚礼等庆典也会进行泥灰涂刷。这些地区鹅卵石抹子的最大径在 10.5 厘米左右，部分鹅卵石表面中部会有一个平台区域，这些鹅卵石被视为涂刷泥灰面所用的石抹子④。

  Arizona 和 New Mexico 州的考古发掘中，石抹子一般被认为是具有对应两个磨圆平

---

① 佟柱臣：《中国新石器研究》，巴蜀书社 1998 年版，第 303—304 页。

② Jenny L. Adams, Amir Saed Mucheshi, "The persistence of plastering technology: Defining plastering stone as a distinctive handstone category", *Journal of Archaeological Science: report*, Vol. 31, 2020, pp. 1-13.

③ Woodbury, R. B., "Prehistoric Stone Implements of Northeastern Arizona", *Papers of the Peabody Museum of American Archaeology and Ethnology*, Vol. 34, 1954, p. 93.

④ Adams, J. L., "Groundstone from Walpi", *Walpi Archaeological Project*, Phase 2, Vol. 4, 1979, pp. 1-220.

第四章　石器功能与再加工技术研究

**图 4.49　伊朗地区石抹子民族调查资料**

1. Kurdustian 省北部 Saqez 泥砖建筑涂抹灰面　2a-c. Rowar 村房屋外立面、内饰、屋内石抹子　3. 寻找灰泥原料　4. 加水制作灰泥涂料　5. 使用小石抹子在湿润状态抹平灰泥涂料　6. 使用大石抹子在干燥状态下磨光灰泥表面　7. Naw 村第一阶段使用的石抹子　8. Naw 村第二阶段使用的石抹子　（均引自 Adams 研究）

整面的盘状石器①。21 世纪初 Honey Bee 村的发掘为石抹子的使用提供了重要线索，多条证据表明石抹子用于室内涂抹泥灰面②。Honey Bee 村遗址出土的石抹子时代约当公元 650—1200 年，表面存在明显的平整面（图 4.51，1）。遗址中还出土了墙址遗迹，墙壁表面也发现了用石抹子加工过的泥灰面痕迹（图 4.51，2）。

---

① Adams, J. L., "Ground Stone Analysis: A Technological Approach", Salt Lake City: University of Utah Press, 2002, pp. 94-96; Kidder, A. V., The Artifacts of Pecos. Papers of the Southwestern Expedition No. 6, New Haven: Yale University Press, 1932.

② Adams, J. L., Stroud, A., Ground stone artifacts and ecofacts recovered from Honey Bee Village, AZ BB: 9: 88 (ASM), Wallace, H. D. (Ed.). Life in the Valley of Gold: Archaeological Investigations at Honey Bee Village, a Prehistoric Hohokam Ballcourt Village, Part 1. Anthropological Papers No. 48. Archaeology Southwest, Tucson, Arizona, 2012: pp. 323-432.

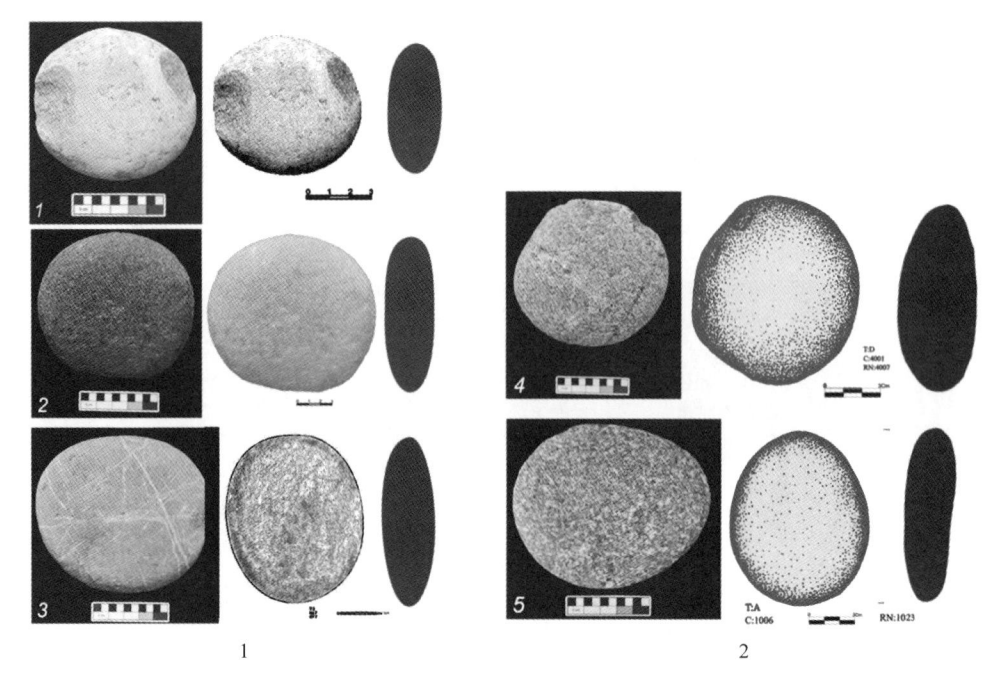

图 4.50　伊朗地区出土石抹子

1. Sarcham 遗址出土晚期青铜时代石抹子　2. Bardeh Mar 遗址出土 18—19 世纪石抹子（均引自 Adams 研究）

图 4.51　Honey Bee 村遗址出土石抹子及墙址遗存

1. 石抹子平整面示意（黑圈标识）　2. 墙址表面抹灰面痕迹（白色箭头）（均引自 Adams 研究）

在此基础上，Adams 进行了模拟实验和痕迹分析。鹅卵石涂抹泥灰面和碾磨谷物的对比实验表明：由于泥灰面包含有大量的细沙颗粒，石抹子在使用 10 小时后，石头表面的颗粒会呈现出明显的磨圆状态；由于碾磨谷物会与下方的底座相互磨砺，鹅卵石会形成大范围的平整面，但石头表面的颗粒还是比较清晰。此外，Adams 还总结归纳了手持鹅卵石工具作为石抹子、陶器磨片、磨棒等不同功能器具时的痕迹差异。最终，Adams 指出模拟实验与痕迹分析还需要继续开展，以进一步确定石抹子的用途。

无论国内还是国外，学术界都有将适于手持且具有一个或多个平整面的砾石工具视作石抹子的倾向性认识，这是石抹子研究的重要基础。石抹子功能研究的症结在于，再多的模拟实验也无法还原几百甚至几千年前的使用环境，遗址中出土的石抹子及地面、墙面等遗存还不多，或者尚未引起足够重视，我们还没有找到能够直接印证石抹子与壁面可能发生作用的实物材料。幸运的是，西山、青台、双槐树、汪沟等遗址出土石抹子表面还保留有石灰，双槐树遗址出土的地坪、墙壁等遗存中也保留有石灰，这使得我们可以对这些标本进行科技分析以确定其成分及其可能产生的联系。所以，我们拟在前人研究的基础上，对石抹子进行痕迹观察，再对石抹子、墙壁、地坪等遗存中提取的样品进行成分分析，进而深化关于石抹子功能及相关问题的认识。

1. 痕迹分析

我们对青台、西山、双槐树、汪沟等遗址出土石抹子的作用面进行了痕迹观察，发现郑州地区仰韶中晚期石抹子的作用面呈现出较为一致的特征。

其一，石抹子多采用天然砾石作为工具，器表的单面（如 XS652，图 4.52，1）、双面（如 XS266，图 4.52，2—3）或多面（如 QT179，图 4.52，4—7）会形成比较明

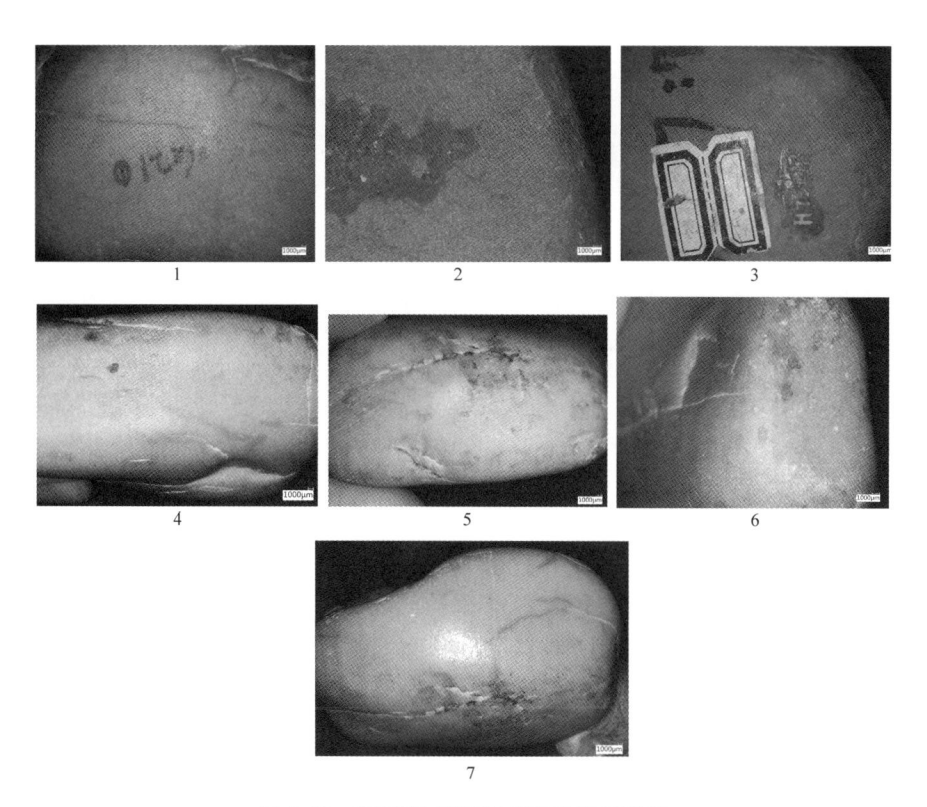

图 4.52 郑州地区仰韶中晚期石抹子举例

显的平面。其中A型椭圆形饼状石抹子多单面或双面使用，B型不规则形石抹子侧面也会使用。由于器身未加工出近直的侧面，作用面与侧面交接处的过渡较为圆滑。

其二，石抹子的使用痕迹可分为较明显的两类。

（1）使用Ⅰ组

使用面上只见单纯的磨圆痕迹，未见明显磨制擦痕。如标本QT179（图4.53，1）、QT345（图4.53，2—3）、XS652（图4.53，4）的使用面。本组痕迹与前人模拟实验总结归纳的情况基本相符。由于石灰面颗粒细腻，石抹子在涂刷抹平泥灰的过程中不会发生大的损伤，主要表现为砾石的天然表面逐渐磨平和磨圆。

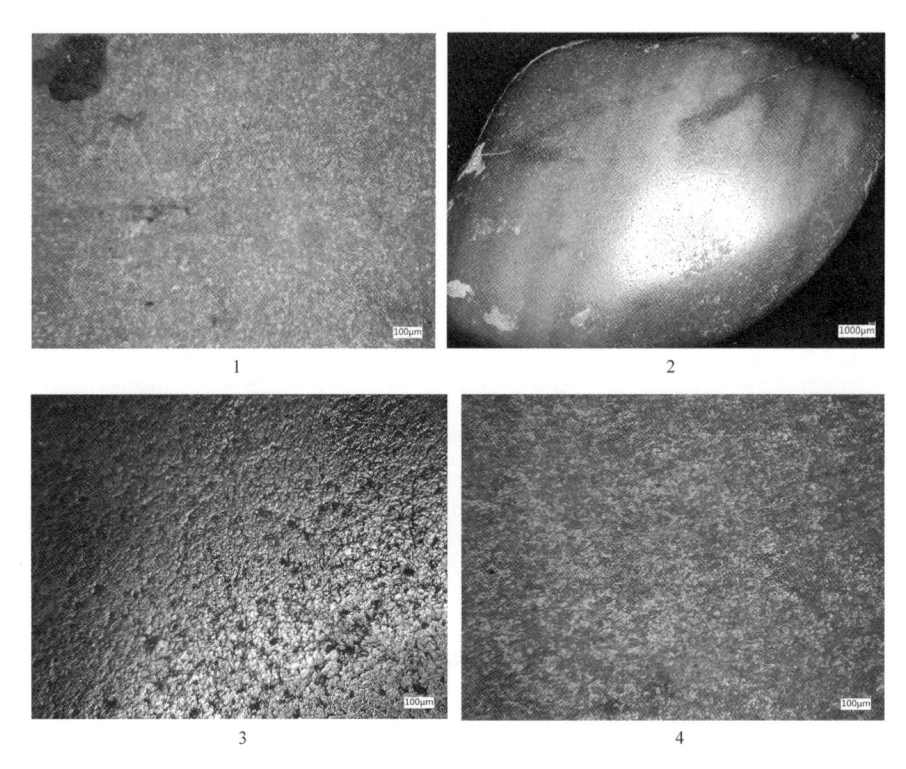

图4.53 郑州地区仰韶中晚期石抹子使用Ⅰ组痕迹举例

（2）使用Ⅱ组

使用面除磨圆痕迹外，还可见明显的磨制痕迹。如标本WG035（图4.54，1—2）、XS363（图4.54，3—4）的使用面均可见线状磨痕。之所以能将这些痕迹辨识为磨制痕迹，是因为我们在石刀（如XS190，图4.54，5）、石铲（如XS482，图4.54，6）等工具表面发现有几乎一样的磨制痕迹。这些磨制痕迹多为凹陷的线状痕迹，凹痕两侧呈外凸的颗粒状，是使用沙子和水作为磨擦介质造成的。这在说明石抹子的作用面发生过磨制行为。那么，石抹子是被磨制还是用于磨制其他器物的磨石呢？它应该用于磨制其他器物的器表。因为石抹子多选用尺寸形制合适的天然砾石，本来就有较平整的一面，使用面不需要特殊加工，直接使用形成磨圆的更规整的平面，基本分布有使用Ⅰ组痕迹。再者，相较而言，石抹子表面的摩擦痕迹更细，两侧外凸的颗粒状痕迹也不那么明显，这是因为石抹子在涂抹壁面时会磨掉使用面原本的其他痕迹。所以，使用Ⅱ组应该是石抹子同时用于磨制其他石器器表的痕迹，证明石抹子存在作为磨石的一器多用现象。

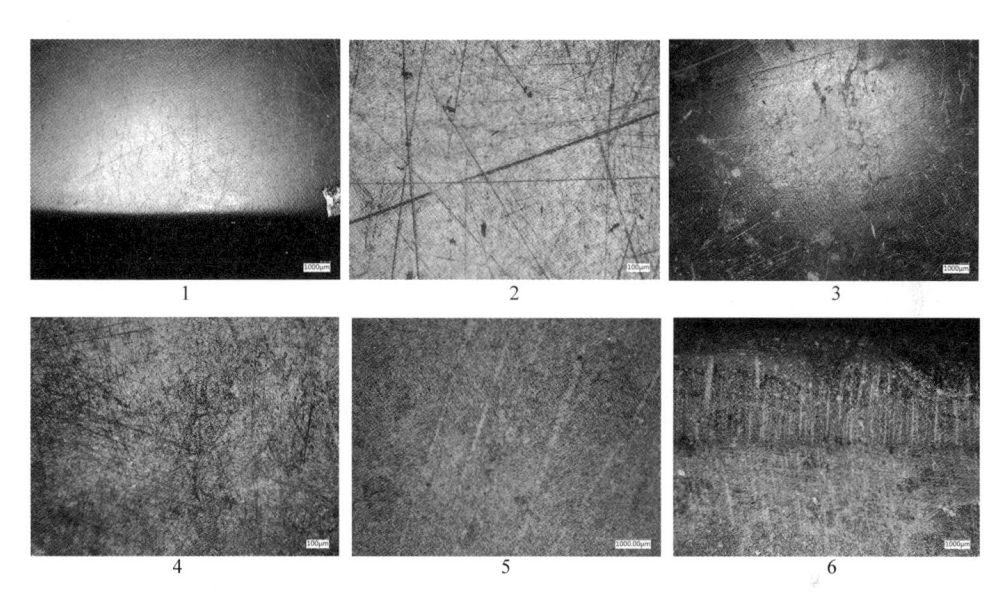

图4.54　郑州地区仰韶中晚期石抹子使用Ⅱ组及相关痕迹举例

量化分析表明（图4.55）使用Ⅱ组痕迹占据石抹子的半壁江山，这说明石抹子一器多用的情况是广泛存在的。值得注意的是，我们将使用Ⅱ组单独统计，并不意味着这些标本就没有使用Ⅰ组痕迹，而实际情况是绝大部分石抹子都存在使用Ⅰ组痕迹。

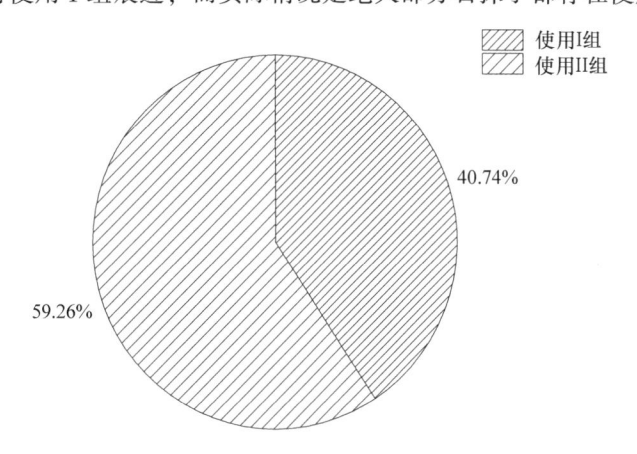

图4.55　郑州地区仰韶中晚期石抹子使用痕迹分组占比统计图

C 型石抹子一器多用的情况比较特殊。如标本 XS302 表面存在使用Ⅰ、Ⅱ组痕迹（图 4.56，1—2），端头又有作为锤头使用的痕迹（图 4.56，3），周身还保留有明显的石灰残留（图 4.56，1、4）。这说明该标本不仅具备石抹子、磨石的功能，还可作为石锤使用。其周身保留的石灰残留或加工石灰面的物化证据，下文的残留物分析将进一步深化相关认识。

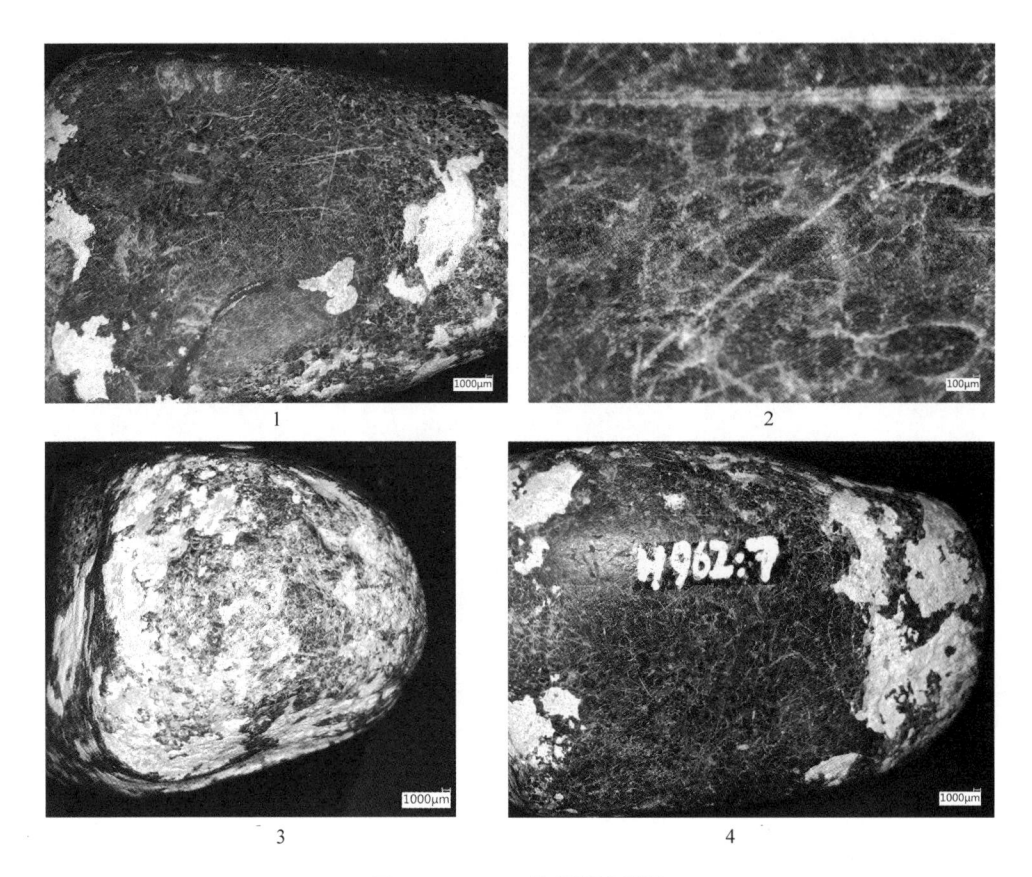

图 4.56　XS302 使用痕迹举例

2. 残留物分析

据前可知，佟柱臣先生凭借多年的发掘和研究经验颇有见地辨别出了具有平整壁面作用的石抹子，Adams 团队通过考古材料观察、民族志调研和模拟实验进一步对石抹子的内涵和用途进行了界定，初步奠定了石抹子命名与研究的基础。郑州仰韶中晚期石抹子当然也是石抹子研究的重要拼图，揭示出石抹子的区域和时代特征，填补了中国新石器时代晚期某区域该类器系统研究的空白。但总体来讲，目前缺乏史前建筑材料与石抹子相互作用的实物证据，是进一步深入研究的最大限制性因素。幸运的是，双槐树遗址发掘出土了房屋地坪、墙皮等遗存，我们与北京科技大学刘思然团队进行合作，通过建筑遗存和石抹子表面残留物的成分分析，得以进一步勾勒石抹子作用对象与使用方式的线索。

我们从双槐树F7出土墙皮（图4.57，1）中提取了QP1—6等6个白灰面样品，从F54出土墙皮（图4.57，2）中提取了QP7—13等7个样品，从QT157、QT235（图4.57，3）、QT345（图4.57，4）、XS652（图4.57，5）、XS302（图4.57，6）、XS088（图4.57，7）、XS158、XS161、XS020（图4.57，8）、XS071（图4.57，9）、XS295等石抹子表面分别提取了石灰样品，并对这些样品进行了红外光谱分析。使用溴化钾压片法，用取样针挑取白灰面粉末约0.1mg，与100—200倍质量的溴化钾（分析纯）在研钵中研磨至均匀混合。将适量混合样品转移至模具，用手动压片机制成直径约2mm的圆片，放入样品仓中进行红外光谱测试。测试前使用溴化钾压制空片扣除背景。使用仪器为美国赛默飞世尔科技（Thermo Fisher Scientific）公司的IS5型傅里叶变换红外光谱分析仪，使用iD1透射附件，扫描范围为4000cm-1-400cm-1，扫描次数设为16次，光谱分辨率为4cm-1，采集时间约23秒。红外光谱数据使用Thermo Scientific OMNIC软件进行分析。

图4.57 仰韶中晚期地坪及石抹子取样标本

红外光谱中方解石特征峰主要有 $\nu3$-1420cm、$\nu2$-874cm 和 $\nu4$-713cm 等，利用红外光谱中 $\nu2$（874cm$^{-1}$）与 $\nu4$（713cm$^{-1}$）处峰强的比值（图4.58），可以区分天然石灰石与人造石灰石。$\nu2/\nu4$ 代表方解石晶体结构的有序度，$\nu2/\nu4$ 越大，晶体越无序。天然石灰石有序度高，因此 $\nu2/\nu4$ 较低，一般小于3。经煅烧脱碳后在环境中重新吸收二氧化碳形成的方解石，晶体结构的有序度降低，无序度更高，红外谱图中的 $\nu2/\nu4$ 值也更大，其 $\nu2/\nu4$ 值一般在 3 以上，且这种无序度特征能够保持数千年而不发生变化。因此，通过图 1 所示的方法求出 $\nu2$（874cm$^{-1}$）与 $\nu4$（713cm$^{-1}$）处峰强的比值，便可以区分天然石灰石与人造石灰石。

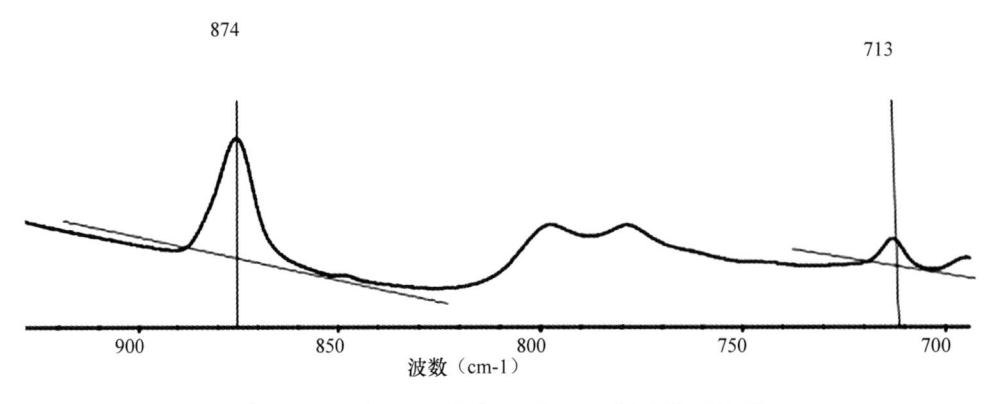

图 4.58  $\nu2$（874cm$^{-1}$）与 $\nu4$（713cm$^{-1}$）峰强示意图

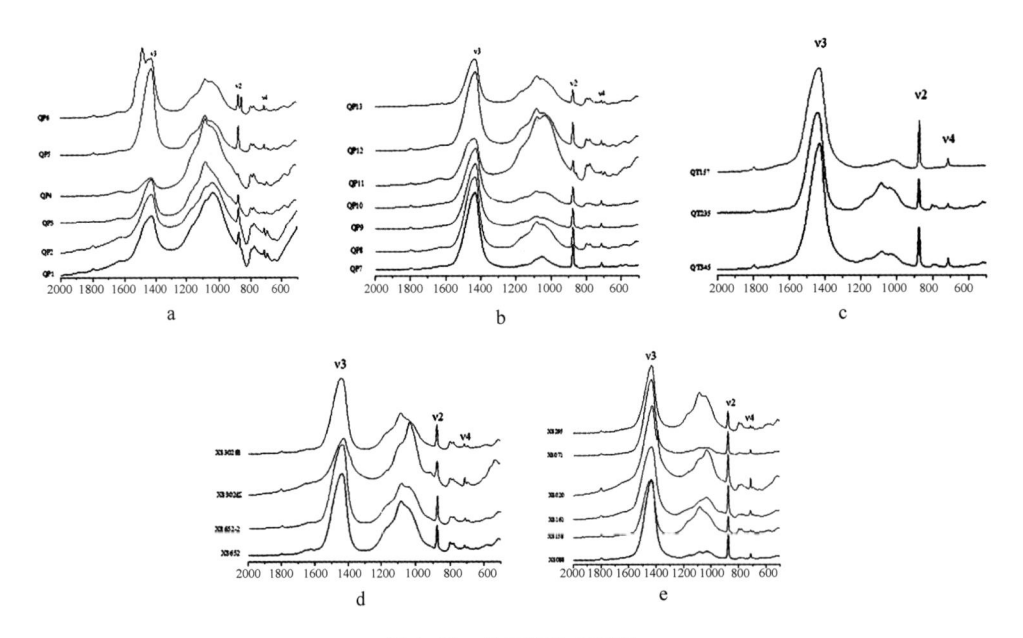

图 4.59  样品红外光谱图

注：a-b：双槐树墙皮 $\nu3$-1420cm、$\nu2$-874cm 和 $\nu4$-713cm 峰；c：青台石抹子白灰面 $\nu3$-1420cm、$\nu2$-874cm 和 $\nu4$-713cm 峰；d-e：西山石抹子 $\nu3$-1420cm、$\nu2$-874cm 和 $\nu4$-713cm 峰。

各样品红外谱图中 $\nu3$-1420cm、$\nu2$-874cm 和 $\nu4$-713cm 峰如图（图 4.59）所示，根据上面所介绍的方法求得各样品 $\nu2/\nu4$ 如表（表 4.6）所示：

表 4.6 各样品检测信息统计表

| 样品 | $v2$ | $v4$ | $v2/v4$ |
|---|---|---|---|
| QP1 | 0.14 | 0.045 | 3.1 |
| QP2 | 0.12 | 0.031 | 3.8 |
| QP3 | 0.13 | 0.016 | 8.4 |
| QP4 | 0.03 | 0.003 | 8.7 |
| QP5 | 0.32 | 0.061 | 5.3 |
| QP6 | 0.17 | 0.056 | 3.0 |
| QP7 | 0.50 | 0.108 | 4.6 |
| QP8 | 0.29 | 0.053 | 5.5 |
| QP9 | 0.39 | 0.083 | 4.7 |
| QP10 | 0.27 | 0.060 | 4.6 |
| QP11 | 0.12 | 0.019 | 6.1 |
| QP12 | 0.36 | 0.071 | 5.1 |
| QP13 | 0.20 | 0.031 | 6.3 |
| QT157 | 0.38 | 0.062 | 6.1 |
| QT345 | 0.56 | 0.114 | 4.9 |
| QT235 | 0.24 | 0.032 | 7.5 |
| XS652 | 0.25 | 0.034 | 7.4 |
| XS652-2 | 0.24 | 0.030 | 8.1 |
| XS302 红 | 0.25 | 0.032 | 7.9 |
| XS302 白 | 0.11 | 0.038 | 2.8 |
| XS088 | 0.03 | 0.003 | 9.0 |
| XS158 | 0.13 | 0.017 | 7.6 |
| XS161 | 0.73 | 0.122 | 6.0 |
| XS020 | 0.43 | 0.140 | 3.1 |
| XS071 | 0.22 | 0.034 | 6.4 |
| XS295 | 0.46 | 0.091 | 5.1 |

基于以上数据绘制 $v2/v4$ 柱状图（图 4.60，1），可以看到墙皮样品除个别 $v2/v4$ 值小于 3 以外，其余都大于 3。几个 $v2/v4$ 值低于 3 的样品中 QP6 的红外光谱异常，$v3$ 吸收峰出现在 $1480 \mathrm{cm}^{-1}$，说明其不是纯净的方解石，可能含有文石等其他碳酸钙同分异构体，因此其 $v2/v4$ 值没有指示意义。QP1 和 QP2 两个样品为墙皮本体和白灰面的混合样，反映了墙皮的粘体基质中方解石与表面白灰层中方解石的混合信号，因此也不宜直接用于讨论表面白灰层的制作工艺。由此可见，墙皮样品可能为将人工烧制的

石灰涂抹在墙体表面形成。

我们绘制了石器样品白灰面 $v2/v4$ 值的柱状图（图 4.60，2），可以看到西山遗址和青台遗址的石器样品面白色残留物样品 $v2/v4$ 值基本在 3 以上，说明这些白色残留物可能也是由人工烧制的石灰碳化后形成的。对于其形成过程可有多种解释，部分石器可能用于人工烧制石灰的加工及涂抹，另一部分则可能是在埋藏环境中接触了石灰。两种来源的石灰均可在埋藏过程中碳化，在石器表面形成主要成分为石灰石的白色硬壳。

以往对新石器时代大地湾仰韶时期[1]、陶寺龙山时期白灰面[2],[3] 的红外光谱分析主要集中于地坪遗存，而本研究在房屋墙皮提取出人工制石灰表明郑州地区仰韶中晚期的房屋建筑确实存在涂抹灰面的加工工序。石抹子表面提取的白灰面亦为人工制石灰，虽然其形成过程还存在不同解释，但已为石抹子可能的作用对象提供了物化证据。总而言之，这是以往研究基础上的重大进展。

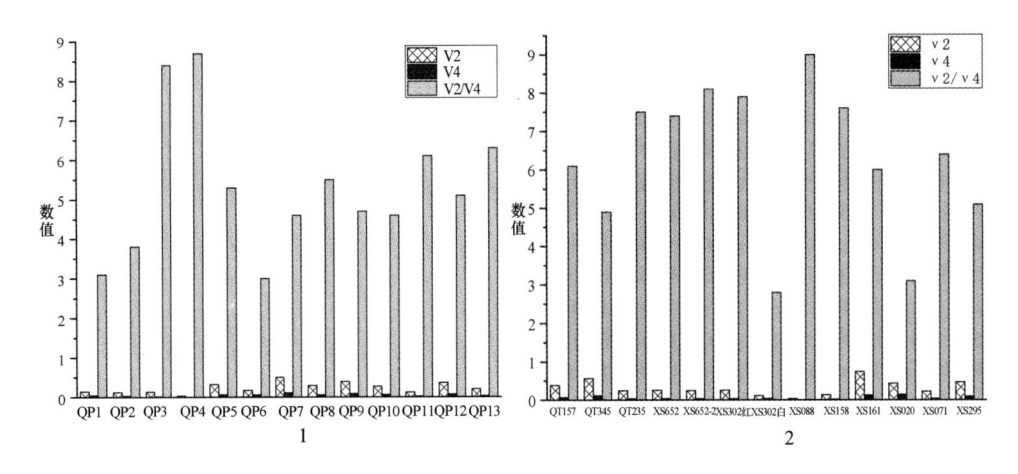

图 4.60　样品红外光谱 $v2/v4$ 柱状图

综上可知，石抹子应该是仰韶中晚期建筑营建中的一类重要工具，主要用于在壁面加工涂抹石灰面，同时存在普遍的一器多用现象。

（六）石锤

石锤一般被视作用于锤击或打琢的加工工具，似乎与木作（建筑）工具无太大关联。本研究将其纳入，是因为部分标本存在明显的一器多用现象，部分作用部位可能

---

[1] 李最雄：《我国古代建筑史上的奇迹——关于秦安大地湾仰韶文化房屋地面建筑材料及其工艺的研究》，《考古》1985 年第 8 期。
[2] 李乃胜、何弩、毛振伟等：《陶寺、尉迟寺白灰面的测试研究》，《分析测试学报》2005 年第 5 期。
[3] 魏国锋、张晨、陈国梁等：《陶寺、殷墟白灰面的红外光谱研究》，《光谱学与光谱分析》2015 年第 3 期。

当作石抹子来使用。此外，在使用石锛、石凿及对房屋框架进行加工，或锤击石楔子进行木材加工时，可能也会使用到石锤。

与石抹子相似，大部分石锤也选用砾石，以其端头作为锤头，选择的标准也是便于持握。大部分石锤标本的端头有明显的打击破裂或琢痕。如标本 XS427、XS032 的锤头保留有打击破裂的损伤痕迹（图 4.61，1—2），XS416、QT328 锤头保留有琢痕（图 4.61，3—4）。

图 4.61 郑州地区仰韶中晚期石锤使用痕迹举例

结合前文类型学分析看，B、C 型石锤存在较多一器多用的情况。部分标本器身侧面可用作磨石（如 QT340，图 4.61，5）、磨棒（如 XS228，图 4.61，6）等。部分标本为石杵，一端可作锤头（如 XS009，图 4.61，7）。少量石锤的表面及另一端还存在类似石抹子的平整使用面。如标本 XS067 的另一端直径较大，使用形成了石抹子使用Ⅰ组痕迹（图 4.62，1—2）。XS101 的另一端也形成了直径较大的使用平整面（图 4.62，3），侧面器表也形成了使用平面及石抹子使用Ⅱ组痕迹（图 4.62，4）。QT211 另一端直径较大，形成了使用平面及石抹子使用Ⅱ组痕迹（图 4.62，5—6）。经过初步统计，石锤一器多用标本数量占比超过 5 成，这些都表明石锤（尤其是 B、C 型）一器多用的现象比较普遍，而石锤的一些部位可以当作石抹子使用。

至此，石抹子和石锤互相借用的情况已经揭示出来。一方面，这种情况并不多见，

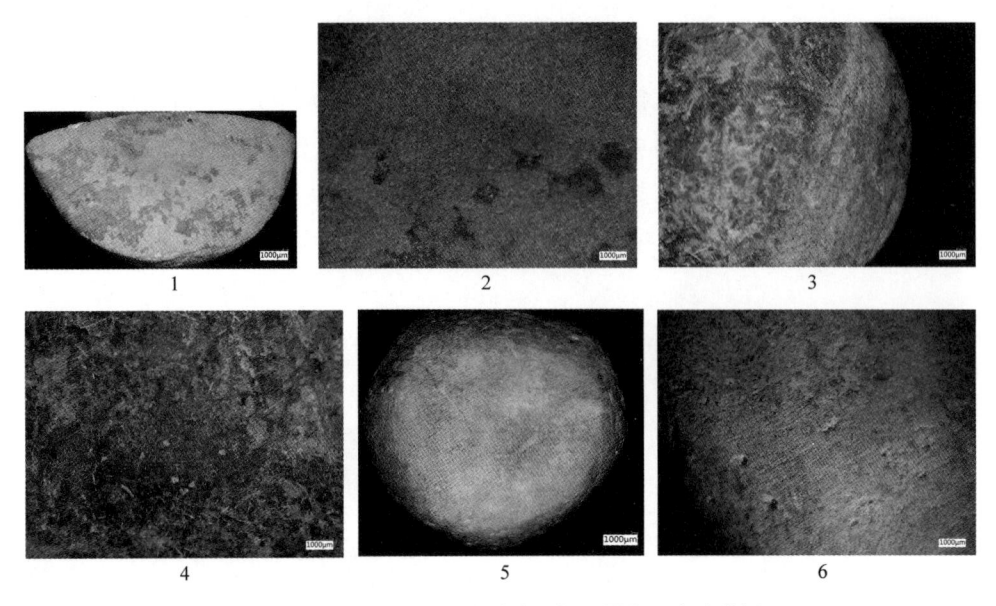

图 4.62　郑州地区仰韶中晚期石锤一器多用痕迹举例

说明二者的主要用途还是有明显区别的。另一方面，二者均主要选取便于抓握的砾石作为工具，所以借用起来也很方便。

部分标本的出土环境也能提供一些线索。如标本 XS101 出土于西山 F157，XS067 出土于西山 F84。这两件标本均为一器多用的石锤，兼具石抹子的功能。石锤可用于对石铲、石斧等进行打、琢再加工，石抹子可以对房屋内部地坪、墙壁进行加工，这或许是仰韶先民在日常生活中使用石锤、石抹子的写照。

## 第三节　石器再加工技术研究

### 一　农作工具

（一）石铲

1. 维修

（1）维修 I 组

主要见于刃部发生较大损伤的石铲标本，以打制为主要加工手段进行维修，形成新的不规则的较锋利刃部。

标本 QT207 刃部发生较大损伤后，经双面打制修理，形成不甚规整的新刃（图 4.2，3—4、图 4.63，1），还保留有使用磨圆的痕迹（图 4.63，2）。

1

2

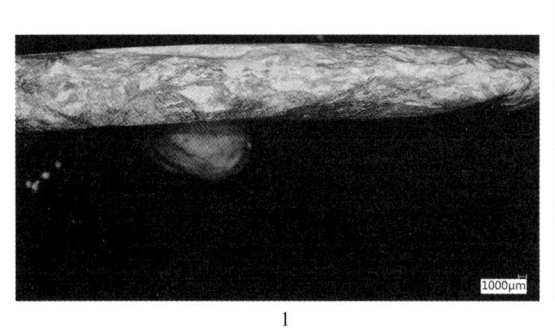

图4.63　郑州地区仰韶中晚期石铲维修Ⅰ组痕迹举例

(2) 维修Ⅱ组

在刃部使用磨损后，对刃部的一面或两面进行磨制维修，形成明显折痕。维修Ⅱ组标本刃部绝大部分也保留有使用Ⅰ组痕迹。

标本 XS599 刃部轮廓基本完整，刃部正反两面均经磨制，形成较窄的折痕（图4.1，9—10、图4.11，1—2、图4.12，1—4）。XS383 情况比较特殊，刃部发生较大损伤，刃部轮廓明显残损，但仍然对刃部的两面进行磨制维修（图4.2，5、图4.64，1—2）。

1

2

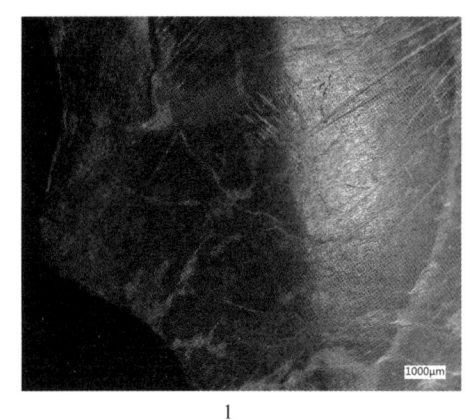

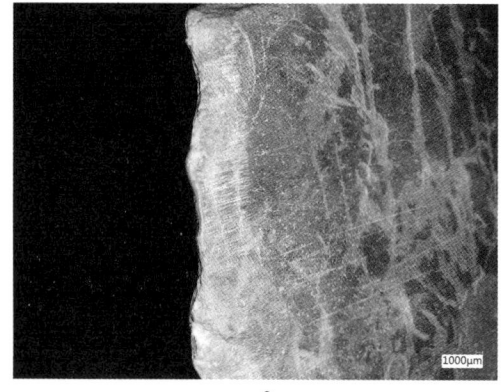

图4.64　郑州地区仰韶中晚期石铲维修Ⅱ组痕迹举例

2. 改制

改制痕迹集中在刃部标本，部分顶部、残片标本也经改制。根据刃部或断茬的形态与技术特征，可将改制器大体分为以下几组。

(1) 改制Ⅰ组

部分石铲刃部经琢磨成为圆弧的钝面，有时根据实际情况稍加打制。断茬均经不同程度的打、琢、磨制，形成较规整的平面。再加工形成的刃部已经不再锋利，不能

· 211 ·

像成品石铲一样用于破土，故其使用方式已经发生了改变，成为一种新的器类。其刃部形态与石斧改制器中钝刃斧形器相似，又不见前人关注或命名，故我们将其暂称为钝刃形器。有的呈较规则的三角形或矩形，有的形态不甚规则。

标本 XS285（图 4.65, 1），对顶部、断茬进行琢磨，顶部形成较窄的小平顶（图 4.65, 2），断茬形成规整的平面（图 4.65, 4），将原本刃部磨制为弧凸的钝面（图 4.65, 3）。XS508 近矩形（图 4.65, 5），对刃部进行琢磨（图 4.65, 6）。XS345 近不规则扇形（图 4.65, 7），利用石铲刃部残片的刃部与侧边，对断茬与刃部进行打、琢、磨制再加工。XS447 形态不规则（图 4.65, 8），刃部、断茬均打琢，两断茬交界处磨制。

图 4.65　郑州地区仰韶中晚期石铲改制 I 组标本举例

（2）改制 II 组

对铲身残片标本的断茬进行不同程度的打、琢、磨制，再加工为断面较规整的石块（如 QT279，图 4.66, 1—3）。部分呈较规整的四边形，部分形态不甚规整。

标本 XS580 为近矩形，对断茬进行不同程度的打、琢、磨制，形成断面较平整的断块。表面保留有明显磨制痕迹，可能用作手持的小磨石（图4.66，4）。

图4.66 郑州地区仰韶中晚期石铲改制Ⅱ组举例

（3）改制Ⅲ组

将石铲的刃部残片改制为石刀或刀形器。多利用铲身的侧边或刃部，磨制再加工出新的中锋刃，背部与侧边多琢磨规整，部分石刀打、琢、磨制出缺口，部分还施以钻孔。

标本XS190改制为乙B型石刀，整体近矩形（图4.67，1）。缺口经打、磨（图4.67，2），背部、刃部均经磨制（图4.67，3）。XS153改制为较窄的缺口石刀（图4.67，4—5），打、琢、磨制缺口，磨制刃部（图4.67，6），断茬再加工为较平整的背部。XS280改制为丙B型钻孔石刀（图4.67，7）。利用残存刃部为侧边、残存侧边为背部并磨制平整（图4.67，8），对刃部进行磨制，以划槽的方式进行钻孔（图4.67，9）。XS120划槽后锥钻穿孔（图4.67，10），利用残存刃部为侧边、侧边为背部，将断茬琢磨改制成另一侧边与新的刃部。XS225改制为刀形器（图4.67，11），利用残存侧边与刃部，将断茬打琢平整，对刃部进行磨制，磨修出新的中锋薄刃。

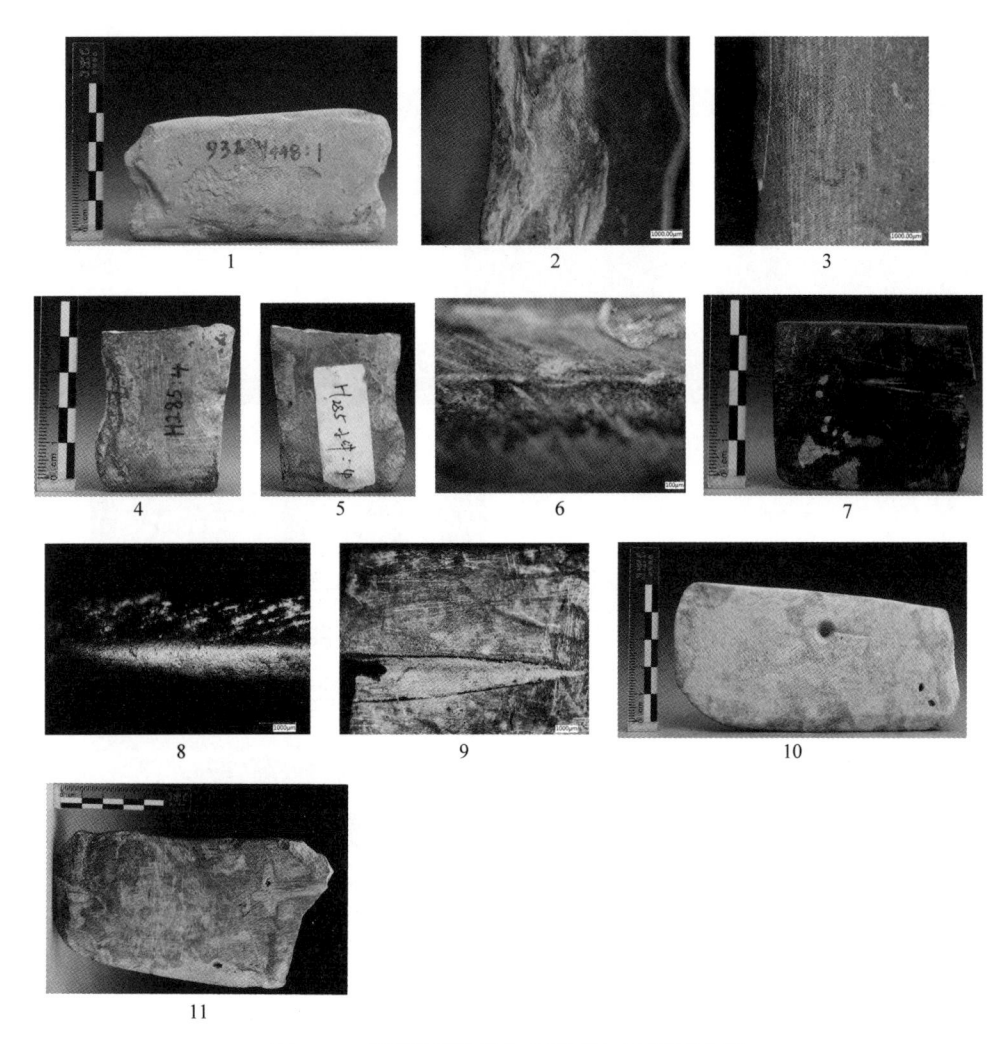

图 4.67 郑州地区仰韶中晚期石铲改制Ⅲ组举例

(4) 改制Ⅳ组

将石铲刃部残片改制为石锛或锛形器。多利用石铲的刃部与侧边残片，改制为石锛或锛形器。断茬多打、琢、磨制平整，刃部多经打、琢、磨制再加工。如标本 XS476 对断茬进行打琢，加工出平整的顶部（图 4.68，2），对刃部进行打、琢、磨制再加工，器表、侧边也经过磨制（图 4.68，1）。标本 XS597 断茬琢磨成平整的顶部，并对侧边进行打、琢、磨制再加工（图 4.68，3），琢磨器身（图 4.68，4），利用石铲原本的刃部。标本 XS453 器身较薄，通体磨制（图 4.68，5—6），比较规整。标本 ZZ173 将石铲刃部残片改制为锛形器（图 4.68，10），打、琢、磨制出新的柄部、肩部（图 4.68，7—8），两侧边磨制（图 4.68，8），磨制刃部（图 4.68，9）。

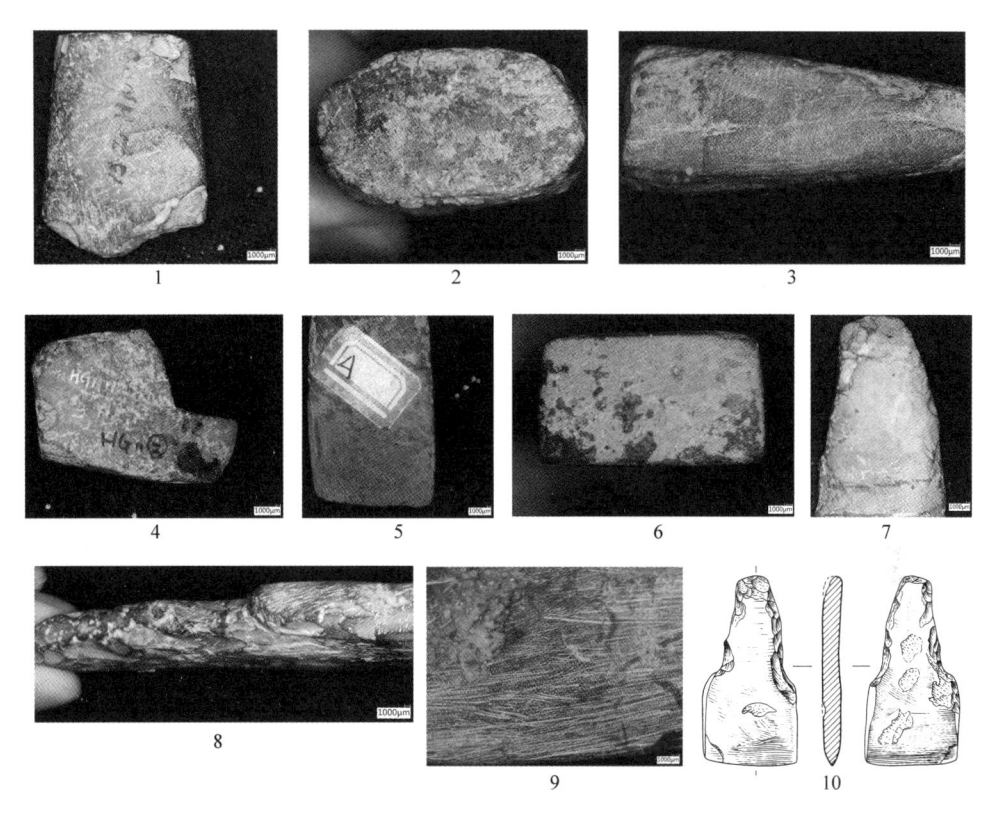

图 4.68　郑州地区仰韶中晚期石铲改制Ⅳ组举例

(5) 改制 V 组

改制为形制不甚统一的端刃器，以对刃部进行打制再加工为主，断茬亦见打、琢、磨等不同程度的加工。标本 XS407（图 4.69，1）、XS133（图 4.69，2）平面形态近束腰梯形，将刃部轮廓打、磨成弧形（图 4.69，2—4），断茬打、琢、磨制为较规整的平面（图 4.69，5）。标本 XS600 平面形态近矩形（图 4.69，6），沿用石铲残片的侧边与刃部轮廓，断茬打、琢、磨制为较规整的平面（图 4.69，7），刃部打制成近平直的形态（图 4.69，8）。

(6) 改制其他组

包括各种数量不多的改制器。有的将刃部残片改制为尖刃器、石镰，有的将侧边残片改制为砺石以及器形不明的其他残片等。

标本 XS426（图 4.70，1）改制为尖刃器，以残断石铲侧边与刃部交界处的尖刃形态作为新器的作用部位，对断茬进行打琢以加工成较规整的平面。标本 XS598（图 4.70，2）改制为石镰，利用残存的刃部及侧边，对背部（图 4.70，3）、侧边进行琢磨，对刃部进行打制。标本 XS215 改制为砺石（图 4.70，4），平面近三角形。铲身残

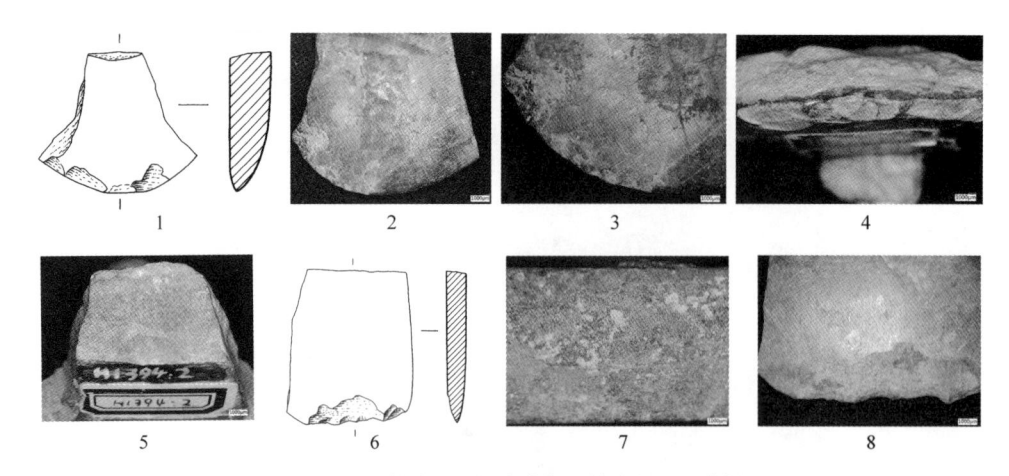

图 4.69　郑州地区仰韶中晚期石铲改制 V 组举例

存两侧，对断茬进行打（图 4.70，6）、琢、磨（图 4.70，5）制，形成较规整的断面，砺石表面保留有明显的磨制凹陷痕迹（图 4.70，6）。标本 XS354 利用残存侧边的尖圆唇，对断茬进行打、琢、磨制，形成较平整的轮廓，改制器形不明（图 4.70，7）。

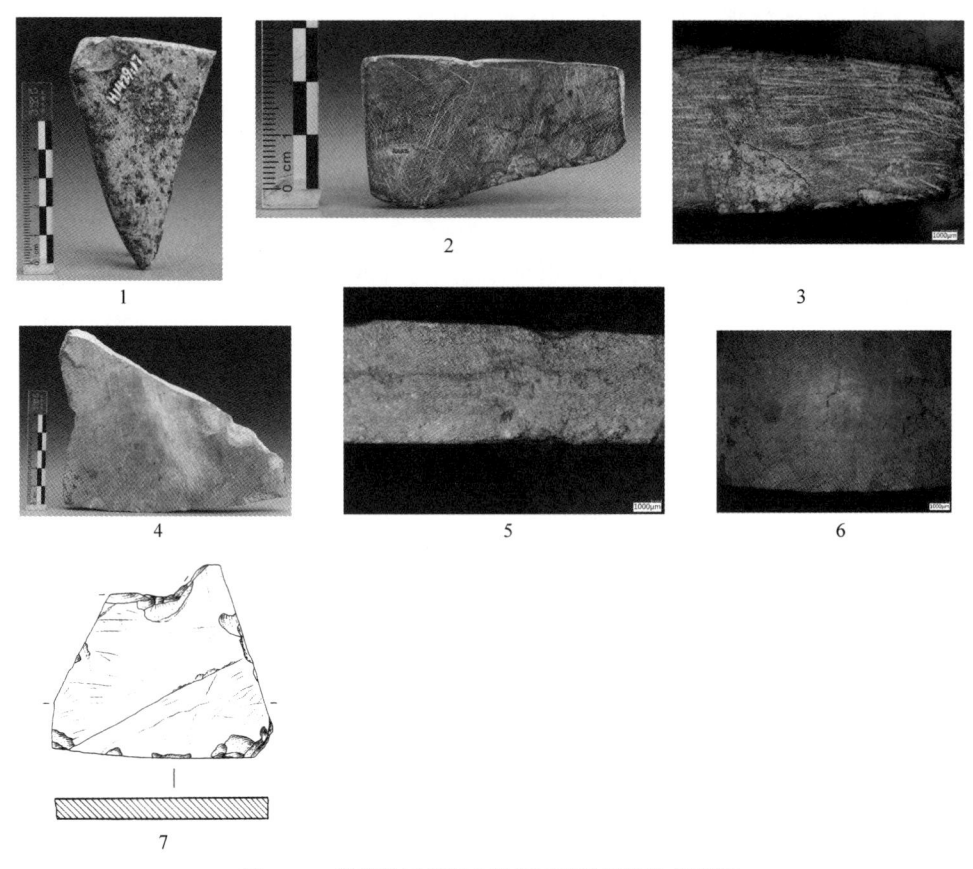

图 4.70　郑州地区仰韶中晚期石铲改制其他组举例

3. 量化分析及相关讨论

我们对西山遗址出土石铲标本保留下的各组再加工痕迹进行了量化统计，以便于更清楚地把握此类行为在仰韶中晚期石器工业中的重要价值。

整体上看，经过再加工的标本接近5成（图4.71），可见再加工是郑州地区仰韶中晚期石铲工业中的重要构成部分之一。这一现象需要从下面几个方面来理解。

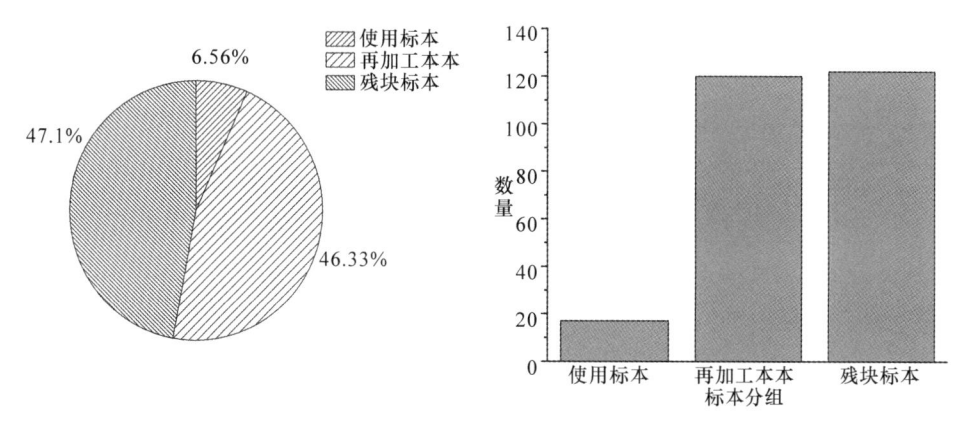

图4.71 郑州地区仰韶中晚期石铲再加工及使用标本量化统计图

其一，石铲的形态特征和原料特性决定了其易于改制为各类小型工具。

石铲成品铲身较薄且平整，故便于加工。石铲侧边与刃部均经过加工，一定程度上已经具备了改制器的刃部轮廓形态，改制Ⅰ、Ⅲ、Ⅳ组均很大程度上利用了石铲的刃部及侧边。改制Ⅰ组石刀多利用原本的侧边作为新器的刃部雏形进行再加工，改制Ⅲ、Ⅳ组石锛、端刃器多利用残存的刃部作为刃部雏形进行再加工，改制Ⅱ组则直接将残块的断茬打、琢、磨制为较规整的平面。总体来讲，改制Ⅰ、Ⅲ、Ⅳ组等具备刃部的新工具占比最大，在所有再加工标本中占比接近5成（图4.72）。因为石铲残片本身较薄，所以无论是打制还是磨制，都比较容易形成新的较锋利刃部。

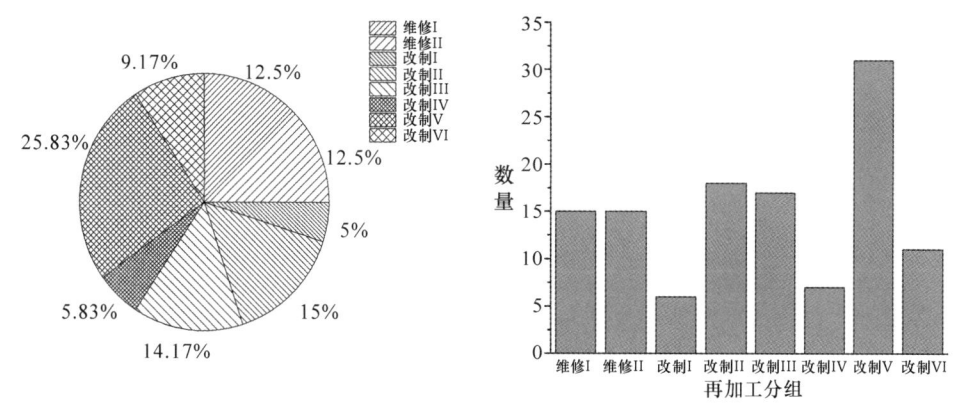

图4.72 郑州地区仰韶中晚期石铲再加工分组量化统计图

石铲石料主要为白云岩和灰岩，两类岩石占比超过 9 成。白云岩莫氏硬度一般为 3.5—4，灰岩一般为 3 左右。相较于另一类改制器占比较高的石器石斧（详后）而言，石铲硬度明显偏低，更易再加工，所以经改制的石刀、石镰、石镰等可以磨制出锋利且规整的中锋刃。

其二，石铲的原料体态较大，是不易获取的珍贵石料资源。

虽然石铲所用石料硬度不如斧、锛、凿等高，但均为大块石料，与从河滩上拾取的小块砾石料存在明显区别。大量的灰岩石料位于巩义市南山口—树林沟一带。本课题组围绕西山、青台、汪沟等遗址的石料来源问题，在索河上游丁店水库东南侧的井里沟、界沟村、老邢村一带，发现了白云岩和灰岩岩体，也保留有明显的人工开采痕迹。现代仍可开采的白云岩、灰岩等石料在仰韶时期应该更为丰富。丁店水库已经处于接近嵩山北麓的区域，与较近的汪沟遗址直线距离约 15 千米，与较远的大河村遗址直线距离约 30 千米。总体来讲，白云岩、灰岩等大块片状石料须经开采，距离也较远，其获取的难度比石刀、石镰、石抹子、石锤、砾石、石球等可以从距离较近的河滩拾取砾石进行加工的石器要大得多。

其三，再加工技术与成品生产技术存在明显差距。

先看维修。维修 I 组刃部多有大的损伤，以打制为主要手段进行再加工，未经磨制，规整程度与锋利程度均不如石铲成品磨制的偏锋刃。维修 II 组刃部多保留有较完整的轮廓，以磨制为主要手段进行再加工，但均会在刃部留下宽窄程度不一的折痕，与成品石铲从铲身向刃部自然过渡的偏锋刃存在一定差异。从这个角度讲，维修技术不如生产技术高超。

再看改制。改制 I、II、V 组除少量标本形态相对规整外，大部分形态均不规整。改制 I 组将刃部打、琢成弧凸的钝刃，不甚规整的三角形已经是较为讲究的形态。改制 II 组直接将断块断茬面琢磨平整，偶有近矩形者，整体形态也未经专门设计。改制 V 组端刃器刃部以简单打制为主，或沿用原本刃部，有的加以磨制；对断茬进行琢磨，有的接近矩形，大部分不甚规则。总体上讲，改制 I、II、V 组没有体现出标准化的形态特征，随意性和权宜性较大。

改制 III、IV 组所体现出的再加工特征与前述三组稍有不同。改制 III 组为改制石刀或刀形器，其中包括部分可纳入类型划分的改制标本，绝大部分标本均改制出较锋利且规整的中锋刃。改制 IV 组为改制石镰或镰形器，其中包括部分可纳入类型划分的改制标本，绝大部分标本均改制出较锋利且规整的刃部。从刃部的形态与技术特征上看，改制 III、IV 组已经可以磨制再加工出与石刀、石镰成品较为接近的刃部。这是否意味着石铲再加工可以与生产技术相媲美了呢？答案是否定的。

可以纳入类型划分的石刀、石镞等标本，均属于器身较薄的改制标本。石铲所用石料硬度不高，器身又薄，所以才易于磨制。石料最为坚硬的石斧刃部都存在经磨制维修的现象（详后），硬度不高且厚度较薄的石铲残片能够磨制出较规整的中锋刃也就不难理解了。

这里还提示我们一个问题。大量再加工标本的断茬均能打、琢、磨制出较规整的平面，改制石刀、石镞还可以磨制再加工出锋利而规整的刃部，但这与郑州地区仰韶中晚期成品生产中最核心的造刃技术还存在明显差距。经过细致观察，我们发现无论石铲还是石斧的再加工标本，刃部均未能打琢出偏锋或者中锋的雏形。再者，将器身至刃部的区域磨制出自然的弧形过渡形态也不见于再加工标本。如果说磨制不甚规整对使用的影响不至于太大，那么打制刃部雏形就应该是造刃技术中最核心的环节，没有打制刃部雏形作基础，就无法继续琢磨刃部。这表明虽然同样运用打、琢、磨制等几种基本技术手段，石铲、石斧成品生产的造刃技术要明显高于再加工技术。标本QT295可作为一个典型例证（图4.73）。QT295一侧的柄部、肩部、铲身及刃部残断后，打制出新的柄部一侧，对断茬进行打、琢、磨制，刃部经磨制维修，维修出不对称的石铲。可见，即便在一侧完整的情况下，再加工技术也无法修理出新的对称石铲。其中最大的限制性因素很可能还是再加工技术无法制作出石铲的侧边及新刃的轮廓雏形。

所以，石铲再加工的专业化水准与成品生产之间存在明显差异。

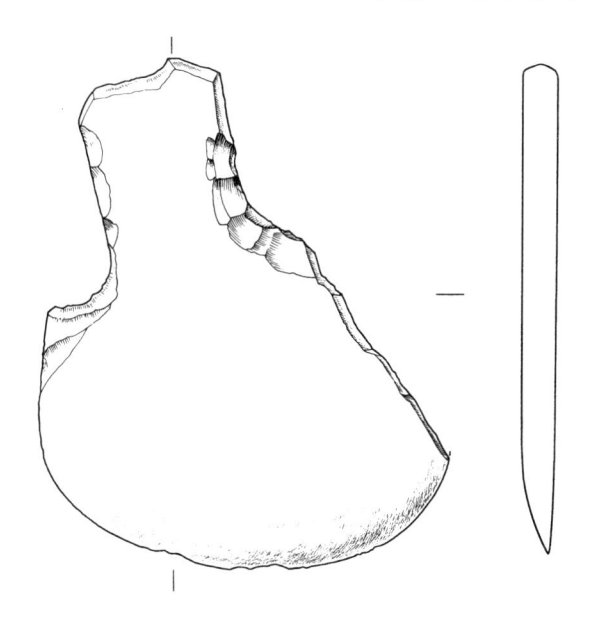

图4.73　QT295 线图

其四，大部分改制器均经使用，部分出土背景信息也值得注意。

除改制Ⅰ、Ⅱ组外，改制Ⅲ—Ⅴ组刃部均保留有明显的使用痕迹。如改制缺口石刀标本 XS257 刃部保留有明显的磨圆和擦痕（图 4.74，1），改制钻孔石刀 XS185 刃部保留有片疤与磨圆痕迹（图 4.74，2），均与石刀成品刃部使用痕迹相近；改制石镰 XS598 打制再加工的刃部保留有使用磨圆痕迹（图 4.74，3）；改制端刃器 XS130 刃部有明显的凹陷、磨圆和擦痕（图 4.74，4—5）；端刃器 XS407 刃部有明显的磨圆痕迹（图 4.74，6）；改制砺石 XS215 表面保留有明显的磨制凹陷痕迹（图 4.75，1）；改制Ⅱ组断块 XS580 表面有可能作为磨石的磨制痕迹（图 4.75，2）。

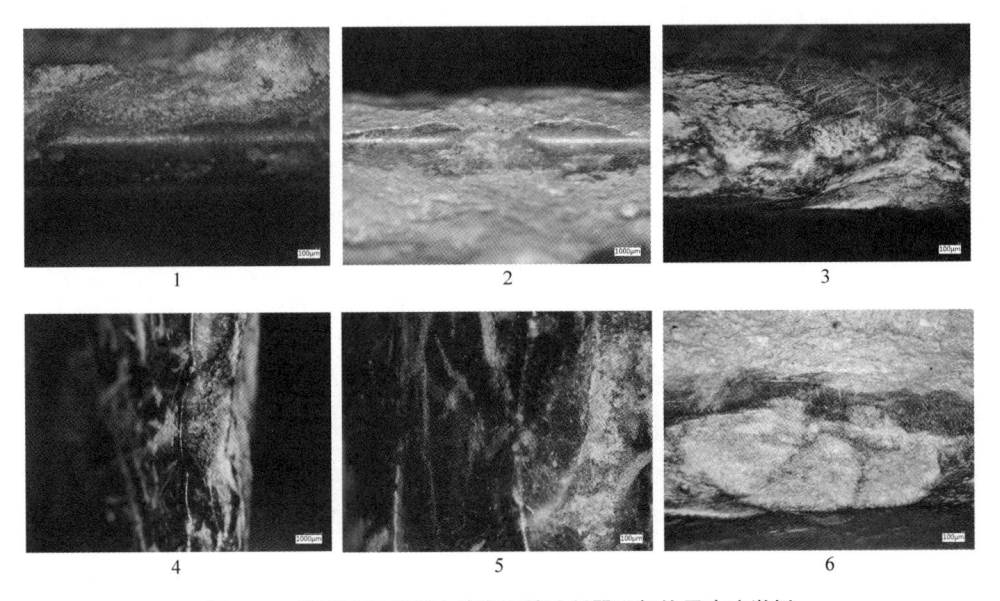

图 4.74 郑州地区仰韶中晚期石铲改制器刃部使用痕迹举例

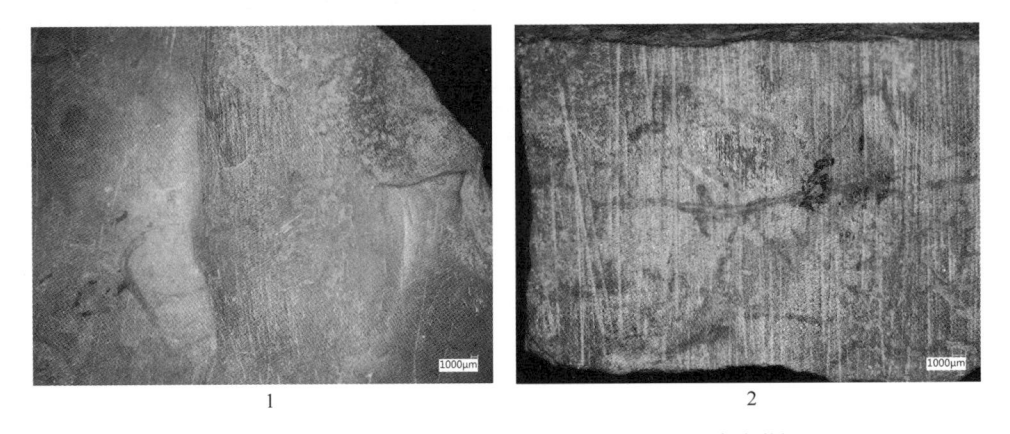

图 4.75 郑州地区仰韶中晚期石铲改制器其他使用痕迹举例

这一方面说明石铲残片改制后确实经过使用，可作为判断改制器属性的依据之一。另一方面还说明改制与使用之间存在密切关系，将石铲残片改制为石刀、石锛、石镰、砺石等器形，必然要比较清楚地把握这些器类的形态特征与使用方式。尤其是部分刀形器与锛形器的形制与成品标本存在一定差异，但改制出与成品相近的锋利刃部，说明改制人群对使用部位有着深刻的认识。

一般来讲，发掘者编写报告时会选择典型遗迹和遗物来介绍，即使典型遗迹单位也未必会全面介绍其中的包含物及其出土位置；而经过使用和再加工的石斧形态不如未发生较大损伤和形变的石斧标本典型，不一定会被报道。幸运的是，西山遗址（国家文物局考古领队培训班，1999；河南省文物考古研究院，待版）却为我们提供了部分标本的出土环境信息，成为不可多得的材料。我们对西山及黄岗寺工人路小区墓葬、房址中的石铲进行了统计（表4.7）。

先看西山遗址。房址出土的石铲均为使用或再加工标本。其中F189、F104出土的XS105、XS070为端刃器，F144出土的XS098为钝刃形器。这些石铲标本均为改制后的小型工具，或可作为石铲再加工标本被使用后携带回住处的写照。F101出土XS069为使用Ⅱ组残损的刃部标本（图4.76）。XS069只要对断茬稍加打琢再加工，便可改制成改制其他组中的尖刃器（图4.70，1），属于可进行改制的残片坯料。也不排除这样的可能——由于XS069顶部断茬本身较为平整，不必再专门琢磨便可直接作为尖刃器使用。无论是作为残片坯料还是改制器，都说明西山仰韶先民对石铲残片及其改制器的珍视。

表4.7　西山、黄岗寺工人路小区出土石铲及再加工标本出土背景统计表

|  | 出土单位 | 使用及再加工痕迹信息 |
| --- | --- | --- |
| XS111 | 西山 M70 | 成品维修Ⅰ组 |
| XS105 | 西山 F189① | 刃部改制Ⅴ组 |
| XS069 | 西山 93ZXF101 | 刃部使用Ⅱ组 |
| XS070 | 西山 94ZXF104② | 刃部改制Ⅴ组 |
| XS098 | 西山 95ZXF144 | 刃部改制Ⅰ组 |
| ZZ179 | 黄岗寺 2011ZYGF1 | 成品维修Ⅱ组 |
| ZZ180 | 黄岗寺 2011ZYGF1 | 成品维修Ⅱ组 |
| ZZ181 | 黄岗寺 2011ZYGF1 | 成品使用Ⅰ组 |
| ZZ182 | 黄岗寺 2011ZYGF1 | 成品使用Ⅰ组 |
| ZZ183 | 黄岗寺 2011ZYGF1 | 成品维修Ⅱ组 |

图 4.76　西山遗址 F101 出土 XS069

M70 出土 XS111 为较完整的成品标本，刃部经维修 I 组打制再加工。一般来讲，随葬的生产工具可视为墓主人生前所用的器物。尤其是 XS111 刃部经打制维修就已经证明其在使用过程中受到了大的损伤，故将其视作墓主人生前所用石铲是比较合适的。那么，还是会存在以下两种情况：1. 石铲为墓主人所修理；2. 石铲为别人所修理并到了墓主人手中。前一种情况或可表明诸如墓主人一样的使用人群很可能就是再加工的实施者；后一种情况则难以推论。简言之，这则材料表明石铲的使用人群有可能就是再加工人群。

再看黄岗寺工人路小区遗址。该遗址房址中集中出土了 5 件成品石铲，这几件石铲还代表了石铲的几个关键操作链环节。如标本 ZZ182 刃部弧凸程度不严重，刃部于侧边转折处也比较生硬，是使用损耗较小的成品标本，与刚生产出来的成品形态最为接近（图 4.77，1）；ZZ181 刃部有明显的使用磨蚀痕迹，刃部与侧边交界处呈明显的圆转状（图 4.77，2）；ZZ183 有明显的使用磨蚀痕迹，刃部弧凸程度最明显，还保留有维修 II 组的磨制痕迹（图 4.77，3）。同一房址内出土了 5 件较完整石铲标本，而且这些标本使用程度不一，有的还经过再加工，基本上可以排除偶然埋藏的可能性。这同时表明这几件石铲应该经过了一段时间的使用，否则无法解释操作链上不同位置的几类标本共存的现象。如果将房屋主人视为石铲的拥有者和使用者，那么使用与维修石铲标本的共存，或许可视作石铲使用与再加工行为存在密切联系的物化证据。再结合前文关于再加工与成品生产的技术差异看，石铲再加工与使用者很可能存在重合的情况。

图 4.77 黄岗寺工人小区房址出土石铲举例

综上可知，无论是维修还是改制，其反映的形态设计标准化程度和再加工技术的专业化水平均无法与成品石铲相提并论，这表明再加工人群无法掌握石铲成品生产中最核心的造刃技术。结合相关石铲标本的出土环境看，再加工与成品生产应不是同一人群，而与使用人群关系更密切。石铲原料要从较远的山体基岩上开采，故使用人群不断对其刃部进行维修，直至不能使用；石铲残片较薄且平整，硬度也不大，故使用人群在石铲残破后仍然将其改制为各种小型工具。虽然技术不甚高超，也达不到较高的专业化水准，但是石铲的再加工已经形成了一个较成熟的技术体系，还具备一定倾向性的人群指征，应该是郑州地区仰韶中晚期石器手工业的重要组成部分，同时也可视作手工业分工与社会复杂化互动关系研究的重要线索。

（二）石镰

石镰的再加工包括维修和改制，情况都比较简单，数量也很少。

维修即对使用变钝的刃部进行磨制。如标本 ZZ167 刃部使用凹陷后，从器身向刃部磨制（图 4.78，1—2）。

改制即在石镰两侧打制、琢制缺口。如标本 ZZ131 一侧缺口打制，近尖头的一侧还经过琢制（图 4.8，8—9）。

二 木作（建筑）工具

（一）石斧

1. 维修

石斧的维修痕迹主要集中在刃部，可大体分为两组。

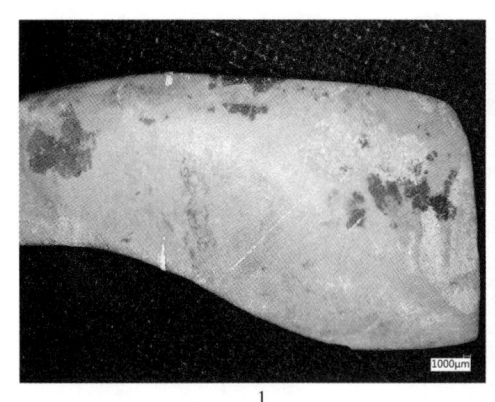

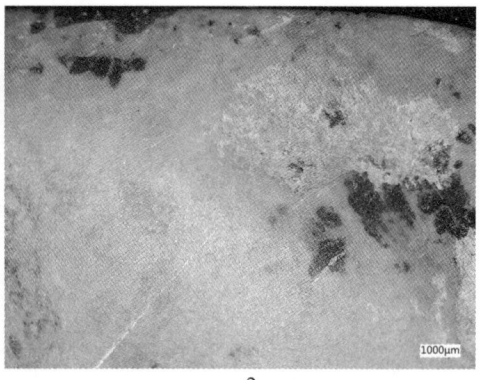

图 4.78 郑州地区仰韶中晚期石镰维修痕迹举例

（1）维修Ⅰ组

主要见于刃部发生较大损伤的石斧标本，以打制为主要加工手段（如 XS074、XS124，图 4.79，1—4），有时兼用琢、磨（如 XS559，图 4.79，5—6），形成新的不规则的较锋利刃部。

标本 XS074 刃部两面均被打制修理，用打制剥片的手法修理类似基线的不规则刃部（图 4.79，1）；XS124 在刃部的一面进行打制修理（图 4.79，2—4），凭借另一面的刃部弧面，形成新的较锋利的不规则刃部；XS559 刃部经打、琢、磨制，形成新的较锋利刃部（图 4.79，5—6）。前述几件石斧维修后的刃部均保留有Ⅰ组使用痕迹（如 XS074、XS559，图 4.79，7—8），进一步说明Ⅰ组维修行为具有明确的目的性，是维持石斧使用方式、延长石斧使用寿命的重要手段。

（2）维修Ⅱ组

在刃部使用变钝后，进行琢磨维修，形成明显折痕。

标本 XS320 刃部经大面积磨制，原本弧刃上形成较大折面（图 4.80，1—2）；XS334 在刃部边缘进行磨制，形成窄折面（图 4.80，3—6）。前述两件石斧标本维修后的刃部轮廓与成品最为接近，在修理后主要形成Ⅰ组使用痕迹（图 4.80，7—8），未见大的损伤，或说明经过Ⅱ组维修的石斧很可能主要用于劈砍木材。

2. 改制

改制痕迹集中在成品或刃部标本，部分顶部、残片标本也经改制。根据刃部或断茬的形态与技术特征，可将改制器大体分为以下几组。

（1）改制Ⅰ组

部分石斧刃部用钝之后，琢磨为圆弧的钝面，有的稍加打制。多以较完整的刃部

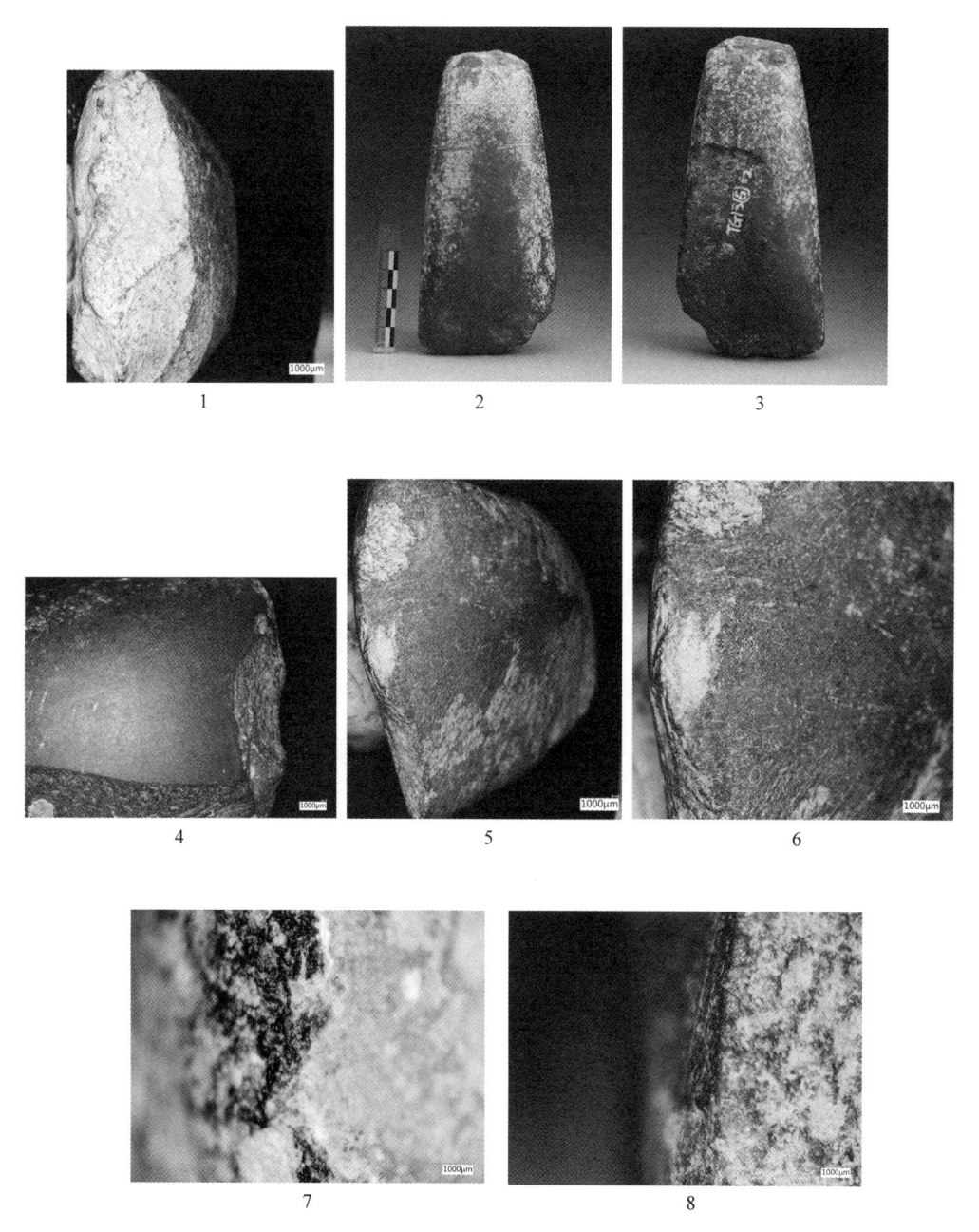

图 4.79 郑州地区仰韶中晚期石斧维修 I 组痕迹举例

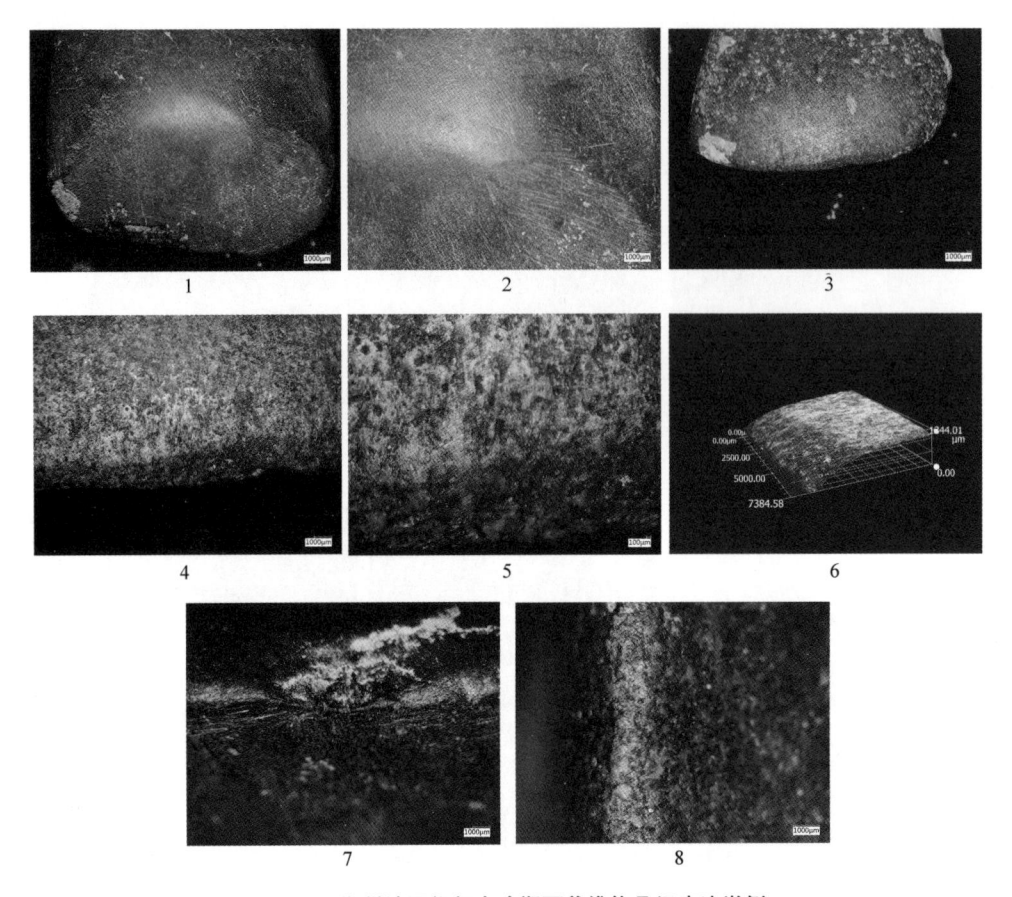

图 4.80　郑州地区仰韶中晚期石斧维修Ⅱ组痕迹举例

为基础进行再加工，刃部受到较大损伤的标本也不会像维修Ⅰ组那样在刃部打制形成大的片疤。再加工形成的刃部已经不再锋利，不能像石斧一样用于劈砍，故其使用方式已经发生了改变，成为一种新的器类。但其整体形态以石斧轮廓为雏形，又不见前人关注或命名，故我们将其暂称为钝刃斧形器。

标本 XS219 顶部亦琢制，器身磨制（图 4.81，1—2），刃部琢磨（图 4.81，3—4）；XS323 刃部经琢磨（图 4.81，5—7）；XS289 刃部经打、琢、磨（图 4.81，8），顶部经琢制，较为平整（图 4.81，9）。XS045 刃部两侧保留有剥片产生的片疤，琢痕打破了片疤，磨痕又打破了片疤与琢痕。这表明刃部先打制，再琢磨（图 4.82，1），揭示出钝刃斧形器的再加工流程。

XS045、XS188 两件标本对于指示钝刃斧形器的使用方式有一定参考价值。

XS045 器身中部有一道纵向的凹陷痕迹，原本在该区域的琢痕受到了明显磨损，琢点小于两侧原本的琢点（图 4.82，2）。首先，这不是加工痕迹。因为无论石斧还是

· 226 ·

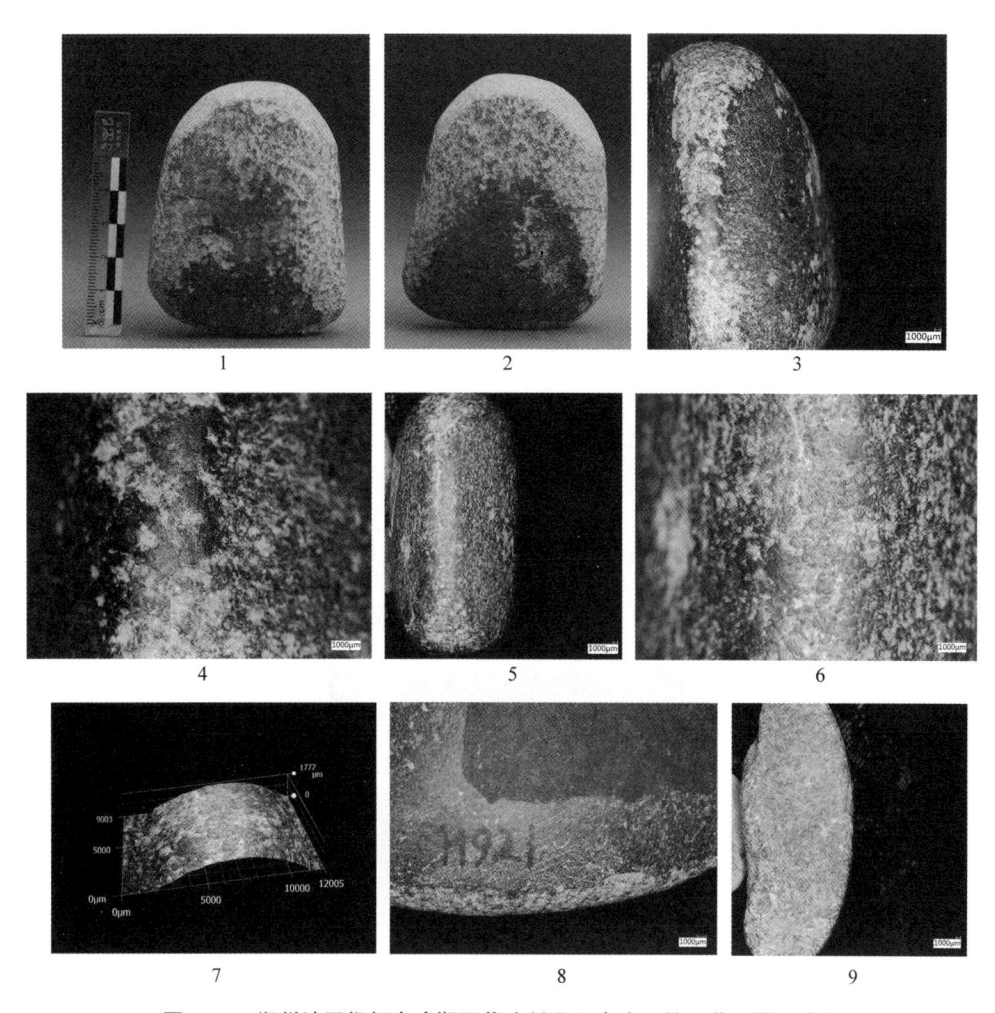

图 4.81 郑州地区仰韶中晚期石斧改制Ⅰ组痕迹（钝刃斧形器）举例

钝刃斧形器，琢制便已能够满足器身平整的需要，也不见其他石斧专在器身中间加工出一道浅凹槽。其次，它可能反映出钝刃斧形器的使用方式。器身正面留下长条状凹陷痕迹与石斧插槽两侧留下凹陷痕迹明显不同，反而与 ZZ184（图 4.10，7）、ZZ194（图 4.10，8）上保留的装柄痕迹较为接近。这反映出钝刃斧形器也可能装柄使用。

XS188 刃部经琢磨（图 4.82，3），顶部经琢制，较为平整（图 4.82，4）。比较特殊的是，XS188 两侧接近刃部的地方各琢出一个小缺口（图 4.82，5—7），从郑州地区仰韶中晚期石刀打制缺口以作系绳之用的情况看，XS188 的缺口也应是为了便于系绳而制造的。另外，由石斧刃部标改制的钝刃斧形器大多将断茬加工成较平整的顶部，由较完整石斧改制的钝刃斧形器也对其顶部进行了琢制加工，或许也是为了便于插入木柄的槽孔。

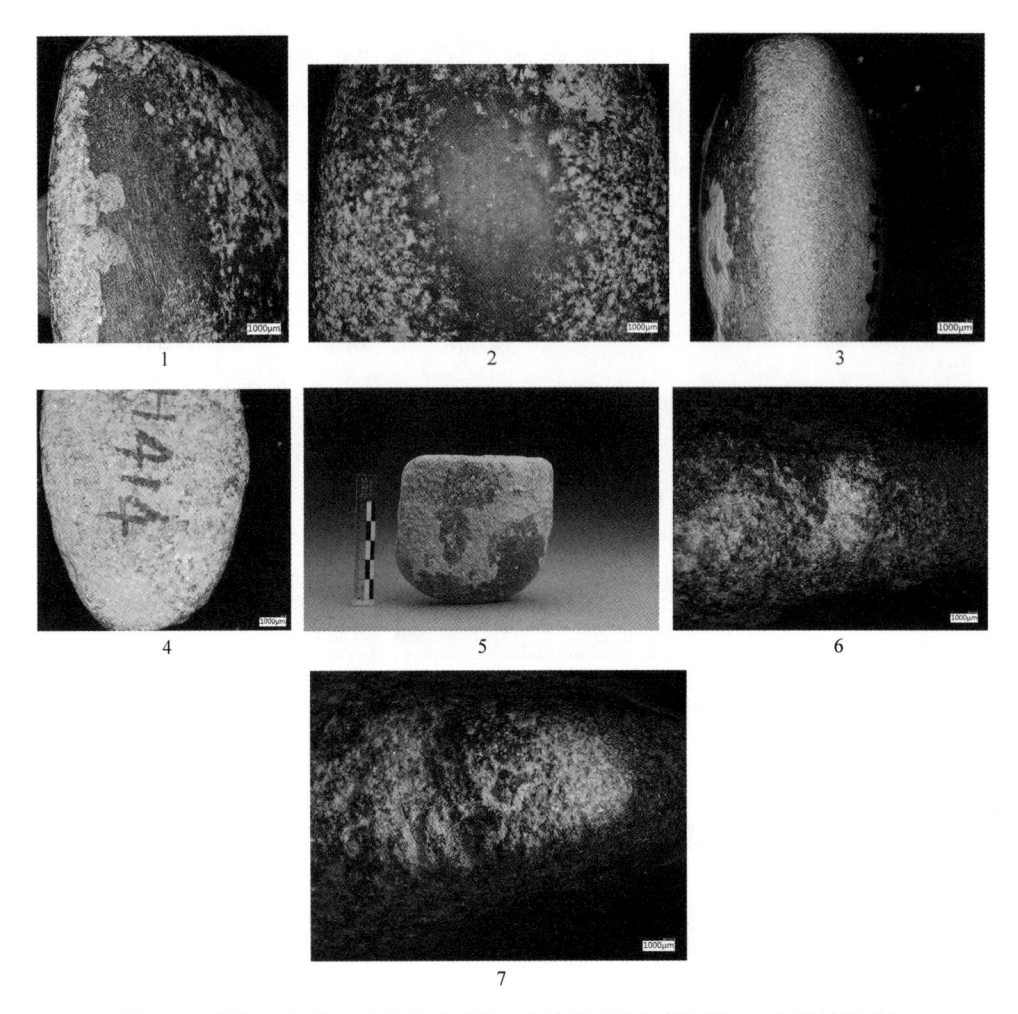

图 4.82　郑州地区仰韶中晚期石斧改制Ⅰ组痕迹（钝刃斧形器）及相关遗物举例

综上可知，钝刃斧形器也存在系绳、装柄的使用方式，但已不再用于劈砍木材或作用于硬物。关于其他使用方法与具体加工对象的问题，有待进一步研究。

（2）改制Ⅱ组

主要对残存顶部标本的断茬进行再加工。经过打、琢、磨制，将断茬加工至大体平整。除一例（XS376）加工出两个平整斜面外，其他均加工为一个较为规整的平整面。其整体形态以石斧顶部及两侧轮廓为雏形，将原本刃部改制为规整程度不一的平整面，前人尚未关注或命名，故我们将其暂称为平刃斧形器。

标本 XS179 断茬经打制、琢制（图 4.83，1）；XS376 断茬经打、琢、磨制，加工出两个大体平整的斜面（图 4.83，2—4）。

标本 XS278 对于分析平刃斧形器的使用方式有一定的参考价值。XS278 断茬经打、琢、磨制，加工出一个平整面（图4.83，5），两侧各琢制一个小缺口（图4.83，6—7）。缺口的出现也表明平刃斧形器也存在系绳使用的情况。值得注意的是，该类器的形态大小十分适合手持（如XS278，图4.83，8），并不需要像系绳石刀一样捆绑在手上进行固定。与改制Ⅰ组钝刃斧形器相似，平刃斧形器应该也存在捆绑木柄的使用方式。

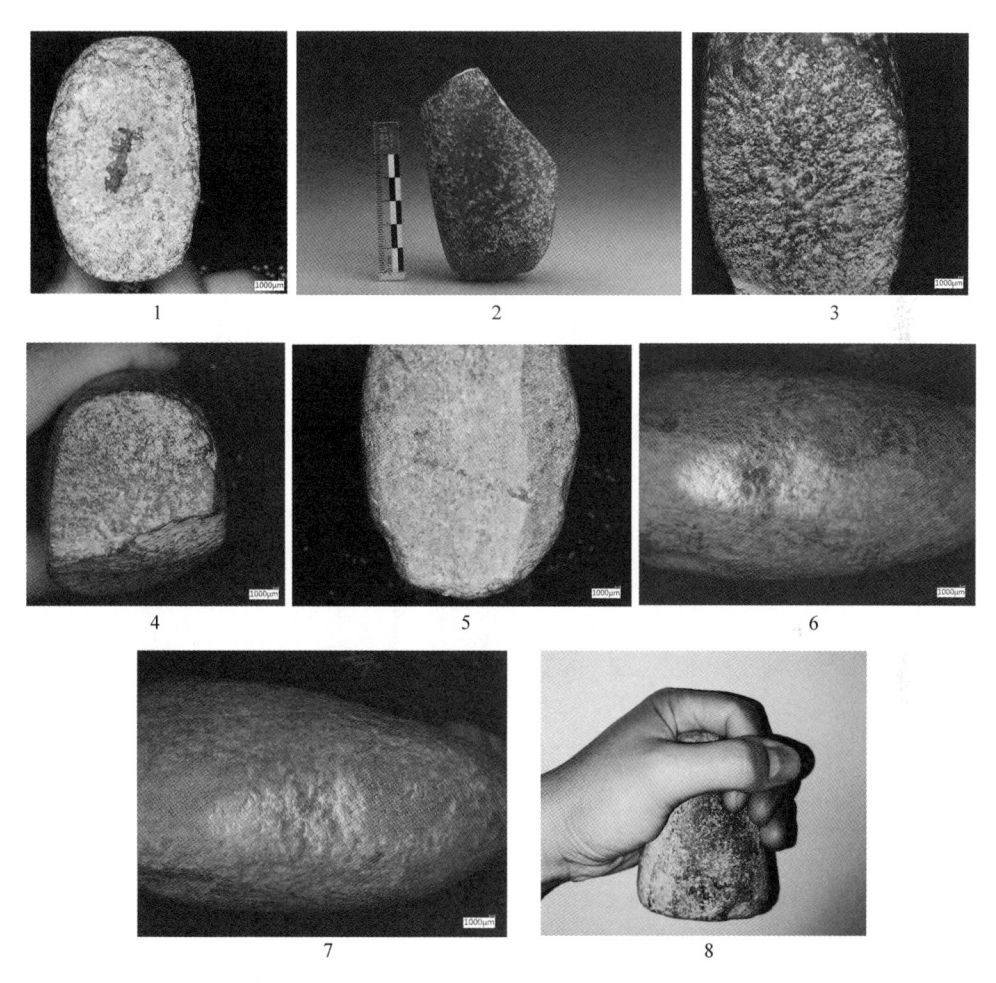

图4.83 郑州地区仰韶中晚期石斧改制Ⅱ组痕迹（平刃斧形器）及相关遗物举例

(3) 改制Ⅲ组

将石斧改制为石楔子。多利用石斧刃部残片，也有利用较完整标本的例子。典型特征是利用石斧原本保留的刃部和一个侧面，将近刃部的另一侧或断茬侧打、琢、磨制，再加工为微内收状，使整体形态近倒梯形。部分标本还将断茬加工出新的"顶部"。

标本XS011一侧琢制成微内收状（图4.84，1），断茬经打、琢后稍显平整；

XS204 侧面的断茬磨制成微内收状（图 4.84，2），顶面断茬经打、琢、磨制，再加工成较规整的平顶（图 4.84，3）；XS649 的断茬均经打、琢、磨制，再加工成较规整的平面（图 4.84，4），一侧琢制。

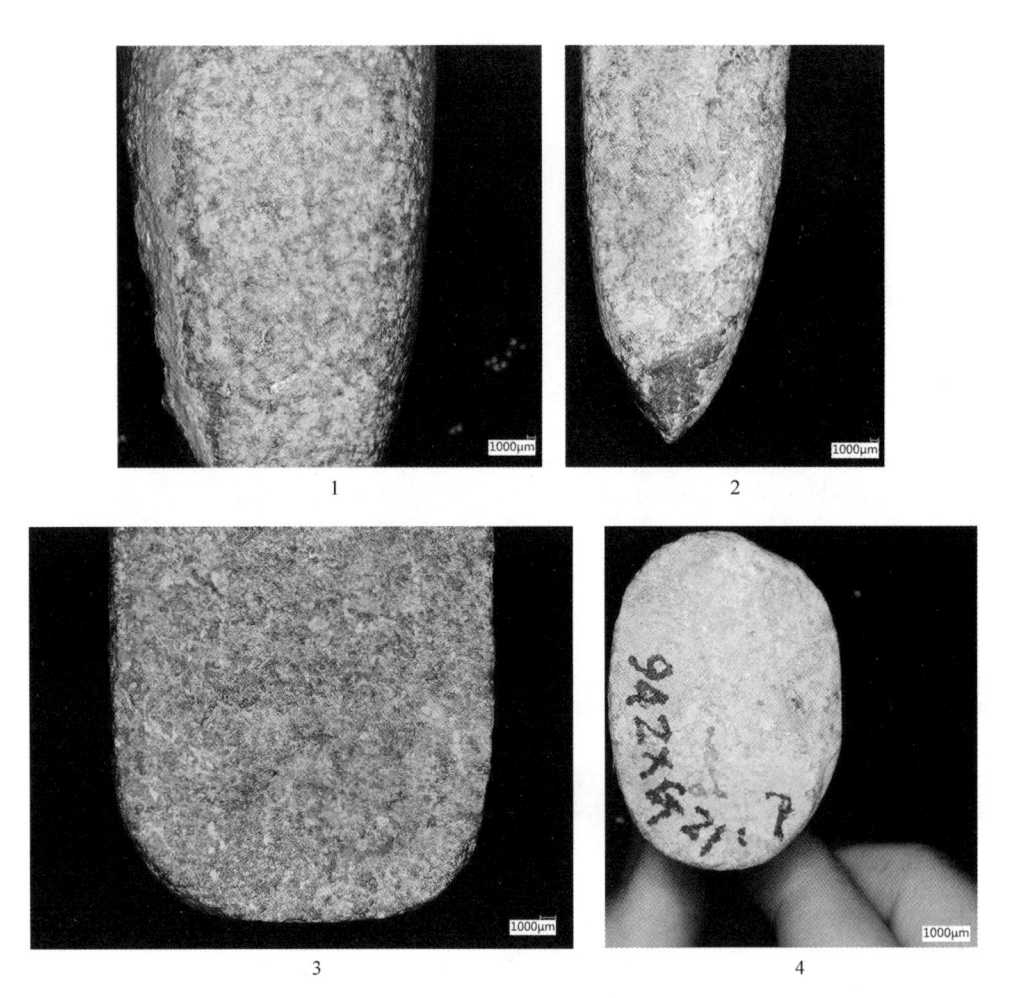

图 4.84 郑州地区仰韶中晚期石斧改制Ⅲ组痕迹（石楔子）举例（一）

标本 XS072、XS704 对于揭示从石斧至石楔子的使用和改制历程具有一定参考价值。

XS072 由石斧改制而成，一侧琢制成微内收状（图 4.85，1），顶部有明显打击痕迹（图 4.85，2）。XS072 刃部保留有石斧维修Ⅰ组痕迹，表明在作为石斧使用时，刃部曾发生较大损伤并经过打制、磨制维修。目前残存的刃部形态已经很不完整，可用于劈砍的刃部只剩下不到一半（图 4.85，3），约 2 厘米左右。大量石斧标本的刃部发现有维修Ⅰ组痕迹，石楔子多选取石斧残存的刃部以便再加工。所以，XS072 很可能维修刃部后继续做石斧使用，再次发生大损伤后导致可利用的刃部太窄，才改制为石楔子。

XS704 对断茬进行打、琢加工，形成新的顶部及另一个侧面（图 4.85，4—5）。XS704 刃部保留有石斧维修Ⅱ组痕迹（图 4.85，6），表明其作为石斧使用时就经过磨制修刃，在这一操作环节的石斧刃部应该较为完整。现存标本的刃部仅残存不到一半，约 2 厘米左右，同样表明石斧维修后经使用破损才用于改制。

前述两件标本都经历了"石斧使用——刃部损伤——维修——继续使用——再破损——改制石楔子"的操作历程。这表明只要石斧还能维修使用，就不会轻易加工成石楔子，只有破损到刃部难以满足使用或发生残断的情况，石斧才会被改制为石楔子。

综上可知，石楔子的原材料是保留有完整或部分刃部破损的石斧。改制后的石楔子已经具备了固定的形态特征，出现明确的形态分野，不同类型标本的主要形制参数较集中地分布在一定范围之内，形成了以琢制为主，兼用打制、磨制等技术对侧面进行改制的技术，使用方式也已经发生改变。这些不仅表明经改制的石楔子已经成为一个新的器类，还说明仰韶中晚期石楔子的形态设计已经呈现出一定的标准化倾向，技术选择也已经比较稳定。

图 4.85 郑州地区仰韶中晚期石斧改制Ⅲ组痕迹（石楔子）举例（二）

（4）改制Ⅳ组

对残破的刃部薄片进行打制修整，加工成为薄片状的端刃工具。此类工具形态并不统一，数量也不多，具有较强的权宜性。

标本 XS150 将刃部薄片修整为较为规整的矩形，利用较窄的一端加工修理出近直的端刃（图4.86，1）；XS240利用原本残片刃部，在侧边打出缺口（图4.86，2），可能与缺口石刀相似，系绳固定在手上使用。值得注意的是，XS240的刃部和侧缘（图4.86，3）均保留有使用磨圆痕迹，表明使用时直接利用比较锋利刃部或边缘，属于权宜性较强的实用改制器。

其他　标本XS384侧面经打、琢，使顶部收窄，改制成类似石锤的加工作用面（图4.86，4）。此类标本数量很少，具有较强的权宜性。

图4.86　郑州地区仰韶中晚期石斧改制Ⅲ组及其他标本举例

3. 量化分析及相关讨论

我们对西山遗址出土石斧标本保留下的各组再加工痕迹进行了量化统计，以便于更清楚地把握此类行为在仰韶中晚期石器工业中的重要价值。

整体上看，经过再加工的标本接近7成（图4.87），可见再加工是郑州地区仰韶中晚期石斧工业中的重要构成部分之一。这一现象需要从下面几个方面来理解。

其一，石斧是最坚硬的石质生产工具，石料质地好，获取起来并不容易。

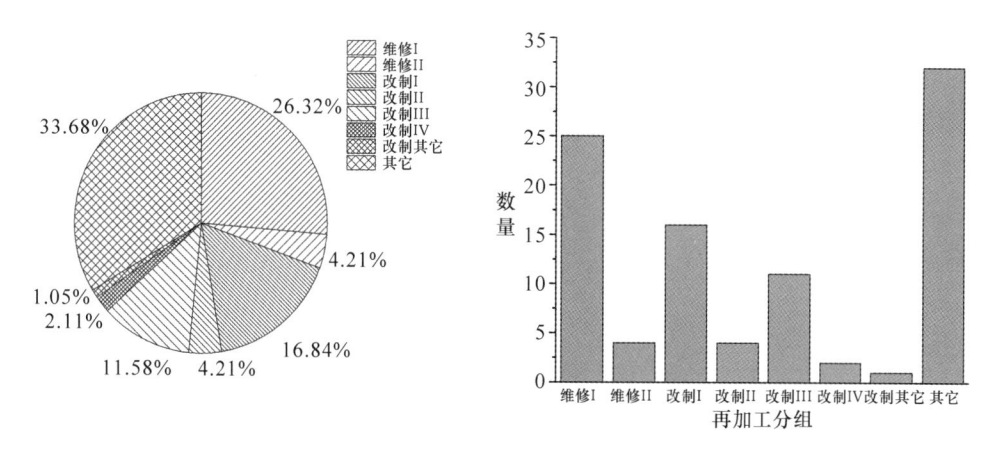

图 4.87 西山遗址石斧再加工痕迹分组饼状及柱状量化示意图

注:"其他"包括未辨别出再加工痕迹或保存较差的标本。

西山遗址出土石斧岩性以辉绿岩最多,其次为石英砂岩、石英岩。除西山以外,各遗址出土石斧岩性占比最多的是辉绿岩,其次为石英砂岩和铁英岩、硬铝质岩。各遗址出土石斧共见的岩性种类也很能说明问题。辉绿岩、铁英岩、硬铝质岩、灰岩、白云岩至少共见于两个遗址石斧的岩性鉴定结果。其中青台、汪沟、尚岗杨、建业、普罗旺世等遗址均出土有辉绿岩、铁英岩、硬铝质岩石斧,其中辉绿岩在共见岩性中占比达6成(图4.88),可见其作为最重要的石斧原料是没有问题的,而铁英岩、硬铝质岩也是石料的重要组成部分。

所以,郑州地区仰韶中晚期石斧石料中辉绿岩为最多,铁英岩、硬铝质岩在大多遗址中均占有较大比例,石英砂岩、石英岩等在个别遗址中也占有较大比例。总的来看,辉绿岩是最主要的石斧原料,铁英岩、硬铝质岩、石英砂岩、石英岩等都是石斧石料的重要构成部分,这几类主要石料的数量在总量中占比超过八成。

辉绿岩硬度(指莫氏硬度,后同)一般为7—8;硬铝质岩硬度一般为6—7;石英岩硬度一般为7;铁英岩硬度一般为7—8;石英砂岩中的长石石英砂岩硬度一般在6以上。石斧石料的莫氏硬度数值已经显现出石斧常用的辉绿岩、硬铝质岩、铁英岩、石英岩等石料具有较高的绝对硬度,而与石铲、石刀等其他主要工具所用石料的比较可以让我们形成一个更直观的认识。

郑州地区仰韶中晚期绝大部分石铲选用白云岩、灰岩作为石料,石刀以灰岩、砂岩、片岩、白云岩等为主要石料。灰岩硬度一般为3左右,白云岩硬度一般为3.5—4。砂岩、片岩因成分或风化程度不同,硬度存在一定差异。本课题组实验显示片岩硬度约为3—5,砂岩约为2.5—3.5。

· 233 ·

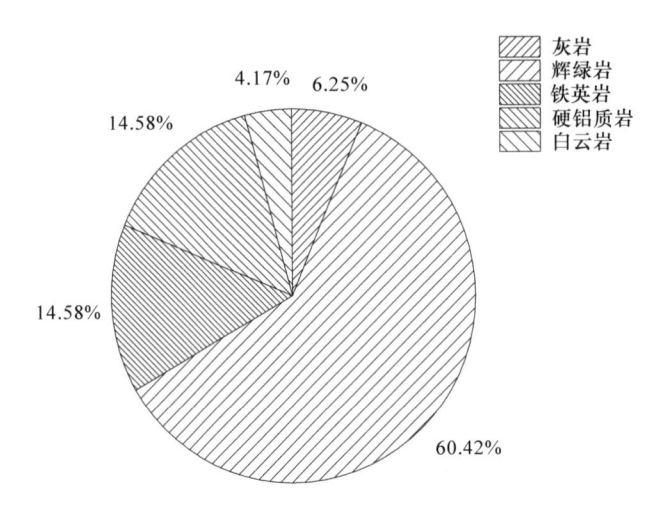

**图 4.88　郑州地区仰韶中晚期各遗址共见石斧岩性占比饼状图**

注："各遗址"指西山、青台、汪沟、大河村、尚岗杨、建业、普罗旺世等6个遗址，"共见"指各遗址中至少两个遗址出土有该岩性的石斧。

据上可知，石斧的石料硬度明显高于石铲、石刀等，是石器工业中质地最好的原材料，即使是残片或碎块，再加工后依然是硬度很高的石质工具。辉绿岩、硬铝质岩、铁英岩、石英砂岩等石料的分布位置与郑州地区诸遗址的距离较远，离最近的汪沟遗址直线距离也在20—40千米，而资源域调查进一步表明辉绿岩、硬铝质岩等石料可能比白云岩、灰岩、砂岩等砾石石料要困难。

索河上游丁店水库西侧的万山一带、丁店水库东南侧的井里沟、界沟村、老邢村一带均发现了白云岩和灰岩岩体，保留有明显的人工开采痕迹。东泗河下游河床暴露出多处砾石堆积，包含了白云岩、灰岩、砂岩等砾石石料。所以，仰韶时期索河中下游乃至索须河流域的古河床、古河滩上也可能分布有丰富的白云岩、灰岩、砂岩等砾石石料。

郑州地质图显示，辉绿岩分布在登封市唐庄乡井湾村一带，铁英岩分布在登封市李庄至凉水泉一带。这些区域距离索河上游更远，距离嵩山北麓、东麓更近，需要进入嵩山山麓才能开采，或者要到石料产地附近的河流上游地区才能获取。所以，辉绿岩、铁英岩等高品质的石斧石料分布更接近嵩山山麓以及附近的河流上游地区，不如白云岩、灰岩、砂岩等石料广泛，获取起来难度更大。

其二，不同类型再加工行为体现出不同石斧使用过程中的应对策略。有的形成特定的再加工技术，有的成为一种形态稳定、标准化程度较高的新器类，有的则具有较强的权宜性。

维修Ⅰ组对应以打制为主的技术，对刃部形态发生较大损伤的石斧进行再加工；维修Ⅱ组对应以磨制为主的技术，对刃部使用变钝的石斧进行再加工。可见，面对不同损伤形式的石斧，仰韶先民已经可以熟练地选用相应补救技术对刃部进行维修，已经形成一种比较稳定的应对行为或策略。

改制Ⅰ组对应以琢、磨为主的技术，将刃部变钝且保存较完整的石斧改制为钝刃斧形器；改制Ⅱ组兼用打、琢、磨等技术，将残断的石斧顶部改制为平刃斧形器；改制Ⅲ组对应以琢为主的技术，将保留有较锋利刃部的石斧改制为石楔子。与前述维修行为一样，选用相应技术将不同类型受损石斧标本改制为新的石质工具，也已经形成稳定的应对策略。更为重要的是，这些改制器还体现出一定的标准化特征。前文对石楔子的形态学分析表明，石楔子已经具备类型划分的条件，而且标本量较多的B型石楔子的刃角、厚度均集中在较小范围内。这些都反映出石楔子在选择石斧残器时具有较强的倾向性，改制后的形态也具备一定的标准化程度。

钝刃斧形器具备与石楔子相似的特征，下文将进行简要的形态学分析。

（1）类型学分析

钝刃斧形器　可依据大小分为两类。

甲类　5件。体态较大。根据平面形态可分为两型。

甲A型　1件。平面近等腰梯形。均为较完整标本。标本XS045（图4.89，1）。

甲B型　4件。平面近矩形。均为刃部标本。标本XS347、XS575、XS339、XS188（图4.89，2）。

乙类　体态小于甲类。根据平面形态可分为两型。

乙A型　9件。平面近等腰梯形。包括较完整标本、刃部标本。

较完整标本　标本XS524、XS583、XS323、XS672、XS219、XS700、XS359、XS217（图4.89，3）。

刃部标本　标本XS092。

乙B型　1件。平面近矩形。均为刃部标本。标本XS289（图4.89，4）。

其他刃部标本　1件。标本XS446。

（2）形制参数分析

石斧选料时就有大小、长短之分，经过使用、再加工，长短差异便会更大。更为重要的是，有的钝刃斧形器由轮廓较完整的石斧改制而成，有的由残存刃部改制。所以，我们在选择形制参数时并未将长度纳入，而以宽度、厚度以及宽厚比为主要形制参数进行量化统计分析。因为该类器将原本锋利的刃部改制为圆弧的钝面，故也不存在刃角的问题。

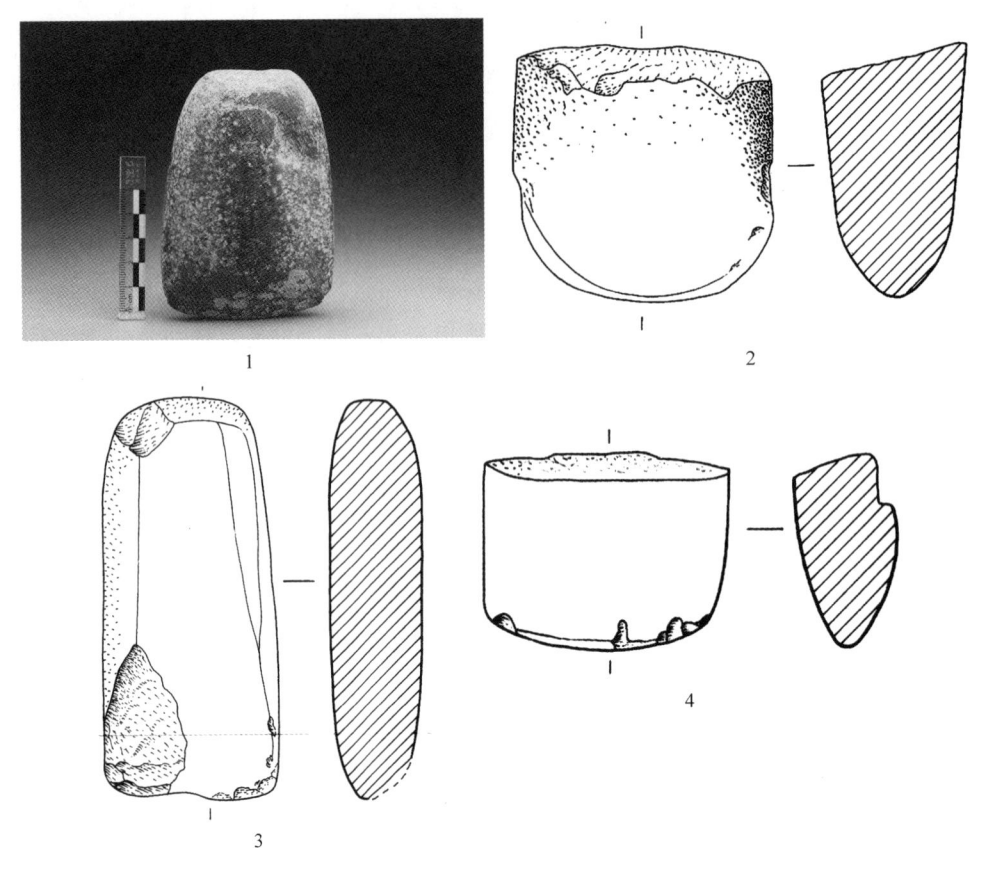

图 4.89　郑州地区仰韶中晚期石斧改制 I 组（钝刃斧形器）标本

宽度、厚度散点图（图 4.90）及宽度、厚度、宽厚比箱线图（图 4.91—4.93）显示，甲类钝刃斧形器宽度多在 6.5 厘米以上，厚度多在 3—4 厘米；乙类宽度多在 6.5 厘米以内，厚度多在 2.5—3.5 厘米。可见，甲类、乙类钝刃斧形器确实存在形态大小的差异，前文的类型学分析是准确的。

乙类钝刃斧形器标本量稍多，其宽度集中分布范围的波动幅度约为 0.6、厚度集中分布范围的波动幅度约为 0.7 厘米，宽厚比集中分布范围的波动幅度约为 0.2，波动范围很小，宽厚比 CV 接近 10%，宽度 CV 值甚至低于 10%（表 4.8），体现出较高的标准化程度。

这一现象不能简单理解为钝刃斧形器的改制技术达到了较高的专业化水平。钝刃斧形器并未对石斧的侧面进行再加工，所以宽度、宽厚比只能反映原本石斧较高的标准化程度。当然，这在很大程度上说明用于加工钝刃斧形器的石斧"原材料"经过了细致挑选，先民对该类改制器的造型设计有着比较统一的认识。这是钝刃斧形器形态规整的主要原因，也与该类器在所有改制器中占比最大（图 4.87）的情况相符。

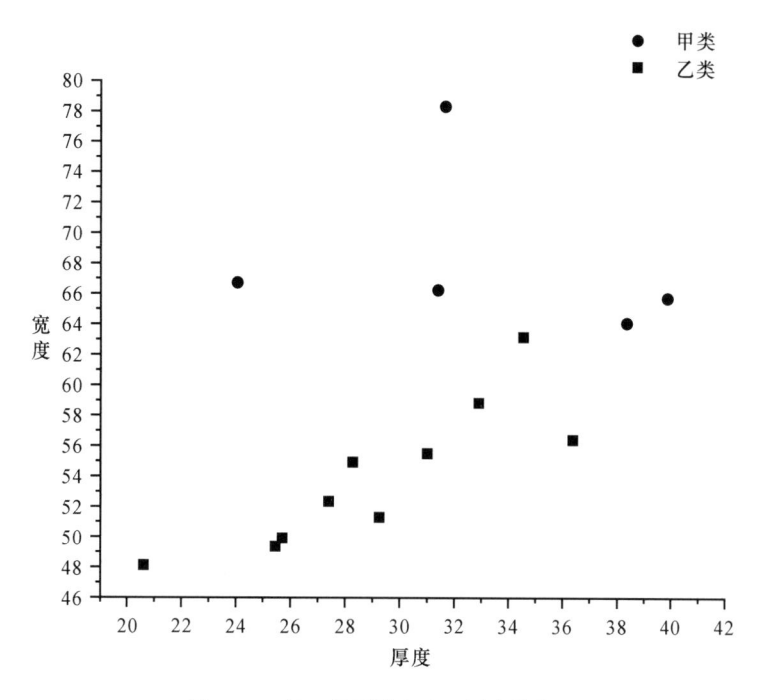

**图 4.90 钝刃斧形器宽度、厚度散点图**

注：宽度、厚度的单位为毫米。

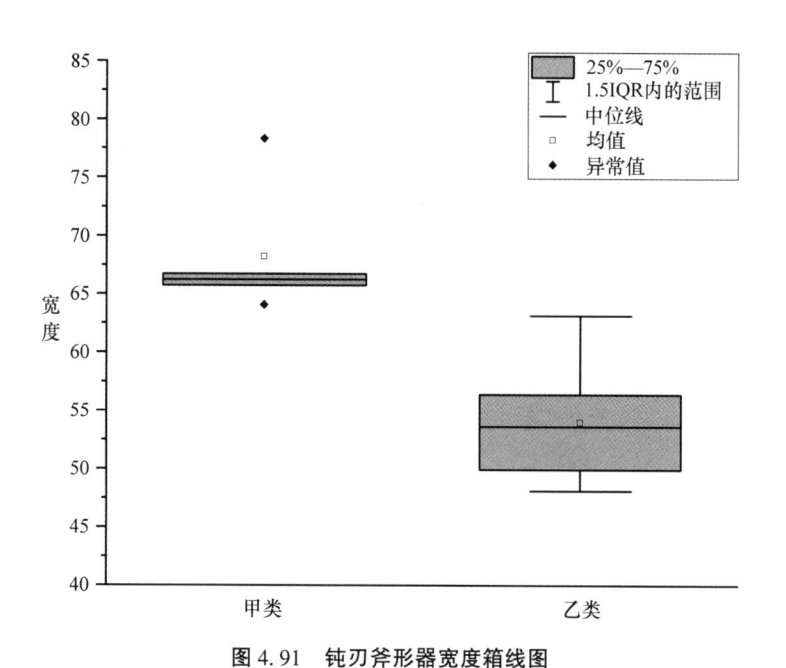

**图 4.91 钝刃斧形器宽度箱线图**

注：单位为毫米。

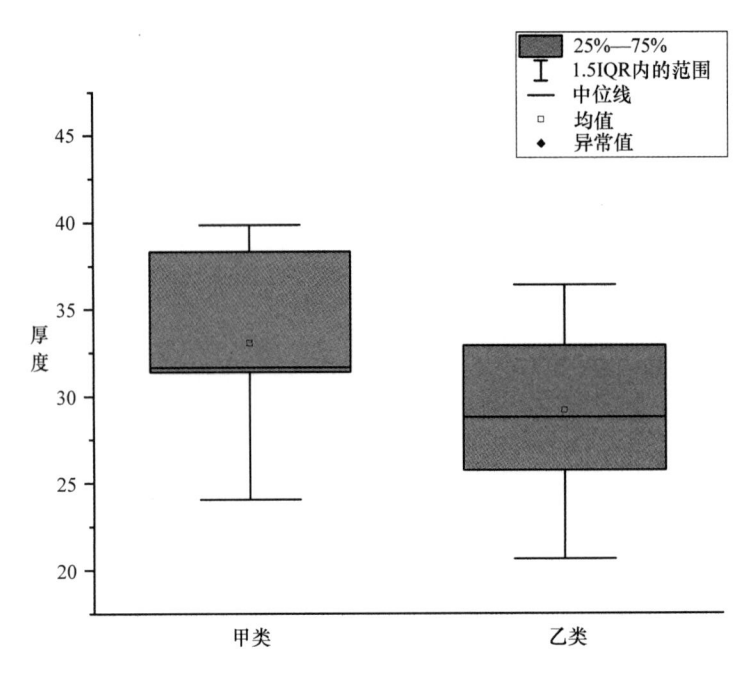

图 4.92 钝刃斧形器厚度箱线图

注：单位为毫米。

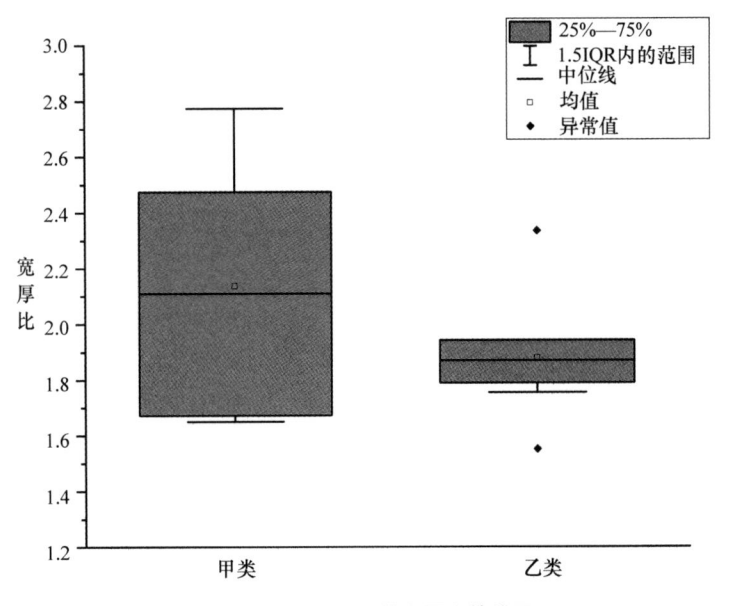

图 4.93 钝刃斧形器宽厚比箱线图

表 4.8　郑州地区仰韶中晚期钝刃斧形器标本形制参数变量的平均值（mean）、标准偏差（SD）和变化系数（CV）

|  | 统计值 | 宽度 | 厚度 | 宽度/厚度 |
| --- | --- | --- | --- | --- |
| 甲类 | n = 7 |  |  |  |
|  | Mean | 68.20 | 33.05 | 2.14 |
|  | SD | 5.74 | 6.32 | 0.49 |
|  | CV | 8.41% | 19.12% | 23.12% |
| 乙类 | n = 10 |  |  |  |
|  | Mean | 53.98 | 29.15 | 1.88 |
|  | SD | 4.70 | 4.72 | 0.20 |
|  | CV | 8.70% | 16.20% | 10.68% |

注：宽度、厚度的单位为毫米，数据均保留小数点后两位。

改制Ⅱ组的平刃斧形器数量较少，难以进行形制参数及标准化分析，但其作用面已经基本确定，即由原本石斧断茬改制为相对规整的平面，以此为作用面进行相应活动，还可能存在系绳装柄的情况。随着考古工作不断开展，关于平刃斧形器的认识应该会逐步深入。

改制Ⅳ组的薄片状端刃器数量很少，但其形态并不固定。有近矩形、方形的，有的还有缺口，也没有固定的作用部位，锋利的边缘似乎都可以使用，也不见琢、磨等技术的使用，甚至有些类似于旧石器时代的刮削器。此外，由顶部改制的石锤只1件。几乎所有改制器均对石斧刃部或断茬进行再加工，作为新的作用部位。而该改制石锤以石斧顶部作为锤头，与常见的改制行为差别明显。很少的数量和罕见的改制方式均表明其不属于稳定的新的改制器类。

所以，改制Ⅳ组和改制其他组均体现出较强的权宜性，与其他再加工行为存在明显差异。

其三，石斧生产与再加工所体现的专业化水平差异问题。

前面已经谈到，改制Ⅳ组和改制其他组权宜性很强，与石斧的专业化生产相去甚远，兹不赘述。维修Ⅱ组基本保持了石斧刃部形态，改制Ⅱ组数量不多，也不作为主要讨论对象。我们主要讨论高占比的维修Ⅰ、改制Ⅰ（钝刃斧形器）、Ⅲ（石楔子）组等再加工行为的问题。

维修Ⅰ组在所有再加工痕迹中占比最高，接近4成，是最主要的再加工行为。以单面或双面打制技术在发生较大损伤的刃部进行维修以形成新的可继续使用的较锋利刃部是维修Ⅰ组最本质的形态与技术特征。大量标本经双面打制形成的中锋（如XS074，图4.79，7），已与石斧成品规则的弧线磨刃存在明显差别；有的单面打制，凭借另一面的刃部弧面形成新的刃部（如 XS124，图 4.79，2—4），也与成品石斧刃部差异明显；有的一定程度上保留有原本石斧的刃部，经打制、琢磨修整（如 XS559，图 4.79，5—6），这是与石斧刃部最为接近的形态，但规整及锋利程度也不及石斧成品。可见，维修Ⅰ组已经形成了稳定的再加工技术倾向，但维修形成的刃部均不太规则，有的连中锋都难以达到，更不能无法加工出与成品石斧一样的弧刃形态，锋利程度也不及石斧的磨制中锋刃。

改制Ⅰ组大部分的"原材料"是用钝且刃部保存有基本形态的石斧。相较而言，钝刃斧形器对刃部的加工是最精细的。其对刃部的打制只在两面稍加修整，绝不像维修Ⅰ组一样形成使刃部基本形态发生很大形变的片疤（有时甚至超过 1 厘米）。琢、磨技术的运用已经比较成熟，基本可以确保形成弧形的钝面。据前可知，钝刃斧形器的高标准化程度很大程度上得益于石斧的专业化生产。而其刃部的精细化再加工技术与对石斧"原材料"的精挑细选，可能也是造成形态高标准化的原因之一。

还有一点值得注意。刃部用钝的石斧应该便于进行维修Ⅱ组的磨刃行为，从而继续使用下去。仰韶先民大量采取此类改制行为，应该从两个方面来理解。首先，改制Ⅰ组虽然已经是改制中最精细的技术，但是仍然达不到成品石斧刃部的标准。在钝刃斧形器中有部分刃部发生较大损伤的标本，如 XS217 在改制时就仅针对保存较好的部位进行打、琢，形成弧面的钝刃（图 4.94，1），说明该改制技术无法将受到损伤的刃部加工为较规整的新的弧刃形态。面对刃部轮廓保存较好的石斧标本，该改制技术也难以修理出锋利的中锋弧形刃，只能将刃部琢出钝面。如 XS323（图 4.94，2）刃部较完整，刃部边缘还保留有石斧原本的弧刃形态，琢制加工使其刃部的中间部位逐渐向内削减，最终形成较平直的钝刃（图 4.81，5-7）。从本质上讲，改制Ⅰ组技术一直在消耗原本的刃部，使变钝的刃部变得更钝，并不是使刃部更锋利、更规整的造刃行为。其次，改制Ⅰ组的大量存在说明钝刃斧形器应该是生产生活中的一类重要工具。

所以，改制Ⅰ组也不能与石斧成品的标准化水平相比拟，尤其是造刃技术方面存在本质差异。

改制Ⅲ组（石楔子）最主要的特征是以琢制为主要手段形成一个新的侧边或顶部，基本不涉及刃部加工。由于着重对侧边进行加工，B 型石楔子宽度的 CV 值很低；由于主要从残断的石斧标本中挑选原材料，刃部及整体形态都不大好控制，所以宽厚比的 CV 值高于 20%；由于是用于锤击的间接工具，对原材料的挑选和再加工均不如钝刃斧形器精细，其标准化程度更不可和石斧同日而语。

综上可知，无论是维修还是改制，其反映的形态设计标准化程度和再加工技术的专业化水平均无法与石斧相提并论，更无法掌握石斧成品生产中最核心的造刃技术。

图 4.94　郑州地区仰韶中晚期石斧再加工痕迹及相关遗物举例

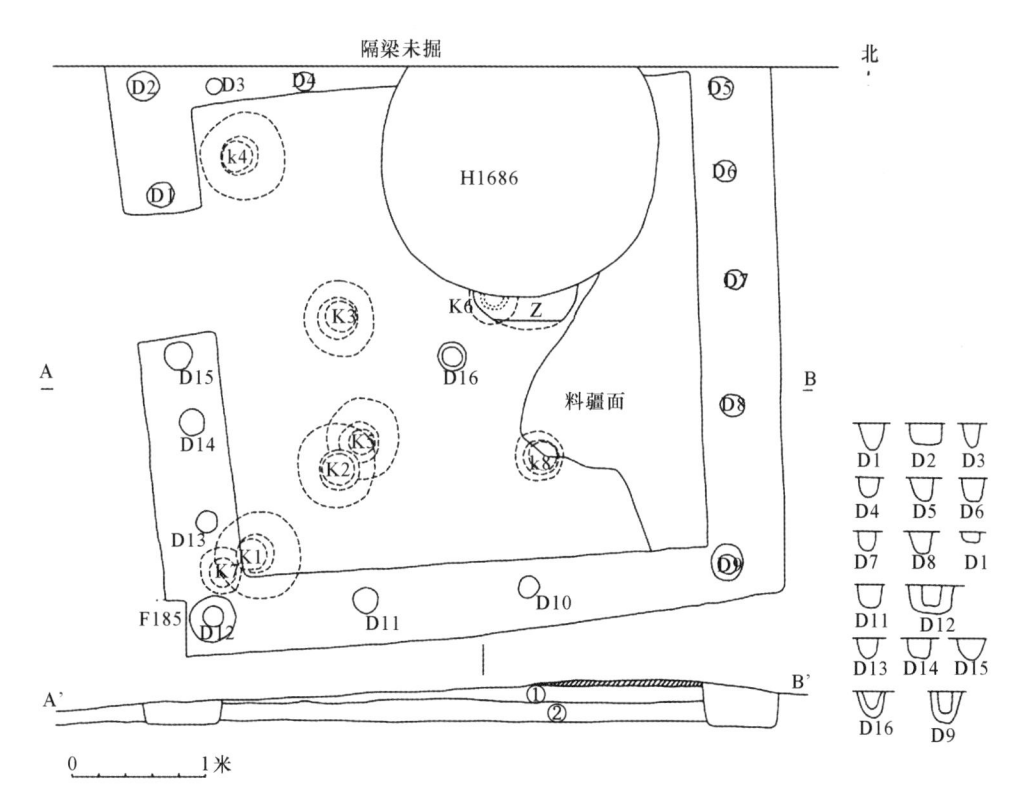

图 4.95　西山遗址 F164 平面图

所以，我们很难想象进行石斧成品生产的和再加工的是同一人群，这不符合二者体现出的形态、技术及标准化、专业化水平差异。下文关于石斧出土环境的分析将有助于进一步理解该问题。

其四，石斧的出土环境能为我们提供再加工人群的线索。

西山遗址有4件经使用的石斧标本出土于房址，其中1件属于使用Ⅱ组，3件属于使用Ⅰ组；有6件经改制的标本出土于房址，其中2件属于改制Ⅲ组的石楔子，2件属于改制Ⅰ组的钝刃斧形器，1件属于改制Ⅱ组的平刃斧形器；有1件琢制坯出土于房址。有1件石斧出土于墓葬，保留有使用Ⅱ组及维修Ⅰ组痕迹（表4.9）。

表4.9　　　　　　　　　西山石斧及再加工标本出土背景统计表

| 标本号 | 出土单位 | 使用及再加工痕迹信息 |
| --- | --- | --- |
| XS072 | F113 | 改制Ⅲ组石楔子 |
| XS087 | F137 | 改制Ⅲ组石楔子 |
| XS092 | F142 | 改制Ⅰ组钝刃斧形器 |
| XS102 | F164② | 使用Ⅱ组，断茬琢制 |
| XS108 | F204 | 改制Ⅱ组平刃斧形器 |
| XS045 | F24 | 改制Ⅰ组钝刃斧形器 |
| XS048 | F24 | 使用Ⅰ组 |
| XS049 | F28 | 使用Ⅰ组，顶部琢孔 |
| XS054 | F35 | 琢制坯 |
| XS060 | F44 | 使用Ⅰ组 |
| XS064 | F58 | 维修Ⅱ |
| XS114 | M106 | 使用Ⅱ组、维修Ⅰ组 |

质地坚硬的石质工具是当时最重要的生产资料，所以使用过的石斧出土于房址是很正常的。而再加工的石斧也出土于房址中，在一定程度上表明进行石斧再加工的人群有可能也是石斧的使用者。前述标本中有三条线索有助于我们进一步理解石斧再加工人群的问题。

第一，XS102出土于F164②层，报告对该房址进行了较为细致的介绍（图4.95）。F164面积约20余平方米，有两层垫土，垫土下共有八件完整陶器作为奠基之用。②层为房屋垫土，与石斧共出的还有钵、曲折沿罐、矮领罐及尖底瓶等陶器残片，均属于仰韶中晚期的生活用器。这说明石斧可能与其他陶器一样，存在被房址主人使用过的可能。XS102刃部已经残断，不能再作石斧使用，而后在断茬表面进行琢制（图4.96）。虽然我们尚不能准确判断该标本经再加工的具体用途，但是这一定程度上表明房屋主人可能不仅是石斧的拥有者和使用者，还可能是再加工者，并继续使用再加工过后的石斧残器。

第二，XS045、XS048出土于F24，F24共出石器具有较强的再加工指示意义。XS048是保留有Ⅰ组使用痕迹的完整石斧（图4.97，1—2），XS045是保留有Ⅰ组改制痕迹的完整钝刃斧形器（图4.82，1、图4.89，1），二者的共存无疑比F164出土的残损石斧可能为房屋主人所用更具说服力。更加重要的是，经过Ⅰ组改制的钝刃斧形器XS045需要经历琢、磨两道工序，而F24恰好出土有一件磨棒（XS046，图4.97，3），可以完成改制Ⅰ组所需要的磨制工序。这三件标本还正处于再加工操作链的三个关键位置，即"经使用的较完整石斧（XS048）→琢、磨（XS046）再加工→成为改制的钝刃斧形器（XS045）"。同一出土背景下、完整的石斧及改制器、改制工具以及标本之间反映的技术关联，这使得我们有理由相信，石斧的改制可能与使用人群关系更为密切。

图4.96 西山遗址出土石器XS102照片

第三，XS114（图4.26，1）出土于M106，保留有维修Ⅰ组、使用Ⅰ组（图4.26，2）以及维修Ⅱ组、使用Ⅱ组痕迹（图4.98）。这件经过使用、维修、再使用的石斧，被随葬于墓主人的胸前，位于左手持柄的对应位置。另外，该石斧整体呈薄片状，侧面加工也很有特点，以打制缺口和琢制平直侧边来辅助装柄，这与甲、乙、丙类石斧存在明显差异（详见前文关于石斧使用的分析）。所以，我们很难想象这样一件特殊石斧会不是墓主人生前所用的实用器，而被随葬于墓中。即便它的整个生命历程没有与生前的墓主人完全重合，至少它在某一阶段被墓主人所使用。石斧作为随葬品之前，已经被维修，且刃部保留有使用过后的磨圆。这表明墓主人生前使用过维修过的石斧，那么就存在两种可能：1. 石斧为墓主人所修理；2. 石斧为别人所修理并到了墓主人手中。前一种情况在一定程度上说明，诸如墓主人一样的使用人群很可能就是再加工的实施者；后一种情况则难以推论。简言之，这则材料表明石斧的使用人群有可能就是再加工人群。

如果说前述分析提供了一种石斧标本出土环境、形态技术及其与使用人群关联的可能性，那么前文关于石斧成品生产与再加工之间存在较大技术和标准化差异的结果，也可作为存在此种可能的重要依据。如此，成品石斧与再加工标本在形制参数标准化、刃部加工技术两个指示石器生产的重要内容均存在明显差异，出土背景上又与使用人群存在一定关联，这让我们可以尝试形成这样一种倾向性认识：石斧再加工行为的实

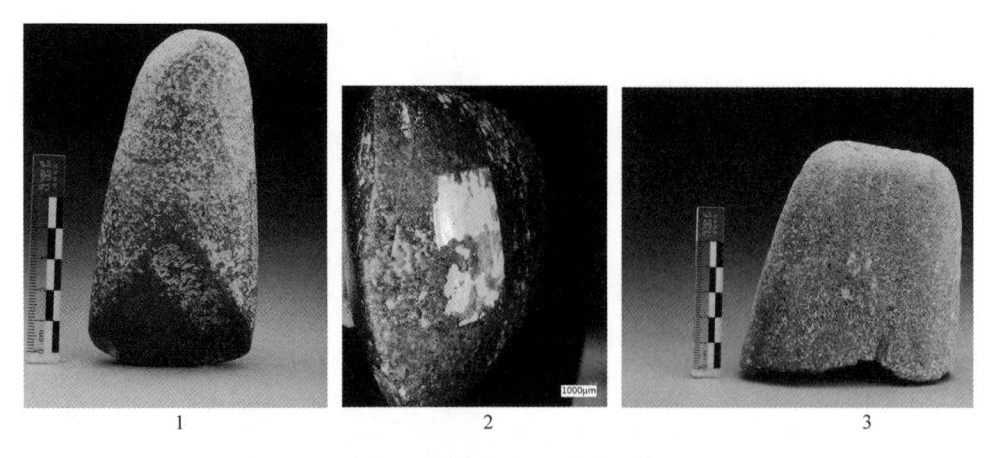

图 4.97　西山遗址 F24 出土石器

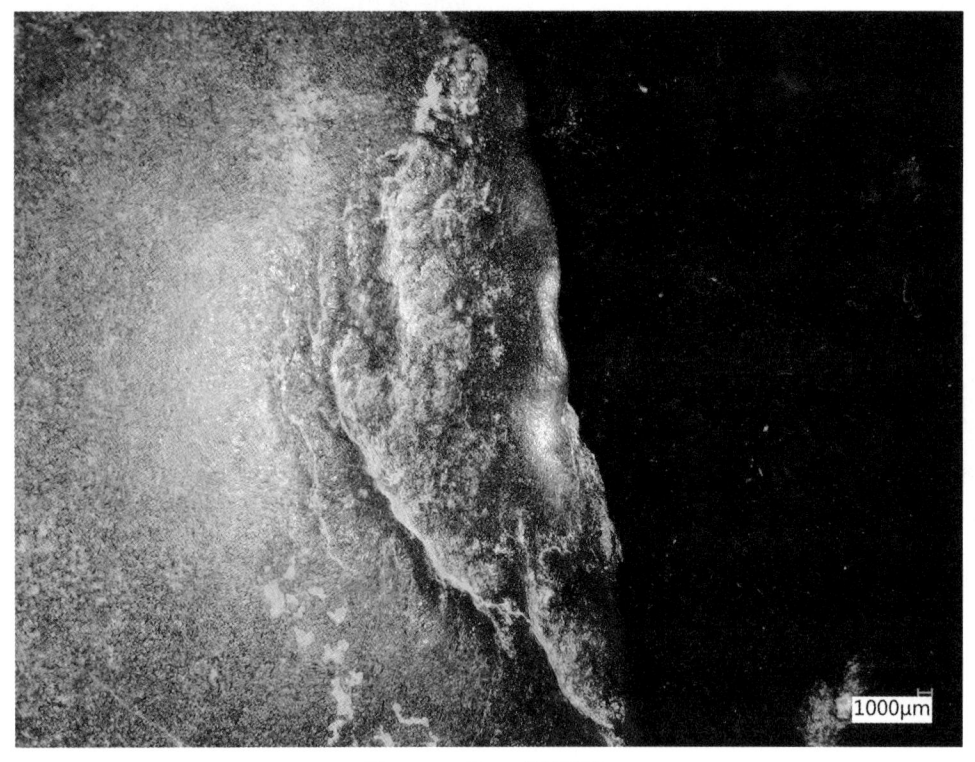

图 4.98　XS114 微痕照片

施人群应该不是具有较高专业化水平的成品生产人群；更可能是因为石斧的石料珍贵，造刃技术不为普通人所掌握，所以使用人群为了维持石斧的寿命而不断进行维修，并将残断的石斧改制为其他工具，以最大程度对其进行利用。

（二）石锛

1. 维修

石锛的再加工主要体现为维修，可分为以下三组。

(1) 维修Ⅰ组

数量很少,以打制为主要再加工手段,对发生较大损伤的刃部进行修理,形成新的不规则刃部。

标本 XS486 在刃部两面打制(图4.99,1),XS312 在刃部一面打制(图4.99,2)。

(2) 维修Ⅱ组

在刃部使用变钝后,进行琢磨维修,多形成明显折痕或不规则的折刃面。

标本 XS648 在刃部的折刃面(图4.99,4)、背面(图4.99,3)均进行琢磨修理,背面形成较窄的折痕,正面形成较大范围的不规则折刃面。标本 XS123 刃部的折刃面经过两次磨制修理,先对折刃进行大范围磨制,形成不规则的折刃面(图4.99,5),再在折刃面的刃缘进行磨制,形成较窄的折痕(图4.99,6)。

(3) 维修Ⅲ组

主要见于刃部标本,在断茬处琢磨出大致规整的平面。

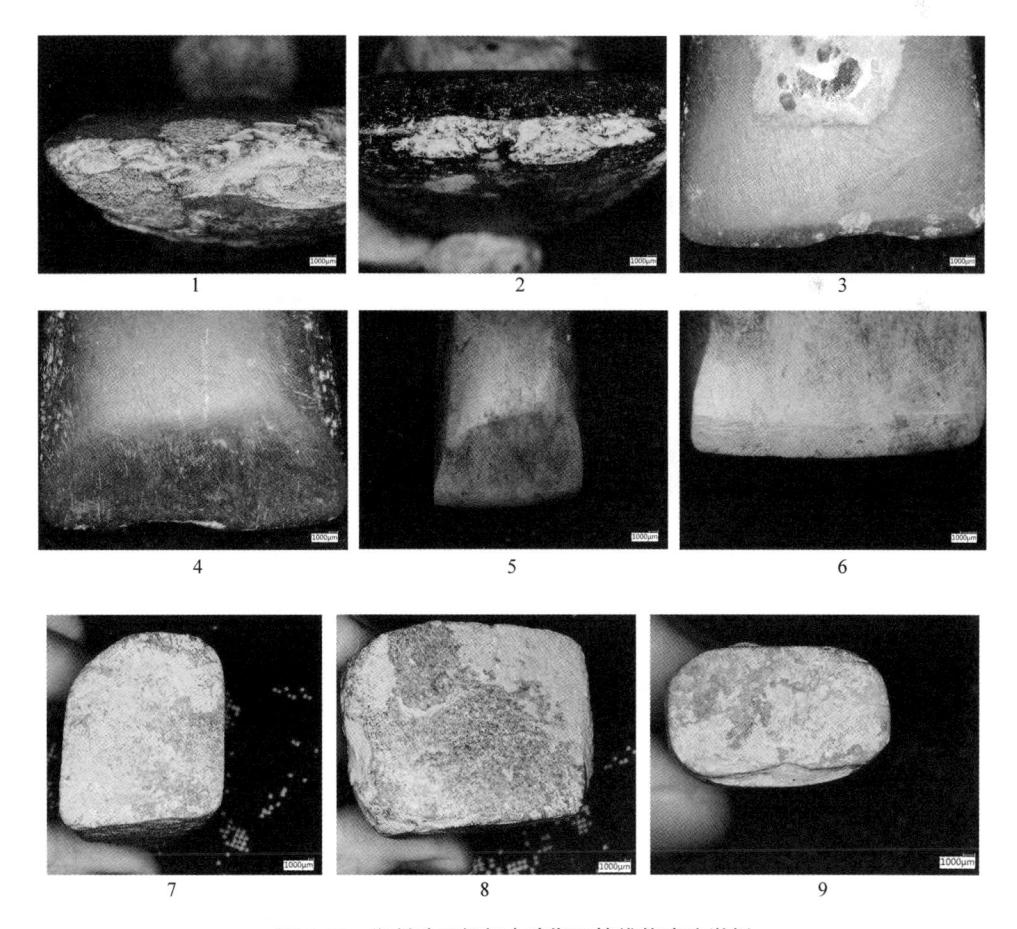

图4.99 郑州地区仰韶中晚期石锛维修痕迹举例

注:其他指不能辨识使用或再加工的残断标本。

标本 XS061 断茬处经琢磨修理，形成较规整的平面（图 4.99，7）。XS304 断茬处经琢磨修理，形成较规整的斜面（图 4.99，8）。XS321 断茬处经琢磨修理，形成较规整的平面（图 4.99，9）。

2. 量化分析及相关讨论

我们对前述使用与维修痕迹进行了量化统计分析（图 4.100），经过维修的石镈占比超过 4 成，基本上与正常使用的标本持平。在维修行为中（图 4.101），Ⅱ 组占比 7 成，占据主导地位，其与 Ⅲ 组之和的权重占到接近 9 成，是维修行为的主流。

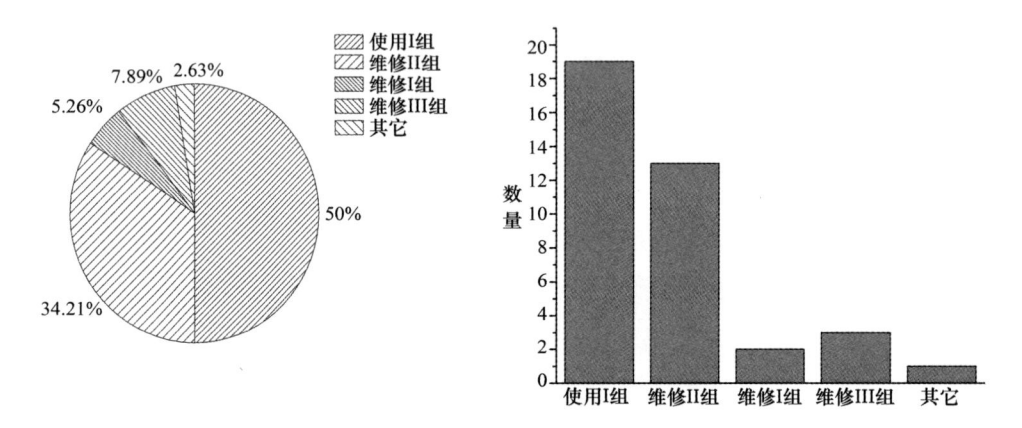

图 4.100　郑州地区仰韶中晚期石镈使用、维修痕迹量化统计图

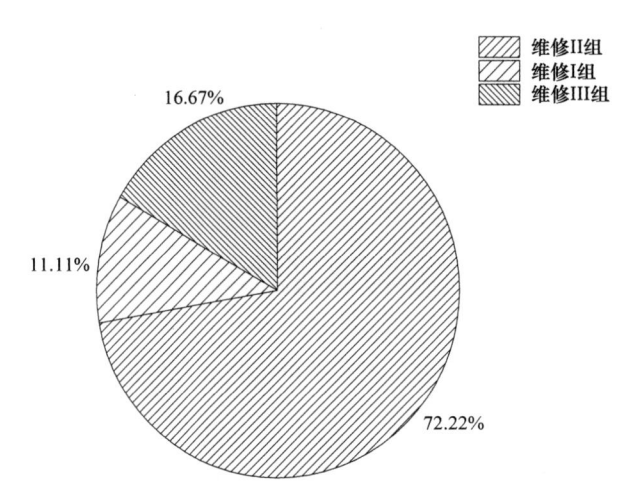

图 4.101　石镈维修痕迹占比饼状图

这至少说明两个问题。

其一，与石斧相类，维修也是石镈使用过程中常见的一个加工环节。石镈维修的前提就是经过使用，前述量化分析结果似乎可以这样看待：几乎一半的石镈在使用过

程中经过维修，而且只要没有完全残断，刃部还可以继续使用或进行维修，便会尽量进行维修。

其二，维修Ⅱ、Ⅲ组占据主导，说明沿用或通过磨制维持石锛成品规则的刃部形态是最核心的维修行为。从技术手段上讲，石锛的维修Ⅰ组与石斧相似，均没有能够再次造刃成功。从数量上看，石锛维修Ⅰ组很少，维修Ⅱ组却很多，这与石斧存在大量维修Ⅰ组而维修Ⅱ组较少的情况大相径庭。

这两个问题背后蕴含的讯息同样值得挖掘。

其一，石锛占比较大的石料为辉绿岩、硬铝质岩、石英岩、石英砂岩（图3.21—22）。这些岩石主要分布在郑州以西的巩义、登封一带，与郑州地区腹地的直线距离在40千米以上。由于这些地区靠近嵩山北麓，实际路程应该更为艰难。可见，石锛所用主要石料与石斧重叠度较高，是仰韶中晚期石质工具中质地最坚硬的几类，物理性质明显优于白云岩、灰岩、砂岩等，可能需要长途跋涉才能获取。所用，石锛所用石料在当时是比较珍贵的，这可能也是存在大量维修行为的主因之一。

其二，维修Ⅱ、Ⅲ组等维系刃部形态的行为占据主导，而且保持了石锛刃部较高的标准化程度。这说明无论是生产者还是再加工者，都认可石锛刃部的形态设计标准，而且代表了长期使用过程中形成的技术需求，所以才能在维修中保持较高的一致性。总体上看，维修的磨制技术比较成熟，在原本刃部基础上已经能够磨制出较宽折刃，大体能够修理出较为锋利的刃部形态。

维修与成品生产的技术差异同样需要注意。维修Ⅱ组磨制出的折刃面形态不如成品规范，在器身与刃部的交界处呈现的折痕不够平直，多在刃部边缘的一面再次磨制出较窄的折痕，以维持刃部的锋利程度（如XS123，图4.99，5—6、图4.102，1）；而成品刃部的转折较为平直，刃缘也没有窄折痕（如XS392，图4.102，2）。维修Ⅰ组与成品造刃的技术差异则更明显。目前不见保留有维修Ⅰ组打制痕迹的标本完成了再次造刃，大多只能形成新的不规则刃部，不可与石锛成品的造刃技术同日而语。所以，石锛的维修技术并未达到石锛成品的造刃水平，维修Ⅱ组已经代表了维持刃部形态的最高水平。

现在谈石锛再加工人群的问题就更水到渠成了。

首先，石锛再加工与成品生产技术存在明显差距，而且核心仍然是造刃，二者的专业化水平存在较大差距。这说明生产者与再加工者应该不是同一群人。

其次，维修很注重维持便于使用的刃部刃角，说明再加工人群具备丰富的木作生产经验。

最后，石锛与石斧的维修技术分组呈现出较高的一致性，技术特征也较为相

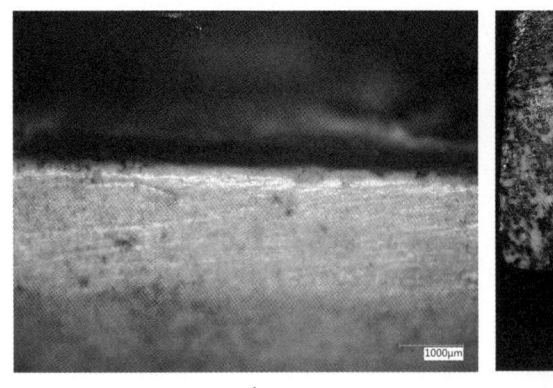

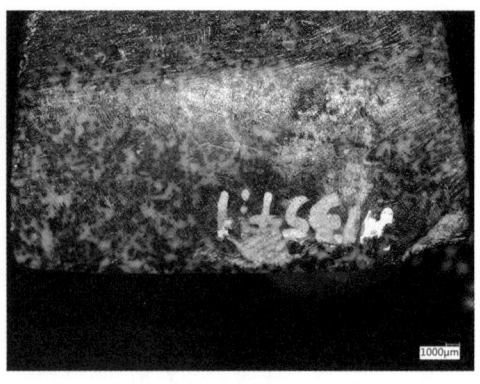

图4.102　郑州地区仰韶中晚期石锛再加工与成品生产痕迹举例

似——即琢磨技术较为成熟，却难以打制新的刃部雏形。这说明再加工人群很可能同时对石斧、石锛乃至更多工具进行维修。那么，谁最可能同时接触这些工具，又具备丰富的使用经验？使用者本身的可能性无疑是最大的。我们很难想象在当时的社会发展背景下，会存在一个除生产者、使用者之外的独立的再加工人群——他们通过对各种工具进行维修或改制，并以此维持生计。

所以，对石锛进行维修的可能就是使用人群。

（三）石凿

目前石凿标本量不大，多为对使用磨损的刃部进行琢磨，形成不规则的折刃面或在刃缘形成窄折痕，与石锛维修Ⅱ组基本相同。

标本XS601在刃部进行较大范围磨制，形成不规则的折刃面（图4.103，1），再对刃缘进行琢磨，形成较窄的折痕（图4.103，2）。

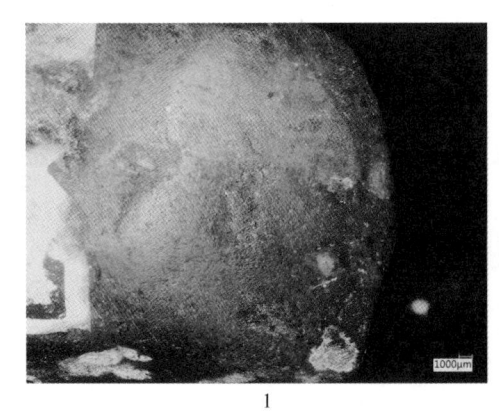

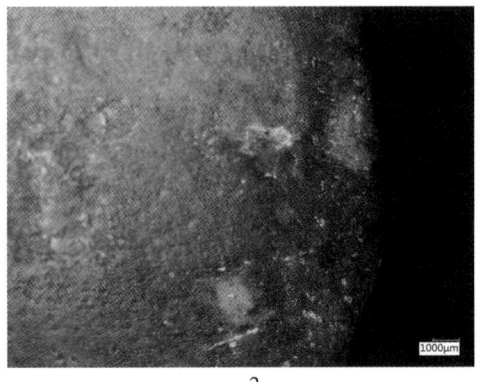

图4.103　郑州地区仰韶中晚期石凿再加工痕迹举例

虽然数量不多，但我们还是对石凿进行了基本的量化统计（图4.104）。无论是使用Ⅰ组还是维修Ⅱ组痕迹，都指示出对木材进行加工的专有性。这表明石凿应与石锛一样，是专业性较强的木作工具。石凿维修Ⅱ组技术也与石锛如出一辙，不如成品刃部规范，说明石凿可能也是在木作活动过程中被使用者磨制修理的。

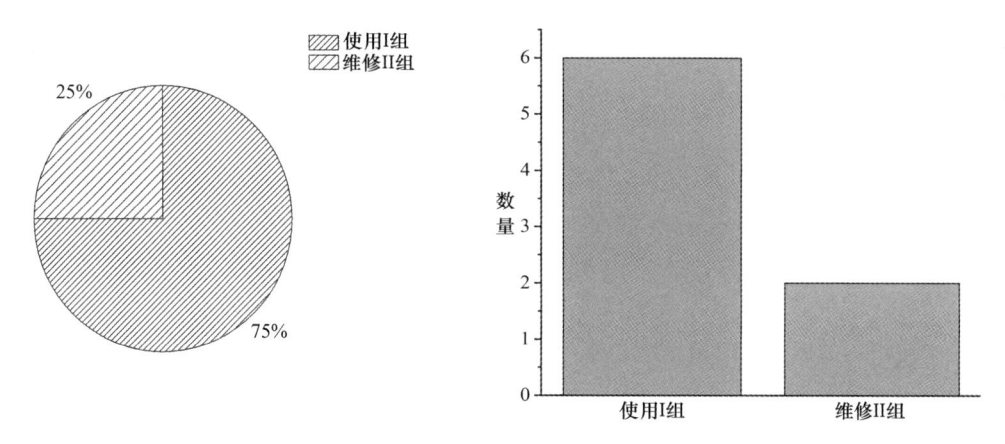

图4.104　郑州地区仰韶中晚期石凿使用、再加工痕迹量化统计图

更为重要的是，斧、锛、凿等木作工具的刃部再加工技术基本可以对应。石锛、石凿对木材进行加工的专用性更强，所以维修Ⅰ组极其少见甚至不见，进一步说明前文关于石斧一器多用的认识是大体不误的。木作（建筑）工具中端刃器的再加工技术有一个最核心的共性——它们都无法替代成品造刃这一关键技术，只能尽量维持原有的刃部形态以继续对木材进行生产加工；若刃部发生大的损伤，则只能将其作为他用或改制为其他用途的器类。

简言之，石凿的再加工行为体现出对木材进行加工的专用性，但仍达不到成品生产的造刃水平，可能还是由使用人群完成。

# 第五章　社会变迁视角下石质工具的综合研究

## 第一节　概述

　　从石器工业透视社会复杂化进程是学界一直关注的问题，然而如何从石器形制、生产、使用、再加工等诸多物化信息中去分析可能指征的人类行为模式，是一个需要长期实践和理论思考的极具挑战性的课题。郑州地区仰韶中晚期石器工业研究具备充足的新资料，前文也已经对石器各个面向的问题进行了不同程度的研究，具备了进一步归纳凝练关键信息并结合相关背景进行深入讨论的条件。本章将在前文基础上尝试对郑州地区仰韶中晚期石质工具的总体特征进行归纳凝练，并结合这一阶段聚落变迁的大背景，管窥石质工具在社会发展进程中所起到的作用。

　　石质工具的面貌与特征应该是一个包含多方面内容的问题。

　　首先，它是在特定时空范畴内一类重要遗存的面貌。陶器、石器是新石器时代遗址出土数量最多的两类遗物。陶器因具备较强的断代意义，发掘者会进行基础研究并尽可能多地刊布相关资料。而石器刊布相对较少，使得我们难于通过报告对各种类石器的类型与数量进行细致梳理。所以，关于某一区域某一时段石器面貌的系统梳理和量化分析还较为少见。

　　其次，这需要结合多方面信息来归纳。以往我们多以器物组合或形制特征来概括或归纳石质工具的面貌，但部分石器需要上手观摩、仪器分析才能较准确地观测其生产使用痕迹及形制参数信息。在没有一手资料的情况下，我们很难较全面地综合分析石器各方面特征。本研究具备现场观摩大量石器标本并进行实验观测的条件，所以可以综合形制、生产、使用、再加工等诸多研究内容对郑州地区仰韶中晚期石质工具的总体面貌进行归纳概括。

　　社会复杂化是西方考古学语境下的一个重要概念，戴向明先生在新石器时代至早期青铜时代垣曲盆地的社会变迁研究中曾对其进行系统梳理与阐释[1]。据戴氏研究可

---

[1] 戴向明：《陶器生产、聚落形态与社会变迁——新石器至早期青铜时代的垣曲盆地》，文物出版社2010年版。

知，社会复杂化包括两方面：其一指社会系统内地位相等的各组成部分之间水平方向的功能差异；其二指社会系统内各组成部分之间垂直方向的等级化差异。本研究所指的社会复杂化多属于第二种含义，借助石器工业专业化程度差异所反映的社会分化以及石器生产、使用在不同等级聚落营建过程中所扮演的角色，我们可以大体勾勒石器工业与仰韶中晚期社会复杂化进程的关系。

## 第二节 仰韶中晚期石质工具的总体面貌

### 一 稳定的组合与形态特征

根据佟柱臣先生早年的研究，豫中地区仰韶早期石质工具主要为石铲、石斧，尚不见石刀[①]。其他资料表明，豫南地区裴李岗时期已开始使用锤击剥片的石片石刀（如贾湖 H237∶2），与本研究乙 A 型相近，但缺口并不明显，有的甚至没有缺口。关中地区仰韶早期就发现有两侧缺口明显的石刀，有的（如北首岭 T104∶1）与乙 A 型接近，有的（如半坡 P.6871[②]、姜寨 T211H238∶7）与乙 B 型接近。所以，不排除豫中地区仰韶早期可能也存在石刀。从目前刊布的资料看，郑州地区仰韶早期石质工具的组合主要为石铲、石斧，即便存在石刀数量也不会太多，石质工具的器物组合不太丰富，各种工具的数量占比还有待确认。由于石铲、石斧多为残片，也难于把握它们形制上的特征。大体来看，郑州地区仰韶早期石质工具的组合与形态特征均不如仰韶中晚期丰富。

进入仰韶中晚期，尤其是以大河村三期和四期为代表的仰韶中期偏晚阶段及仰韶晚期，郑州地区石质工具的组合已经十分丰富且较为固定。石铲、石刀、石镰等农作工具以及石斧、石锛、石凿、石抹子、石锤等木作（建筑）工具已经较为稳定地出现在西山、青台、双槐树等资料掌握较全面的大型遗址中，如建业壹号城邦、信合普罗旺世小区等出土石器较丰富的中、小型遗址也大体涵盖了前述大部分石质工具。在一个相对宽松的时空框架内，仰韶中晚期石质工具丰富的组合形式与稳定的共存关系已经被勾勒出来。

量化统计可以更直观地揭示各类石质工具之间的主次关系（图5.1）。

首先，石铲数量占比超过 5 成，是最主要的石质工具。其中虽不乏统计时纳入大量石铲残片标本的缘故，但石铲的破土功能既在聚落农业生产中起到了不可或缺的作

---

[①] 佟柱臣：《中国新石器研究》，巴蜀书社 1998 年版，第 212—213 页。
[②] 中国科学院考古研究所、陕西省西安半坡博物馆编：《西安半坡——原始氏族公社聚落遗址》，文物出版社 1988 年版，第 70 页。

用，又与城墙、壕沟、屋舍营建息息相关，是仰韶先民改造土地的最重要石质生产工具。这可能也是石铲成为组合中数量占比最大的石质生产工具的重要背景。

其次，石斧、石锛占比均超过1成，斧、锛、凿数量之和占比接近3成，也是主要的石质工具。石斧是重要的伐木工具和近战武器，在木材资源方面具有其他石质工具不可比拟的优势。石锛、石凿形制丰富，刃角形制及其所体现的标准化程度较高，是将木材加工为建筑或其他用途板材的专用性很强的工具。所以，斧、锛、凿在聚落木作（建筑）生产方面具有较强的独占性和排他性，或许是其成为郑州地区仰韶中晚期最重要石质工具组合的背景。

最后，石刀、石镰、石抹子、石楔子、石锤等也是共存关系较为稳定的石质工具，石刀占比接近7%，其余工具数量占比均小于5%。石刀是又一重要的农作工具，与石镰一同构成收割工具的组合。石楔子是加工木材的辅助工具，石抹子是屋舍建筑成型后壁面加工的重要工具，与斧、锛、凿一道共同构成了木作（建筑）工具的主要组合。石锤可灵活进行各种打击活动，是木作（建筑）工具的补充类型。

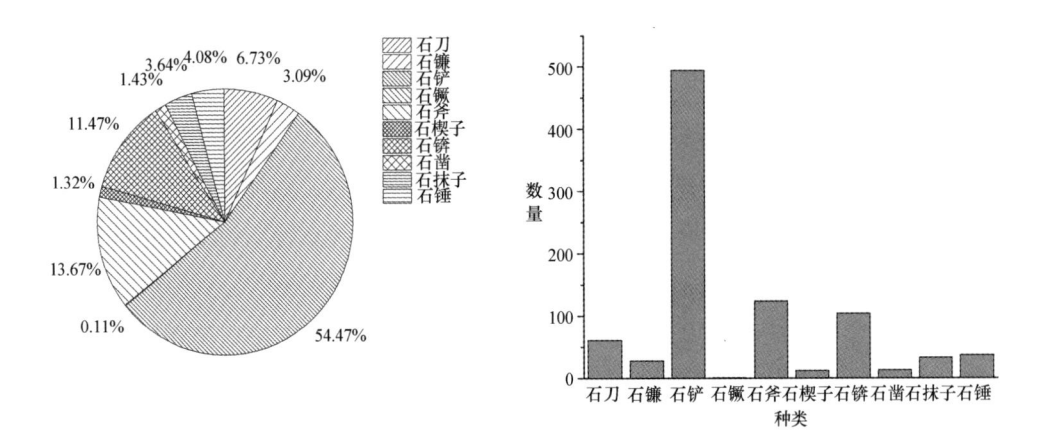

图 5.1 郑州地区仰韶中晚期石质工具数量统计图

类型特征和形制参数的异同特点也是构成郑州地区仰韶中晚期石质工具整体特征的重要组成部分。

总体来讲，石铲、石刀、石镰、石斧、石锛、石凿等都能进行类、型甚至亚型的划分，不同类型的主次关系也较为清楚，这说明石质工具的形制设计已经存在较为明确的版型意识。尤其是石斧、石锛、石凿均存在类、型及亚型的划分，石锛、石凿的类型划分还十分复杂。结合刃部形制参数的分析结果看，这些专门性极强的木作（建筑）工具的形态多样性特征应该指示着较高的形态标准化水平。石铲、石刀的类型划分对于研究单类器演进具有较高的价值。郑州地区仰韶中晚期零星出现的丁类条形钻孔石铲成为龙山时期乃至更晚阶段的主流形制，乙、丙类石刀的形制渐变特点也是仰韶中晚期以缺口石刀、钻孔石刀为主向龙山时期以钻孔石刀为主的过渡现象的生动写照。其他几类器应该也具备单类器演进脉络研究的价值，但由于偏早或偏晚阶段同类器的刊布不甚详尽，暂时难于探讨。

石铲、石斧、石锛、石凿等石质工具的刃角等关键形制参数标准化程度较高，反映出对石质工具刃部形制版型的准确把握，是石器生产达到较高专业化水平的间接证据。石刀、石镰等石质工具刃部形制参数标准化程度较低，石抹子、石锤等石质工具形态的权宜性较强，可能与前述石铲、石斧等石质工具的生产模式存在一定差异。石刀中由石铲改制者占据一定比例，可能与使用者的再加工行为存在密切关联。

## 二 层次分明的石质工具生产体系

原料产地和加工工艺分析揭示出郑州地区仰韶中晚期石质工具生产体系的总体特征与内部分层，初步勾勒出该生产体系的复杂面貌和可能存在的人群指示讯息。根据诸多讯息所呈现的差异，可初步将石质工具生产分为以下两大类。

第一类为石铲、石斧、石锛、石凿等石质工具，体现出较高的专业化生产水平。该类工具的原料选择具有明显的倾向性，加工工艺具有较强的稳定性。石铲所用石料需要进入嵩山北麓、东麓开采，或拾取附近区域河流上游的大块片状白云岩或灰岩山料，并经过长途运输返回遗址。石斧、石锛、石凿等石质工具以辉绿岩、硬铝质岩、铁英岩、石英砂岩、石英岩等莫氏硬度为 6—8 的岩石为主要石料，是石质工具中硬度最高的岩石种类。石料包括山料与河料两类，大量分布的区域均为嵩山北麓及邻近的河流上游地区，也需要长途跋涉运输。无论是大型片状山料还是高硬度石料，加工难度都大于其他石质工具。然而，石铲、石斧、石锛、石凿等石质工具的加工工艺都比较完备和稳定，重要部位均经过精细程度较高的琢磨，形制参数所反映的刃部等关键部位的形态标准化程度较高，是郑州地区仰韶中晚期加工水平最高的石质工具。可见，明确的石料选取倾向和高水平的石器加工技术均反映出前述石质工具生产所体现的较高专业化水准。

第二类为石刀、石镰、石抹子、石锤等石质工具，体现出的生产水平明显弱于第一类工具。该类工具主要选用白云岩、灰岩、砂岩、片岩等砾石石料来加工成器，石刀还选用石铲残片进行改制。该类石质工具尺寸不大，大部分均可在河流中下游的河滩拾取，石料的难度明显小于石铲、石斧等工具。该类工具的主要石料白云岩、灰岩等硬度约为 3—4，明显软于比第一类工具，也更易于加工。然而，这些石质工具所使用的加工手段并不十分成熟。磨制技术较为集中地应用于丙类石刀、石镰，琢制技术较为集中地应用于 A 型石抹子，琢磨技术的运用并未十分普遍。石刀、石镰刃角等形制参数体现的标准化程度较弱，石锤、石抹子形态不仅体现出较明显的权宜性，形制参数所呈现的标准化程度也明显偏低。所以，与第一类石质工具相比，该类工具的生产水平明显偏弱。

郑州地区尚未发现仰韶中晚期石器作坊等直接反映石器工业细节信息的遗存，因而只能结合形态、石料、加工等诸多方面的分析，来初步把握石质工具专业化生产水平的分野。从器类角度看，这两类石质工具生产水平差异似乎还影射出进一步的功能分野问题。

第一类工具在聚落营建的过程中起到了基础性作用。石铲是可以用于挖掘的大型破土工具，诸遗址的环壕与大型夯土台基、西山城址的城墙等聚落设施都需要石铲进行挖掘或填土，改变原本地形地貌，形成聚落环壕、城墙以及主体建筑的地基轮廓。建造屋舍需要大量板材，砍伐树木是板材原料的必要步骤，石斧是主要用于伐木的大型工具，其资源的作用不可替代。石锛、石凿是加工板材的专门性工具，为建造屋舍提供了成型的建材。可见，石斧、石锛、石凿是为屋舍营建提供板材的重要工具组合。此外，石斧、石铲等大型工具还兼具武器的功能，在聚落防御与征伐的过程中也起到了重要作用，是保障聚落营建顺利与日常安全的重要武器。由于部分石料需要进山开采，甚至不排除石斧、石铲等用于进山采石的可能性。如此，其又为石质工具生产提供了重要原材料，生产出来的工具又继续进行聚落营建。所以，第一类石质工具与聚落营建关系十分密切，石铲是改造聚落地貌的最主要工具，石斧、石锛、石凿为建造屋舍提供了最重要的原材料或初步加工材料。这些都是直接影响聚落布局的基础性生产活动。

第二类工具与日常生产生活关系更为密切。石刀、石镰是收割农作物的重要工具，石抹子可以在屋舍框架完成后在地面、壁面加工涂抹石灰面，石锤则可以灵活运用于日常生活中。相较而言，收割粮食、屋舍装饰等均与普通居民的日常生产生活关系密切，而不像第一类工具那样可以对整个聚落布局产生基础性影响。

此外，第一类工具占比超过 8 成，在数量上占据主导地位。这与其较高的生产专业化水平和在聚落生产中起到的主导作用是相符的。

综上可知，郑州地区仰韶中晚期石质工具生产体系具有一定的内部层次分野，可以较清楚地分为两个层次。这两类石质工具在形制特征、生产水平以及主要功能等方面都存在明显差异。第一类工具体现出较高的专业化生产水平，对聚落布局产生了基础性影响，可能指示着相对固定的生产人群。第二类工具与居民日常生产生活更为贴近，生产水平明显弱于第一类，生产者可能与第一类不同，不排除由使用者生产的可能性。这是郑州地区仰韶中晚期石器手工业的显著特点，揭示出石器工业的复杂面貌，也是特定历史语境下社会复杂化进程的一个重要内容。

### 三 成熟的使用与再加工体系

前文关于生产体系的分析中，已经涉及部分石质工具的主要功用及其在聚落生产中的地位问题。总体上看，大部分石质工具的主要使用方式与前人研究出入不大。

石铲、石斧主要用途清楚，石铲用于破土挖掘，石斧用于砍伐树木，但大型片疤的大量存在说明其也会作用于坚硬物质，有用作武器或开采山料工具的可能。石锛、石凿等主要用于加工板材，石刀、石镰等以收割农作物为主，片疤的存在表明其也可能作用于较硬的物质。石抹子可用于加工涂抹石灰壁面，同时兼有磨石的用途，石锤一器多用的情况也很普遍。从数量统计上看，指示主要使用方式的使用痕迹占比最大，还会与其他使用痕迹组别重合，说明郑州地区仰韶中晚期已经形成了主要用途清楚、兼具一器多用特征的石质工具使用体系。

新石器时代磨制石器的再加工指石器加工成器后在使用过程中或损坏后的维修或改制行为，它处于新石器操作链的特定位置，是除生产、使用外的又一重要环节。相较于石器生产与使用研究而言，石质工具使用破损后的再加工问题以往并未引起学界重视，是本研究的着力点，经过系统分析得出了较为重要的新认识。从目前掌握的资料看，郑州地区仰韶中晚期已经形成了较为成熟的再加工体系。

郑州地区仰韶中晚期石质工具的再加工主要集中于石斧、石铲等工具上，可分为维修和改制两类。维修主要可分为以打制为主和以磨制为主的两类技术痕迹。石铲改制为石刀、石锛、端刃器、钝刃形器、石块等小型石器，石斧改制为石楔子、钝刃斧形器、平刃斧形器、端刃器等石器。量化统计表明，再加工在仰韶中晚期较为普遍，以维持石铲原本功能以及改制为各类小型工具为主要目的，以打、琢、磨为最典型的技术手段，形成了较为成熟的再加工体系。更进一步，再加工体系形成的背景及再加工的技术特征是值得注意的问题。

石铲原料是大型片状山料，石斧原料是硬度最高的石料，其石料产地和方式具有较强的倾向性。这两类石器的石料均需长途跋涉至嵩山北麓、东麓或附近的河流上游地区，开采或拾取后再运输返回。石铲偏软的硬度和规整的片状形态使其易于再加工，石斧的高硬度决定了改制后工具的高品质。所以，石斧、石铲的石料是珍贵的原材料，成器使用破损后原材料的物理属性并未发生改变，还具备了再加工的雏形，这是再加工行为普遍存在的重要背景。

石铲再加工所使用的打、琢、磨制技术均见于成品生产，但再加工技术的水平与成品生产还存在明显差距。以打制为主要手段的维修会使刃部远不如成品规整而锋利，以磨制为主要手段的维修均会在刃部留下宽窄程度不一的折痕，与成品石铲从铲身向刃部自然过渡的偏锋刃存在一定差异。石斧成品与再加工标本刃部的差异，也与石铲相近。从这个角度讲，维修技术不如成品生产技术高超。大部分改制器的平面、刃部形态均没有体现出标准统一的形态特征，随意性和权宜性较大。部分标本改制出较锋利且规整的中锋刃，但是再加工标本的刃部均未能打制出刃部雏形，也基本不见能将器身至刃部的区域磨制出自然弧形过渡形态的维修标本，而且改制器较规整的刃部形态均在损伤不大的刃部标本基础上磨制而成。所以，无论是维修还是改制，其反映的形态设计标准化程度和技术的专业化水平均无法与标准器相提并论，更无法掌握成品生产中最核心的造刃技术，打制轮廓及刃部雏形的核心技术仍然掌握在生产者手中。总体上看，对石质工具进行再加工的人群应该不是前述第一类石质工具的专业生产人群。

部分使用与再加工标本出土于房址、墓葬等具有较强使用者指示意义的遗迹单位中。而且，石铲残片被改制为石刀、石镞、石镰、钝刃形器、尖刃器、砺石、断块以及其他端刃器等，石斧被改制为石楔子、钝刃斧形器、平刃斧形器以及其他端刃器等，呈现出明显的多样性特征。这就需要改制者对改制器类的形态特征与使用方式特别熟悉。尤其是部分刀形器、镞形器的整体形态与标准的石刀、石镞存在一定差异，刃部形态及锋利程度却接近标准器，说明改制者对关键使用部位有着深刻的认识。所以，再加工行为与使用行为存在密切关系，再加工者与使用者可能存在较大的重合。

四 小结

至此，郑州地区仰韶中晚期石器工业体系中诸多面向的讯息均呈现出较为明显的分野。以石铲、石斧、石镞、石凿为代表的第一类石质工具生产展现出较高的专业化水平，可能指示着较为固定的生产人群。作为仰韶中晚期最为核心的生产部门，专业化生产应该受到了统治阶层的控制，具备高超技术的专业石器工匠可能是社会层级划分中的一个专门团体。以石刀、石镰、石抹子、石锤等为代表的第二类石质工具生产展现出的水平明显不如前述工具，还有大量石楔子、部分石刀为改制器，其生产者应该与前述工具存在明显差异。两类工具在聚落生产中所起到的不同作用，可能是统治阶层调配社会资源、造成生产专业化差异的重要背景。

再加工技术体系的发现有利于进一步揭示石器工业的分野问题。

再加工体系的技术特征与前述第二类石质工具的生产存在相似之处。其一，二者加工的原材料均比较容易。再加工选用成品使用后的残片，第二类工具多拾取常见的河滩砾石，都不需要长途跋涉。其二，这些器类均不需要打制刃部雏形，锋利的刃部只需要在残片或砾石片雏形的基础上进行磨制。其三，这些石器刃角等关键形制参数所反映的标准化程度均较弱，明显不如前述第一类石质工具，反映出较低的生产水平。

郑州地区仰韶中晚期虽已经进入社会复杂化的关键发展阶段，但是我们仍然难以想象当时会同时存在对应第一类工具生产的专业工匠、对应第二类工具生产的专业化水平较弱的工匠以及对应再加工的可能与使用者关系密切的人群等三类与石器生产使用相关的人群。结合前述分析可知，再加工与第二类工具生产之间存在较多相似之处，它们的行为主体可能是同一群人。

那么，我们现在可以尝试大胆勾勒这样一幅石器生产、使用与再加工的历史图景。仰韶中晚期，随着社会生产的迅速发展，中原地区聚落之间的对抗不断加剧，洛阳和郑州地区均形成了金字塔式的聚落群。石质工具（武器）作为社会生产和聚落防御的核心资源，是统治阶层巩固和发展自身力量的重要生产和军事资料。所以，统治阶层为了保障石料的稳定性与石器加工的专业性，采取了一系列措施。

首先，在聚落群的分布上，除大型聚落及其周围中小型聚落向河流中下游集中分布外，还存在向嵩山北麓、东麓分布的小型聚落。郑州地区仰韶中晚期已经形成了层次分明的主从式聚落群结构，黄河南岸诸河流中下游高等级聚落（群）的周围分布有大量小型聚落，并逐渐向西泗河、东泗河、汜水河、索须河、须水河、贾鲁河等河流的上游地区分布，靠近甚至抵达巩义、荥阳、新密以及登封等主要石料来源的岩石产地。虽然高等级聚落与石料产地存在较远的距离，但是小型聚落呈现出向石料产地分布的倾向性，是郑州地区仰韶中晚期聚落群发展的重要阶段性特征。

其次，集中主要力量发展第一类石质工具的生产。这是在石料基础上自然延续的生产活动，组织力量进山石料和培养具备专业水平的加工工匠是相辅相成的提升生产水平的措施。这些工具在聚落布局、营建、扩张和社会生产中起到了基础作用，其生产也值得统治阶层花大力气进行控制提升。而由于掌握了核心生产技能，专业的石器匠人可能具备较高的社会地位。

因为石铲、石斧等工具的石料获取和加工技术均非使用者可以掌握，所以使用者对其残片尤为珍视，进而模仿生产者的打、琢、磨制技术，形成了延长工具使用寿命及改制新器的再加工技术体系，还尽可能地加工部分形制简单的小型工具，以满足日常生产生活。

需要说明的是，我们根据目前资料所区分的石器特征差异是客观存在的，在其基础上所讨论的生产专业化水平差异也大体不误。不同技术特征所指代的人群分野问题远未盖棺定论，专业生产以及使用、非专业生产、再加工人群之间的分野是存在的，但绝非截然分开或一刀两断。不同人群之间可能存在一定的交集，我们的认识更大程度上代表了一种更大可能性的倾向意见。

## 第三节 石质工具所见仰韶古国社会生产模式

### 一 聚落视角下石质工具的量化分析及相关讨论

石质工具是维系郑州地区仰韶中晚期聚落生产的重要生产资料，那么各遗址工具的量化统计（表4.1、4.4，表5.1—5.6）便应该能在一定程度上反映聚落的生产水平，据此可以石质工具为切口进一步考察不同规模或性质聚落在社会生产上所体现的差异。

先看各聚落某一类石质工具与该聚落总体石质工具的数量占比问题（表4.1、4.4，表5.1—5.6中"占比1"）。

石铲是占支配地位的破土工具，无论中心聚落还是一般聚落，其占比均超过3成，在西山、双槐树、青台、尚岗杨等大型聚落中，其占比在5成左右，总体占比约为5成。石斧是仅次于石铲的重要工具，在西山、双槐树、青台、汪沟、大河村、尚岗杨等大型遗址中占比接近或超过1成，部分遗址石斧占比超过2成，总体占比超过15%。石锛、石凿是重要的木作工具，在西山、双槐树、青台、汪沟、大河村、尚岗杨等大型遗址中占比均超过1成，在建业壹号城邦、信合普罗旺世、黄冈寺工人路、林山寨等遗址中占比小于1成，总体占比略高于1成。

石刀是重要的割刈工具，但占比明显不如前述几类工具。石刀总体占比约为7%，在西山、双槐树、青台、汪沟、大河村、尚岗杨等大型遗址中占比均不到1成，在建业壹号城邦、信合普罗旺世等小型遗址中占比却超过1成。石镰也是割刈工具，占比较石刀更低。石镰总体占比约为3%，在西山、双槐树、青台、大河村等大型遗址中占比均为1%—2%，在信合普罗旺世、林山寨等小型遗址中占比却超过1成，在建业壹号城邦遗址中占比约为5%。

石抹子、石锤总体占比均低于5%，只有青台石抹子、汪沟石锤占比接近1成。

结合聚落等级与性质差异看，西山、青台、双槐树等大型聚落出土石斧、石锛、石凿等木作工具的数量占比明显高于一般性聚落，这与前文关于木作工具在聚落营建方面的基础性作用分析相互印证。石铲在大型聚落和小型聚落中都占据重要地位，说明其不仅具备挖壕筑城的用途，还是重要的农耕破土工具，可以用来进行松土翻土、中耕除草等农耕活动。石刀、石镰在部分小型聚落中占比反而较高，并非说明小型聚落农作物收割的生产活动比大型聚落更为频繁，而是小型聚落中石铲、石斧、石锛、石凿等工具数量明显偏小所致。当然，小型聚落不存在挖壕筑城等大型工程，房屋的规模、数量也不能和大型聚落相提并论，将种植粮食作为主要日常生计活动应该是较为合理的，也与量化统计的结果相符。

简言之，大型聚落需要营建大型土木工程，石铲等破土掘土工具以及石斧、石锛、石凿等木作工具占比明显偏高，小型聚落以石刀、石镰等小型农业工具为主，体现出较为明显的差异。这既是不同等级聚落所体现的差异性特征，又反映出石质工具在聚落营建及聚落群分层中所起到的作用。

再看某一类工具与各遗址该类工具之和的数量占比问题（表4.1、4.4，表5.1—5.6中"占比2"）。

西山遗址各类石质工具占比均高于其他遗址。这当然与西山遗址搜罗石器标本较全面有关。值得注意的是，双槐树、青台等遗址面积均大于西山，发掘和揭露的情况不尽相同。西山遗址发掘面积为6000多平方米[1],[2]；双槐树发掘面积超过16000平方米[3]；青台正式发掘面积1500平方米，还有大量揭露的遗存面积，而且目前发掘采集的石器标本已基本全部搜罗。如此背景下，其他大型遗址主要石质工具标本的数量占比均不能与西山相提并论，这就不得不让我们考虑西山遗址作为区域政治与军事中心聚落[4]的性质以及其出土石质工具所反映的中心聚落社会生产问题。

西山遗址出土石刀、石镰、石抹子、石锤等工具占比虽高，但其与占比第二的遗址差距均在10%的范围内。如西山石刀占比26%，双槐树、建业壹号城邦石刀占比均接近20%；西山石镰占比31%，信合普罗旺世石镰占比28%；西山石抹子占比45%，青台石抹子占比39%；西山石锤占比36，青台石锤占比31%。

西山遗址出土石铲、石斧、石楔子、石锛、石凿等工具占比尤高，而且占比均高出其他遗址20%以上。如西山石铲占比47%，高出双槐树、青台、建业壹号城邦等遗址30%以上，高出其他遗址40%以上；西山石斧占比47%，高出双槐树20%以上，高出其他遗址40%以上；西山石楔子占比79%，高出其他遗址60%以上；西山石锛、石凿占比37%，高出双槐树、青台、大河村20%以上，高出其他遗址30%以上。

前述石质工具是郑州地区仰韶中晚期主要的农作、木作（建筑）生产工具。西山遗址占有生产资料的数量明显大于其他聚落，这很可能说明其作为区域性的政治与军事中心，在农业生产、木作（建筑）加工等社会生产领域也占据明显优势，形成了高地效应。另外，石铲、石斧是重要的聚落营建工具和军事防御武器，这两类工具占比

---

[1] 张玉石、赵新平、乔梁：《郑州西山仰韶时代城址的发掘》，《文物》1999年第7期。
[2] 河南省文物考古研究院：《郑州西山仰韶时代城址发掘报告》，待版。
[3] 顾万发、汪旭、胡亚君、信应君：《河南巩义市双槐树新石器时代遗址》，《考古》2021年第7期。
[4] 靳松安、张建：《从郑州地区仰韶文化聚落看中国早期城市起源》，《郑州大学学报》（哲学社会科学版）2015年第2期。

尤高的情况也与西山遗址政治军事中心的性质相符，它需要大量工具营建城址，也需要大量武器应对武力征伐，借此保障本聚落乃至周边聚落群的安全与发展。

西山石质工具占比偏高的细节特征还可以勾勒一些新的线索。石铲、石斧、石锛、石凿等属于前文生产体系层次分析中的第一类工具，石刀、石镰、石抹子、石锤等属于第二类工具。西山遗址第一类工具的占比优势明显大于第二类工具，同样是统治阶层重视聚落营建与扩张的生动写照。而占比较高的农作工具表明当时存在大量的农耕人群，他们既享受中心聚落的安全保障，又为聚落的进一步发展奠定了经济基础。石铲既是农作工具，又用于挖壕筑墙，还可能用作武器；石斧既是伐木工具，又是重要的武器。这两类石器主要用途明确，再加工技术十分接近，表明使用与再加工人群应较为接近。目前尚无证据表明仰韶中晚期存在专门的士兵阶层，我们很难想象同一件石铲或石斧在农耕或砍柴时以普通居民为使用主体，而征伐作战时又交由专门的士兵使用。所以，更符合实际的情况可能是农耕人群除了完成自身生计生产活动外，还需要承担聚落营建工作，必要时也可能参加军事行动。

所以，石质工具所反映的诸多讯息不仅是西山遗址作为中心聚落的重要特征，还是生产工具、武器等在西山聚落发展过程中扮演重要角色的物化证据，石质工具及武器的大量占有与使用是这一政治军事中心逐渐发展成型的必要条件。

除西山外，双槐树、青台等大型聚落出土石铲、石斧、石锛、石凿等石质工具的占比高于其他小型聚落，再次说明大型聚落占有了大部分与聚落营建相关的农作、木作（建筑）工具，具有明显高于小型聚落的社会生产力。石铲、石斧等工具还可作为武器，大型聚落也占据了更多的战略物资以保障聚落安全。总体上看，只有双槐树在石铲、石斧、石锛、石凿等工具占比上与西山较为接近，双槐树作为郑州地区仰韶中晚期除西山外等级最高的中心聚落，占据大量的生产工具和武器资源是不难理解的，其石斧、石铲等占比不及西山，很可能是由西山极强的军事防御职能所造成的，不能简单地以面积规模来判断二者的关系。

青台出土石铲、石锛、石凿等工具占比与双槐树相若，石斧占比与双槐树存在一定差距；大河村出土石锛、石凿等工具占比与双槐树相若，石铲、石斧等占比与双槐树存在一定差距。这说明青台、大河村占有生产资料的数量可能不如西山、双槐树等遗址大，聚落营建及社会生产能力与双槐树、西山等中心聚落存在差距。另外，西山仰韶中晚期城址出土房基200余座，双槐树大型夯土建筑群总面积约5300平方米，大河村出土房址约40余座。可见，具备经济交流或商贸职能的次级中心聚落大河村（靳松安和张建，2015）与西山、双槐树等中心聚落相比，在聚落营建能力上还是存在一定的差距。

所以，在大型聚落社会生产力普遍强于小型聚落的概貌下，大型聚落之间的社会生产力也存在一定差异。总体上看，西山、双槐树等中心聚落属于生产力最强的中心聚落。西山遗址在各类生产资料上都体现出明显优势，不仅是区域性的政治与军事中心，还具备很强的社会生产力，这是其防御设施建设、聚落屋舍营建以及进行武力征伐的基础。青台、大河村、汪沟等大型聚落在石质工具上所体现的生产力水平比前述两个遗址更低，与聚落层级划分的情况大体相符。

表 5.1　　郑州地区仰韶中晚期各遗址出土石刀与石质工具数量统计表

|  | 西山 | 双槐树 | 青台 | 汪沟 | 大河村 | 尚岗杨 | 建业壹号城邦 | 普罗旺世 | 林山寨 | 合计 |
|---|---|---|---|---|---|---|---|---|---|---|
| 石刀 | 19 | 14 | 11 | 5 | 2 | 2 | 12 | 6 | 1 | 72 |
| 石质工具 | 462 | 160 | 140 | 54 | 55 | 45 | 76 | 45 | 15 | 1052 |
| 占比1 | 4% | 9% | 8% | 9% | 4% | 4% | 16% | 13% | 7% | 7% |
| 占比2 | 26% | 19% | 15% | 7% | 4% | 3% | 17% | 8% | 1% |  |

注：石质工具指本书研究的农作、木作（建筑）工具，占比1指某一遗址石刀与石质工具的数量之比，占比2指某一遗址石刀与各遗址石刀之和的数量之比。本表中的石质工具计量单位为件。

表 5.2　　郑州地区仰韶中晚期各遗址出土石镰与石质工具数量统计表

|  | 西山 | 双槐树 | 青台 | 大河村 | 建业壹号城邦 | 普罗旺世 | 林山寨 | 合计 |
|---|---|---|---|---|---|---|---|---|
| 石镰 | 9 | 1 | 3 | 1 | 4 | 8 | 3 | 29 |
| 石质工具 | 462 | 160 | 140 | 55 | 76 | 45 | 15 | 953 |
| 占比1 | 2% | 1% | 2% | 2% | 5% | 18% | 20% | 3% |
| 占比2 | 31% | 3% | 10% | 3% | 14% | 28% | 10% |  |

注：石质工具指本书研究的农作、木作（建筑）工具，占比1指某一遗址石镰与石质工具的数量之比，占比2指某一遗址石镰与各遗址石镰之和的数量之比。本表中的石质工具计量单位为件。

表 5.3　　郑州地区仰韶中晚期各遗址出土石楔子与石质工具数量统计表

|  | 西山 | 双槐树 | 建业壹号城邦 | 合计 |
|---|---|---|---|---|
| 石楔子 | 11 | 2 | 1 | 14 |
| 石质工具 | 462 | 160 | 76 | 698 |
| 占比1 | 2% | 1% | 1% | 2% |
| 占比2 | 79% | 14% | 7% |  |

注：石质工具指本书研究的农作、木作（建筑）工具，占比1指某一遗址石楔子与石质工具的数量之比，占比2指某一遗址石楔子与各遗址石楔子之和的数量之比。本表中的石质工具计量单位为件。

表 5.4　郑州地区仰韶中晚期各遗址出土石锛、石凿与石质工具数量统计表

|  | 西山 | 双槐树 | 青台 | 汪沟 | 大河村 | 尚岗杨 | 建业壹号城邦 | 普罗旺世 | 黄冈寺工人路 | 林山寨 | 合计 |
|---|---|---|---|---|---|---|---|---|---|---|---|
| 石锛、石凿 | 47 | 16 | 17 | 9 | 21 | 6 | 4 | 4 | 1 | 1 | 126 |
| 石质工具 | 462 | 160 | 140 | 54 | 55 | 45 | 76 | 45 | 13 | 15 | 1065 |
| 占比1 | 10% | 10% | 12% | 17% | 38% | 13% | 5% | 9% | 8% | 7% | 12% |
| 占比2 | 37% | 13% | 13% | 7% | 17% | 5% | 3% | 3% | 1% | 1% |  |

注：石质工具指本书研究的农作、木作（建筑）工具，占比1指某一遗址石锛、石凿与石质工具的数量之比，占比2指某一遗址石锛、石凿与各遗址石锛、石凿之和的数量之比。本表中的石质工具计量单位为件。

表 5.5　郑州地区仰韶中晚期各遗址出土石抹子与石质工具数量统计表

|  | 西山 | 双槐树 | 青台 | 汪沟 | 大河村 | 合计 |
|---|---|---|---|---|---|---|
| 石抹子 | 15 | 1 | 13 | 3 | 1 | 33 |
| 石质工具 | 462 | 160 | 140 | 54 | 55 | 871 |
| 占比1 | 3% | 1% | 9% | 6% | 2% | 4% |
| 占比2 | 45% | 3% | 39% | 9% | 3% |  |

注：石质工具指本书研究的农作、木作（建筑）工具，占比1指某一遗址石抹子与石质工具的数量之比，占比2指某一遗址石抹子与各遗址石抹子之和的数量之比。本表中的石质工具计量单位为件。

表 5.6　郑州地区仰韶中晚期各遗址出土石锤与石质工具数量统计表

|  | 西山 | 双槐树 | 青台 | 汪沟 | 大河村 | 尚岗杨 | 建业壹号城邦 | 普罗旺世 | 合计 |
|---|---|---|---|---|---|---|---|---|---|
| 石锤 | 13 | 不详 | 11 | 6 | 2 | 1 | 2 | 1 | 36 |
| 石质工具 | 462 | 160 | 140 | 54 | 55 | 45 | 76 | 45 | 1037 |
| 占比1 | 3% | 不详 | 8% | 11% | 4% | 2% | 3% | 2% | 3% |
| 占比2 | 36% | 不详 | 31% | 17% | 6% | 3% | 6% | 3% |  |

注：石质工具指本书研究的农作、木作（建筑）工具，占比1指某一遗址石铲与石质工具的数量之比，占比2指某一遗址石铲与各遗址石铲之和的数量之比。本表中的石质工具计量单位为件。

## 二　石器工业与郑州地区的文明化进程

李伯谦先生通过红山文化、良渚文化以及仰韶文化墓葬随葬玉器的对比研究，指出仰韶文化中晚期已经发展到社会阶层分化的阶段，与红山文化、良渚文化等以神权为主的神权国家不同，仰韶文化步入了军权、王权相结合的王权古国阶段。仰韶文化王权至上而淡化神权，统治阶层朴实无华，尊卑有别但仍存在诸多联系。在此背景下，仰韶古国并未将大量精力放在高品质祭祀玉器的制作上，不会造成社会财富的浪费，从而保障了社会的运转和生产的发展，进而采取符合民众和社会需要的措施来顺应社

会发展的要求①。

这一认识早在十余年前便被提出，结合目前对石质工具的研究看，不得不说具有极强的前瞻性，为通过石质工具来探索郑州地区仰韶中晚期文明进程提供了重要参考。

其一，石质工具层次分明的生产体系反映出仰韶古国王权至上、发展优先的文明演进模式。

据前可知，石铲、石斧、石锛、石凿等对聚落营建扩张起到关键作用的石质工具是郑州地区仰韶中晚期统治阶层着力发展的石器工业门类，体现出较高的专业化生产水平，可能存在受统治阶层控制的石器工匠和生产组织。而至少部分小型农作及日常工具可能由非专业工匠（可能是石质工具的使用者）加工而成。这说明在组织石器生产的过程中，统治阶层很注意社会资源的分配，重点发展与挖壕筑墙、屋舍营建等聚落营建密切相关的工具类型，牢牢掌握住石器修坯、造刃等核心技术。在仰韶中晚期，郑州地区金字塔式聚落体系已经成型，与洛阳地区聚落群之间的对抗也日趋激烈。郑州地区仰韶中晚期大型聚落的壕沟、城墙、大型夯土建筑等都是标志等级分化、维护王权统治的物化证据，也是保障聚落安全和促进聚落扩张的重要设施。所以，郑州地区仰韶中晚期石质工具从社会生产资料的角度印证了仰韶古国王权至上、发展优先的文明演进模式。

其二，石质工具的生产、使用与再加工体系在不同程度上反映出仰韶古国生产者珍视资源、重视实用的社会生产作风。

从目前掌握的一手资料看，郑州地区仰韶中晚期石质工具、武器等均为实用器，而且端刃器的刃部均保留有明显使用痕迹，极少见非实用性或纯礼仪性的工具或武器。即使如石钺一般具备军权或王权属性的武器，刃部也皆经使用，部分标本还残损严重。另外，大型石质工具的加工以成器使用为目的，打、琢、磨制均围绕这个目的来进行，极少见通体精细磨制的大型工具。如石斧的顶部及器身中上部大多琢制成型，部分稍加磨制，只将刃部磨制成锋利的中锋形态；石铲正反两面、铲身两侧、刃部均经磨制，但顶部、柄部两侧的磨制程度明显不如前述部位精致。部分形制的石锛、石凿、石刀等工具经通体磨制，但几乎不存在为了美观而进行的磨光、抛光等工序。

从嵩山北麓、东麓及其附近河流上游的灰岩、白云岩等大块片状石料以及辉绿岩、石英岩、硬铝质岩等硬度偏高的石料均需要长途开采运输，是珍贵的石料资源。石铲、石斧等使用前述石料制作的石质工具十分珍贵，使用者在其残破后会进行维修、改制等，成品工具及其残器会经历使用、再加工、再使用等复杂过程，形成了较为成熟的再加工体系。所以，在使用石质工具进行社会生产活动时，仰韶先民会模仿使用打、

---

① 李伯谦：《中国古代文明演进的两种模式》，《文物》2009年第3期。

琢、磨等石器工匠的生产技术以尽可能延长石质工具的使用寿命。这是仰韶先民珍惜珍贵石料、重视工具实用性的生动写照，一定程度上体现出务实的社会生产作风。

简言之，无论是郑州地区仰韶中晚期统治阶层重点突出的石质工具生产模式，还是仰韶先民务实的使用与再加工体系，都在一定程度上显示出仰韶古国由上至下重视发展聚落、合理调配资源的社会生产模式。这应该可以视作仰韶中晚期古国发展与文明进程的核心生产特质与重要构成内容，为历史发展与社会变迁提供了基础动力。

# 第六章 结语

## 第一节 郑州地区仰韶中晚期石质工具的若干认识

### 一 郑州地区仰韶中晚期石质工具的形态类型

郑州地区仰韶中晚期石质工具组合已经较为丰富和固定，石铲、石刀、石镰等农作工具以及石斧、石锛、石凿、石抹子、石锤等木作（建筑）工具作为进行社会生产的主要工具，形成了数量、类型、标准化程度等方面主次关系分明石质工具组合。

石铲、石刀、石镰、石斧、石锛、石凿等都能进行类、型甚至亚型的划分，不同类型的主次关系也较为清楚，这说明石质工具的形制设计已经存在较为明确的版型意识。石铲、石斧、石锛、石凿等石质工具刃角等关键形制参数的标准化程度较高，反映出对石质工具刃部形制版型的准确把握，是石器生产达到较高专业化水平的间接证据。石刀、石镰等石质工具刃部形制参数标准化程度较低，石抹子、石锤等石质工具形态的权宜性较强。部分形制的石铲、石刀等还体现出由仰韶中晚期向龙山时代过渡的特点。

### 二 郑州地区仰韶中晚期石质工具的生产体系

郑州地区仰韶中晚期石质工具生产体系具有一定的内部层次分野，可以较清楚地分为两个层次。这两类石质工具在形制特征、生产水平以及主要功能等方面都存在明显差异。

第一类为石铲、石斧、石锛、石凿等石质工具，体现出较高的专业化生产水平。该类工具的原料选择具有明显的倾向性，加工工艺具有较强的稳定性，显示出高超的技术水平，对聚落营建、扩张起到了基础性作用，可能指示着固定且专门的生产人群。第二类为石刀、石镰、石抹子、石锤等石质工具，体现出的生产水平明显弱于第一类工具，与居民日常生计活动更为贴近，生产者可能与第一类不同，不排除由使用者生产的可能。这是郑州地区仰韶中晚期石器手工业的显著特点，揭示出石器工业的复杂面貌，也是特定历史语境下社会复杂化进程的一个重要内容。

### 三 郑州地区仰韶中晚期石质工具的使用与再加工体系

大部分石质工具的主要用途与前人研究结论相近，同时存在广泛的一器多用现象。石铲主要用于破土挖掘，石斧主要用于砍伐树木，但大量存在的大型片疤说明其存在用作武器或开采山料工具的可能。石锛、石凿等主要用于加工板材，石刀、石镰等以收割农作物为主，片疤的存在表明其也可能作用于较硬的物质。石抹子可用于加工涂抹石灰壁面，同时兼有磨石的用途，石锤一器多用的情况也很普遍。指示主要使用方式的使用痕迹占比最大，还会与其他使用痕迹组别重合，说明郑州地区仰韶中晚期已经形成了主要用途清楚、兼具一器多用特征的石质工具使用体系。

由于石料的珍稀性和便于再加工的物理性质，郑州地区仰韶中晚期的石斧、石铲等工具存在普遍的再加工现象，以维持原本功能以及改制为各类小型工具为主要目的，以打、琢、磨为最典型的技术手段，可分为维修和改制两类，形成了较为成熟的再加工体系。再加工所使用的打、琢、磨制技术均见于成品生产，但再加工技术的水平与成品生产还存在明显差距，其反映的形态设计标准化程度和技术的专业化水平均无法与标准器相提并论，并未掌握成品生产中最核心的造刃技术，打制轮廓及刃部雏形的核心技术仍然掌握在生产者手中，对石质工具进行再加工的人群应该不是前述第一类石质工具的专业生产人群。结合使用与再加工标本的出土背景和再加工类型的多样性看，再加工行为与使用行为存在密切关系，再加工者与使用者可能存在较大的重合。

### 四 郑州地区仰韶中晚期石质工具与社会复杂化进程

大型聚落以石铲等破土掘土工具以及石斧、石锛、石凿等木作（建筑）工具为主，小型聚落以石刀、石镰等小型农作工具为主，体现出较为明显的差异。这既是不同等级聚落所体现的差异性特征，又反映出石质工具在聚落营建及聚落群分层中所起到的作用，大型聚落社会生产力普遍强于小型聚落。

石质工具所反映的大型聚落社会生产力也存在一定差异。西山、双槐树等遗址属于生产力最强的中心聚落。西山遗址在各类生产资料上都体现出明显优势，不仅是区域性的政治与军事中心，还具备很强的社会生产力，这是其防御设施建设、聚落屋舍营建以及进行武力征伐的基础。青台、大河村、汪沟等大型聚落在石质工具上所体现的生产力水平比前述两个遗址更弱，与聚落层级划分的情况大体相符。

李伯谦先生提出仰韶文化中晚期已经进入军权、王权相结合的王权古国阶段，社会分化不断加剧①。无论是郑州地区仰韶中晚期统治阶层重点突出的石质工具生产模式，还是仰韶先民务实的使用与再加工体系，都在一定程度上显示出仰韶古国重视发展聚落、合理调配资源的社会生产模式。这是仰韶中晚期社会经济研究的核心内容，也是史前社会经济发展到较高水平的生动写照，可视作该阶段聚落发展与文明进程的核心生产特质与重要构成内容，为历史发展与社会变迁提供了基础性的经济动力。

整体上看，该课题以仰韶文化中晚期的石器手工业经济为主题，以双槐树遗址、西山遗址、大河村遗址、青台遗址和汪沟遗址等郑州地区典型遗址出土石器标本为核心，开展了石器原料的产源分析、资源域控制、制作加工技术与工艺、器物功能复原、石器再加工研究和模拟实验；探讨了石器工业与人、石器工业与自然环境、石器工业与科学技术、石器工业与社会生产力、石器工业与社会经济、石器工业与社会形态演进、石器工业与古代文明的关系。在研究过程中将石器工业研究与经济考古学理论相结合，大量交叉运用考古类型学、地质学、岩相分析、形制参数分析、微痕分析、残留物分析和模拟实验研究等手段，复原了新石器时代磨制石器生产的全过程，对早期标准化手工业生产所涉及的原料供应、技术体系、人员组织与政经关系等进行了深入讨论，对石器手工业的经济特征进行了总结，并从宏观角度阐述了社会经济网络中的石器生产与聚落营建之间的密切关系，揭示出了文明起源阶段郑州地区中心聚落内部占据相当规模的手工业经济网络的运行模式，为理解社会复杂化和中原地区文明化进程中的经济机制与社会、人群之间的相互关系提供了全新认识。

## 第二节　相关研究的思考

新石器时代磨制石器研究在国内乃至国际上都是一个较为薄弱的研究领域，学者们不断尝试借用旧石器时代石器研究中诸多较为成熟的传统或科技方法来解决磨制石器研究的相关问题。然而，新石器时代在农业、手工业生产以及聚落、社会结构等方面均呈现出迅速的发展态势，至新石器时代晚期、末期已经发展到较高的社会复杂化程度。所以，新石器时代石器研究的文化背景和历史语境比旧石器时代更复杂，而且石器与农业、手工业发展、聚落营建以及更深层次的社会结构分化之间的联系更为密切。农作生产、木作（建筑）生产、挖壕筑城、兴建土木的主要工具是石器，进行武力征伐的主要武器也是石器，甚至象征着统治阶层权力的礼仪用器（除大部分玉器外）也包括部分石器。从这个角度上看，我们甚至可以将以往未受到学界足够重视的石器视为与新石器时代（尤其是晚期）社会发展关系最为密切的一类物质资料遗存，在中

---

① 李伯谦：《中国古代文明演进的两种模式》，《文物》2009年第3期。

国考古学区系文化类型以及中华文明多元一体的理论支撑下，不同区域石器所呈现的异同特征及其与当地社会发展的互动关系必将成为中国新石器时代文明进程研究的重要组成部分之一。

那么，面对如此重要的物质资料，相关研究该如何开展，又该如何评判其价值与意义呢？

考古研究的开展受到资料的极大限制，没有科学的发掘，就很难有科学的研究。总体上讲，除典型的石器生产遗存外，新石器时代遗址大多没有将石器资料的刊布作为编写报告的重点内容。这种情况有其特殊的历史背景。在20世纪后半叶，考古学研究的重点在于构建时空框架，所以变化频率最敏感的陶器成为报告和研究的重点资料。经过长期的科学发掘和材料积累，各地考古文物库房中都存放有数量不等的石器。这些石器出土背景清楚，系统整理后便可揭示其较高的学术价值。佟柱臣先生长期在各地调查并于20世纪末完成的集大成之作《中国新石器研究》便是最好的印证。进入21世纪，随着经济的发展和国家的重视，考古事业进入高速发展期，重要的考古新发现如雨后春笋般接踵而至，学界也更加重视考古学文化背后的社会生产、阶级分化、族群变迁等建立在基础研究之上的更深层次问题。从目前的情况看，我们几乎不可能在起始阶段就进行宏观的通盘研究，但是在总体框架内选择重点区域重点时段进行针对性的系统研究已经具备了较为充足的条件。所以，本研究针对中原这一核心地区以及仰韶中晚期这一关键阶段的石质工具进行研究，是结合现阶段考古发掘和研究进展实际作出的具有较高典型性和学术价值的选择。

大部分考古学研究都有一个循序渐进的过程，一般都经历了从大量资料发表的基础研究到集中的专题研究，再到宏观的综合研究等阶段性发展历程。总体上讲，陶器、青铜器已开展了大量的基础研究工作，专题研究达到了较高水平，宏观性的综合研究和多学科的交叉研究也已登堂入室。玉器的基础研究也比较扎实，专题研究与综合研究的深度稍弱于陶器、青铜器等。然而，直到今天，新石器研究的发展进程依然比较缓慢。从资料刊布角度看，大部分重要遗址的石器资料并未得到系统刊布，我们难以从报告中像把握陶器、铜器或玉器等资料一样去对石器进行细致把握，细致的类型划分与准确的数量信息都需要接触一手材料才能深入了解。可以说，除极少数遗址以外，目前还不具备根据报告进行专门石器研究的条件。从研究方面看，除部分发掘者根据一手资料进行石器工业及相关问题研究外，长期致力于新石器研究的年轻学者还不多，专门研究或多学科交叉研究多集中于少部分重要的石器生产遗存。

实际上，佟柱臣先生很早就注意到系统梳理石器资料的重要性，其研究不仅包括了重要的石器加工场和石器生产遗存，还将重要文化类型的典型遗址出土石器包括在内。佟柱臣先生的做法具有极高的参考价值。毕竟石器作坊在新石器时代遗址中的占比极小,大部分出土有石器的新石器遗址未必能将石器作坊保留下来。如郑州地区开展了大量仰韶文化遗址的发掘工作,发现了近10个高等级聚落,出土了大量石器,但尚未发现石器作坊;南阳地区仰韶文化聚落的发达程度不如中原腹地,而课题组调研过的正在发掘的南阳黄山遗址却已发现了与石器作坊有关的房址群和石器工匠墓。所以,无论是否发现石器作坊遗存,重要文化或遗址出土石器的研究都应当被重视起来。即使目前尚难以进行精深的专门或综合研究,也应该对具有构建时空框架意义的遗址出土石器进行系统梳理,以尽可能地弥补长期以来对石器面貌认识的不足。从这个角度上讲,佟柱臣先生用一生的调研工作为我们奠定了系统梳理中国新石器的实践与理论基础,这也体现出佟先生新石器研究的远见卓识。

进入21世纪,新的研究理论、科技手段迅速与中国考古学研究融合起来,新石器研究适逢新理念、多学科交融的新纪元,这为中国考古学长期强调的"透物见人"的研究目的提供了更多样化的手段。这就要求我们要站在人类社会历史发展的高度来组织科研手段与研究内容,在基础研究的同时需要关注诸如生产、使用及其在聚落变迁、历史演进中所扮演的角色等更多面向的问题,甚至需要以石器为中心、结合其他工具或背景来构建人类生产、族群冲突及其与自然人文环境的相互适应机制。当然,这并不是说每一个研究案例都能支撑前述程度的研究,我们在分析过程中还是需要以材料为主导,得出结论的过程需要保持小心谨慎的研究传统。

本研究可视作以郑州地区仰韶中晚期以往及新近发掘重点遗址出土石器为主要对象的一次有益尝试。虽然得到的初步认识离盖棺定论还有一定距离,也还不能将诸多面向的问题完美融合在一起,但是我们已经竭尽全力在系统整理资料的基础上进行生产体系、使用与再加工体系及其与社会复杂化之间互动关系的研究。

## 第三节  不足与展望

郑州地区仰韶中晚期石器工业及其社会复杂化研究意义重大,它涉及至少十几个不同等级的聚落和数以千计的石器(附表1)。要从中剖析石器生产、使用、再加工等技术手段及其反映的专业化水平,以揭示石器工业体系的概貌和内部特征,进而勾勒石器工业在聚落营建及社会复杂化进程中所扮演的重要角色,无疑是一个体量庞杂的系统课题,一篇博士论文难以将其完整涵盖。所以我们谨选择农作工具以及木作(建筑)工具等典型石质工具作为典型的研究对象。由于大部分遗址还在进行发掘和整理,详细报告和分期编年结果尚未公布,石器又大多集中在仰韶中晚期这一阶段,所以我们并未将石器的形态演变与分期编年作为重点研究内容。由于石器毛坯及半成品数量很少，我们只能尽可能通过细致的观察来勾勒石器生产的操作链条，其中可能存在一定的推测性。这些都还需要以后石器作坊及更多的毛坯标本来验证。由于我们选择了实验效率较高、结果比较明确的低倍微痕观察法进行加工、再加工以及使用痕迹的分析，所以只能反映加工对象大概的软硬程度和作用方向，在前人研究的基础上大体把握石器的使用功能问题。这些都还需要进一步地盲测或预设模拟实验以及高倍微痕观察法来为更具体的加工对象提供指示信息。

从更为宏观的层面上讲，作为沟通石器工业与社会复杂化研究的重要桥梁，聚落的功能分区和聚落群的形态演进都是石器工业及其与社会变迁关联研究的重要背景资料。目前大型聚落的总体概况虽然比较清楚，但是要进行石器出土背景与聚落功能分区的细致对照研究还受到较大限制。由于中原地区仰韶文化聚落研究的焦点集中于洛阳地区，郑州地区仰韶中晚期聚落变迁的研究总体上还比较薄弱，认识的程度也多限制在模糊的概况范围内。所以，我们关于石器工业与社会复杂化关系的研究还属于线索勾勒的层面，关于聚落中石器生产与使用再加工人群的辨别也只代表了倾向性的意见。

总而言之，考古学的研究方法与认知程度受到出土材料的极大制约，但是细致系统的梳理与多学科结合的分析手段仍然可以较大程度地揭示材料背后所蕴含的文化、技术、人群、社会等历史变迁讯息。我们正是在这样的背景下，尝试利用尽可能多的有效研究手段，去剖析石器背后的生产、使用、再加工等技术体系，以及石器工业体系背后的人类社会变迁。由于材料和学识的限制，我们的认识还只是初步的，但本课题的研究应该可以视作前辈们新石器研究的延续与坚守，随着新资料的不断发现与学界的不断关注，中国新石器时代磨制石器研究一定会绽放出本属于她的夺目光芒。而郑州地区仰韶中晚期石器工业作为中原早期文明进程研究的重要内容，也一定会为中华文明多元一体进程研究提供更多元的视角。

# 附　　录

附表1　　本书所列标本编号与出土编号（或单位）信息对照表

| 遗址 | 器名 | 研究编号 | 出土编号（或单位） |
| --- | --- | --- | --- |
| 西山 | 石刀 | XS483 | 95ZXH1740 |
| 西山 | 石刀 | XS511 | H1773：4 |
| 西山 | 石刀 | XS096 | F144：9 |
| 西山 | 石刀 | XS309 | H974 |
| 西山 | 石刀 | XS149 | H253 |
| 西山 | 石刀 | XS301 | H962：3 |
| 西山 | 石刀 | XS034 | T3831 |
| 西山 | 石刀 | XS257 | H697⑪：8 |
| 西山 | 石刀 | XS251 | H688②：12 |
| 西山 | 石刀 | XS420 | H1429：10 |
| 西山 | 石刀 | XS190 | 93ZXH448：1 |
| 西山 | 石刀 | XS140 | 92ZXT0303H182：1 |
| 西山 | 石刀 | XS263 | H749：1 |
| 西山 | 石刀 | XS292 | H931：6 |
| 西山 | 石刀 | XS280 | H888：13 |
| 西山 | 石刀 | XS460 | H1566：14 |
| 西山 | 石刀 | XS185 | H406：1 |
| 西山 | 石刀 | XS057 | 95ZXF36：28 |
| 西山 | 石刀 | XS120 | TG7②：1 |
| 西山 | 石镰 | XS538 | 95ZXH1930⑥：6 |
| 西山 | 石镰 | XS099 | 95ZXF151：22 |
| 西山 | 石镰 | XS343 | H1107：2 |
| 西山 | 石镰 | XS157 | H298 |
| 西山 | 石镰 | XS549 | H2057 |

续表

| 遗址 | 器名 | 研究编号 | 出土编号（或单位） |
|---|---|---|---|
| 西山 | 石镰 | XS598 | HG11④：16 |
| 西山 | 石镰 | XS531 | H1881：1 |
| 西山 | 石铲 | XS389 | H1352①：3 |
| 西山 | 石铲 | XS352 | 94ZXH1173：48 |
| 西山 | 石铲 | XS482 | H1737：10 |
| 西山 | 石铲（改制） | XS459 | H1566：12 |
| 西山 | 石铲（改制） | XS632 | HG19②：3 |
| 西山 | 石铲 | XS279 | H888：12 |
| 西山 | 石铲 | XS452 | H1551：6 |
| 西山 | 石铲（毛坯或半成品） | XS145 | H252① |
| 西山 | 石铲 | XS169 | 93ZXH341①：1 |
| 西山 | 石铲 | XS676 | 采集 |
| 西山 | 石铲 | XS104 | 95ZXF188：19 |
| 西山 | 石铲 | XS035 | T3839A：1 |
| 西山 | 石铲 | XS408 | H1395：4 |
| 西山 | 石铲 | XS222 | H596：1 |
| 西山 | 石铲 | XS591 | G10③：13 |
| 西山 | 石铲 | XS305 | H969：1 |
| 西山 | 石铲 | XS126 | T3939H02：1 |
| 西山 | 石铲 | XS571 | TG5HG9：2 |
| 西山 | 石铲 | XS111 | M70：2 |
| 西山 | 石铲 | XS038 | T5139④b：1 |
| 西山 | 石铲 | XS599 | HG13：2 |
| 西山 | 石铲 | XS136 | 92ZXT0304H32：4 |
| 西山 | 石铲 | XS383 | H1304：2 |
| 西山 | 石铲 | XS707 | 采集 |
| 西山 | 石铲 | XS404 | 94ZXH1391：3 |
| 西山 | 石铲 | XS135 | 92ZXT0303H30：7 |
| 西山 | 石铲 | XS655 | 94ZXG21② |
| 西山 | 石铲 | XS680 | 采集 |
| 西山 | 石铲 | XS401 | 94ZXH1389：8 |
| 西山 | 石铲 | XS390 | H1352：4 |
| 西山 | 石铲 | XS155 | H285 |

续表

| 遗址 | 器名 | 研究编号 | 出土编号（或单位） |
|---|---|---|---|
| 西山 | 石铲 | XS558 | HG9④ |
| 西山 | 石铲 | XS640 | HG20：180 |
| 西山 | 石铲 | XS275 | H832：8 |
| 西山 | 石铲 | XS434 | H1463 |
| 西山 | 石铲 | XS151 | H284 |
| 西山 | 石铲 | XS212 | H551 |
| 西山 | 石铲 | XS029 | T3132④b |
| 西山 | 石铲 | XS161 | H300 |
| 西山 | 石铲 | XS545 | 95ZXH1968：2 |
| 西山 | 石铲 | XS069 | 93ZXF101：19 |
| 西山 | 石铲（维修） | XS142 | T0503H203 |
| 西山 | 石铲（维修） | XS517 | H1792：2 |
| 西山 | 石铲（维修） | XS372 | H1289：1 |
| 西山 | 石铲（维修） | XS458 | H1566：13 |
| 西山 | 石铲（维修） | XS328 | H1017：1 |
| 西山 | 石铲（维修） | XS165 | H326：7 |
| 西山 | 石铲（维修） | XS127 | T3939H02：2 |
| 西山 | 石铲（维修） | XS232 | H645：2 |
| 西山 | 石铲（维修） | XS181 | H391：21 |
| 西山 | 石铲（维修） | XS028 | 93ZXT3131⑤：2 |
| 西山 | 石铲（维修） | XS388 | H1352：2 |
| 西山 | 石铲（维修） | XS378 | H1289：8 |
| 西山 | 石铲（维修） | XS455 | H1515：1 |
| 西山 | 石铲（维修） | XS692 | 采集 |
| 西山 | 石铲（维修） | XS480 | H1693：28 |
| 西山 | 石铲（维修） | XS673 | 采集 |
| 西山 | 石铲（维修） | XS308 | H974 |
| 西山 | 石铲（维修） | XS478 | H1683 |
| 西山 | 石铲（维修） | XS040 | T5334⑬：33 |
| 西山 | 石铲（维修） | XS162 | H321：1 |
| 西山 | 石铲（维修） | XS644 | 95ZXG20上：84 |
| 西山 | 石铲（维修） | XS512 | H1773③：20 |
| 西山 | 石铲（改制） | XS098 | 95ZXF144：36 |

续表

| 遗址 | 器名 | 研究编号 | 出土编号（或单位） |
| --- | --- | --- | --- |
| 西山 | 石铲（改制） | XS285 | H909：7 |
| 西山 | 石铲（改制） | XS345 | H1159①：2 |
| 西山 | 石铲（改制） | XS508 | H1762：1 |
| 西山 | 石铲（改制） | XS608 | HG15②b |
| 西山 | 石铲（改制） | XS447 | H1515：4 |
| 西山 | 石铲（改制） | XS133 | H17 |
| 西山 | 石铲（改制） | XS015 | T2532④b：32 |
| 西山 | 石铲（改制） | XS419 | H1429：9 |
| 西山 | 石铲（改制） | XS407 | H1394：2 |
| 西山 | 石铲（改制） | XS685 | 采集 |
| 西山 | 石铲（改制） | XS425 | H1429：16 |
| 西山 | 石铲（改制） | XS691 | 采集 |
| 西山 | 石铲（改制） | XS159 | H299 |
| 西山 | 石铲（改制） | XS635 | HG19③：10 |
| 西山 | 石铲（改制） | XS042 | T5434⑪：50 |
| 西山 | 石铲（改制） | XS634 | HG19③ |
| 西山 | 石铲（改制） | XS605 | HG15：6 |
| 西山 | 石铲（改制） | XS324 | H1010：51 |
| 西山 | 石铲（改制） | XS622 | 93ZXHG18：7 |
| 西山 | 石铲（改制） | XS514 | H1773⑪：35 |
| 西山 | 石铲（改制） | XS423 | H1429：14 |
| 西山 | 石铲（改制） | XS683 | 采集 |
| 西山 | 石铲（改制） | XS600 | HG13：5 |
| 西山 | 石铲（改制） | XS463 | G26：1 |
| 西山 | 石铲（改制） | XS130 | 92ZXH16：9 |
| 西山 | 石铲（改制） | XS261 | H715：4 |
| 西山 | 石铲（改制） | XS466 | H1609：1 |
| 西山 | 石铲（改制） | XS544 | 95ZXH1968：1 |
| 西山 | 石铲（改制） | XS311 | 94ZXH974 |
| 西山 | 石铲（改制） | XS426 | H1429：17 |
| 西山 | 石铲（改制） | XS539 | 95ZXH1944：1 |
| 西山 | 石铲（改制） | XS476 | 95ZXH1668-1 |
| 西山 | 石铲（改制） | XS597 | HG11②：12 |

续表

| 遗址 | 器名 | 研究编号 | 出土编号（或单位） |
| --- | --- | --- | --- |
| 西山 | 石铲（改制） | XS527 | H1854：2 |
| 西山 | 石铲（改制） | XS083 | F131：84 |
| 西山 | 石铲（改制） | XS453 | H1556：2 |
| 西山 | 石铲（改制） | XS669 | H3566：8 |
| 西山 | 石铲（改制） | XS319 | H992：2 |
| 西山 | 石铲（改制） | XS251 | H688②：12 |
| 西山 | 石铲（改制） | XS420 | H1429：10 |
| 西山 | 石铲（改制） | XS257 | H697⑪：8 |
| 西山 | 石铲（改制） | XS190 | 93ZXH448：1 |
| 西山 | 石铲（改制） | XS231 | H639：2 |
| 西山 | 石铲（改制） | XS153 | H285：4 |
| 西山 | 石铲（改制） | XS348 | H1168：2 |
| 西山 | 石铲（改制） | XS460 | H1566：14 |
| 西山 | 石铲（改制） | XS185 | H406：1 |
| 西山 | 石铲（改制） | XS280 | H888：13 |
| 西山 | 石铲（改制） | XS120 | TG7②：1 |
| 西山 | 石铲（改制） | XS342 | H1107：1 |
| 西山 | 石铲（改制） | XS225 | H618：1 |
| 西山 | 石铲（改制） | XS674 | 采集 |
| 西山 | 石铲（改制） | XS435 | 94ZXH1463 |
| 西山 | 石铲（改制） | XS375 | H1289：4 |
| 西山 | 石铲（改制） | XS070 | 94ZXF104②：25 |
| 西山 | 石铲（改制） | XS598 | HG11④：16 |
| 西山 | 石铲 | XS274 | H830：6 |
| 西山 | 石铲 | XS193 | H479：1 |
| 西山 | 石铲 | XS137 | 92ZXT0304H32：8 |
| 西山 | 石铲 | XS688 | 采集 |
| 西山 | 石铲（改制） | XS215 | H551⑥ |
| 西山 | 石铲（改制） | XS431 | H1449：2 |
| 西山 | 石铲（改制） | XS577 | HG9：23 |
| 西山 | 石铲（改制） | XS642 | 95ZXG20 上 |
| 西山 | 石铲（改制） | XS246 | H665：2 |
| 西山 | 石铲（改制） | XS211 | H551：10 |

·275·

续表

| 遗址 | 器名 | 研究编号 | 出土编号（或单位） |
| --- | --- | --- | --- |
| 西山 | 石铲（改制） | XS315 | 94ZXH978 |
| 西山 | 石铲（改制） | XS555 | HG9② |
| 西山 | 石铲（改制） | XS507 | H1761∶2 |
| 西山 | 石铲（改制） | XS354 | 94ZXT3532H1173∶6 |
| 西山 | 石铲（改制） | XS316 | H990 |
| 西山 | 石铲（改制） | XS355 | 99ZXG24⑪a∶20 |
| 西山 | 石铲（改制） | XS502 | H1756①∶11 |
| 西山 | 石铲（改制） | XS565 | HG9⑤ |
| 西山 | 石铲（改制） | XS651 | G21∶11 |
| 西山 | 石铲（改制） | XS573 | G9 |
| 西山 | 石铲（改制） | XS317 | H991 |
| 西山 | 石铲（改制） | XS297 | H948 |
| 西山 | 石铲 | XS625 | HG19∶6 |
| 西山 | 石铲 | XS638 | HG19③-2 |
| 西山 | 石铲 | XS646 | 95ZXG20上 |
| 西山 | 石铲 | XS236 | H645② |
| 西山 | 石铲（毛坯或半成品） | XS398 | H1380∶2 |
| 西山 | 石铲（改制） | XS023 | T3029∶2 |
| 西山 | 石铲（改制） | XS639 | HG19③-3 |
| 西山 | 石铲（改制） | XS001 | H528∶1 |
| 西山 | 石铲（改制） | XS627 | HG19∶11 |
| 西山 | 石铲（改制） | XS580 | G9 |
| 西山 | 石铲（改制） | XS325 | H1010 |
| 西山 | 石铲（改制） | XS025 | T3033③ |
| 西山 | 石铲 | XS145 | H252① |
| 西山 | 石铲 | XS230 | H639∶2 |
| 西山 | 石铲 | XS567 | HG9⑩∶临11 |
| 西山 | 石铲 | XS535 | H1930①∶10 |
| 西山 | 石铲 | XS417 | H1429∶5 |
| 西山 | 石铲（毛坯或半成品） | XS169 | 93ZXH341①∶1 |
| 西山 | 石铲 | XS679 | 采集 |
| 西山 | 石镢 | XS370 | H1285∶3 |
| 西山 | 石斧 | XS658 | G21④∶3 |

续表

| 遗址 | 器名 | 研究编号 | 出土编号（或单位） |
| --- | --- | --- | --- |
| 西山 | 石斧 | XS049 | F28：1 |
| 西山 | 石斧 | XS524 | H1840：1 |
| 西山 | 石斧 | XS364 | H1265：1 |
| 西山 | 石斧 | XS031 | T3635③：1 |
| 西山 | 石斧 | XS606 | HG15：8 |
| 西山 | 石斧 | XS060 | F44：2 |
| 西山 | 石斧 | XS125 | TG9H01 |
| 西山 | 石斧 | XS653 | 94ZXG21②：11 |
| 西山 | 石斧 | XS205 | 95ZXH517：1 |
| 西山 | 石斧 | XS394 | H1361：1 |
| 西山 | 石斧 | XS396 | H1364：1 |
| 西山 | 石斧 | XS048 | F24：26 |
| 西山 | 石斧 | XS045 | F24：7 |
| 西山 | 石斧 | XS583 | TG6HG9 |
| 西山 | 石斧 | XS700 | 采集 |
| 西山 | 石斧 | XS323 | H1008：1 |
| 西山 | 石斧 | XS217 | H572：1 |
| 西山 | 石斧 | XS672 | 采集 |
| 西山 | 石斧 | XS219 | H591：1 |
| 西山 | 石斧 | XS471 | 94ZXH1621：1 |
| 西山 | 石斧 | XS330 | H1030：1 |
| 西山 | 石斧 | XS005 | 92ZXT0404③：1 |
| 西山 | 石斧 | XS074 | F128：1 |
| 西山 | 石斧 | XS439 | H1476：1 |
| 西山 | 石斧 | XS621 | 93ZXHG18：6 |
| 西山 | 石斧 | XS192 | H478：3 |
| 西山 | 石斧 | XS243 | H657：8 |
| 西山 | 石斧 | XS477 | 95ZXH1668-2 |
| 西山 | 石斧 | XS197 | H486：1 |
| 西山 | 石斧 | XS559 | TG3HG9④：2 |
| 西山 | 石斧 | XS365 | H1268：6 |
| 西山 | 石斧（再加工） | XS179 | H378②：4 |
| 西山 | 石斧（再加工） | XS278 | H888：11 |

续表

| 遗址 | 器名 | 研究编号 | 出土编号（或单位） |
| --- | --- | --- | --- |
| 西山 | 石斧（再加工） | XS256 | H697⑪：7 |
| 西山 | 石斧（再加工） | XS273 | H829：2 |
| 西山 | 石斧（再加工） | XS393 | H1354②：31 |
| 西山 | 石斧 | XS699 | 采集 |
| 西山 | 石斧 | XS359 | H1203：3 |
| 西山 | 石斧 | XS473 | H1648：1 |
| 西山 | 石斧 | XS124 | TG13⑥：2 |
| 西山 | 石斧（再加工） | XS108 | F204：10 |
| 西山 | 石斧（再加工） | XS376 | H1289：5 |
| 西山 | 石斧（再加工） | XS024 | 93ZXT3032②：1 |
| 西山 | 石斧（再加工） | XS353 | H1173：3 |
| 西山 | 石斧（再加工） | XS384 | H1336①：19 |
| 西山 | 石斧 | XS066 | F71：4 |
| 西山 | 石斧 | XS592 | HG11：3 |
| 西山 | 石斧 | XS102 | F164②：13 |
| 西山 | 石斧（再加工） | XS092 | F142：71 |
| 西山 | 石斧（再加工） | XS340 | H1105：1 |
| 西山 | 石斧（再加工） | XS064 | F58：16 |
| 西山 | 石斧（再加工） | XS519 | H1804：4 |
| 西山 | 石斧 | XS318 | H992：1 |
| 西山 | 石斧（再加工） | XS334 | H1052：1 |
| 西山 | 石斧 | XS576 | HG9：8 |
| 西山 | 石斧（再加工） | XS347 | 94ZXH1164 |
| 西山 | 石斧（再加工） | XS339 | H1088：2 |
| 西山 | 石斧（再加工） | XS188 | TG5：50 |
| 西山 | 石斧（再加工） | XS037 | T4638④b：3 |
| 西山 | 石斧（再加工） | XS129 | 94ZXT0604H16：1 |
| 西山 | 石斧（再加工） | XS589 | G10：14 |
| 西山 | 石斧（再加工） | XS320 | H993：2 |
| 西山 | 石斧 | XS543 | H1966：23 |
| 西山 | 石斧 | XS596 | HG11① |
| 西山 | 石斧（再加工） | XS575 | HG9：17 |
| 西山 | 石斧（再加工） | XS289 | H921：13 |

续表

| 遗址 | 器名 | 研究编号 | 出土编号（或单位） |
| --- | --- | --- | --- |
| 西山 | 石斧（再加工） | XS306 | H974：10 |
| 西山 | 石斧 | XS590 | G10：17 |
| 西山 | 石斧 | XS114 | M106：1 |
| 西山 | 石斧 | XS525 | 95ZXH1840：2 |
| 西山 | 石斧 | XS322 | H998①：12 |
| 西山 | 石斧（再加工） | XS446 | H1515：2 |
| 西山 | 石斧（再加工） | XS259 | H709：23 |
| 西山 | 石斧（再加工） | XS346 | 94ZXH1159⑤：8 |
| 西山 | 石斧（再加工） | XS226 | H618：3 |
| 西山 | 石斧（再加工） | XS240 | H645④ |
| 西山 | 石斧（再加工） | XS150 | H256 |
| 西山 | 石斧（毛坯或半成品） | XS003 | 92ZXT0403：58 |
| 西山 | 石斧（毛坯或半成品） | XS081 | F128：10 |
| 西山 | 石斧（毛坯或半成品） | XS414 | H1428：1 |
| 西山 | 石斧（毛坯或半成品） | XS054 | F35：2 |
| 西山 | 石斧（毛坯或半成品） | XS444 | H1513③：32 |
| 西山 | 石斧（毛坯或半成品） | XS062 | 93ZXF52：4 |
| 西山 | 石斧（毛坯或半成品） | XS118 | TG5：50 |
| 西山 | 石楔子 | XS072 | F113：6 |
| 西山 | 石楔子 | XS208 | H531：1 |
| 西山 | 石楔子 | XS011 | T2331④a |
| 西山 | 石楔子 | XS432 | H1449 |
| 西山 | 石楔子 | XS087 | F137：2 |
| 西山 | 石楔子 | XS361 | H1215：1 |
| 西山 | 石楔子 | XS540 | 95ZXH1952：10 |
| 西山 | 石楔子 | XS368 | H1268：22 |
| 西山 | 石楔子 | XS204 | H516③-2 |
| 西山 | 石楔子 | XS649 | 94ZXG21：7 |
| 西山 | 石楔子 | XS264 | 93ZXH751：1 |
| 西山 | 石楔子 | XS704 | 采集 |
| 西山 | 石锛 | XS333 | H1051：1 |
| 西山 | 石锛（再加工） | XS061 | F44：3 |
| 西山 | 石锛（再加工） | XS701 | 采集 |

续表

| 遗址 | 器名 | 研究编号 | 出土编号（或单位） |
|------|------|----------|---------------------|
| 西山 | 石锛（再加工） | XS304 | H965 |
| 西山 | 石锛 | XS006 | 92ZXT0404③：5 |
| 西山 | 石锛 | XS661 | HG24：1 |
| 西山 | 石锛 | XS405 | H1391：50 |
| 西山 | 石锛 | XS252 | H697：2 |
| 西山 | 石锛 | XS147 | H253：5 |
| 西山 | 石锛 | XS703 | 采集 |
| 西山 | 石锛（再加工） | XS486 | H1752：7 |
| 西山 | 石锛 | XS227 | H619：3 |
| 西山 | 石锛 | XS392 | H1354：1 |
| 西山 | 石锛（再加工） | XS587 | G10：8 |
| 西山 | 石锛（再加工） | XS588 | G10：9 |
| 西山 | 石锛 | XS174 | H368：3 |
| 西山 | 石锛（再加工） | XS464 | H1595：1 |
| 西山 | 石锛 | XS344 | H1139：1 |
| 西山 | 石锛（石铲改制） | XS476 | 95ZXH1668-1 |
| 西山 | 石锛（石铲改制） | XS597 | HG11②：12 |
| 西山 | 石锛（石铲改制） | XS527 | H1854：2 |
| 西山 | 石锛（石铲改制） | XS083 | F131：84 |
| 西山 | 石锛 | XS160 | H300：1 |
| 西山 | 石锛（再加工） | XS648 | G21：2 |
| 西山 | 石锛 | XS121 | H1213：1 |
| 西山 | 石锛（再加工） | XS312 | H976：1 |
| 西山 | 石锛（再加工） | XS267 | H850：10 |
| 西山 | 石锛 | XS030 | T3535：1 |
| 西山 | 石锛（石铲改制） | XS453 | T4539④c |
| 西山 | 石锛（石铲改制） | XS669 | H3566：8 |
| 西山 | 石锛 | XS086 | F137：1 |
| 西山 | 石锛（毛坯） | XS510 | H1770：3 |
| 西山 | 石锛（再加工） | XS134 | H1348：1 |
| 西山 | 石锛（再加工） | XS284 | H906：2 |
| 西山 | 石锛（再加工） | XS410 | H1405：1 |
| 西山 | 石锛（再加工） | XS216 | H565：1 |

续表

| 遗址 | 器名 | 研究编号 | 出土编号（或单位） |
| --- | --- | --- | --- |
| 西山 | 石锛 | XS176 | H368：4 |
| 西山 | 石锛（再加工） | XS123 | TG13④：1 |
| 西山 | 石锛（再加工） | XS288 | H914：8 |
| 西山 | 石锛（再加工） | XS321 | H996：1 |
| 西山 | 石锛 | XS358 | H1190：1 |
| 西山 | 石凿（维修） | XS601 | G13：5 |
| 西山 | 石凿（维修） | XS175 | H368：3 |
| 西山 | 石凿（维修） | XS481 | H1729：7 |
| 西山 | 石凿 | XS287 | H909：9 |
| 西山 | 石凿 | XS357 | H1190：1 |
| 西山 | 石凿 | XS143 | 92ZXH222：108 |
| 西山 | 石凿（石料） | XS258 | H697⑪：9 |
| 西山 | 石凿 | XS247 | H673：1 |
| 西山 | 石凿 | XS465 | H1597：1 |
| 西山 | 石抹子 | XS075 | F128：3 |
| 西山 | 石抹子 | XS249 | H688：6 |
| 西山 | 石抹子 | XS266 | H757：7 |
| 西山 | 石抹子 | XS445 | H1515：1 |
| 西山 | 石抹子（石料） | XS276 | H850：10 |
| 西山 | 石抹子（石料） | XS195 | H483 |
| 西山 | 石抹子 | XS363 | H1242：1 |
| 西山 | 石抹子 | XS705 | 采集 |
| 西山 | 石抹子 | XS371 | 94ZXH1286①：2 |
| 西山 | 石抹子 | XS366 | H1268：4 |
| 西山 | 石抹子 | XS088 | F137：4 |
| 西山 | 石抹子 | XS097 | F144：10 |
| 西山 | 石抹子 | XS071 | F104⑤：28 |
| 西山 | 石抹子 | XS652 | G21① |
| 西山 | 石抹子 | XS302 | H962：7 |
| 西山 | 石抹子 | XS020 | T2931④b：5 |
| 西山 | 石锤 | XS427 | H1438：1 |
| 西山 | 石锤 | XS032 | T3736④ |
| 西山 | 石锤 | XS668 | H1804：1 |

续表

| 遗址 | 器名 | 研究编号 | 出土编号（或单位） |
| --- | --- | --- | --- |
| 西山 | 石锤 | XS076 | F128：2 |
| 西山 | 石锤 | XS504 | H1757：1 |
| 西山 | 石锤 | XS706 | 采集 |
| 西山 | 石锤 | XS009 | 92ZXT0803② |
| 西山 | 石锤 | XS228 | H622：1 |
| 西山 | 石锤 | XS101 | F101：7 |
| 西山 | 石锤 | XS416 | H1429：3 |
| 西山 | 石锤 | XS229 | H622：2 |
| 西山 | 石锤 | XS067 | F84：10 |
| 西山 | 石杵 | XS095 | F144：6 |
| 西山 | 石抹子 | XS158 | H299 |
| 西山 | 石抹子 | XS295 | H947：2 |
| 西山 | 石铲（改制） | XS105 | F189① |
| 西山 | 石斧（改制） | XS046 | F24：23 |
| 西山 | 石环 | XS026 | T3033③：临11 |
| 青台 | 石刀 | QT225 | 2017XGQIIT0810H489①：1 |
| 青台 | 石抹子 | QT179 | 2017XGQIIT0802⑥b |
| 青台 | 石抹子 | QT345 | 2015XGQⅠT1004③ |
| 青台 | 石刀 | QT116 | 2017XGQIIT0710⑧：2 |
| 青台 | 石刀 | QT045 | 2017XGQT0611②：3 |
| 青台 | 石刀 | QT069 | 2017XGQIIT0621G5①：4-1 |
| 青台 | 石刀 | QT282 | 2017XGQT1409H558①：1 |
| 青台 | 石铲（毛坯或半成品） | QT212 | 2015XGQIT0804H：1 |
| 青台 | 石铲（毛坯或半成品） | QT324 | 2016XGQIT1806H384：2 |
| 青台 | 石斧 | QT067 | 2015XGQIT0606③b：1 |
| 青台 | 石斧 | QT231 | 2017XGQIIT1002H464①：3 |
| 青台 | 石斧 | QT254 | 2015XGQIT1109③：1 |
| 青台 | 石斧 | QT012 | 2017XGQT0609H486②：4 |
| 青台 | 石锛 | QT281 | 2017XGQT1409H512①：4 |
| 青台 | 石锛（毛坯或半成品） | QT198 | 2015XGQIT0804G3①：14 |
| 青台 | 石抹子 | QT211 | 2015XGQIT0804G3：22 |
| 青台 | 石铲 | QT061 | 2017XGQT0611H507③：1-2 |
| 青台 | 石铲 | QT207 | 2015XGQIT0804G3③：25 |

续表

| 遗址 | 器名 | 研究编号 | 出土编号（或单位） |
| --- | --- | --- | --- |
| 青台 | 石铲 | QT011 | 2017XGQT0609H486②：3 |
| 青台 | 石抹子 | QT157 | 2017XGQIIT0710H505②：1 |
| 青台 | 石抹子 | QT235 | 2015XGQT1004⑪：4 |
| 青台 | 石抹子 | QT328 | 2016XGQIT1807H183③：7 |
| 青台 | 石锤 | QT340 | T1807H225-2 |
| 青台 | 石铲（改制） | QT279 | 2016XGQIT1314① |
| 青台 | 石铲（维修） | QT295 | 2016XGQT1615③：1 |
| 青台 | 石杵 | QT234 | 2015XGQT1004⑪：3 |
| 双槐树 | 石刀 | SHS136 | 2016HGSⅠT3843③：9 |
| 双槐树 | 石刀 | SHS137 | 2016HGSⅠT3842H263①：1 |
| 双槐树 | 石铲（毛坯或半成品） | SHS090 | 2018HGSⅠT1455H819①：1 |
| 双槐树 | 石铲（毛坯或半成品） | SHS013 | 2016HGSIT4709H350：1 |
| 双槐树 | 石铲（毛坯或半成品） | SHS008 | 2018HGSⅠT2736①：1 |
| 双槐树 | 石铲（毛坯或半成品） | SHS002 | 2016HGSⅠT3544③ |
| 双槐树 | 石铲（毛坯或半成品） | SHS006 | 2018HGST5012H762①：6 |
| 双槐树 | 石斧（毛坯或半成品） | SHS097 | 2016HGSⅠT3844④：11 |
| 双槐树 | 石斧（毛坯或半成品） | SHS103 | 2015HGSIIT4503H121：2 |
| 双槐树 | 石斧（毛坯或半成品） | SHS447 | 2015HGSIIT4101H129 |
| 双槐树 | 石斧（毛坯或半成品） | SHS107 | 2017HGSⅠT3632④：24 |
| 双槐树 | 石斧（毛坯或半成品） | SHS098 | 2016HGSⅠT3544④：16 |
| 双槐树 | 石斧（毛坯或半成品） | SHS101 | 2014HGSⅠT2471H90：6 |
| 双槐树 | 石斧（毛坯或半成品） | SHS100 | 2018HGSⅠT2736②：2 |
| 双槐树 | 石斧（毛坯或半成品） | SHS096 | 2013HGST2337H20：4 |
| 双槐树 | 石锛（毛坯或半成品） | SHS118 | 2016HGSIT3943⑤H348：1 |
| 双槐树 | 石锛（毛坯或半成品） | SHS090 | 2018HGSⅠT1455H819①：1 |
| 双槐树 | 石铲 | SHS135 | 2018HGST2744H733：2 |
| 汪沟 | 石铲 | WG010 | 2015XKWT26H120：2 |
| 汪沟 | 石抹子 | WG035 | 2015ZKWⅠT0907⑦：16 |
| 汪沟 | 石铲（毛坯或半成品） | WG039 | 2014ZKWT0913G10② |
| 汪沟 | 石锛 | WG011 | 2015XKWT26H120：3 |
| 大河村 | 石锛 | DHC038 | T44⑪：2 |
| 大河村 | 石锛 | DHC001 | T72④北扩：30 |
| 尚岗杨 | 石锛 | ZZ040 | 2014ZJSH112：2 |

续表

| 遗址 | 器名 | 研究编号 | 出土编号（或单位） |
|---|---|---|---|
| 建业壹号城邦 | 石刀 | ZZ108 | 2008JYCBT1412H276 |
| 建业壹号城邦 | 石刀 | ZZ079 | 08JYCBT1010H186：3-2 |
| 建业壹号城邦 | 石刀（由石铲改制） | ZZ078 | 08JYCBT1010H85：3-1 |
| 建业壹号城邦 | 石镰 | ZZ090 | 08JYCBT1312H425：2 |
| 建业壹号城邦 | 石铲 | ZZ097 | 2008JYCBT0709H428：4 |
| 建业壹号城邦 | 石铲 | ZZ098 | 2008JYCBT0908H428：3 |
| 建业壹号城邦 | 石铲 | ZZ099 | 2008JYCBT0909⑤：4 |
| 建业壹号城邦 | 石铲 | ZZ100 | 2008JYCBT0909⑤：5 |
| 建业壹号城邦 | 石铲 | ZZ110 | 2008JYCBT1512H419：1 |
| 建业壹号城邦 | 石铲 | ZZ064 | 08JYCBT1414⑥：3 |
| 建业壹号城邦 | 钝刃器 | ZZ059 | 08JYCBT1210⑤：3 |
| 信合普罗旺世 | 石镰 | ZZ125 | 2011ZXPITS07W09②：1 |
| 信合普罗旺世 | 石镰 | ZZ158 | 2011ZXPIITS08W10H5：2 |
| 信合普罗旺世 | 石镰 | ZZ167 | 2011ZXPITS12W10④：1 |
| 信合普罗旺世 | 石铲 | ZZ129 | 2011ZXPIITS07W10②：4 |
| 信合普罗旺世 | 钝刃器 | ZZ126 | 2011ZXPITS07W09②：2 |
| 信合普罗旺世 | 石镰 | ZZ131 | 2011ZXPITS08W08②：2 |
| 河南亚星黄岗寺工人路小区 | 石铲 | ZZ179 | 2011ZYGF1：1-1 |
| 河南亚星黄岗寺工人路小区 | 石铲 | ZZ180 | 2011ZYGF1：1-2 |
| 河南亚星黄岗寺工人路小区 | 石铲 | ZZ181 | 2011ZYGF1：1-3 |
| 河南亚星黄岗寺工人路小区 | 石铲 | ZZ182 | 2011ZYGF1：1-4 |
| 河南亚星黄岗寺工人路小区 | 石铲 | ZZ183 | 2011ZYGF1：1-5 |
| 河南亚星黄岗寺工人路小区 | 石铲（改制） | ZZ173 | 2011ZYGH133：1 |
| 林山寨 | 石铲 | ZZ186 | 2014ZDLH3：1 |
| 林山寨 | 石铲 | ZZ184 | 2014ZDLH1：1 |
| 林山寨 | 石铲 | ZZ189 | 2014ZDLH3：4 |
| 林山寨 | 石铲 | ZZ194 | 2014ZDLH12：3 |
| 林山寨 | 石铲 | ZZ196 | 2014ZDLH21：1 |
| 林山寨 | 石铲 | ZZ187 | 2014ZDLH3：2 |
| 林山寨 | 石锛 | ZZ191 | 2014ZDLH3：6 |
| 郑州通用机械厂 | 石锛 | ZZ229 | H61：173 |

附表2　　　　　　　　　各遗址出土石质工具的类型与数量统计表

附表2.1　　　　　　　　　　　　石刀甲、乙类

|  | 甲类 |  |  |  | 乙类 |  |  |  |  |
|---|---|---|---|---|---|---|---|---|---|
|  | 甲A | 甲B | 未分型 |  | 乙A |  | 乙B | 乙C |  |
|  | 成品 | 成品 | 成品 | 刃部 | 成品 | 刃部 | 成品 | 成品 | 刃部 |
| 西山 | 2 | 1 |  |  | 4 |  | 2 | 3（3） |  |
| 青台 |  |  |  |  | 6 |  |  | 1 | 2（2） |
| 汪沟 |  |  |  |  | 1 |  |  | 1（1） |  |
| 建业壹号城邦 |  |  | 1（1） |  | 4（2） | 1 |  |  |  |
| 尚岗杨 |  |  |  |  | 2（2） |  |  |  |  |
| 信合普罗旺世小区 | 3（3） |  |  |  |  |  |  | 1（1） |  |
| 上街区昆仑路 | 1（1） |  |  |  | 1（1） |  |  |  |  |
| 大河村 |  |  | 1（1） |  |  |  |  | 1（1） |  |
| 总计 | 6 | 1 | 1 | 1 | 18 | 1 | 2 | 7 | 2 |

注：数字代表数量，"（）"内为改制器数量，"［］"内为维修器数量（后同）。

附表2.2　　　　　　　　　　　　石刀丙类、未分类

|  | 丙类 |  |  |  |  |  |  | 未分类 |
|---|---|---|---|---|---|---|---|---|
|  | 丙A |  | 丙B |  | 丙C | 丙D |  | 成品 |
|  | 成品 | 半成品 | 成品 | 器身及刃部 | 成品 | 成品 | 器身及刃部 |  |
| 西山 | 1 | 1 | 4（3） |  | 1 | 1（1） |  |  |
| 青台 |  |  | 2 |  |  |  |  |  |
| 汪沟 |  |  | 1 | 2（2） |  |  |  |  |
| 建业壹号城邦 |  |  | 3（3） |  |  | 1 | 2 |  |
| 信合普罗旺世小区 |  |  | 1（1） |  |  |  |  | 2（2） |
| 林山寨 |  |  | 1（1） |  |  |  |  |  |
| 总计 | 1 | 1 | 12 | 3 | 1 | 2 | 2 | 2 |

附表2.3　　　　　　　　　　　　石镰A、B型

|  | A型 |  |  | B型 |  |  |  |  |  |
|---|---|---|---|---|---|---|---|---|---|
|  | Aa型 |  | Ab型 |  | 未分亚型 | Ba型 |  | Bb型 | 未分亚型 |  |  |
|  | 器身及刃部 | 成品 | 器身及刃部 | 成品 | 成品 | 器身及刃部 | 成品 | 器身及刃部 | 坯料 | 成品 | 器身及刃部 |
| 西山 | 1 | 1 | 1 |  |  | 3 | 1 | 2（1） |  | 1 |  |
| 青台 |  |  |  | 1 |  |  | 1 |  |  |  |  |
| 建业壹号城邦 | 3 |  |  |  |  |  | 1 |  |  |  |  |

续表

| | A 型 | | | | B 型 | | | | | |
|---|---|---|---|---|---|---|---|---|---|---|
| | Aa 型 | | Ab 型 | 未分亚型 | Ba 型 | | Bb 型 | | 未分亚型 | |
| | 器身及刃部 | 成品 | 器身及刃部 | 成品 | 成品 | 器身及刃部 | 成品 | 器身及刃部 | 坯料 | 成品 | 器身及刃部 |
| 信合普罗旺世小区 | 2 | 1 | 2 | | 3 | | | | | | |
| 林山寨 | | 3 | | | | | | | | | |
| 上街区昆仑路 | | | | | | | | | | 2 | |
| 大河村 | | | 1 | | | | | | | | |
| 总计 | 6 | 5 | 4 | 1 | 3 | 3 | 2 | 3 | 1 | 2 | |

附表2.4　　　　　　　　　　石铲甲、乙类

| | 甲类 | | | | | | 乙类 | | | | |
|---|---|---|---|---|---|---|---|---|---|---|---|
| | 甲 A 型 | | | | 甲 B 型 | | 未分型 | | | 未分型 | |
| | 成品 | 柄部及器身 | 柄部 | 器身 | 成品 | 器身 | 刃部 | 成品 | 半成品 | 侧边 | 成品 | 柄部及器身 |
| 西山 | | 3 | 2(2) | | | 1(1) | 1 | | 2 | 2(2) | 2 | |
| 青台 | | | 1 | | | 1 | | 1(1) | | | | |
| 汪沟 | | | 1 | | | | | | | | | |
| 建业壹号城邦 | 5[1] | 2 | | | 2[2] | | | | | | 2[1] | 3 |
| 尚岗杨 | | 2 | | | | | | | | | | |
| 信合普罗旺世小区 | | 1 | | 2 | | | | | | | | |
| 春天花园 | | | 1 | | | | | | | | | 1 |
| 大河村 | 2 | 1 | | | 1 | | | | | | 1[1] | |
| 总计 | 7 | 10 | 4 | 2 | 3 | 2 | 1 | 1 | 2 | 2 | 5 | 4 |

附表2.5　　　　　　　　　　石铲丙类

| | 丙类 | | | | | | | | | | | | | |
|---|---|---|---|---|---|---|---|---|---|---|---|---|---|---|
| | 丙 A 型 | | | | | | | | | | | 丙 B 型 | 未分型 | |
| | 成品 | 坯料 | 半成品 | 柄部及器身 | 柄部及肩部 | 柄部 | 器身 | 肩部 | 刃部 | 侧边 | 断块 | 成品 | 柄部及器身 | 坯料及半成品 | 柄部 |
| 西山 | 10(3)[4] | | | 3 | | 6(1) | | 23(1) | 89(54)[23] | 99(18) | 12(9) | | 1 | | 2 |
| 青台 | 8[7] | 1 | 1 | 6 | | 4 | | 5 | 21(9)[6] | 16(6) | 7 | | | | |
| 汪沟 | 3[2] | | | 2 | | | | | 9(4) | 1 | | | | | |

续表

|  | 丙类 |||||||||| 丙B型 | 未分型 |||
|---|---|---|---|---|---|---|---|---|---|---|---|---|---|---|
|  | 丙A型 ||||||||| | | ||
|  | 成品 | 坯料 | 半成品 | 柄部及器身 | 柄部及肩部 | 柄部 | 器身 | 肩部 | 刃部 | 侧边 | 断块 | 成品 | 柄部及器身 | 坯料及半成品 | 柄部 |
| 建业壹号城邦 | 8(1)[4] |  |  | 2 |  |  |  |  | 24(11)[6] |  |  | 1[1] |  |  |  |
| 尚岗杨 |  |  |  | 4[1] |  | 2 |  |  | 16(6)[10] |  |  |  |  |  |  |
| 信合普罗旺世小区 |  |  |  |  |  | 1 |  | 1 | 7(1)[6] | 3[1] |  | 2 |  | 3 |  |
| 黄岗寺工人路小区 | 1[1] | 1 |  |  |  | 1(1) |  |  | 4(4) |  |  | 5[3] |  |  |  |
| 陈伍寨 |  |  |  |  |  |  |  |  |  |  |  | 1[1] |  |  |  |
| 春天花园 |  |  |  |  |  |  | 1 |  |  |  |  | 1[1] |  |  |  |
| 大河村 | 2[1] |  |  | 2 |  |  | 1 |  | 5(4)[1] |  | 1(1) | 1(1) |  |  |  |
| 总计 | 32 | 2 | 1 | 19 | 1 | 13 | 3 | 28 | 175 | 119 | 20 | 11 | 1 | 3 | 2 |

附表2.6　　　　石铲丁类、未分类

|  | 丁类 ||| 未分类 |||
|---|---|---|---|---|---|---|
|  | 成品或复原器 | 器身 | 刃部 | 成品 | 柄部 | 刃部 |
| 西山 |  |  |  |  | 4 |  |
| 青台 |  |  |  |  |  |  |
| 汪沟 | 1 |  | 1 |  | 1 |  |
| 建业壹号城邦 |  |  |  |  |  |  |
| 尚岗杨 |  |  |  | 1 |  |  |
| 信合普罗旺世小区 |  |  |  |  |  |  |
| 黄岗寺工人路小区 |  |  |  |  |  |  |
| 林山寨 | 4[2] | 3 | 3(1)[2] |  |  |  |
| 亚星置业四块地 |  |  |  |  |  | 1(1) |
| 上街区昆仑路 |  |  |  |  |  | 2(2) |
| 陈伍寨 |  |  |  |  |  |  |
| 春天花园 |  |  |  |  |  |  |
| 大河村 |  |  |  |  |  |  |
| 总计 | 5 | 3 | 4 | 1 | 5 | 3 |

附表2.7　　　　　　　　　　　　石镞

|  | 成品 |
|---|---|
| 西山 | 1 |
| 总计 | 1 |

附表2.8　　　　　　　　　　　石斧甲类

| | 甲类 ||||||
|---|---|---|---|---|---|---|
| | 甲A型 |||| 甲B型 | 未分型 |
| | 成品 | 坯料 | 顶部 | 刃部 | 刃部 | 刃部 |
| 西山 | 4（1）[1] | | 1 | 1 [1] | 3 [2] | |
| 青台 | 4 | | | | | 1 |
| 汪沟 | 1 | | | | 1 | |
| 建业壹号城邦 | | | | | 1 | |
| 信合普罗旺世小区 | | 1 | | | | |
| 总计 | 9 | 1 | 1 | 1 | 5 | 1 |

附表2.9　　　　　　　　　　　石斧乙类

| | 乙类 ||||||||||
|---|---|---|---|---|---|---|---|---|---|---|
| | 乙A型 |||||| 乙B型 ||| 未分型 |
| | 乙Aa型 ||| 乙Ab型 ||| 乙Ba型 || 乙Bb型 | |
| | 成品 | 顶部 | 刃部 | 成品 | 顶部 | 刃部 | 成品 | 刃部 | 刃部 | 坯料或半成品 | 刃部 |
| 西山 | 19（7）[8] | 7（2）[2] | 1（1） | 4（1）[2] | 5（3）[2] | 7（4） | 2 [1] | 8（3）[4] | 5（2）[1] | | |
| 青台 | 2 [1] | | | 1 | 1 | | | 2（1） | | | 1 |
| 汪沟 | 5 [1] | | 1 | | | | 1 | 1 | | | |
| 建业壹号城邦 | | | | 1（1） | | | 1 | | | | |
| 尚岗杨 | 4 [1] | | 1 | 1（1） | 2 | | | 1（1） | | | |
| 信合普罗旺世小区 | | | | | | | | 1 [1] | | 2 | |
| 陈伍寨 | | | | | 1 | | | | | | |
| 大河村 | 8 [4] | 2（1） | | | | 1 | 1 | | | | |
| 总计 | 38 | 9 | 3 | 8 | 9 | 7 | 5 | 11 | 7 | 2 | 1 |

附表2.10　　　　　　　　　　石斧丙类、未分类

|  | 丙类 |  | 未分类 |  |  |  |
|---|---|---|---|---|---|---|
|  | 成品 | 刃部 | 成品 | 刃部 | 坯料 | 部位不明 |
| 西山 | 1 |  | 1 [1] | 8 (3) [3] | 7 | 1 |
| 青台 | 1 |  |  |  |  |  |
| 汪沟 | 1 | 1 |  |  |  |  |
| 尚岗杨 |  | 1 |  |  |  |  |
| 信合普罗旺世小区 |  | 1 (1) |  |  |  |  |
| 总计 | 3 | 3 | 1 | 8 | 7 | 1 |

附表2.11　　　　　　　　　　石楔子

|  | A 型 |  | B 型 |
|---|---|---|---|
|  | 成品 | 刃部 | 刃部 |
| 西山 | 1 | 2 | 8 |
| 建业壹号城邦遗址 | 1 |  |  |
| 总计 | 2 | 2 | 8 |

附表2.12　　　　　　　　　　石锛甲类

|  | 甲类 |  |  |  |  |  |  |  |
|---|---|---|---|---|---|---|---|---|
|  | 甲 A 型 |  |  |  | 甲 B 型 | 未分型 |  |  |
|  | 甲 Aa 型 |  |  | 甲 Ab 型 |  |  |  |  |
|  | 成品 | 顶部 | 刃部 | 成品 | 刃部 | 成品 | 坯料 | 顶部 | 刃部 |
| 西山 | 1 |  | 3 (1) | 3 [1] | 1 | 2 |  | 1 |  |
| 青台 | 1 |  |  |  |  | 2 | 1 | 1 | 2 |
| 汪沟 | 2 |  |  |  |  | 3 [1] |  |  |  |
| 尚岗杨 | 1 |  |  | 1 |  |  |  |  |  |
| 信合普罗旺世小区 | 1 |  |  | 1 |  |  | 1 |  |  |
| 大河村 | 4 | 1 |  | 1 |  |  |  | 1 |  |
| 总计 | 10 | 1 | 3 | 6 | 1 | 7 | 2 | 3 | 2 |

附表2.13　　　　　　　　　　石锛乙类

|  | 乙类 |  |  |  |  |  |  |  |  |  |
|---|---|---|---|---|---|---|---|---|---|---|
|  | 乙 A 型 |  |  | 乙 B 型 |  | 乙 C 型 |  | 乙 D 型 | 未分型 |  |
|  | 乙 Aa 型 | 乙 Ab 型 | 乙 Ac 型 | 乙 Ba 型 | 乙 Bb 型 | 乙 Ca 型 | 乙 Cb 型 |  |  |  |
|  | 成品 | 成品 | 成品 | 成品 | 成品 | 刃部 | 成品 | 成品 | 成品 | 坯料 |
| 西山 | 3 [2] | 2 [1] | 5 (4) | 2 [1] | 3 [2] | 1 | 2 (2) | 1 |  | 1 |
| 青台 | 1 | 1 | 1 [1] | 3 [2] |  |  |  |  |  |  |

续表

|  | 乙类 |||||||||  |
|---|---|---|---|---|---|---|---|---|---|---|
|  | 乙 A 型 ||| 乙 B 型 ||| 乙 C 型 || 乙 D 型 | 未分型 |
|  | 乙 Aa 型 | 乙 Ab 型 | 乙 Ac 型 | 乙 Ba 型 | 乙 Bb 型 |  | 乙 Ca 型 | 乙 Cb 型 |  |  |
|  | 成品 | 成品 | 成品 | 成品 | 成品 | 刃部 | 成品 | 成品 | 成品 | 坯料 |
| 汪沟 | 1 |  |  | 1 |  |  | 1 |  |  |  |
| 建业壹号城邦 |  | 1 [1] |  | 1 [1] | 1 |  |  |  |  |  |
| 信合普罗旺世小区 |  |  |  |  |  |  |  |  | 1 |  |
| 林山寨 |  |  |  |  | 1 [1] |  |  |  |  |  |
| 亚星置业四块地 | 3 [2] |  |  |  |  |  |  |  |  |  |
| 上街区昆仑路 |  |  |  | 1 [1] |  |  |  |  |  |  |
| 通用机械厂 |  |  |  | 1 [1] |  |  |  |  |  |  |
| 大河村 | 1 | 2 [2] | 1 | 1 | 1 |  |  |  | 1 |  |
| 总计 | 9 | 5 | 8 | 10 | 6 | 2 | 2 | 2 | 1 | 1 |

附表 2.14　　石锛丙类

|  | 丙类 |||||||  |
|---|---|---|---|---|---|---|---|---|
|  | 丙 A 型 || 丙 B 型 | 丙 C 型 ||| 丙 D 型 |
|  | 丙 Aa 型 | 丙 Ab 型 |  | 丙 Ca 型 | 丙 Cb 型 | 未分亚型 |  |
|  | 成品 | 刃部 | 成品 | 成品 | 成品 | 刃部 | 成品 | 成品 |
| 西山 | 1 [1] |  | 3 [3] | 2 [1] | 1 [1] | 1 [1] |  | 1 |
| 青台 |  | 1 [1] |  | 2 [2] |  | 1 [1] |  |  |
| 汪沟 |  |  |  |  |  |  |  |  |
| 建业壹号城邦 |  |  |  |  |  |  |  |  |
| 尚岗杨 |  |  | 1 | 1 |  |  |  |  |
| 信合普罗旺世小区 |  |  |  |  |  |  |  |  |
| 黄岗寺工人路小区 |  |  |  | 1 |  |  |  |  |
| 林山寨 |  |  |  |  |  |  |  |  |
| 亚星置业四块地 |  |  |  |  |  |  |  |  |
| 上街区昆仑路 |  |  |  |  |  |  |  |  |
| 通用机械厂 |  |  |  |  |  |  |  |  |
| 大河村 | 2 [1] |  | 2 [2] |  |  |  | 2 |  |
| 总计 | 3 | 1 | 6 | 5 | 2 | 2 | 2 | 1 |

附表2.15　　　　　　　　　　　　　　　石凿

|  | 甲类 | | 乙类 | | | | 丙类 | |
|---|---|---|---|---|---|---|---|---|
|  | 未分型 | | 乙A型 | | 乙B型 | 未分型 | 丙A型 | 丙B型 |
|  | | | 乙Aa型 | 乙Ab型 | | | 未分亚型 | 未分亚型 |
|  | 成品 | 刃部 | 成品 | 成品 | 成品 | 石料 | 成品 | 成品 |
| 西山 |  | 1 [1] | 1 [1] | 1 [1] | 3 | 1 | 1 | 1 |
| 汪沟 | 1 | | | | | | | |
| 建业壹号城邦 | | | | | | | | 1 |
| 尚岗杨 | 1 | | | | | 1 | | |
| 总计 | 2 | 1 | 1 | 1 | 3 | 2 | 1 | 2 |

附表2.16　　　　　　　　　　　　　　　石抹子

|  | A型 | | | | | B型 | C型 | | 其他 |
|---|---|---|---|---|---|---|---|---|---|
|  | Aa型 | | | Ab型 | | | | | |
|  | 成品 | 石料 | 一器多用 | 成品 | 石料 | 成品 | 成品 | 顶部 | 成品 |
| 西山 | 4 | 2 | | 3 | | 5 | 1 | 1 | |
| 青台 | 2 | 1 | 1 | 3 | 1 | 4 | 1 | | 1 |
| 汪沟 | 1 | | | | | 1 | | | 1 |
| 大河村 | 1 | | | | | | | | |
| 总计 | 8 | 3 | 1 | 6 | 1 | 10 | 2 | 1 | 2 |

附表2.17　　　　　　　　　　　　　　　石锤

|  | A型 | B型 | | C型 | | 未分型 |
|---|---|---|---|---|---|---|
|  | 成品 | 成品 | 一器多用 | 成品 | 一器多用 | 一器多用 |
| 西山 | 2 | 2 | 3 | | 3 | 3 |
| 青台 | 1 | 5 | 2 | 1 | 1 | 1 |
| 汪沟 | 2 | 2 | | | 2 | |
| 建业壹号城邦 | | 1 | | | 1 | |
| 尚岗杨 | | | | | 1 | |
| 信合普罗旺世小区 | | | | | 1 | |
| 通用机械厂 | 1 | | | | | |
| 大河村 | | | | | 2 | |
| 总计 | 6 | 10 | 5 | 1 | 11 | 4 |

附表 2.18　　　　　　　　　　　　　　钝刃斧形器

| | 甲类 | | 乙类 | | | 其他 |
|---|---|---|---|---|---|---|
| | 甲 A 型 | 甲 B 型 | 乙 A 型 | | 乙 B 型 | |
| | 成品 | 刃部 | 成品 | 刃部 | 刃部 | 刃部 |
| 西山 | 1（1） | 4（4） | 8（8） | 1（1） | 1（1） | 1（1） |
| 总计 | 1 | 4 | 8 | 1 | 1 | 1 |

附表 2.19　　　　　　　　　　　　　　其他

| | 钝刃形器 | 近斧形琢制坯 |
|---|---|---|
| 建业壹号城邦 | 1 | |
| 信合普罗旺世小区 | 1 | |
| 黄岗寺工人路小区 | | 1 |
| 总计 | 2 | 1 |

附表 3　　　　　　　　　　　　　　岩性鉴定报告

| 委托单位/地址 | 河南省有色金属地质矿产局第七地质大队 | | |
|---|---|---|---|
| 工程/项目名称 | 中科院大学石器研究 | | |
| 取/送样人 | 张素超 | 联系方式 | |
| 样品状态 | 块状 | 样品数量 | 薄片 17 件 |
| 取样地点 | | 接样日期 | 2022.05.16 |
| 鉴定设备 | OLYMPUS-BX53 | 鉴定日期 | 2022.06.09 |
| 环境温度 | 25℃ | 相对湿度 | 68% |
| 鉴定项目 | ☑薄片鉴定　　□光片鉴定　　□探针片鉴定<br>□定向薄片　　□粒度统计　　□沉积岩碎屑成分统计 | | |
| 鉴定依据 | 火成岩—GB/T 17412.1-1998 火成岩岩石分类和命名方案<br>沉积岩—GB/T 17412.2-1998 沉积岩岩石分类和命名方案<br>变质岩—GB/T 17412.3-1998 变质岩岩石分类和命名方案<br>DZ/T 0275.1-2015 岩矿鉴定技术规范第 1 部分总则及一般规定<br>DZ/T 0275.4-2015 岩矿鉴定技术规范第 4 部分矿石薄片鉴定<br>DZ/T 0275.5-2015 岩矿鉴定技术规范第 5 部分矿石光片鉴定<br>DZ/T0130.9-2006《地质矿产实验室测试质量管理规范》岩石矿物鉴定 | | |
| 鉴定结果 | 鉴定结果见下页 | | |

| 送样编号 | XS365 | 产地 | | 图幅号 | |
|---|---|---|---|---|---|
| 岩石结构 | 鳞片状结构、团块结构 | | | | |
| 岩石构造 | 块状构造 | | | | |

成分特征及其变化：岩石由硬水铝石、水铝氧石?、铁质、粘土质组成。

硬水铝石：主呈显微鳞片状—鳞片状、细小粒状，少数可见半自形柱状，粒径一般<0.05mm，少数0.05—0.1mm，集合体多数呈团块状，定向分布，团块直径一般0.1—1.5mm不等，少数1.5—4.5mm不等，少量与铁质混杂。

水铝氧石?：呈隐晶状，集合体填隙分布于硬水铝石间，是否为水铝氧石镜下无法准确确定，请结合其他手段。

铁质：呈黑褐色隐晶状、尘点状，集合体多呈条纹状、线纹状、团状等聚集，显方向性排列，有的线纹状集合体绕铝质团块分布，有的尘点状与硬水铝石混杂。

粘土质由隐晶-显微鳞片状粘土矿物组成，分布于硬水铝石团块粒间。

| 主要成分和次要成分（%）： | |
|---|---|
| 硬水铝石　　85%—90%<br>水铝氧石?　　5%±<br>铁质　　　　5%—10%<br>粘土质　　　少 | 鳞片状结构、团块结构（+）10×2 |

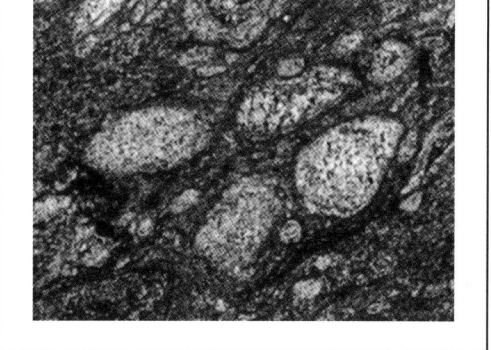

| 副矿物 | 不透明矿物 | | |
|---|---|---|---|
| 次生矿物 | | | |
| 标本特征 | 岩石由于铁质的不均匀分布，呈现出不均匀的灰色、褐色，块状构造。 | | |
| 鉴定名称 | 硬铝石铝质岩 | | |
| 野外名称 | 粗粒长石石英砂岩 | 鉴定人 | |
| 鉴定日期 | 2022年5月 | 检查人 | |
| 备　注 | | | |

| 送样编号 | XS026 | 产地 | | 图幅号 | |
|---|---|---|---|---|---|
| 岩石结构 | 含藻屑泥粉晶结构 ||||||
| 岩石构造 | 块状构造 ||||||

成分特征及其变化：岩石由方解石、藻屑、粘土质、及少量陆源碎屑组成。

方解石呈它形粒状，粒径主要为 0.004—0.06mm 的粉晶，少数为<0.004mm 的泥晶，呈粒间镶嵌状分布，部分可见重结晶，使粒度加大，具褐铁矿化。

藻屑呈椭圆状、次圆状，大小一般为 0.05—1mm 不等，零散分布，组成矿物为泥晶方解石，具褐铁矿化。

陆源碎屑可见石英，大小一般 0.06—0.15mm 的细砂，少数为 0.004—0.06mm 的粉砂，呈棱角状、次棱角状，零星分布。

粘土质由隐晶状—微鳞片状粘土矿物组成，片径<0.004mm，不均匀分布。

| 主要成分和次要成分（%）：<br><br>方解石　75%±<br>藻屑　　20%±<br>粘土质　5%±<br>陆源碎屑　少 | 含藻屑泥粉晶结构（-）10×4 |
|---|---|

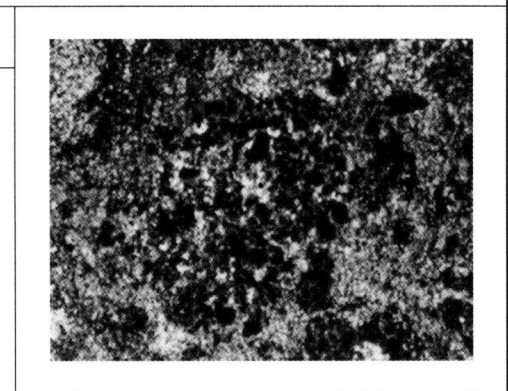

| 副矿物 | 不透明矿物 ||
|---|---|---|
| 次生矿物 | 褐铁矿 ||
| 标本特征 | 岩石呈紫灰色，块状构造。 ||
| 鉴定名称 | 含藻屑泥粉晶灰岩 ||
| 野外名称 | 泥质灰岩 | 鉴定人 |
| 鉴定日期 | 2022 年 5 月 | 检查人 |
| 备　注 | | |

| 送样编号 | XS417 | 产地 | | 图幅号 | |
|---|---|---|---|---|---|
| 岩石结构 | 粉细晶结构 | | | | |
| 岩石构造 | 纹层状构造 | | | | |

成分特征及其变化：岩石由白云石、粘土质、铁质组成。

白云石：主呈自形—半自形菱形状，少数呈它形粒状，粒径主要为 0.06—0.25mm 不等的细晶，少数为 0.02—0.06mm 的粉晶，各粒级间各自相对聚集构成纹层状构造。

粘土质：由显微鳞片状—隐晶状粘土矿物组成，片径<0.01mm，与小粒径白云石相对聚集分布。

铁质：呈黑褐色隐晶状、尘点状，集合体多呈条纹状、线纹状、微粒状，多与粘土质混杂，显方向性排列。

岩石表面可见后期钙质结壳，由方解石、生物屑、陆源砂、粘土质构成。

| 主要成分和次要成分（%）： | |
|---|---|
| 白云石　95%±<br>粘土质　5%±<br>铁　　质 | |
| | 粉细晶结构（−）10×2 |

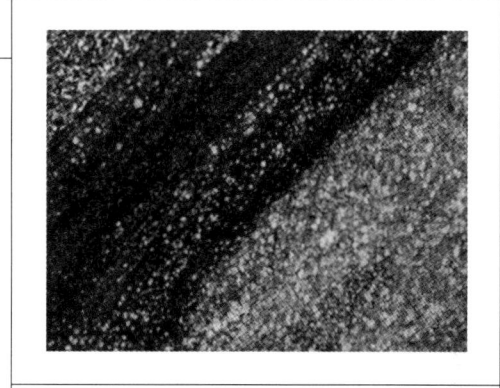

| 副矿物 | 不透明矿物 | | |
|---|---|---|---|
| 次生矿物 | | | |
| 标本特征 | 岩石呈紫灰色，纹层状构造。 | | |
| 鉴定名称 | 粉细晶白云岩 | | |
| 野外名称 | 灰岩 | 鉴定人 | |
| 鉴定日期 | 2022 年 5 月 | 检查人 | |
| 备　　注 | | | |

| 送样编号 | XS535 | 产地 | | 图幅号 | |
|---|---|---|---|---|---|
| 岩石结构 | 粉细晶结构 ||||||
| 岩石构造 | 纹层状构造 ||||||

成分特征及其变化：岩石由白云石、粘土质组成。

白云石：主呈它形粒状、少数呈自形—半自形菱形状，粒径主要为 0.06—0.25mm 不等的细晶，少数为 0.02—0.06mm 的粉晶，各粒级间各自相对聚集构成纹层状构造。

粘土质：由显微鳞片状—隐晶状粘土矿物组成，片径<0.01mm，与小粒径白云石相对聚集分布。

岩石内可见有机质集合体呈线纹状与粘土质混杂，构成纹层状构造。

| 主要成分和次要成分（%）：<br><br>白云石　　95%—100%<br>粘土质　　1%—5% | <br>粉细晶结构（-）10×4 |
|---|---|
| 副矿物 | 不透明矿物 |
| 次生矿物 | |
| 标本特征 | 岩石呈灰色，纹层状构造。 |
| 鉴定名称 | 粉细晶白云岩 |
| 野外名称 | 白云岩 | 鉴定人 | |
| 鉴定日期 | 2022 年 5 月 | 检查人 | |
| 备　　注 | |

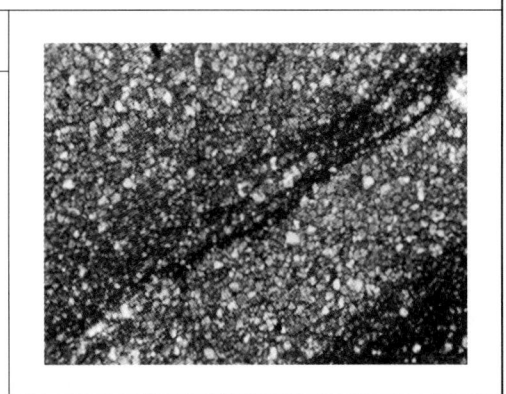

| 送样编号 | XS567 | 产地 | | 图幅号 | |
|---|---|---|---|---|---|
| 岩石结构 | 泥晶粒屑结构 | | | | |
| 岩石构造 | 块状构造 | | | | |

成分特征及其变化：岩石由生屑、残余砂屑、藻球粒、鲕粒、方解石组成。

生屑：可见三叶虫、棘皮类等，大小一般 0.1—1.25mm 不等，零散分布于岩石中，被方解石充填。

残余砂屑：呈椭圆形、近圆形，直径一般 0.1—1mm 不等，零散分布，由于重结晶作用，仅残留影子状外形。

藻球粒：呈次圆状至圆状，不均匀分布，为蓝绿藻黏结周围泥灰形成，无任何内部结构，大小一般 0.1—0.2mm，组成矿物为方解石。

鲕粒：圆形，不均匀分布，粒度一般 0.1—0.2mm，局部重结晶，仅残留影子状外形。

方解石：呈它形粒状，粒径为<0.004mm 的泥晶，颗粒间镶嵌状接触，由于局部重结晶，粒度加大，具轻微白云石化。

岩石内可见白云石零星交代岩石；岩石内可见后期方解石充填裂隙。

主要成分和次要成分（%）：

生屑　　　15%±
残余砂屑　15%—20%
藻球粒　　10%±
鲕粒　　　10%±
方解石　　45%—50%

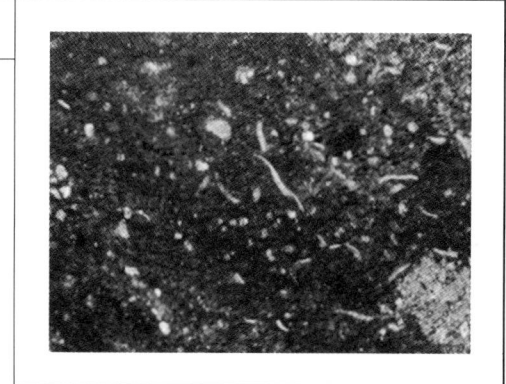

泥晶粒屑结构（−）10×4

| 副矿物 | 不透明矿物 | |
|---|---|---|
| 次生矿物 | 白云石 | |
| 标本特征 | 岩石呈灰色，块状构造。 | |
| 鉴定名称 | 泥晶粒屑灰岩 | |
| 野外名称 | 灰岩 | 鉴定人 |
| 鉴定日期 | 2022 年 5 月 | 检查人 |
| 备　注 | | |

| 送样编号 | XS230 | 产地 | | 图幅号 | |
|---|---|---|---|---|---|
| 岩石结构 | 泥晶粒屑结构 ||||||
| 岩石构造 | 块状构造 ||||||

成分特征及其变化：岩石由砂屑、生屑、鲕粒、方解石、及少量亮晶胶结物组成。

砂屑：呈椭圆状、次圆状，大小一般 0.1—0.5mm 的砂级内碎屑，杂乱分布，组成矿物为泥晶方解石，局部可见重结晶，粒径加大，残留影子状外形。

生屑：可见三叶虫、有孔虫等，大小一般为 0.1—5mm 不等，零散分布，充填矿物为方解石。

鲕粒：圆形，不均匀分布，粒度一般 0.1—0.2mm，局部重结晶，部分残留同心圆状，或重结晶呈多晶鲕。

泥晶方解石：呈它形粒状，粒径<0.004mm，颗粒间呈镶嵌状分布，填隙状分布于颗粒间，局部可见重结晶，使粒度加大。

亮晶胶结物：为亮晶方解石，呈它形粒状，粒径一般 0.01—0.05mm，填隙分布于颗粒间，胶结颗粒。

岩石内可见白云石零散状交代岩石

主要成分和次要成分（%）：

砂屑　　30%±
生屑　　20%±
鲕粒　　10%±
方解石　　40%±
亮晶胶结物　少

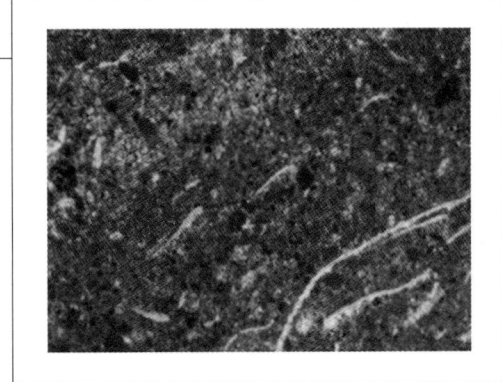

泥晶粒屑结构（−）10×4

| 副矿物 | 不透明矿物 ||
|---|---|---|
| 次生矿物 | 白云石 ||
| 标本特征 | 岩石呈浅灰色，块状构造。 ||
| 鉴定名称 | 泥晶粒屑灰岩 ||
| 野外名称 | 灰岩 | 鉴定人 |
| 鉴定日期 | 2022年5月 | 检查人 |
| 备注 | ||

| 送样编号 | XS692 | 产地 | | 图幅号 | |
|---|---|---|---|---|---|
| 岩石结构 | 泥粉晶结构 ||||||
| 岩石构造 | 块状构造 ||||||

成分特征及其变化：岩石由方解石、生屑、砂屑组成。

方解石：呈它形粒状，粒径一般 0.004—0.06mm 的粉晶，少数为<0.004mm 的泥晶，颗粒间呈镶嵌状接触，略显重结晶，为构成岩石的主体矿物。

生屑：可见三叶虫等，大小一般 0.2—4.5mm 不等，零散分布，充填矿物为方解石。

砂屑：呈次圆状、椭圆状，大小一般 0.05—0.2mm，零星分布，组成矿物为泥晶方解石。

岩石内可见有机质、方解石沿裂隙充填。

| 主要成分和次要成分（%）： | |
|---|---|
| 方解石  100%—<br>生屑  少<br>砂屑  少 | 泥粉晶结构（−）10×4 |

| 副矿物 | 不透明矿物 ||
|---|---|---|
| 次生矿物 | 有机质、次生方解石 ||
| 标本特征 | 岩石呈灰色，块状构造。 ||
| 鉴定名称 | 泥粉晶灰岩 ||
| 野外名称 | 灰岩 | 鉴定人 |
| 鉴定日期 | 2022 年 5 月 | 检查人 |
| 备  注 | ||

| 送样编号 | QT234 | 产　地 | | 图幅号 | |
|---|---|---|---|---|---|
| 岩石结构 | 细粒砂状结构 | | | | |
| 岩石构造 | 块状构造 | | | | |

成分特征及其变化：岩石由陆源砂、填隙物组成。

陆源砂：由石英、长石、岩屑组成，呈次棱角状、次圆状，大小一般为 0.06—0.25mm 不等，杂乱分布，磨圆中等，分选性较好。石英主为单晶石英，少见硅质岩碎屑，单晶石英粒内具不同程度的波状消光现象，部分颗粒边缘可见次生加大现象；长石主为斜长石、少数为钾长石，斜长石粒内发育聚片双晶，表面具轻微绢云母化、高岭土化，钾长石呈微斜长石，具轻微高岭土化；岩屑成分主为粘土岩、碳酸盐岩、少数可见片状白云母、黑云母，零星分布，少数黑云母具轻微褐铁矿化。

填隙物：由粘土质杂基、硅质胶结物、铁质胶结物组成，岩石属于颗粒支撑，接触式胶结。粘土质由隐晶状—微鳞片状粘土矿物组成，少数可见转变为鳞片状绢云母，片径<0.02mm，绕陆源砂边缘分布；硅质胶结物已重结晶成石英的次生加大边；铁质胶结物呈隐晶状集合体，集合体呈线纹状、微粒状，分布于陆源砂边缘。

岩石内可见由碳酸盐充填的裂隙。

| 主要成分和次要成分（%）：<br><br>陆源砂：石英　　50%±<br>长石　　25%+<br>岩屑　　20%±<br>填隙物：粘土质杂基<br>硅质胶结物 5%-<br>铁质胶结物 | 细粒砂状结构（+）10×4 |
|---|---|
| 副矿物 | 不透明矿物、锆石、磷灰石、电气石 |
| 次生矿物 | 绢云母、高岭土、褐铁矿 |
| 标本特征 | 岩石呈灰褐色，块状构造。 |
| 鉴定名称 | 细粒岩屑长石砂岩 |
| 野外名称 | 细砂岩 | 鉴定人 | |
| 鉴定日期 | 2022 年 5 月 | 检查人 | |
| 备　　注 | |

| 送样编号 | QT012 | 产地 |  | 图幅号 |  |
|---|---|---|---|---|---|
| 岩石结构 | 微鳞片状结构 | | | | |
| 岩石构造 | 块状构造 | | | | |

| 成分特征及其变化：岩石由硬水铝石、水铝氧石?、铁质、粘土质组成。 |
|---|
| 硬水铝石：主呈显微鳞片状—鳞片状、雏晶状、少数细小粒状，粒径一般<0.01mm，少数 0.01—0.05mm，多数颗粒均匀分布，略显方向性排列，仅少量颗粒集合体呈团块状，团块大小 0.2—2mm 不等，零星分布，显方向性排列。 |
| 水铝氧石?：呈纤状、隐晶状，多数与少量硬水铝石的集合体呈团块状，团块大小为 0.2—3mm 不等，显方向性排列，少数集合体填隙分布于硬水铝石间，是否为水铝氧石镜下无法准确确定，请结合其他手段。 |
| 铁质：呈黑褐色隐晶状、尘点状，集合体多呈条纹状、线纹状、团状等聚集，显方向性排列，有的线纹状集合体绕铝质团块分布，有的尘点状与硬水铝石混杂。 |
| 粘土质：由隐晶—显微鳞片状粘土矿物组成，与铁质混杂分布。 |
| 铁质的线纹定向、与铝土矿集合体的相间分布呈现出岩石具有轻微的纹层状构造。 |

| 主要成分和次要成分（%）： | |
|---|---|
| 硬水铝石　　90%±<br>水铝氧石?　　5%+<br>铁　质　　　5%-<br>粘土质　　　少 | 微鳞片状结构（+）10×4 |

| 副矿物 | 不透明矿物 | | |
|---|---|---|---|
| 次生矿物 | | | |
| 标本特征 | 岩石呈深灰色，块状构造。 | | |
| 鉴定名称 | 硬铝石铝质岩 | | |
| 野外名称 | 硬铝石铝质岩 | 鉴定人 | |
| 鉴定日期 | 2022 年 5 月 | 检查人 | |
| 备　注 | | | |

| 送样编号 | QT254 | 产地 | | 图幅号 | |
|---|---|---|---|---|---|
| 岩石结构 | 嵌晶含长结构 ||||||
| 岩石构造 | 块状构造 ||||||

成分特征及其变化：岩石由斜长石、角闪石组成。

斜长石：呈半自形板状、板条状，粒径一般 0.2—2mm 不等，少见 2—2.5mm 不等，格架状分布，部分板条状斜长石嵌布在角闪石边缘，构成嵌晶含长结构，斜长石粒内发育聚片双晶，少数隐约可见环带结构，具钠长石化、绿帘石化、轻微粘土化。

角闪石：呈柱状、少数呈半自形柱状，粒径一般为 0.2—1.75mm 不等，杂乱分布，部分分布于斜长石格架中，部分边缘嵌布板条状斜长石，普遍具次闪石化，局部具碳酸盐化。

主要成分和次要成分（%）：

斜长石　15%±
角闪石　85%±

嵌晶含长结构（+）10×2

| 副矿物 | 不透明矿物、含钛矿物、磷灰石 |
|---|---|
| 次生矿物 | （钠长石、次闪石、碳酸盐、绿帘石、粘土）20% |
| 标本特征 | 岩石呈灰绿色，块状构造。 |
| 鉴定名称 | 蚀变辉绿岩 |
| 野外名称 | 辉绿岩 | 鉴定人 | |
| 鉴定日期 | 2022 年 6 月 | 检查人 | |
| 备　注 | |

| 送样编号 | QT067 | 产地 | | 图幅号 | |
|---|---|---|---|---|---|
| 岩石结构 | 细粒半自形粒状结构 ||||||
| 岩石构造 | 块状构造 ||||||

　　成分特征及其变化：岩石由斜长石、角闪石组成。
　　斜长石：呈半自形板状、板条状，粒径一般 0.2—1.5mm 不等，格架状分布，部分板条状斜长石嵌布在角闪石边缘，构成嵌晶含长结构，斜长石粒内隐约可见聚片双晶，具帘石化、葡萄石化、绿泥石化、轻微粘土化。
　　角闪石：呈柱状、长柱状、少数呈半自形柱状，粒径一般为 0.2—0.75mm 不等，星散分布，部分分布于斜长石格架中，少数边缘嵌布板条状斜长石，具次闪石化、绿泥石化，局部具碳酸盐化，部分呈假象。

| 主要成分和次要成分（%）： | |
|---|---|
| 斜长石　70%±<br>角闪石　30%± | 细粒半自形粒状结构（+）10×4 |
| 副矿物 | 不透明矿物、磷灰石 |
| 次生矿物 | （绿泥石、葡萄石、帘石、次闪石、碳酸盐、粘土）25% |
| 标本特征 | 岩石呈灰绿色，块状构造，表面可见钙质结壳。 |
| 鉴定名称 | 蚀变辉绿岩 |
| 野外名称 | 铁英岩 | 鉴定人 | |
| 鉴定日期 | 2022 年 6 月 | 检查人 | |
| 备　　注 | |

| 送样编号 | QT281 | 产地 | | 图幅号 | |
|---|---|---|---|---|---|
| 岩石结构 | 变余细粒砂状结构 ||||| 
| 岩石构造 | 纹层状构造 |||||

　　成分特征及其变化：岩石由变余陆源砂、新生矿物组成。
　　变余陆源砂：由石英、长石组成，粒径主要为 0.06—0.25mm 不等的细砂，少数可见 0.25—0.5mm 不等的中砂，主呈次棱角状、棱角状，略显方向性排列，磨圆较差，分选性一般。石英主为单晶石英，少见多晶石英，石英粒内具轻微波状消光现象；长石可见斜长石、钾长石，斜长石粒内可见聚片双晶，具高岭土化、轻微绢云母化，钾长石为微斜长石，具轻微高岭土化。
　　新生矿物：由透辉石、绿帘石、阳起石组成。透辉石呈细柱状、微粒状、放射状，粒径<0.1mm，集合体呈填隙状、细纹状分布在砂粒间，部分集合体外形呈次棱角状；绿帘石呈它形粒状、少数呈柱状，粒径一般<0.4mm，填隙分布于砂粒间；阳起石呈纤状，粒径<0.1mm，填隙分布于砂粒间。新生矿物集合体有的呈次棱角状、次圆状外形，是否为交代岩屑产物已无法分辨。
　　岩石内可见由粘土质充填的裂隙。
　　岩石的纹层是新生矿物的各自相对集中体现出的。

| 主要成分和次要成分（%）：<br><br>变余陆源砂：石英　45%±<br>长石　35%±<br>新生矿物：透辉石　10%±<br>绿帘石　5%±<br>阳起石　5%± | 变余细粒砂状结构（+）10×4 |
|---|---|

| 副矿物 | 不透明矿物、锆石、金红石等 ||
|---|---|---|
| 次生矿物 | 绢云母、高岭土 ||
| 标本特征 | 岩石呈灰绿色，纹层状构造。 ||
| 鉴定名称 | 角岩化细粒长石砂岩 ||
| 野外名称 | 细砂岩 | 鉴定人 | |
| 鉴定日期 | 2022 年 6 月 | 检查人 | |
| 备　注 | |||

| 送样编号 | XS333 | 产地 | | 图幅号 | |
|---|---|---|---|---|---|
| 岩石结构 | 微粒状结构 ||||||
| 岩石构造 | 块状构造 ||||||

成分特征及其变化：岩石由硬水铝石、水铝氧石?、铁质组成。

硬水铝石：主呈微粒状，少数呈显微鳞片状—鳞片状，半自形柱状，粒径一般<0.05mm，少数0.05—0.1mm，在岩石中均匀分布，略显方向性排列，少数相对聚集呈团块状，定向分布，团块直径一般0.2—6mm不等。

水铝氧石?：呈纤维状、隐晶状，集合体填隙分布于硬水铝石间，少数与硬水铝石构成团块，是否为水铝氧石镜下无法准确确定，请结合其他手段。

铁质：呈黑褐色隐晶状、尘点状，集合体多呈条纹状、线纹状等聚集，显方向性排列。

| 主要成分和次要成分（%）： | |
|---|---|
| 硬水铝石　　95%±<br>水铝氧石?　　5%-<br>铁　质　　少 | 微粒状结构（+）10×4 |

| 副矿物 | 不透明矿物 |||
|---|---|---|---|
| 次生矿物 ||||
| 标本特征 | 岩石呈深灰色，块状构造。 |||
| 鉴定名称 | 硬铝石铝质岩 |||
| 野外名称 | 硬铝石铝质岩 | 鉴定人 | |
| 鉴定日期 | 2022年6月 | 检查人 | |
| 备　　注 ||||

| 送样编号 | XS486 | 产地 | | 图幅号 | |
|---|---|---|---|---|---|
| 岩石结构 | 变余粉砂质细粒砂状结构 ||||||
| 岩石构造 | 似斑点状构造 ||||||

成分特征及其变化：岩石由变余陆源碎屑、云母、堇青石组成。

变余陆源碎屑：由石英组成，大小一般为 0.06—0.15mm 的细砂，少数为 0.004—0.06mm 的粉砂，星散分布，多呈棱角状、次棱角状，石英表面干净，粒内具轻微波状消光现象。

云母：主为绢云母，少数为白云母，呈鳞片状、片状，片径一般<0.02mm，少数 0.02—0.1mm，零散分布，推测绢云母为粘土质杂基变质新生矿物，白云母部分为原岩残留白云母碎屑，部分为黑云母蚀变产物。

堇青石：主呈近圆状，个别可见近半自形板状，粒径一般 0.05—0.2mm 不等，不均匀分布，部分集合体呈似斑点状构造，少数与绢云母在一起构成似条纹状，定向分布，为岩石角岩化新生矿物。

岩石可见被褐铁矿不均匀交代。

主要成分和次要成分（%）：

变余陆源砂　　15%—20%
变余陆源粉砂　1%—5%
云母　　　　　15%±
堇青石　　　　65%±

变余粉砂质细粒砂状结构（+）10×4

| 副矿物 | 不透明矿物 | | |
|---|---|---|---|
| 次生矿物 | | | |
| 标本特征 | 岩石新鲜面呈灰色，似斑点状构造。 | | |
| 鉴定名称 | 堇青角岩化粉砂质细砂岩 | | |
| 野外名称 | 中粒石英砂岩 | 鉴定人 | |
| 鉴定日期 | 2022 年 6 月 | 检查人 | |
| 备　　注 | | | |

| 送样编号 | XS453 | 产地 | | 图幅号 | |
|---|---|---|---|---|---|
| 岩石结构 | 细粉晶结构 ||||||
| 岩石构造 | 纹层状构造 ||||||

成分特征及其变化：岩石由白云石、粘土质组成。

白云石：呈半自形菱形状，少数呈它形粒状，粒径一般 0.004—0.06mm 的粉晶，少数为 0.06—0.15mm 的细晶，各粒级间各自相对聚集分布，构成纹层状构造，具褐铁矿化，部分细粒白岩石与粘土质混杂。

粘土质：由隐晶状—微鳞片状粘土矿物构成，片径<0.004mm，少数转变成微鳞片状绢云母，片径<0.01mm，与细粒白云石混杂。

岩石中可见铁质集合体呈线纹状与细粒白云石、粘土质混杂，定向分布。

岩石中的纹层状构造是由白云石的粒度、粘土质、铁质分布情况的差异性表面显现出来的。

主要成分和次要成分（%）：

白云石  95%+
粘土质  5%-

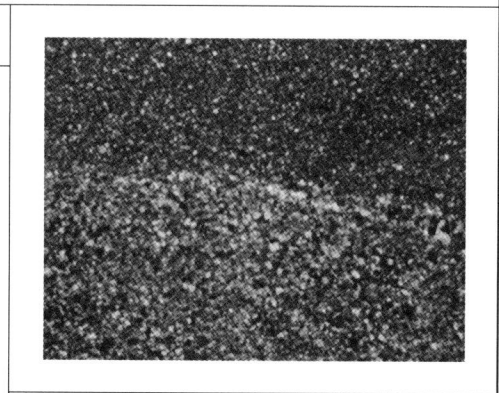

细粉晶结构（+） 10×2

| 副矿物 | 不透明矿物 | |
|---|---|---|
| 次生矿物 | 褐铁矿 | |
| 标本特征 | 岩石呈灰色，纹层状构造。 | |
| 鉴定名称 | 粉细晶白云岩 | |
| 野外名称 | 白云岩 | 鉴定人 |
| 鉴定日期 | 2022 年 6 月 | 检查人 |
| 备　注 | | |

| 送样编号 | XS252 | 产地 | | 图幅号 | |
|---|---|---|---|---|---|
| 岩石结构 | 变余粉砂状结构 ||||||
| 岩石构造 | 斑点状构造 ||||||

成分特征及其变化：岩石由变余陆源碎屑、云母、透闪石、绿帘石组成。

变余陆源碎屑：由石英组成，大小一般为 0.004—0.06mm 的粉砂，个别为 0.06—0.1mm 的细砂，星散分布，显方向性排列，多呈棱角状、次棱角状，石英表面干净，粒内具轻微波状消光现象。

云母：主要为绢云母，少数为白云母、黑云母，呈鳞片状、片状，片径一般<0.02mm，少数 0.02—0.1mm，定向分布。

透闪石：呈纤状，它形粒状，粒径一般<0.1mm，零散分布，显方向性排列。

绿帘石：呈它形粒状，粒径<0.1mm，集合体构成斑点状构造，构成的斑点具定向特征。

云母、透闪石、绿帘石均为岩石变质新生矿物。

| 主要成分和次要成分（%）： | |
|---|---|
| 变余陆源粉砂 15%—20%<br>变余陆源砂 1%—5%<br>云母 35%±<br>透闪石 25%±<br>绿帘石 20%± | 变余粉砂状结构（+）10×4 |

| 副矿物 | 不透明矿物 | | |
|---|---|---|---|
| 次生矿物 | | | |
| 标本特征 | 岩石呈深灰色，斑点状构造。 | | |
| 鉴定名称 | 角岩化粉砂岩 | | |
| 野外名称 | 斜长角闪岩 | 鉴定人 | |
| 鉴定日期 | 2022 年 6 月 | 检查人 | |
| 备 注 | | | |

| 送样编号 | XS006 | 产地 |  | 图幅号 |  |
|---|---|---|---|---|---|
| 岩石结构 | 亮晶鲕粒结构 | | | | |
| 岩石构造 | 块状构造 | | | | |

成分特征及其变化：岩石由鲕粒、亮晶方解石、陆源碎屑组成。

鲕粒：主呈圆状，部分由于核部为生屑、内碎屑，外形呈椭圆形，大小一般0.2—2mm不等，核部可见海百合等，杂乱分布，组成矿物为方解石，主为同心鲕、放射鲕，个别可见变形鲕，少数重结晶边缘不清晰，部分被铁质交代。

亮晶方解石：主呈它形粒状，少数呈栉壳状垂直鲕粒边部生长，粒度0.02—1mm，粒间镶嵌状填隙于上述颗粒间。

陆源碎屑：可见石英、及少量白云母碎屑，大小一般0.06—0.1mm的细砂，少数0.004—0.06mm的粉砂，呈棱角状、次棱角状，零星分布。

岩石内可见由铁质充填的裂隙。

| 主要成分和次要成分（%）： | |
|---|---|
| 鲕粒　　　　80%±<br>亮晶方解石　15%+<br>陆源砂　　　5%+<br>陆源粉砂 | 鲕粒亮晶结构（−）10×2 |

| 副矿物 | 不透明矿物 |
|---|---|
| 次生矿物 | 铁质 |
| 标本特征 | 岩石呈浅灰色，块状构造。 |
| 鉴定名称 | 亮晶鲕粒灰岩 |
| 野外名称 | 中粒石英砂岩 | 鉴定人 | |
| 鉴定日期 | 2022年6月 | 检查人 | |
| 备　　注 | | | |
| 以下空白 | | | |

# 参考文献

安徽省文物考古研究所编著：《天长三角圩墓地》，科学出版社 2013 年版。

安志敏：《石器略说》，《考古通讯》1955 年第 5 期。

安志敏：《中国古代的石刀》，《考古学报》1955 年第 10 期。

北京大学震旦古代研究中心、郑州市文物考古研究院编著：《新密新砦——1999—2000 年田野考古发掘报告》，文物出版社 2008 年版。

蔡述亮：《对石器微痕分析的几点思考》，《四川文物》2011 年第 5 期。

陈虹、刘吉颖、汪俊：《从原料角度探讨中国磨制石器出现及发展的动因》，《考古》2017 年第 10 期。

陈虹、沈辰：《石器研究中"操作链"的概念、内涵及应用》，《人类学学报》2009 年第 2 期。

陈虹、孙明利、唐锦琼：《苏州五峰北遗址磨制石器的"操作链"及"生命史"研究》，《考古》2020 年第 11 期。

陈胜前、杨宽、董哲、陈慧、王立新：《大山前遗址夏家店下层文化石铲的功能研究》，《考古》2013 年第 6 期。

陈文华：《试论我国农具史上的几个问题》，《考古学报》1981 年第 4 期。

陈星灿：《从灰嘴发掘看中国早期国家的石器工业》，载中国社会科学院考古研究所、瑞典国家遗产委员会考古研究所编《中国考古学与瑞典考古学：第一届中瑞考古学论坛文集》，科学出版社 2006 年版。

陈星灿：《中国史前考古学史研究（1895—1949）》，生活·读书·新知三联书店 1997 年版。

崔启龙：《河南舞阳贾湖遗址石制品研究》，博士学位论文，中国科学技术大学，2018 年。

崔启龙、张居中、杨玉璋、孙亚男：《河南舞阳贾湖遗址出土石器的微痕分析》，《人类学学报》2017 年第 4 期。

崔天兴：《河南新郑唐户遗址出土石器的初步研究结项报告》，郑州大学，2018 年。

崔天兴：《石器微痕分析中的印模材料及技术》，《中国文物报》2017 年 8 月 25 日第 7 版。

崔天兴、张建：《磨制（玉）石器定孔工艺的实验考古研究》，《华夏考古》2017 年第 4 期。

戴向明：《陶器生产、聚落形态与社会变迁——新石器至早期青铜时代的垣曲盆地》，文物出版社 2010 年版。

范志文：《仰韶文化时期的农业工具——锄耕农业工具的演变和应用》，《中国农史》1988 年第 3 期。

方梦霞、陈虹：《淀粉粒分析在石制品功能研究中的应用与思考》，《草原文物》2015 年第 2 期。

傅宪国：《试论中国新石器时代的石钺》，《考古》1985 年第 9 期。

傅正初：《成都方池街蜀文化遗址出土石器的微痕研究》，载四川大学博物馆、中国古代铜鼓研究学会编《南方民族考古（第五辑）》，四川科学技术出版社 1993 年版。

盖培：《阳原石核的动态类型学研究及其工艺思想分析》，《人类学学报》1984 年第 3 期。

高鹏杰：《藤花落遗址出土磨制石器研究（上）》，博士学位论文，南京大学，2018 年。

高星、沈辰主编：《石器微痕分析的考古学实验研究》，科学出版社 2008 年版。

郭晓晖：《型式学之外——磨制石器的研究应当加强》，《农业考古》1996 年第 3 期。

国家文物局考古领队培训班：《郑州西山仰韶时代城址的发掘》，《文物》1999 年第 7 期。

河南省地质矿产局：《河南省区域地质志》，地质出版社 1989 年版。

河南省文物管理局编：《黄河小浪底水库考古报告（二）》，中州古籍出版社 2006 年版。

河南省文物考古研究所编著：《舞阳贾湖》（下卷），科学出版社 1999 年版。

河南省文物考古研究院：《郑州西山仰韶时代城址发掘报告》，待版。

侯亚梅：《石制品微磨痕分析的实验性研究》，《人类学学报》1992 年第 3 期。

黄建秋：《国外磨制石斧石锛研究述评》，《东南文化》2010 年第 2 期。

黄可佳：《国内磨制石器的研究方法和现状分析》，《文物春秋》2015 年第 1 期。

黄可佳：《磨制石器的量化分类方法初探——以中锋端刃器的分类为例》，载山东大学文化遗产研究院编《东方考古》（第 13 集），科学出版社 2016 年版。

贾昌明：《论磨制石器工业的资源问题》，《南方文物》2013 年第 2 期。

贾昌明：《磨制石器及相关石制品的表面形态与绘图》，《南方文物》2012年第4期。

焦天龙：《波利尼西亚考古学中的石锛研究》，《考古》2003年第1期。

靳松安：《河洛与海岱地区考古学文化的交流与融合》，博士学位论文，郑州大学，2005年。

靳松安、张建：《从郑州地区仰韶文化聚落看中国早期城市起源》，《郑州大学学报》（哲学社会科学版）2015年第2期。

开封地区文物管理委员会：《河南开封地区新石器时代遗址调查简报》，《考古》1979年第3期。

来茵：《舞阳贾湖遗址生产工具分期研究》，硕士学位论文，中国科学技术大学，2009年。

来茵、张居中、尹若春：《舞阳贾湖遗址生产工具及其所反映的经济形态分析》，《中原文物》2009年第2期。

李伯谦：《中国古代文明演进的两种模式——红山、良渚、仰韶大墓随葬玉器观察随想》，《文物》2009年第3期。

李峰著：《西周的灭亡》，徐峰译，汤惠生校，上海古籍出版社2007年版。

李海祥、赵传湘、林海慧：《新石器时代石环加工初探》，《文物春秋》2010年第2期。

李恒贤：《我省出土的古农具定名初探》，《江西历史文物》1981年第4期。

李济：《远古石器浅说》，"中央博物馆"筹备处第一次专题展览会论文，1943年。

李鑫、李德方：《孟津新发现的仰韶文化大石刨考识》，《中原文物》2010年第5期。

李艳红、张居中：《浅析新石器时代生产工具中的"仪式用斧"问题——兼论生产工具功能的分化》，《东南文化》2009年第2期。

李仰松：《中国原始社会生产工具试探》，《考古》1980年第6期。

李英华、包爱丽、侯亚梅：《石器研究的新视角：技术—功能分析法——以观音洞遗址为例》，《考古》2011年第9期。

李永强：《环玦类石制品扩孔工艺的实验考古研究》，《东南文化》2015年第6期。

李永强、陈星灿、刘莉：《河南偃师市灰嘴遗址2006年发掘简报》，《考古》2010年第4期。

李喆：《试论我国新石器时代渭水流域的石刀》，硕士学位论文，西北大学，2011年。

林惠祥：《石器概说》，《厦门大学学报》1932年第2期。

临汝县文化馆：《临汝阎村新石器时代遗址调查》，《中原文物》1981年第1期。

刘莉、[美]Maureece J. Levin、陈星灿、李永强：《河南偃师灰嘴遗址新石器时代和二里头文化时期工具残留物及微痕分析》，《中原文物》2018年第6期。

刘壮已：《中国古代的石耙》，《农业考古》1991年第1期。

吕红亮：《香港新石器时代斧、锛生产系统的重建：以西贡沙下遗址为例》，《华夏考古》2007年第4期。

罗二虎：《中国古代系绳石刀研究》，载文庆柱主编《考古学集刊》（14集），文物出版社2004年版。

罗二虎、李飞：《论古代系绳石刀的功能》，载北京大学考古文博学院、北京大学中国考古学研究中心编《考古学研究》（十），科学出版社2012年版。

南京博物院：《江苏海安青墩遗址》，《考古学报》1983年第2期。

钱耀鹏：《略论磨制石器的起源及其基本类型》，《考古》2004年第12期。

钱耀鹏：《中国古代斧钺制度的初步研究》，《考古学报》2009年第1期。

钱益汇：《济南大辛庄遗址出土商代石器的生产与使用研究》，博士学位论文，山东大学，2005年。

钱益汇：《磨制石器类型学的分类原则与术语界定——以大辛庄商代石器为例》，《考古与文物》2010年第1期。

青海省文物管理处考古队、中国社会科学院考古研究所：《青海柳湾》（上），文物出版社1984年版。

任文勋：《郑州地区仰韶中晚期石器工业研究——以双槐树遗址和西山遗址为例》，博士学位论文，中国科学院大学，2021年。

任文勋、吴超明、李升韬、宋国定、顾万发：《郑州地区仰韶时期石环的初步研究——以郑州双槐树遗址和西山城址出土石环为例》，《南方文物》2021年第5期。

任文勋、吴超明、吴倩、戴建增、宋国定、顾万发：《郑州仰韶时期石纺轮的类型与加工技术》，《人类学学报》2022年第6期。

桑隆康、马昌前主编：《岩石学》，地质出版社2012年版。

沈辰：《山东旧石器晚期石器工业传统的多样性与复杂性——类型学研究》，载山东大学东方考古研究中心编《东方考古》（第1集），科学出版社2004年版。

沈辰、陈淳：《微痕研究（低倍法）的探索与实践》，《考古》2001年第7期。

宋兆麟：《我国的原始农具》，《农业考古》1986年第1期。

苏秉琦、殷玮璋：《关于考古学文化的区系类型问题》，《文物》1981年第5期。

孙国平等：《中国海洋文化八千年的见证——浙江宁波余姚井头山遗址》，"文博中国"公众号2021年3月31日。

孙建、刘俊男：《微痕分析在考古研究中应注意的问题——以昆山遗址出土犁形石器的微痕分析为例》，《四川文物》2015年第6期。

唐桂桃：《河南巩义花地嘴遗址出土石刀表面植物微体遗存分析》，硕士学位论文，厦门大学，2018 年。

佟柱臣：《黄河中下游新石器时代工具的研究》，载佟柱臣著《中国东北地区和新石器时代考古论集》，文物出版社 1989 年版。

佟柱臣：《仰韶、龙山工具的工艺研究》，《文物》1978 年第 11 期。

佟柱臣：《仰韶、龙山文化的工具使用痕迹和力学上的研究》，《考古》1982 年第 6 期。

佟柱臣：《中国新石器时代复合工具的研究》，载佟柱臣著《中国东北地区和新石器时代考古论集》，文物出版社 1989 年版。

佟柱臣：《中国新石器研究》，巴蜀书社 1998 年版。

童恩正：《石器的微痕研究》，《史前研究》1983 年第 2 期。

汪宁生：《试释几种石器的用途——民族考古学研究之一例》，载田昌五、石兴邦主编《中国原始文化论集》，文物出版社 1989 年版。

王吉怀：《史前遗存中生产工具与建筑工具的比较研究》，《考古与文物》2000 年第 6 期。

王吉怀：《试论新石器时代的镰和刀》，《农业考古》1988 年第 2 期。

王吉怀：《凸形石器考》，《农业考古》1995 年第 3 期。

王强、王青、李明启：《河南博爱西金城遗址石器及陶器上残存淀粉粒反映的古人类植食性食谱——四千年前的麦作农业》，《中国农史》2015 年第 5 期。

王仁湘：《关于我国新石器时代双肩石器的几个问题》，载四川大学博物馆、中国古代铜鼓研究学会编《南方民族考古》（第一辑），四川大学出版社 1987 年版。

王小庆：《石器使用痕迹显微观察的研究》，文物出版社 2008 年版。

王幼平：《石器研究：旧石器时代考古方法初探》，北京大学出版社 2006 年版。

魏峻：《中原地区的史前聚落演变与早期文明》，载北京大学中国考古学研究中心编《聚落演变与早期文明》，文物出版社 2015 年版。

吴超明、魏青利、刘亦方、宋国定、顾万发、胡继忠：《试论郑州地区仰韶文化中晚期的石刀类型与技术特征》，《南方文物》2021 年第 5 期。

肖宇：《长江下游史前锛形石器研究》，硕士学位论文，西北大学，2015 年。

肖宇：《史前石锛及其建筑意义考察》，《中国国家博物馆馆刊》2020 年第 1 期。

肖宇：《再论石锛的安柄与使用——从出土带柄石锛谈起》，《农业考古》2016 年第 4 期。

肖宇、钱耀鹏：《中国史前石锛研究述评》，《南方文物》2015 年第 2 期。

谢礼晔：《二里头遗址石斧和石刀的微痕分析》，载中国社会科学院考古研究所编《中国早期青铜文化——二里头文化专题研究》，科学出版社 2008 年版。

谢礼晔：《微痕分析在磨制石器功能研究中的初步尝试》，《中国文物报》2005年11月25日第7版。

许鹏飞：《钺代表的军权意义的起源与发展》，《考古》2018年第1期。

严文明：《〈鹳鱼石斧图〉跋》，《文物》1981年第12期。

严文明：《农业考古与现代考古学》，《农业考古》1984年第2期。

严文明：《仰韶文化研究》，文物出版社2009年版。

阎毓民：《仰韶文化生产工具研究现状》，《史前研究》2002年。

杨凡、顾万发、靳桂云：《河南郑州汪沟遗址炭化植物遗存分析》，《中国农史》2020年第2期。

杨鸿勋：《石斧石楔辨——兼及石锛与石扁铲》，《考古与文物》1982年第1期。

杨宽、陈胜前、刘郭韬：《内蒙古林西白音长汗遗址出土兴隆洼文化石铲的功能研究》，载教育部人文社会科学重点研究基地、吉林大学边疆考古研究中心、边疆考古与中国文化认同协同创新中心编《边疆考古研究》（第17辑），科学出版社2015年版。

杨蕤：《渭河流域史前石斧的初步研究》，《华夏考古》2008年第3期。

杨生民：《中国新石器时代的石犁试探》，《首都师范大学学报》（社会科学版）1996年第1期。

杨肇清：《河南舞阳贾湖遗址生产工具的初步研究》，《农业考古》1998年第1期。

杨肇清：《试析锯齿石镰》，《中原文物》1981年第2期。

曾骐：《我国新石器时代的生产工具综述》，《考古与文物》1985年第5期。

翟少冬：《浅谈石料对石器微痕形态的影响》，《南方文物》2018年第3期。

张弛：《新石器时代石器的研究》，载严文明编《中国考古学研究的世纪回顾·新石器时代考古卷》，科学出版社2008年版。

张森水：《述评〈石器使用的试验鉴定——微磨损分析〉一书》，《人类学报》1986年第4期。

张言：《石器微痕分析研究的回顾与前瞻》，硕士学位论文，吉林大学，2016年。

赵碧玉：《江苏连云港藤花落遗址出土石锛研究》，硕士学位论文，南京大学，2017年。

赵春青：《郑洛地区新石器时代聚落的演变》，北京大学出版社2001年版。

赵辉：《"古国时代"》，《华夏考古》2020年第6期。

赵键：《沟湾遗址出土石器的淀粉粒残留物分析》，硕士学位论文，郑州大学，2018年。

浙江省文物考古研究所：《河姆渡》，文物出版社2003年版。

郑州地区仰韶文化中晚期石器工业与社会复杂化课题组：《"郑州地区仰韶文化中晚期的石器工业与社会复杂化"课题第二阶段成果报告》，中国科学院大学，2020年。

郑州市文物工作队：《青台仰韶文化遗址1981年上半年发掘简报》，《中原文物》1987年第1期。

郑州市文物考古研究所编著：《郑州大河村》，科学出版社2001年版。

郑州市文物考古研究院：《河南巩义市双槐树新石器时代遗址》，《考古》2021年第7期。

郑州市文物考古研究院：《郑州市西史赵村仰韶文化遗址发掘简报》，《考古》2014年第4期。

郑州市文物考古研究院、大河村遗址博物馆、中国丝绸博物馆：《2019年郑州大河村遗址勘探和考古发掘情况汇报》，郑州市文物考古研究院内部资料2019年。

中国科学院考古研究所、陕西省西安半坡博物馆编：《西安半坡——原始氏族公社聚落遗址》，文物出版社1988年版。

中国社会科学院考古研究所编著：《中国考古学·新石器时代卷》，中国社会科学出版社2010年版。

中国社会科学院考古研究所河南第一工作队：《2002—2003年河南偃师灰嘴遗址的发掘》，《考古学报》2010年第3期。

中国社会科学院考古研究所湖北工作队：《湖北黄梅陆墩新石器时代墓葬》，《考古》1991年第6期。

中美联合考古队：《两城镇——1998—2001年发掘报告》，文物出版社2016年版。

钟华：《中原地区仰韶中期到龙山时期植物考古学研究》，博士学位论文，中国社会科学院研究生院，2016年。

钟华、李新伟、王炜林、杨利平、赵志军：《中原地区庙底沟时期农业生产模式初探》，《第四纪研究》2020年第2期。

周昕：《原始农具斧、锛、凿及其属性的变化》，《农业考古》2004年第3期。

周振宇：《中国石器实验考古研究概述》，《考古》2020年第6期。

朱晓东：《赵宝沟聚落遗址石器的微痕观察》，载中国社会科学院考古研究所编《敖汉赵宝沟——新石器时代聚落》，中国大百科全书出版社1997年版。

[苏] D.戈尔耶夫著，俊译：《史前时代技术的研究》，《考古》1959年第1期。

[加] Brian Hayden著，陈虹、潘艳译，陈淳校：《从砍砸器到石斧：再修锐技术的演进》，《南方文物》2008年第3期。

[美] 乔治·奥德尔：《破译史前人类的技术与行为：石制品分析》，关莹、陈虹译，生活·读书·新知三联书店2015年版。

[美] 马歇尔·萨林斯：《石器时代经济学》，张经纬、郑少雄、张帆译，生活·读

书·新知三联书店 2009 年版。

［英］约翰·科勒靳著，汪海宁编译：《实验考古学的功能》，《东南文化》1990 年第 1 期。

Adams, J. L., *Ground Stone Analysis：A Technological Approach*, Salt Lake City：University of Utah Press, 2002.

Adams, J. L., "Groundstone from Walpi", *Walpi Archaeological Project*, Phase 2, 4, 1979.

Adams, J. L. Stroud, A., *Ground stone artifacts and ecofacts recovered from Honey Bee Village, AZ BB：9：88（ASM）, Wallace, H. D.（Ed.）*, Life in the Valley of Gold：Archaeological Investigations at Honey Bee Village, a Prehistoric Hohokam Ballcourt Village, Part 1. Anthropological Papers No. 48. Archaeology Southwest, Tucson, Arizona, 2012.

Alana Pengille, et al., "Detecting Exchange Networks in New Britain, Papua New Guinea：Geochemical Comparisons between Axe-adze Blades and in Situ Volcanic Rock Sources", *Archaeology in Oceania*, Vol. 54, 2019.

Antony Borel, et al., "Scanning Electron and Optical Light Microscopy：Two Complementary Approaches for the Understanding and Interpretation of Usewear and Residues on Stone Tools", *Journal of Archaeological Science*, Vol. 48, No. 1, 2014.

Brew, J. O., *Archaeology of Alkali Ridge, Southeastern Utah*, 2nd ed. Papers of the Peabody Museum No. 21, Harvard University, Cambridge, 1974.

Constantinescu, et al., "Obsidian Provenance Studies of Transylvania's Neolithic Tools Using PIXE, Micro-PIXE and XRF", *Nuclear Instruments and Ethods in Physics Research B*, 2002.

Hall, M., Kimura, H., "Quantitative Edxrf studies of obsidian sources in Northern Hokkaido", *Journal of Archaeological Science*, Vol. 29, 2002.

Italo M. Muntoni I M, et al., "Chert Sources and Early to Middle Neolithic Exploitation in the Tavoliere（Northern Apulia, Italy）", *Quaternary International*, *Vol. 2*, 2021.

Jenny L. Adams. Amir Saed Mucheshi, "The persistence of plastering technology：Defining plastering stone as a distinctive handstone category", *Journal of Archaeological Science：report*, Vol. 31, 2020.

Katarzyna Derkowska, et al., "Morphology, Function, Petrography and Provenance of Ground Stonetool Assemblage from Niemczańska, Poland in the Light of Late Bronze Age Lithic Production in the Odra Basin", *Quaternary International*, Vol. 1, 2021.

Katherine Wright, "A Classification System for Ground Stone Tools from the Prehistoric Levant", *Paléorient*, Vol. 18, No. 2, 1992.

Keeley L. H., *Experimental determination of stone tool uses: a microwear analysis*, Chicago: Chicago University Press, 1980.

Kidder, A. V., *The Artifacts of Pecos. Papers of the Southwestern Expedition No. 6*, New Haven: Yale University Press, 1932.

Latorre A M, et al., "Use-wear Analysis of Neolithic Polished Axes and Adzes: The Site of 'Bòbila Madurell-Can Gambús-1.2' (Northeast Iberian Peninsula)", *Quaternary International*, Vol. 427, Part B, 2016.

Leonard V., "Specialized Ground Stone Production in the Casas Grandes Region of Northern Chihuahua, Mexico", *American Antiquity*, Vol. 67, No. 4, 2001.

Liu L., Wang J., Levin M. J., "Usewear and Residue Analyses of Experimental Harvesting Stone Tools for Archaeological Research", *Journal of Archaeological Science Reports*, Vol. 14, 2017.

Odell G. H., *Lithic Analysis. Manuals in Archaeological Method Theory & Technique*, New York: Kluwer Academic/Plenum Publishers, 2004.

Schiffer M. B., "Studying Technological Change: A Behavioral Approach", *European Journal of Archaeology*, 2011.

Schiffer, M., *Rescue excavations at Sarcham site, Darian Dam area, Hawraman, Kurdistan, western Iran*, Tehran: Iranian Centre for Archaeological Research, 2017.

Sillitoe Paul. Stone Versus Steel, *Australian Journal of Anthropology*, Vol. 12, No. 2, 1979.

William Andrefsky, Jr., *Lithics Macroscopic Approaches to analysis*, Cambridge: Cambridge University Press, 2005.

Woodbury, R. B., "Prehistoric Stone Implements of Northeastern Arizona", *Papers of the Peabody Museum of American Archaeology and Ethnology*, Vol. 34, 1954.

# 后　　记

小时候爷爷常说:"滴水之恩当涌泉相报。"

我在求学路上,感受到了涌泉般的帮助和温暖,可奈何自己的学识、能力都还很有限,除了真挚的铭记与感恩外,甚至都难以给予曾帮助过我的人以滴水般的回报。但是,这份感恩依然必须表达出来,它对于我的重要程度,一点也不逊色于前面十余万言的正文内容。没有这些帮助我的前辈、老师、同行和那些萍水相逢的人们,我也无法完成毕业论文的写作。

## 一　雁栖湖旁玉饮泉

### (一) 师恩如山

2019年中国考古学大会在成都举办,旁听时偶遇唐际根师,便大胆向他提出念个博士的想法,得到了他的肯定与鼓励。虽然唐老师在商周考古圈的大名已如雷贯耳,但那是我第一次跟他面对面交流。后来经唐老师推荐,我才得以进入中国科学院大学。他的和蔼可亲和对后辈的关照,让我对未来充满了期许,也是我北上求学的第一座灯塔。

宋国定先生是唐际根先生为我引荐的导师。郑州商城、小双桥等商代最为重要的城址是老师早年的主要工作成果,这在咱们商周考古圈可是了不得的事情。所以能够师从宋国定先生使我惊喜万分。由于在成都备考,我与宋国定先生正式见面是在入学之后。记得在北京西站,他怕我对北京不熟,便开车来找我,一同前往怀柔的雁栖湖校区。我的第一感觉是他身材中等,不高不低,不胖不瘦;说话中气十足,但不刻意吸引别人的注意;举手投足间沉稳有力,却又没有神气外溢的张扬。我们在车上聊了很多,除了对如亲人般的关怀外,他表里如一的沉稳内敛与低调恬淡给我留下了很深的印象。后来才知道宋国定先生是太极拳的正宗传人,耍拳多年,传统文化、武术与他的工作生活可能已经交融在一起,可能这就是传统文人所追求的知行合一吧。

王老爷子——王昌燧先生——也是我博士学习中举足轻重的老师。之所以称他为王老爷子，绝不只因为老先生的年纪大，而是有其他的原因。一是因为没有他早年的努力开拓，就没有国科大考古学与人类学系，就没有科技考古专业，也就没有我们这些后辈学生深造的机会。饮水当思源，王老爷子就是国科大科技考古的"源"，值得我们每一位学生尊敬和铭记。二是在面试的过程中，王老爷子很关心四川考古的问题。我长期以来学习的内容第一次得到科技考古领域老先生的肯定与鼓励，让我对未来的深造充满了信心。三是一提到学生们的学习，王老爷子就非常上心。每周的系会，他基本上都会来听，并且能够给老师们、学生们提一些建议。但有一次我发现，王老爷子听着听着就打起盹来，那一刻我才明白，王老爷子不是精力旺盛，而是把旺盛的精力都留给了我们。此后，我便不敢过度叨扰，但遇到关键性的问题或者有比较满意的想法，都会向王老爷子请教。无论在国内还是国外，王老爷子都会耐心地跟我讲一些东西——有的很小，会涉及研究的具体内容；有的很大，会高屋建瓴地启发我的思路和视野——要言不烦，王老爷子的点拨让我受益匪浅。

杨益民、蒋洪恩、罗武干等全系授课老师以及尚雪、韩宾、葛勇、刘亦方、赵静芳等老师对我学业上的帮助也至关重要，他们打开了我学习生涯中科技考古的大门，让崭新的阳光照进了我的学术田园。

（二）同窗欢谊

2019 级，是个欢快的群体。李升韬、李敬朴、农旷远、徐思雯、王睿哲、崔梦洁等几位同学，和我一同度过了难忘的秋季时光。由于本科、硕士阶段我不太喜欢游玩，工作后时间又很有限，我此前少有与友人常聚的时光。而在博士阶段的第一个秋季学年，我们几乎每周都会去怀柔吃喝玩乐，有商场美食，有文艺餐馆，有不知名 KTV，有乡村柴火店，各种土嗨应有尽有。在有限的选择里，我们做到了无限循环。

还有马丁、陈典、任文勋、赵美莹等师兄师姐，李京亚、李颖、王李静、王晓婷等师弟师妹，在玉泉路的短暂时光，能够与他们在郭沫若先生塑像旁的人文楼交流学习，也是一大幸事。

这样的时光是难得的，也被 2020 年元旦后的疫情所打断。无论如何，这段时光都填补了我住校生活所留下的空白。

## 二 金水河边骄阳日

金水河，将郑州大学老校区分隔开来的一条普通的小沟渠，却淌满了我关于河南的记忆。

2020 年初夏的脚步还未站稳，骄阳就已经曝晒在任文勋师兄、李升韬师弟和我的额角，汗水已经打湿了本来就不厚的 T 恤。这是宋国定先生第一次安排我到河南开展考古工作，也是我博士课题《郑州地区仰韶中晚期石质工具研究》确定后长期田野工作的开端。由于北京疫情，他原本来郑州指导我们科研工作的计划受到影响，但课题科研和教学工作并未被搁置。

在宋国定先生的安排下，我们迅速在郑州考古院文物整理基地和郑州大学考古实验室继续开展田野出土石器的室内整理与科技分析工作。在这里，我开始了对石器长达两年的摸索，用双手触摸每一件石器的正面、反面、断面、刃部、缺口、肩部、柄部……这期间，他会在疫情缓解的时候亲自来郑州指导我如何辨别石器的器型、加工和使用痕迹，还将课题组长期观察后鉴别出的石抹子、石楔子等新器型纳入我的博士课题，无私地分享他长期以来关于石器工业和社会复杂化的思考。这些都是我毕业论文的创新点和亮点的主要来源。任文勋师兄也会将前期观察石器的经验与我和李升韬师弟分享，加快了我们上手的速度。

宋国定先生不仅在学术上指导我，还在田野发掘和业务工作中以身作则，让我感受到了一位考古学家的朴实与真挚。2020年初冬，我随他到南阳进行发掘。他对乡土的热爱和对当地乡亲的尊重，让我印象深刻。第一次随他到考古现场的乡里小路上，他亲切地跟乡亲们打招呼，还能够准确地叫出名字。乡亲们也并没有对外来陌生客人一样的客套，而是当成家里人那样寒暄。这种状态让我羡慕不已，也让我深刻地意识到考古是与群众关系最为密切的学科，田野调查与发掘离不开老百姓，要想成为一名考古学家，最重要的就是扎根土地，热爱人民。

在一次学术会议中，宋国定先生还带我们拜会了李伯谦先生。虽然只有短短几分钟，但这无疑是一次极为珍贵的经历。

围绕这个课题，我们开展了田野发掘、室内整理、实验分析、资源域调查等等一系列科研工作。虽然住宿条件有限，夏天热，冬天冷，但是宋国定先生会尽量协调改善我们的生活条件，每一次来郑州也都会请我们吃好吃的，每一次我们回学校也会让大家开心一聚。所以，这样的日子充实而快乐，我不觉得苦，反而觉得不够长。

功夫不负有心人。在宋国定先生的带领下，我们仰韶新石器研究的阶段性成果争取到了组稿发表的机会。这是课题组长达三年的研究第一次向学术界展示。在期刊紧缺、惜字如金的今天，周广明先生慷慨地给予其中一篇学术史研究以3万多字的版面，让我大为感动，也备受鼓舞。在我心中，这是对我们长期工作的莫大肯定。

还有郑州考古院吴倩、魏青利、信应君等老师，郑州大学郜向平、陈朝云、陶大卫、朱思媚、尚如春等老师，河南大学金锐老师，河南省地质队的张素超老师，河南省考古院马俊才老师，南阳考古所及淅川发掘的各位老师，他们都很支持我们的田野发掘和科研工作中，不仅促进了课题开展，还留下了欢声笑语。前辈老师与同学同行的关照，是在河南顺利开展工作、开心学习生活的重要保障。

### 三 摸底河畔浪淘沙

金沙遗址博物馆，一座伫立在摸底河畔的博物馆，她给了我稳定的生活，是我每当茫然便会不禁回眸的温暖港湾。单位领导朱章义馆长、王方副馆长，研究部门负责人郑漫丽主任，人事部负责人姚佳主任，以及馆内同事们，他们对我的在职学习都十分支持，给了我无私的帮助与包容，尽量让我参与和学术研究相关的工作，让我可以两不偏废地开展先秦考古与巴蜀文化研究。没有他们的关心与爱护，我是断然无法完成学业的。无论我身在何方，金沙都是我永远的家。

还有成都考古院颜劲松、江章华、杨占风、左志强等老师，四川省院姚军、刘志岩等老师，四川大学于孟洲、李晓涛等老师，成都文旅局博物馆处张军老师，他们对我的学业、生活都十分关心，一直给予我无私的帮助。

师者，所以传道授业解惑也。三人行，必有我师焉。感谢我成长道路上遇见的每一个人，我也在用心地体会每一个人带给我的改变。愿，后来一切都好。

吴超明

2023 年 12 月